TEORIA DA INVESTIGAÇÃO CRIMINAL:
UMA INTRODUÇÃO JURÍDICO-CIENTÍFICA

ELIOMAR DA SILVA PEREIRA

Especialista em Ciências Criminais
Delegado de Polícia Federal

TEORIA DA INVESTIGAÇÃO CRIMINAL:
UMA INTRODUÇÃO JURÍDICO-CIENTÍFICA

ALMEDINA

TEORIA DA INVESTIGAÇÃO CRIMINAL

AUTOR
ELIOMAR DA SILVA PEREIRA

EDITOR
EDIÇÕES ALMEDINA, SA
Av. Fernão Magalhães, n.º 584, 5.º Andar
3000-174 Coimbra
Tel.: 239 851 904
Fax: 239 851 901
www.almedina.net
editora@almedina.net

ALMEDINA BRASIL, LTDA
Alameda Lorena, 670
Jardim Paulista
01424-000 São Paulo
Tel./Fax: +55 11 3885 6624 / 3562 6624
Mob: +55 11 6963 1739
brasil@almedina.com.br

PRÉ-IMPRESSÃO
G.C. – GRÁFICA DE COIMBRA, LDA.
producao@graficadecoimbra.pt

Novembro, 2010

DEPÓSITO LEGAL
318830/10

Biblioteca Nacional de Portugal – Catalogação na Publicação

PEREIRA, Eliomar da Silva

Teoria da investigação criminal. – (Monografias)
ISBN 978-972-40-4356-2

CDU 343

A INÊS, minha esposa, com amor.

AGRADECIMENTOS

Agradeço aos colegas de trabalho, da Coordenação de Altos Estudos de Segurança Pública – CÉLIO JACINTO DOS SANTOS, EMERSON SILVA BARBOSA e GILSON MATILDE DIANA, pela constante discussão em torno dos problemas aqui suscitados.

Agradeço, ainda, aos companheiros da Polícia Federal que se têm dedicado a escrever em assuntos de interesse policial – ADRIANO MENDES BARBOSA e SANDRO LUCIO DEZAN, pelas críticas e revisões de alguns capítulos desse livro.

Agradeço, por fim, ao Prof. Dr. LUIZ HENRIQUE DE A. DUTRA, pelo incentivo que recebi em conversa que tivemos e, sobretudo, por seus livros que me serviram de guia nesse campo de estudo.

APRESENTAÇÃO

A obra, que adiante se segue, é resultado de pesquisa desenvolvida pelo autor na Coordenação de Altos Estudos de Segurança Pública, da Academia Nacional de Polícia (Federal). Destina-se aos profissionais de formação jurídica que se dedicam, direta ou indiretamente, à investigação criminal, sobretudo aos Delegados de Polícia (Federal e Civil), sejam os que se iniciam na carreira, em Cursos de Formação Profissional, sejam os que chegaram a Curso de Especialização Policial[1], sem, contudo, desconsiderar uma possível utilidade prática que possa ter na atividade diária das investigações criminais. Nesse ponto, convém ressaltar que se trata de *teoria* não em sentido axiomático, mas apenas como contraponto de uma *prática de investigação criminal*, para a qual pretende contribuir. Quanto a isso, portanto, advirta-se que a obra não está a propor um *método infalível e único* de investigação criminal, mas a fornecer elementos teóricos que permitam orientar a *construção de métodos*, múltiplos e corrigíveis, ou, em alguns pontos, algo talvez mais modesto, embora não menos importante – apenas a suscitar os grandes problemas teóricos da investigação criminal, tentando sistematizá-los para a continuidade de estudos que possam aprofundar certos aspectos relevantes desse vasto campo de conhecimento, cuja atenção acadêmica ainda não foi devidamente dada.

Teoria da Investigação Criminal: Uma Introdução Jurídico-Científica sustenta uma concepção de *investigação como saber-poder*, na qual o conhecimento está intimamente relacionado com as condições políticas em que se desenvolve a atividade investigativa, o que implica, em um Estado Democrático de Direito, relacionar conhecimento científico com limites jurídicos numa ponderação de valores fundamentais. Assim, a partir de uma concepção geral de investigação, fundada na noção instrumentalista de solução de problema, e de um conceito específico de investi-

[1] No Brasil, temos o *Curso Superior de Polícia*, na Academia Nacional de Polícia que, ademais, possui atualmente *Curso de Especialização em Ciências Policiais e Investigação Criminal*, no qual essa *Teoria da Investigação Criminal* é disciplina curricular.

gação científica, segundo uma abordagem pragmática, a obra sustenta ser possível aproximar as práticas de investigação criminal dos modelos de pesquisa científica, desde que não se desconsiderem certas peculiaridades relativas ao objeto e aos meios de investigação, em que devemos ponderar a aspiração científica com limites jurídicos inerentes às práticas das instituições estatais. Após suscitar e discutir alguns problemas relativos à *verdade* e ao *método* na investigação criminal, o autor faz o levantamento dos múltiplos aspectos de uma investigação criminal, entendida como *pesquisa, ou conjunto de pesquisas, administrada estrategicamente*, no curso da qual incidem certos conhecimentos operativos oriundos da *teoria dos tipos* e da *teoria das provas*, apresentando uma teorização sob várias perspectivas que concorrem para a compreensão de uma investigação criminal científica e juridicamente ponderada pelo respeito aos *direitos fundamentais*, segundo a doutrina do *garantismo penal*.

Em síntese, trata-se de uma *introdução* porque não pretende (nem teria ainda como) ser exaustiva da matéria proposta, sobretudo por se tratar de questões ainda pouco discutidas, para as quais nenhuma ou pouca literatura nacional tem dado atenção pontualmente dirigida. Trata-se, nesse ponto, de uma proposta inicial, uma porta de entrada que o autor pretende abrir para discussões sobre uma disciplina ainda incerta e pouco discutida. Por fim, é uma *abordagem jurídico-científica* porque não pretende exaltar a ciência em detrimento do direito, nem sobrepor este àquela. Quanto a isso, a obra pretende alcançar um ponto de equilíbrio entre *razão científica* e *razão jurídica*, ponderando os valores que consideramos essenciais a uma teoria da investigação criminal – *verdade e justiça*.

Pelo ineditismo de sua proposta e de seu conteúdo, a presente obra certamente se tornará leitura obrigatória para todos os profissionais que têm como objeto de sua atuação a investigação criminal. Trata-se, portanto, de contribuição inestimável às ciências policiais, em sua vertente da *ciência da investigação criminal*, pilar de sustentação de toda a atividade da Polícia Judiciária. Como disse o filósofo John Dewey, citado tantas vezes pelo autor desta obra, "todo grande progresso da ciência resultou de uma audácia da imaginação". Certamente as ciências policiais sentirão o progresso decorrente desta obra. Parabéns ao Professor e Delegado de Polícia, Eliomar da Silva Pereira, pela audácia progressista.

DISNEY ROSSETI

Diretor da Academia Nacional de Polícia
Polícia Federal do Brasil

PREFÁCIO

I

A escrita é voz em letras. É a força do agir cognitivo que se espera epistémico e não retórico ou persuasivo. É a construção matemática de um pensamento que se quer claro e preciso, crítico e edificador de um trilho da ciência como manifestação da essência do ser humano. As vozes que há muito vinham reclamando e exortando por uma obra sistematizada sobre a *Teoria da Investigação Criminal* podem regozijar-se com este precioso livro mergulhado em um ver o mundo para além dos limites imediatos da verdade efémera.

É este o sentimento que carrego ao ler as inúmeras linhas de escrita excelente subordinada não a uma lógica *demonstrativista*, mas a uma lógica epistémica *falibilista*. Esta assumpção encontra-se, desde logo, no título do livro de ELIOMAR DA SILVA PEREIRA. O Autor intitula-a de *Teoria da Investigação Criminal: Uma Introdução Jurídico-Científica*. No subtítulo reside a *falibidade* de qualquer sistema cognitivo: ao pretender-se que seja uma introdução, pretende-se deixar aos leitores e aos estudiosos espaço de reflexão e de debate científico sobre a construção de futura dogmática de uma nova unidade curricular universitária.

A certeza dos *tempos líquidos* de BAUMANN e da *sociedade de risco* de BECK não podia deixar um pensador actualizado e interrogativo da verdade cambiante, segundo o paralelo ou meridiano em que nos situamos, enveredar por outro caminho que não fosse lançar as bases de uma discussão científica – jurídica, filosófica, económica e política – sobre a consciencialização de que as verdades processuais penais não são sempre as que se entrecruzam nos nossos olhos. Essas verdades não são unidade, nem «felicidade e amor», nem «adequação ao objecto», mas são uma comunicação de afastamento e de domínio, de «ódio e hostilidade» e de um puro e incontrolável «sistema precário de poder». Sistema limitado e exíguo: nada mais era possível porque é fruto do saber cognitivo e prático do ser humano.

Toda a relação ou comunicação humana, da qual não se abstém a comunicação judiciária ou judicial, é, em lógica ferrajoliana, uma comunicação de *saber* e de *poder* que assenta na *veritas* – conhecimento – e na *auctoritas* – competência para decidir. Estes ensinamentos de raiz garantista responsabilizadora deslizam por toda esta obra que não se espartilha na análise jurídica dos preceitos legais nem na lógica activa do labor da polícia. O Autor interroga aquela sob as construções jus filosóficas e doutrinárias de autores cuja escrita foi sempre o meio de expor as angústias do pensamento humano, dos quais se destacam Karl Popper, Luigi Ferrajoli, Michel Foucault, Carnelutti, John Dewey, Figueiredo Dias e Luiz Dutra.

II

Ao longo de todo o livro existe uma preocupação em demonstrar a importância de uma *Teoria da Investigação Criminal* que crie uma doutrina metodológica científica dirigida à descoberta da verdade do *factum criminis*. Esta busca, própria dos operadores judiciários responsáveis pela investigação criminal, deve abandonar os métodos da dedução ou indução factualística da imprensa ou da sensitividade popular expressa nos olhares e gestos dos crentes das artes mágicas do mediato saber demonstrativo.

O Autor dá-nos uma panóplia de instrumentos teoréticos e pragmáticos para que o investigador criminal científico – aquele que debruça a sua busca em um método científico de investigação criminal subjacente aos primados de um Estado democrático e de direito – possa iniciar e desenvolver o *iter processualis* segundo padrões racionais, operativos e histórico-factuais (situados em uma proposição real): o *factum criminis*. Este trilho, enraizado nesta obra de leitura fácil e reflexiva, alinha o discurso epistémico sobre a dúvida própria dos grandes investigadores e doutrinários: a única certeza e verdade é a dúvida constante sobre todo o edifício do crime a investigar.

Acresce a este contínuo olhar do Autor a ideia de que a pragmaticidade defendida por muitos como a lógica do sistema integral de investigação criminal não se afirma como uma lógica assumptiva da construção de uma investigação criminal elucidativa dos factos e da verdade atracada aos limites histórico-factuais e aos ditames jurídicos (ou limites imanentes) exigidos pela Constituição e pelo direito supra-constitucional e infraconstitucional, em especial no que concerne aos direitos fundamentais pessoais. Neste alinhamento ferrajoliano, afasta a descoberta da verdade da *mera correspondência*, porque àquela estão imbricadas *regras e procedimentos* disciplinadores da *comprovação* e impressoras do *carácter autoritário* e *convencional* emergente da predicação jurisdicional.

A tese da mera *correspondência*, própria de um pensamento retórico ou persuasivo, é alienada face à concepção de objecto da investigação criminal dentro da tridimensionalidade da realidade do direito: *facto, valor e norma*. Esta visão tridimensional impõe ao investigador criminal que se olhe para o crime como uma proposição do mundo real e não do mundo idílico. Este olhar, que o Autor desenvolve e assume na sua obra, é um pequeno passo para a construção de uma teoria da investigação criminal e, desta feita, um grande passo para a edificação de um melhor sistema integral penal. Este caminho obriga-nos a abandonar os ajuizados preconcebidos ou pré-construídos sobre a culpabilidade do agente do crime e enquadrar o nosso pensar no princípio da presunção de inocência ou da não presunção de culpa.

Este ensinamento, que Enrico Altavilla estudou e desenvolveu no início do séc. XX na sua obra *Psicologia Judiciária*, encontra expressão na obra quando o Autor não limita o «fato do crime» ao evento exclusivo histórico-espacial e nele entronca outros elementos essenciais à construção doutrinária de «*evidência fática da prática do crime*». A construção elaborada pelo Autor não olvida os princípios reitores da construtividade jurídico-criminal (material e processual) e chama para a discussão da ciência da investigação criminal a teoria do bem jurídico, nem coloca de parte a ideia de que a teoria da investigação criminal não se pode alhear da concepção lisztiana da *ciência conjunta, universal, global do direito penal* como enfoques essenciais na construção de uma ciência de investigação criminal imbuída do espírito e ensinamento da *investigação criminológica e criminalística*.

III

O Autor apresenta a *teoria da investigação criminal* como teoria do conhecimento que arrecada para o seio da discussão a *verdade* como finalidade da investigação criminal, fato indesmentível, mas conjugado com as outras grandes finalidades – realização da justiça, garantia dos direitos fundamentais de todos os cidadãos e alcance da paz jurídica (pública) –, assim como as teorias linguísticas, semânticas e hermenêuticas, filosóficas e sociológicas do conceito de verdade.

Este conceito finalístico ou instrumental da ciência evolutiva e falibilista leva-nos às indagações da verdade processual e judicial válida. Aborda toda a problemática que envolve a construção da verdade formal e a dificuldade do investigador criminal em enformar um conceito que só existe juridicamente se for preenchido com a verdade do facto e o preenchimento do tipo legal de crime e se não estiver manchada pela nulidade insanável ou pela proibição de prova.

A verdade científica é refutável e não demonstrativista e matemática, pelo que implica que a construção de uma verdade processual penal – missão do investigador criminal – está encurralada por entre as teias jurídicas garantísticas de um Estado democrático e de direito. Mas, esta acepção não esgueira a lógica construtiva da verdade que inicia o seu percurso como *verdade provável*, passando pela *verdade opinativa*, diria processual cognitiva, para aportar na verdade resumida ou expressa no "motivo que remete a fatos e normas existentes, capazes sempre de serem verificados e refutados a quem interesse ou prejudique".

Esta verdade processual dá sustentabilidade à *teoria da investigação criminal*, como se pode aferir da exposição do Autor, e encontra razoabilidade existencial na ciência conjunta que agrega um raciocínio popperiano e ferrajoliano epistémico segundo uma metodologia científica que assenta na ideia de ciência como acção do ser humano quer para o investigador – detentor de virtudes e defeitos – quer para a vítima quer para o agente do crime. A importância do pragmático ganha na dimensão da importância do teórico que justifica a evidência fáctica.

IV

Este processo humano cuja combinação de inúmeros factores incubam a lógica estrutural do pensamento pode entrar em conflito face ao método do processo penal, mas o Autor demonstra que este só é viável e fiável se deixar a lógica do prático e experiente polícia – eficaz no resultado imediato e desastroso no resultado mediato – e mergulhar o pensar e agir investigatório criminal em uma lógica teorética e pragmática científica em que o ser humano, dotado de direitos e deveres, é fundamento e limite da acção punitiva do Estado.

A metodologia de pesquisa que ornamenta a investigação criminal – dando-lhe textura de teoria – e a construção probatória do *factum criminis* (ou da factualidade real e sentida pela comunidade) implicam um conhecimento histórico e filosófico da cognitividade científica da investigação criminal. O Autor segue esta linha de pensamento e submete a investigação criminal a uma análise crítica do valorativo probatório que não se pode esgotar na mera coincidência de indícios ou vestígios prováveis, mas na "demonstração completa dos fatos arguidos": completa sem quaisquer excepções, sob pena do princípio *in dubio pro libertate* afastar a responsabilidade penal.

Este caminho que o Autor traçou e seguiu enraíza-se no mar ilocalizável e ilimitável da materialização dos direitos fundamentais que se apresentam ao investigador e ao julgador como fontes de legitimação e de limite inultrapassável da intervenção estatal restritiva de direitos, liberdades e garantias pessoais. Não podia ser outra a estrutura de exposição e de argumentação tendo em conta o substrato ferrajoliano e popperiano de toda a obra. A verdade não é a finalidade absoluta da investigação, nem a livre apreciação da prova pode suplantar a ilegalidade na produção da verdade.

A *Teoria da Investigação Criminal: Uma Introdução Jurídico-Científica* de ELIOMAR DA SILVA PEREIRA, que tenho a honra de prefaciar e que tive o privilégio de ser um dos primeiros leitores, é uma magnífica obra jurídico-filosófico-política. É uma obra científica que nos enriquece e nos faz pensar sobre um futuro melhor, porque terá melhores investigadores criminais. Muito mais haveria para dizer sobre todo o manancial da obra e toda a propriedade científica do Autor, mas deixo aos leitores e, em especial, aos que se dedicam a discretear estas temáticas o juízo científico final.

A criminalidade da sociedade pós-moderna ou dos *tempos líquidos* implica que se olhe e se sinta a investigação criminal com "uma compreensão mais sistemática" para que o mundo que criamos e deixamos seja um mundo melhor.

É este o contributo de ELIOMAR DA SILVA PEREIRA.

Lisboa, 23 de Setembro de 2010

MANUEL MONTEIRO GUEDES VALENTE
Director do Centro de Investigação e Professor do Instituto Superior de Ciências policiais e Segurança Interna
Professor Convidado da Universidade Autónoma de Lisboa

INTRODUÇÃO

> Só pode haver certos tipos de sujeito de conhecimento, certas ordens de verdade, certos domínios de saber a partir de condições políticas que são o solo em que se formam o sujeito, os domínios de saber e as relações com a verdade (Michel Foucault, *A verdade e as formas jurídicas*).

A intimidade da investigação criminal e seus problemas

O problema que se estabelece de início na investigação criminal, ordinariamente posto de forma muito geral, tende a minimizar o seu objeto, resumindo-o à *demonstração dos elementos do crime* (I) e à *determinação de sua autoria* (II). Esses dois elementos, contudo, estão longe de esgotar todas as questões que se colocam na investigação criminal. Se nos aprofundarmos na "intimidade" da investigação, podemos observar que há muitos outros problemas a serem enfrentados. Assim, de uma forma mais específica, a título de exemplo, poderíamos levantar os seguintes questionamentos:

a) Qual o *primeiro passo* a dar na investigação?
b) Qual *caminho* (método) seguir?
c) Quais *provas* são necessárias?
d) Quais *meios* de obtenção de provas são possíveis?
e) Quais *diligências* práticas devem ser determinadas e em que *ordem*?
f) Estabelecidas as diligências, quando devem/podem ser *ostensivas ou não?*
g) Há necessidade de *perícia*? Se sim, qual perícia é possível e relevante? Se não há, qual outra espécie de prova possível/necessária?

h) *Como* assegurar uma prova com *validade* jurídica, sob o aspecto da obtenção lícita e da preservação dirigida ao processo judicial?

i) *Quando* se deve ouvir o suspeito e quando deve ser feito seu *indiciamento*?

j) Como sustentar *logicamente* um indiciamento?

k) É possível realmente concluir uma investigação sem *juízo jurídico* acerca da existência do crime? E quanto a certos elementos do tipo, pode-se evitar *juízo valorativo*?

l) Quais elementos do crime devem ser investigados, segundo a teoria analítica do crime? E qual *grau de cognição* é necessário em relação a cada elemento do crime?

m) *E outras tantas questões que se colocam,* conquanto, somente na prática diária de quem efetivamente lida com tais problemas, elas se apresentem com tanta relevância e clareza, sem se perceberem facilmente do ponto de vista externo e puramente teórico da investigação criminal.

Para todas essas questões, ou para algumas delas pelo menos, têm aparecido respostas pontuais (e por vezes parciais por não permitirem a compreensão integral da investigação), a exemplo da *análise criminal*[1] e da *cadeia de custódia da prova*[2], além das técnicas em geral disponíveis na prática em geral (técnicas operacionais, inteligência policial e perícia criminal). Entretanto, ainda não temos uma *teoria metodológica geral*; uma *teoria* que ordene tudo segundo os objetivos da investigação criminal, a partir de certos *fundamentos* e dentro dos *limites de um sistema jurídico-penal* em que se insere a atividade investigativa.

---

[1] Em síntese, a técnica cuja finalidade precípua é processar informações relevantes, tanto à prevenção quanto à repressão ao crime, embora existam várias espécies de análise, como a administrativa e a estratégica (a respeito do tema, cf. explicações disponíveis em *http://www.mp.sp.gov.br*.)

[2] Em síntese, segundo Manual de Boas Práticas de Gestão da Criminalística, da Diretoria Técnico-Científica da Polícia Federal, "...o conjunto de medidas para o acompanhamento da prova criminal, desde sua identificação e coleta, passando pelo processamento da prova até a sua destinação final." (Ministério da Justiça, Brasília, 2009, p. 39).

Não se pode ignorar, contudo, que no *empirismo da atividade policial* existe algo cognitivamente desenvolvido, em relação a técnicas de investigação do crime, mas falta, ainda, certo grau de *cientificidade*. O cotidiano da atividade policial, pela experiência diária, tem desenvolvido certas técnicas práticas[3], mas é possível haver uma maior ordenação científica com vistas a uma teoria geral. Nesse sentido, sustentamos que uma "teoria metodológica", para a prática da investigação criminal, pode conduzi-la a uma melhor eficácia que se espera da Polícia pela sociedade, sob diversos aspectos, não apenas da certeza sobre o crime, contudo. Segundo entendemos, uma investigação eficaz deve reunir, pelo menos, três características: *certeza, celeridade e segurança jurídica. Certeza* quanto à existência do crime e ao autor a quem é atribuído[4]; *celeridade* em relação à resposta ao delito, com a aplicação da pena devida; e *segurança jurídica* no que se refere ao tratamento do cidadão investigado, para evitar excessos, equívocos e elucubrações. Considerando todos esses aspectos, pode-se constatar que certas propostas observadas na prática (análise criminal, cadeia de custódia etc.) não têm o condão de abarcar a multiplicidade do problema metodológico da investigação criminal.

Ao falar em investigação criminal como ciência, temos em mente certa concepção de ciência como *atividade de resolução de problemas*[5], atenta mais ao seu caráter pragmático, dirigida aos problemas práticos da atividade investigativa, não se limitando a uma concepção clássica e formal (metodizada logicamente), além de, sobretudo, ponderada com particularidades da investigação sob as perspectivas jurídica (relativa aos limites

---

[3] Em sua maioria, são técnicas baseadas no binômio acerto/erro, de natureza preponderantemente prática. A "técnica de acerto/erro", contudo, não é imprópria absolutamente ao alcance de conhecimento (nesse sentido, aliás, K. Popper sustenta que a própria Ciência, entre conjecturas e refutações, assim se desenvolve), mas podemos minimizar atrasos na conclusão de atividades que trabalham com prazo, como ocorre com a investigação criminal que, além disso, enquanto preocupa-se em encontrar o "caminho" correto, pode perder a oportunidade de obtenção da provas mais adequadas.

[4] Embora sempre cientes dos limites da verdade, seja pelo aspecto jurídico, limitado por direitos fundamentais, seja pelo aspecto epistemológico, limitado pela falibilidade da razão humana.

[5] Essa noção é defendida, em síntese, por Larry Laudan, em "O progresso e seus problemas", cuja resenha pode ser consultada em *http://www.opuslibros.org*.

legais da investigação) e estratégica (relativa à tomada de decisões apropriadas ao caso concreto). Nesse sentido, falamos em *ciência como uma especial atitude* para com os problemas da investigação criminal, nunca restrita aos atos de investigação pericial, orientada a determinada forma de analisar e enfrentar os problemas da atividade investigativa.

Sob essa perspectiva, quando falamos em *Polícia Científica* não podemos limitá-la a um corpo destacado da polícia, como se costuma vulgarmente referir. Segundo Francisco Antón Barberá e Juan V. de Luis y Turégano (1998, p. 25 e ss), a Polícia Científica se baseia na reunião de dados, tratando de ajustá-los metodicamente em sistemas, de maneira que tenham sentido e sejam coerentes com a verdade histórica do delito investigado, mediante processos de acumulação de antecedentes e seu ordenamento simultâneo, não separadamente. Como definida, a Polícia Científica se caracteriza por ser uma ciência teleológica (uma atividade, não um sujeito, portanto), cujos princípios e fundamentos são aplicados tecnicamente pela polícia (não exclusivamente pericial) para os fins de: (a) investigar o delito; (b) identificar os autores do delito; (c) conhecer as circunstâncias que determinam o fato punível; e (d) reunir elementos probatórios. Assim, a Polícia Científica abrange várias atividades, como *inspeção policial, investigação policial, investigação técnica de laboratório* etc. (cf. p. 30 e ss).

Nesse sentido, entendemos ser possível (sobretudo necessário) pensar a investigação criminal à maneira de uma pesquisa científica, visando a subsidiar a prática da atividade com uma teorização que considere os problemas intrínsecos da investigação e seus múltiplos aspectos, não apenas científicos e jurídicos, mas também administrativos, no que se refere às tomadas de decisões e gestão de certos instrumentos e pessoas que concorrem para a atividade investigativa.

O *Directorium Inquisitorum* e outros manuais

Em pesquisa bibliográfica de obras sobre o assunto, encontram-se certos "manuais" que já foram produzidos, tendo por objetivo fornecer certos elementos teóricos que possam subsidiar a investigação dos crimes. Dentre eles, pelo valor histórico, é importante referir ao Manual do Inquisidor (*Directorium Inquisitorum*).

O *Directorium Inquisitorium* foi escrito por Nicolau Eymerich, em 1376, e revisto e ampliado por Francisco de La Peña, em 1578[6]. Trata-se de verdadeiro *manual* destinado aos inquisidores, contendo a *forma de saber* a respeito das transgressões religiosas que, à época, tendiam a se confundir com transgressões sociais e políticas. Nele se encontra uma concepção de verdade, absoluta, como revelação, e um certo "método lógico" de raciocínio que decorre dessa concepção, na medida em que, revelada a verdade pela fé, deveria o inquisidor trazê-la à tona, pela confissão do acusado, através da tortura como técnica de pesquisa.

Leonardo Boff, a respeito dessa concepção de verdade contida no *Directorium*, explica que, "nessa visão, o portador da verdade é intolerante. Deve ser intolerante e não tem outra opção. Caso contrário a verdade não é absoluta. Só os que não possuem a verdade podem ser tolerantes. Consentir a dúvida. Permitir a busca. Aceitar a verdade de outros caminhos espirituais. O fiel, este é condenado à intolerância". E a respeito da lógica do método da Inquisição, explica que "ao instaurar a Inquisição, a Igreja produz e habita esse discurso totalitário e intolerante. Quem quiser entender o presente Manual dos Inquisidores deverá imbuir-se dessa mentalidade e visão das coisas. Só assim fará justiça a seus autores. Então tudo aparece lógico e coerente. O inquisidor é extremamente fiel e imbuído da melhor das intenções. A arquitetônica de sua argumentação é irretorquível" (ibid.)[7].

Há outras tantas obras históricas, sobretudo da época da Inquisição, que podem ser analisadas sob o aspecto da forma de saber relativa a transgressões, a exemplo do *Malleus Maleficarum*[8], mas nos deteremos

---

[6] Segundo Leonardo Boff, "trata-se de dois dominicanos, um do século XIV e outro do século XVI, peritos em jurisprudência e teologia: Nicolau Eymerich e Francisco Peña. A importância deles reside no fato de ambos procederem a uma grandiosa codificação das práticas e das justificativas (teológicas e ideológicas) acerca do controle das doutrinas na Igreja que culminaram na instituição da Inquisição" (*in* Prefácio ao Manual do Inquisidor, 1993, disponível em *www.dhnet.org.br*).

[7] Para melhor entender, cf. "Como funciona a lógica inquisitorial", in Prefácio de Leornardo Boff, op. cit.

[8] *O Martelo das Feitiçeiras, e*scrito em 1484 pelos inquisidores Heinrich Kramer e James Sprenger, destinava-se à investigação das bruxas. A respeito do *Malleus*, Rose Maire Muraro, em *Breve Introdução Histórica* ao Manual (disponível em *www.dhnet.org.br*),

com o já exemplificado[9]. Para além de obras de caráter histórico, encontram-se outras mais recentes (algumas nem tanto, como se verá) que se destinam a esclarecer a investigação criminal, em geral se limitando a algum dos aspectos dessa, sem uma proposta mais abrangente das várias facetas da investigação. Nesse sentido, tais obras/manuais podem ser dividas em três categorias, segundo a prevalência do enfoque dado, em: *i) prático-policial*; *ii) técnico-pericial*; e *iii) jurídico-formal*. São, em síntese, obras que tratam de aspectos necessários à investigação, e por isso são relevantes ao estudo da matéria, embora não suficientes por não vislumbrarem outros aspectos da investigação. Ademais, em geral, não estabelecem previamente os pressupostos epistemológicos com que apresentam a investigação, embora implicitamente se possa colher delas as concepções sustentadas acerca da verdade e do método trabalhado.

O levantamento bibliográfico que se segue, contudo, é bastante restrito, pois não regride muito historicamente, nem se estende a obras de outros muitos países, além de apenas deter-se na busca de alguns manuais/ obras representativos dos enfoques referidos, não esgotando, portanto, nem de longe, todos os acervos disponíveis, apesar da pouca bibliografia existente na área, com o enfoque que pretendemos dar, sobretudo no Brasil. Nesse sentido, estamos apenas a trazer notícias de algumas obras que se destinam a tratar dos problemas da investigação criminal, salientando o enfoque que foi dado, para concluir pela necessidade de reunir os enfoques sob uma teoria da investigação, acrescidos ainda de outros aspectos considerados relevantes, como pretendemos com nossa proposta.

---

explica que "durante três séculos o Malleus foi a bíblia dos Inquisidores e esteve na banca de todos os julgamentos. Quando cessou a caça às bruxas, no século XVIII, houve grande transformação na condição feminina."

[9] No entanto, devemos entender tais obras para além de seu valor teórico, pois, sob uma perspectiva antropológica, podemos observar que muitas concepções delas ainda permanecem nas práticas investigativas atuais, ainda que de forma implícita em certos atos que implicam presunção de culpabilidade do investigado, com base em supostos conhecimentos sustentados em inferências indutivas fundamentadas na experiência do cotidiano.

i) O enfoque prático-policial

Com esse enfoque, encontram-se obras destinadas, em geral, aos crimes contra a pessoa ou contra o patrimônio. Apesar de sua relevância, são manuais que tendem a criar a falsa impressão (conju-gada com programas de televisão) de que o mundo da investigação criminal se resume aos homicídios (crime material, cujos elementos probatórios são mais evidentes), em detrimento de outros crimes materiais e, sobretudo, da grande quantidade de crimes não materiais (formais, de mera conduta, de perigo, omissivo, etc.), que compõem o rol de boa parte dos crimes competência da área federal, por exemplo. Nesse sentido, entre outros, podemos nos referir às seguintes obras:

(*a*) *Investigação Criminal: Técnica e Tática nos Crimes contra as pessoas (v. 1) e contra o patrimônio (v. 2)*, de Bento Garcia Domingues (Lisboa: Escola de Cadeia Penitenciária de Lisboa, 1963). Essa obra tem por proposta, segundo seu autor, "o conhecimento dos métodos ou processos de investigação criminal e seu melhor aproveitamento para a descoberta da verdade" (p. 9), admitindo, contudo, que "não é possível indicar de forma esgotante o que deverá fazer-se em todos os casos concretos ou o que há a fazer a respeito de um determinado crime. É, todavia, possível definir regras de investigação, processos de actuação básicos relativamente a certas espécies de crimes..." (ibid.), sendo esse o caminho seguido na obra, que trata particularmente dos crimes mais comumente perseguidos pelo sistema penal, segundo regras particulares a eles. O autor, entretanto, faz uma observação que merece ser referida, no sentido de que "nem todos os crimes exigem, naturalmente, a mesma gama de utilização de conhecimentos, ou porque o autor é desde logo conhecido, ou porque a utilização parcial de princípios basilares da investigação, nalguns casos, logo permitirão identificá-lo. Mas fica sempre uma vasta margem de aplicação dos mais variados recursos técnicos para os casos difíceis; talvez alguns deles até mais difíceis na sua aparência do que na realidade, pois bem *pode dizer-se que a dificuldade estará na razão inversa do conhecimento e posse dos meios técnicos de investigação*" (p. 11, com itálico nosso).

(*b*) *Manual de Investigação Policial*, de Coriolano Nogueira Cobra (São Paulo: Escola de Polícia de São Paulo, 1965). Esse manual, embora também dirigida a técnicas de certos crimes em específico (na Parte Especial), além de abranger outros crimes (como de falsificação, tráfico de mulheres etc.), possui um pequeno capítulo (na Parte Geral) destinado à "Metodologia na Investigação" (p. 158-168). No mais, a parte geral referida trata de questões relativas a provas, perícias e procedimentos policiais em geral. Em relação à metodologia de investigação, o autor trata de questões relativas à lógica e ao método, estabelecendo uma estrutura mínima de investigação, a partir de três fases: *i) Constatação*, na qual trata de observação, colheita preliminar de informações e conhecimento das provas objetivas, bem como de ideias e juízos; *ii) Raciocínio*, na qual trata de dedução, indução e analogia, bem como intuição, presunções e hipóteses; e *iii) Verificação das hipóteses*, na qual trata da convicção e certeza. O autor, nesse capítulo, começa por estabelecer que "a investigação policial, atividade que é, não pode fugir à regra geral, necessitando também de método, para ordenar e disciplinar os diferentes e complexos trabalhos que deve realizar, para o esclarecimento de ocorrências criminosas" (p. 158). Mas o autor, na sequência, acaba por direcionar-se para o lugar comum da ideia de investigação científica limitada à noção de locais de crimes (p. 159 e ss.). Essa noção, conquanto relevante para os crimes que dispõe de local evidente, não têm grande aplicação nos casos em que a notícia do crime somente é obtida muito tempo depois, ou mesmo para aqueles crimes cujo local é irrelevante (como ocorre em geral com crimes contra a honra, p. ex).

(*c*) *La investigación del crimen: Un curso para el policía profesional*, de Luis F. Sotelo Regil (México: Editorial Limusa, 1974). Principiando com generalidades sobre a investigação, essa obra segue com capítulos sobre métodos de entrevistas e interrogatório de vítimas e testemunhas; procedimentos gerais da investigação (limitados ao local do crime); apreensão de fugitivo; vigilância; técnica de interrogatórios (em geral, de detidos e de suspeitos); confissão e questões relativas à identificação de pessoas (dactiloscopia). Trata-se, em síntese, de obra destinada à profissionalização do policial, segundo técnicas operacionais geralmente aceitas e aplicadas na atividade cotidiana. Possui, assim, uma perspectiva mais prática que teórica da investigação, ao que o autor chama de "mecánica de toda investigación", cujo início se dá nos locais de crime, no contato com o fato, logo após sua ocorrência, e a colheita de informações, por entrevistas e interrogatório. Ou seja, retorna ao problema já suscitado de limitar a investigação criminal aos casos de crime com local de ocorrência.

(*d*) *Investigación de Delitos*, de Charles Vanderbosch (México: Editorial Limusa, 1976). Essa obra (cujo original em inglês foi publicado pela Associação Internacional dos Chefes de Polícia, nos Estados Unidos, com edição espanhola traduzida por Jorge Peña Reyes) é iniciada com dois capítulos relevantes sobre "Fundamentos da Investigação" e "Recursos da Investigação", seguindo-se depois com temas mais comumente tratados nos livros de técnicas de investigação em geral. De início, referindo-se aos fundamentos, o autor admite que as investigações policiais se realizam em muitos lugares que não aqueles onde ocorre o crime, mas adverte que sua obra está primordialmente destinada a esses crimes mais tradicionais (cf. nesse sentido p. 13). No capítulo II, o autor trata dos recursos de investigação, orientado pela noção de que a *informação* é a base sobre a qual se estrutura as investigações. O autor dá especial relevância ao que chama de *fontes de investigação*, a começar pela cena do crime até o acesso a arquivos e documentos que podem contribuir para a solução do caso. No mais, contudo, a obra remete a uma perspectiva extremamente prática, orientada por espécies de crime.

ii) O enfoque técnico-pericial

As obras com esse enfoque partem da experiência pericial da investigação dos crimes e, embora tenham a vantagem de melhor esboçar o possível caráter científico da investigação, com ênfase em métodos de investigação, por vezes estão restritos a uma visão laboratorial de ciência. Nesse sentido, temos as seguintes obras representativas:

(*a*) *Tratado de perícias criminalísticas*, de coordenação por Domingos Tochetto (Porto Alegre: Sagra-DC Luzzato, 1995). Essa obra inicia com capítulo relativo à criminalística em geral, seguindo--se de outros capítulos relativos a "locais de crime", "vestígios e indícios", "locais de morte", "vestígios encontrados em locais de crime" etc., todos destinados a questões periciais, sempre partindo da noção de crime com vestígios e local de crime. Esse livro, contudo, ao referir-se à criminalística particularmente, chama a atenção para a necessidade de conjugar conhecimento das mais diversas áreas do saber, o que, segundo entendemos, não se pode restringir às perícias, pois deve permear toda a atividade policial.

(*b*) *Polícia Científica. Volumen I. 3. ed. Colección Ciencia* Policial, de Francisco Antón Barberá e Juan Vicente Luis y Turégano (Valencia: Tirant Lo Blanch, 1998). Apesar de dirigir-se a temas de Criminalística, essa obra possui uma compreensão mais ampla de Polícia Científica. Trata-se de livro oriundo do Instituto de Criminologia e Departamento de Direito Penal da Universidade de Valencia, que apresenta ampla discussão sobre questões relativas à identificação criminal, seguindo-se de análise de várias perícias aplicadas a diversos casos que deixam vestígios (Volumen II). Especialmente relevante, nessa obra, encontra-se o conceito amplo de Polícia Científica, apresentada como uma ciência teleológica, cujos princípios e fundamentos são aplicados tecnicamente pela Polícia para os fins de investigar o crime, identificar o autor desse crime, conhecer as circunstâncias que determinam o fato punível e reunir elementos probatórios (cf. p. 25).

(*c*) *Metodologia Científica e Perícia Criminal,* de Albani Borges dos Reis (Campinas: Millennium, 2006). Embora igualmente destinada às perícias, essa obra tem a especial vantagem de partir da noção de investigação segundo uma metodologia científica. Assim, o autor principia pelo estudo da metodologia científica em geral, seguindo-se com o que ele chama de "Metodologia Aplicada" a casos concretos relacionados com perícias criminais. No entanto, como de regra, essa parte inicia-se com o estudo de procedimento em locais de crime, neste incluído o local de acidente, trazendo capítulos sobre crimes ambientais e perícias em geral. Em sua introdução, o autor adverte ser "impraticável fazer ciência sem conhecer metodologia" (p. 03) e explica que "a metodologia científica pode e deve ser usada como instrumento para ordenar, uma bússola para orientar e para traçar um caminho para chegar aos resultados de cada modalidade de investigação científica a ser feita" (p. 04). E quanto à utilização da metodologia científica na investigação de crimes, o autor defende que "necessitamos não só adaptar o que já foi desenvolvido, mas desenvolver métodos" (p. 05).

iii) O enfoque jurídico-formal

Nessa categoria, encontramos, por fim, obras que discutem essencialmente as questões jurídicas que giram em torno da investigação criminal, considerando mais a forma do instrumento jurídico com que se desenvolve a atividade investigativa, bem como o sujeito res-ponsável pela investigação. Embora tratem indiretamente de outros aspectos da investigação, somente o fazem do ponto de vista quase que exclusivamente jurídico. Com essa perspectiva, temos as seguintes obras:

(*a*) *Sistemas de Investigação Preliminar no Processo Penal,* de Aury Lopes Jr (Rio de Janeiro: LumenJuris, 2003). Com uma fundamentação essencialmente garantista (Capítulo I), analisa a investigação sob a perspectiva dos direitos fundamentais do investigado, ao qual destina os últimos quatro capítulos (capítulos IX a XII). No mais, a obra analisa a investigação criminal não restrita ao inquérito policial (capítulo VI), mas como fase preliminar ao processo penal, delineando sua estrutura, a partir de uma análise do direito comparado, segundo sistemas jurídicos alienígenas (capítulo VII). Há, em especial, capítulo destinado ao "objeto e grau de cognição" na investigação (capítulo IV), cujo conteúdo possui relevância por revelar uma especial concepção de verdade implícita. No mais, tem a vantagem de revelar o aspecto jurídico da investigação como uma face ínsita à atividade, sem o que não podemos estabelecer uma teoria da investigação adequada.

(*b*) *Curso de Investigação Criminal*, de Marcelo Batlouni Medroni (São Paulo: Juarez de Oliveira, 2003). Embora proponha um "curso", à maneira de um "manual de investigação", essa obra enfatiza o caráter jurídico-formal da investigação, a exemplo da obra anterior, a partir do estudo do direito comparado (Parte II, capítulo II), trazendo, contudo, uma introdução histórica sobre o processo penal inquisitivo (Parte I, capítulo II) relevante por se referir ao método de investigação inquisitivo. No mais, a obra se limita a questões jurídicas, e no que concerne à investigação criminal, para a qual o título sugere um curso, o livro apenas apresenta uma estrutura superficial, a título de "Recomendações para a sequência da investigação" (Terceira parte, capítulo IV, p. 290-297). No entanto, em outros capítulos anteriores, a obra fornece elementos importantes para uma metodologia da investigação, ao tratar de "Informações" (Terceira parte, Capítulo III) e de "Atos de desenvolvimento do procedimento preliminar" (Segunda parte, Capítulo I, pgs. 63-90). Esse capítulo, em especial, merece atenção, por estabelecer uma estrutura mínima razoável da investigação, dividida em fases (investigação, constatação e conclusão), imbricando questões jurídicas com algumas poucas questões de natureza prática da investigação.

Por uma teoria da investigação criminal

Os enfoques observados em cada categoria de obras relativas à investigação criminal, conquanto evidenciem aspectos relevantes da atividade investigativa, não se comunicam nem se estendem a outros de igual relevância. Com o presente trabalho, pretendemos considerar todos esses aspectos, salientando os diversos aspectos da investigação e a forma como se conjugam num todo unitário que pode concorrer para uma teoria da investigação criminal.

Sob essa perspectiva múltipla, devemos compreender que a *investigação criminal* – seja ela desenvolvida por inquérito policial, seja por processo judicial, ou qualquer outro instrumento jurídico-formal, e sob direção de quem quer que seja – para além dos diversos conhecimentos necessários ao seu fim (como ressaltaremos em todo o trabalho), tem demandado ainda a *administração* de seus vários aspectos, a envolver *a gestão* de instrumentos e pessoas, a *estratégia* na tomada de decisões e o *controle* legal dos meios de obtenção de provas. E essas ações administrativas (gestão, estratégia e controle), que se desenvolvem no âmbito de uma pesquisa, relacionam-se de tal forma complexa que, cada vez mais, mostra-se necessário recorrer a modelos de investigação praticados nas ciências em geral, visando a uma aproximação entre pesquisa científica e investigação de crimes, para que possamos avançar no domínio dessa matéria com controle sobre os diversos problemas que se colocam em seu âmbito[10].

É certo que as várias *tecnologias*[11] disponíveis ao enfrentamento de crimes – tanto para as *perícias*, como para as diversas *técnicas operacionais* aperfeiçoadas na prática empírica policial; o desenvolvimento de *serviços de inteligência* e *análise criminal* de dados e informações; a organização e cruzamento de *bancos de dados*; bem como os novos *procedimentos jurídico-processuais* disponibilizados pelas leis –, tudo em conjunto pode contribuir como *conhecimento instrumental* de importância fundamental para a investigação criminal, mas devemos admitir que não são conhecimentos suficientes em si mesmo à investigação criminal. Há algo mais que tem se mostrado necessário a uma investigação em virtude de certas particularidades do crime no mundo contemporâneo.

A *dinâmica*, a *organicidade* e a *transnacionalidade* do crime têm demandado mais que a simples reunião de todos esses instrumentos e técnicas, considerados naquilo que respondem a questões particulares para as quais são direcionados. Para além dessa simples reunião, tem-se mostrado necessário um *meta-conhecimento* que se ponha acima desses instrumentos disponíveis, com uma visão do conjunto e de suas possíveis relações, tendo em vista unificar o objetivo conjugado de todos. É necessário, assim, um meta-conhecimento que possa subsidiar *ações e estratégicas* eficazes de investigação e orientar a obtenção de *provas* mais

---

[10] Sobre essa possível aproximação, entre investigação criminal e pesquisa científica, em especial sob uma perspectiva epistemológica pragmática, cf. Dutra, 2001, p. 14 e ss, para quem há grande semelhança entre a investigação científica e a investigação policial, nas quais podemos encontrar "...certos elementos fundamentais da investigação, revelados por uma análise pragmática da investigação".

[11] Por *tecnologia* podemos entender toda técnica que recorre a instrumentos que potencializam sua aptidão para resolver certos problemas específicos da sociedade, ou como bem melhor explica G. F. Kneller (A Ciência como Atividade Humana, Zahar, 1980), "uma atividade essencialmetne prática, a qual consiste mais em alterar do que em compreender o mundo. Onde a Ciência persegue a verdade, a tecnologia prega a eficência" (p. 245).

condizentes com as particularidades de certos tipos penais[12], tendo ainda em conta o respeito a certas limitações intransponíveis de garantias legais, tudo sistematizado segundo critérios científicos de pesquisa. Para tanto, somente uma investigação criminal científica, metodologicamente considerada, estará apta a cumprir essa função.

Em verdade, para além de ser *possível* a aproximação entre investigação criminal e pesquisa científica, tem-se mostrado *necessário* pensar a investigação criminal em termos de ciência (como um todo e não restrito a certas partes), ante as particularidades do crime no estágio atual e a exigência por uma maior celeridade da investigação, para que possamos avançar no "combate" à criminalidade, não apenas com maior certeza científica, mas também com segurança jurídica[13]. Nesse sentido, não nos basta uma investigação criminal científica; é necessário também que ela seja juridicamente ponderada, segundo preceitos limitadores do poder que se desenvolve na investigação. Em síntese, trata-se de ponderar razão científica e razão jurídica, no âmbito das investigações.

Assim, a *administração da investigação* (gestão, decisão e controle) deve ser encarada à maneira de pesquisas científicas, no sentido de *ordenar* a produção do conhecimento, *orientar* a finalidade da investigação e *coordenar*, sob uma visão global do conjunto, todas as ações investigativas. Dessa forma, a investigação, como *pesquisa administrada estrategicamente*, deve se afirmar como uma "metodologia geral" para as diversas técnicas

---

[12] Os tipos penais, no atual estágio do Direito Penal, têm sofrido um acréscimo muito grande de elementos *normativos* e *especiais fins subjetivos*, para os quais se exige mais que mera investigação de dados empíricos. E mesmo em relação a estes, tem-se observado referências a dados não exclusivamente empíricos, porque referidos a determinado estágio da ciência ainda não sedimentado, ou ainda não dominado pelo conhecimento comum. Um exemplo disso pode ser observado no tipo penal do art. 27 da Lei n. 11.105/2005, que se refere a OGM (organismos geneticamente modificados) e normas estabelecidas pela CTNBio (Comissão Técnica Nacional de Biossegurança).

[13] As potencialidades tecnológicas não nos podem levar a "ilusões científicas" que nos conduzam à cegueira de acreditar que tudo é possível para alcançar "*a* verdade absoluta", exclusivamente mediante uma perícia criminal, ou *software* aplicado à investigação, sem ponderação de outros interesses (humanos) que figuram em uma investigação, a exigirem uma racionalização também jurídica da investigação, além da racionalização científica.

de pesquisas que se desenvolve, capaz de dizer *o caminho* da investigação, devido ao domínio que tem das *finalidades* da investigação e ao controle que deve ter de seus *limites*.

É com base nessa ideia, e cientes da grandiosidade de um projeto tal, que propomos não *a* "teoria da investigação criminal" acabada e completa, mas uma *introdução*, com elementos teóricos relativos aos diversos aspectos da investigação e seus principais problemas (epistemológicos e metodológicos), que seja capaz de suscitar a necessidade de discutir, sob uma perspectiva jurídico-científica, esse campo do conhecimento ainda tão pouco explorado, e assim contribuir para no futuro termos uma ciência da investigação criminal.

Parte I

CONCEITO DE INVESTIGAÇÃO CRIMINAL

A investigação, segundo uma concepção preliminar, consiste na pesquisa ou indagação que se faz interrogando, buscando e examinando. Sob uma abordagem semântica, segundo Manuel Monteiro Guedes Valente, a "investigação vem do étimo latino *investigatione* (*in* + *vestigius* + *actio*), significa a acção dirigida sobre o rasto, a peugada, e que levou à tradução de acto de *pesquisar, de indagar, de investigar*. Mas acto de investigar o que? É um olhar inquiridor sobre os vestígios deixados e os rastos não apagados de um facto ou acontecimento de forma a que se chegue a uma verdade, a um conhecimento" (2009, p. 307).

Nicola Abbagnano (2003, p. 584), a respeito da investigação, admite que, embora seu conceito se ligue estreitamente ao de filosofia, dificilmente foi objeto de indagação filosófica, apesar de, no mundo moderno, Dewey ter lhe dado atenção ao considerar a lógica como teoria da investigação. Nesse sentido, segundo Dewey, "todas as formas lógicas, com suas propriedades características, nascem do trabalho de investigação, e referem-se à sua aferição, no que concerne à confiabilidade das asserções produzidas" (apud Abbagnano, ibid.).

Nesse trabalho, pretendemos que se considere a investigação como uma *especial forma de conhecimento que consiste em uma mescla de saber e poder*, segundo proposta de Michel Foucault, a respeito do inquérito, contida em *A verdade e as formas jurídicas* (Ed. NAU, 2002), o que Luigi Ferrajoli, em *Direito e Razão* (Ed. RT, 2002), estende ao sistema penal como um todo, e aqui estamos a especificar quanto à investigação criminal.

De início, devemos compreender o conhecimento em geral como *ato de apreensão do objeto pelo sujeito cognoscitivo* (nesse sentido, cf. Mora, 2001, p. 120). Essa apreensão, contudo, não é algo que ocorre pacificamente – é preciso que aceitemos e entendamos isso. Michel Foucault, a respeito dessa questão, nos adverte que "não há, portanto, no conhecimento uma adequação ao objeto, uma relação de assimilação, mas, ao contrário, uma relação de distância e dominação; não há no conhecimento algo como felicidade e amor, mas ódio e hostilidade; não há unificação, mas sistema precário de poder" (2002, p. 22). Segundo o filósofo, assim, há no âmbito do conhecimento algo que se assemelha à ordem da luta e do poder, de como os homens lutam e procuram dominar uns aos outros, uma relação de força, de tal forma que "só há conhecimento na medida em que, entre o homem e o que ele conhece, se estabelece, se trama algo como uma luta singular, um *tête-à-tête*, um duelo. Há sempre no conhecimento alguma coisa que é da ordem do duelo e que faz com ele seja sempre singular" (ibid. p. 26).

Com base nessa concepção acerca da estrutura do conhecimento é que M. Foucault sustenta ser o inquérito – entendido como procedimento de práticas judiciárias na história – uma "forma de saber-poder", ou de forma mais detalhada, "precisamente uma forma política, uma forma de gestão, de exercício do poder que, por meio da instituição judiciária, veio a ser uma maneira, na cultura ocidental, de autentificar a verdade, de adquirir coisas que vão ser consideradas como verdadeiras e de as transmitir" (ibid. p. 78).

Pela expressão *prática judiciária*, segundo M. Foucault, compreende-se "a maneira pela qual, entre os homens, se arbitram os danos e as responsabilidades, o modo pelo qual, na história do Ocidente, se concebeu e se definiu a maneira como os homens podiam ser julgados em função dos erros que haviam cometido, a maneira como se impôs a determinados indivíduos a reparação de algumas de suas ações e a punição de outras...". Dessa forma, não se trata de limitar sua afirmação ao inquérito, como o entendemos no direito brasileiro, podendo ser abrangido também o processo judicial, ou de forma mais geral a investigação criminal, como um todo, seja praticada no inquérito, seja no processo. Com essa compreensão Luigi Ferrajoli (2002, p. 39) sustenta, com uma fórmula sintética, "que o juízo penal – como ademais toda atividade judicial – é um 'saber-poder', quer dizer, uma combinação de conhecimento (*veritas*) e de decisão (*auctoritas*). Em tal entrelaçamento, quanto maior é o poder tanto menor será o saber, e vice-versa". Nesse trabalho, contudo, deter-nos-emos a falar da investigação criminal anterior ao processo judicial, mas não limitada ao inquérito policial, embora tenhamos nesse os principais exemplos decorrentes da experiência prática do autor.

Assim, a partir da ideia de *saber-poder*, estamos a considerar a estrutura subjacente que se encontra na base da investigação criminal, o que nos permite sustentar que esta, como forma de conhecimento acerca dos crimes, está condicionada pelas regras como o poder se conduz entre os homens, e que, na medida em que avançamos em conhecimento podemos diminuir a necessidade do uso da força. É sob essa perspectiva que podemos entender M. Foucault ao dizer que "só pode haver certos tipos de sujeito de conhecimento, certas ordens de verdade, certos domínios de saber a partir de condições políticas que são o solo em que se formam o sujeito, os domínios de saber e as relações com a verdade". Com isso, por fim, tendo em mente essa idéia-estrutura, podemos sustentar que, em um Estado democrático de direito cujas condições políticas se encontram especificadas por seus fundamentos, a investigação criminal se desenvolve (ou deveria se desenvolver) segundo certos princípios tendentes a minimizar o uso da força como recurso ao conhecimento dos crimes.

É sob essa perspectiva que, a partir do *conceito de investigação em geral* (Capítulo 1), seguido de uma particular concepção de *investigação científica* (Capítulo 2), iremos desenvolver um *conceito de investigação criminal* (Capítulo 3), considerando seu *objeto específico (o crime)* e *certas particularidades* que lhe são próprias.

Capítulo I

A INVESTIGAÇÃO

A investigação é "*a transformação dirigida ou controlada de uma situação indeterminada em uma situação de tal modo determinada nas distinções e relações que a constituem, que converta os elementos da situação original em um todo unificado*". Essa definição de John Dewey[14] (1980, p. 58) consiste na "mais altamente generalizada concepção de investigação", concebida com base na ideia de que "a investigação, a despeito dos diversos objetos aos quais é aplicada, e da consequente diversidade de suas técnicas específicas, possui uma estrutura ou padrão comum" (ibid., p. 55). A partir dessa definição podemos identificar a estrutura fundamental de toda e qualquer investigação, no que há de comum entre elas, para depois distinguir o que há de particular na investigação científica e na investigação criminal.

Luiz Henrique Dutra, a respeito dessa definição, esclarece que nela há um "conjunto de ações parciais que constituem a ação total de investigar, no sentido de chegar à solução de um problema e a sua consolidação em determinado saber estabelecido, por exemplo, uma

---

[14] "**Dewey, John** (1859-1952). Educador, reformista social e filósofo do pragmatismo americano. (...) A enorme influência de Dewey devia-se mais à sua capacidade para elucidar o caráter progressivo dos Estados Unidos de seu tempo (nos níveis pragmático, científico e democrático), do que a uma argumentação filosófica técnica e precisa. No entanto, seu desenvolvimento do pragmatismo de James e Peirce ainda hoje é influente. Segundo Dewey, a investigação é um processo que corrige a si mesmo, conduzido num contexto histórico e cultural específico, e não precisa encontrar um fundamento na certeza ou no 'dado'. O conhecimento é apenas aquilo que se encontra garantido pela investigação." (Blackburn, 1997, p. 98).

tradição científica" (2008, p. 282). Essas ações podem ser consideradas, em síntese, da seguinte maneira: "uma *situação indeterminada* de dúvida, na qual uma questão é colocada; a *constituição de um problema*, isto é, perceber que aquela situação requer investigação; a *determinação da solução para o problema*, ou seja, a indicação da possibilidade de solução do problema (uma hipótese) e as direções em que isso pode ser feito; o *raciocínio*, ou o desenvolvimento das implicações ou consequências da hipótese ou solução aventada; e a *corroboração* (ou verificação) da hipótese levantada, por meio de experimentação e observação ulterior" (id. ibid.)[15].

O centro do pensamento de J. Dewey consiste no que ele chamou *instrumentalismo*, para diferenciar-se dos pragmatismos de Peirce e William James, dos quais partira[16]. Trata-se, segundo N. Abbagnano, de vertente pragmática *metodológica* que, diferentemente do *pragmatismo metafísico* (que reduz verdade a utilidade), "não pretende definir a verdade ou a realidade, mas apenas um procedimento para determinar o significado dos termos, ou melhor, das preposições (...)" (2003, p. 784). Segundo J. Dewey, "a essência do instrumentalismo pragmático é conceber o conhecimento e a prática como meios para tornar seguros, na experiência, os bens, que são as coisas excelentes de qualquer espécie". Com essa concepção, J. Dewey enfatizava o "caráter instrumental e operacional de todos os procedimentos do conhecer", havendo em seu pragmatismo uma relação muito próxima com a metodologia científica contemporânea (nesse sentido, cf. idem, ibid. p. 784).

---

[15] Ainda, segundo o autor: "Essa sequência de ações investigativas apontadas por Dewey tem, por um lado, algo em comum com a abordagem de Kuhn, que é o fato de insistir na *solução de um problema*. Por outro lado, muito diferentemente de Kuhn, obviamente, Dewey idealiza uma *investigação bem-sucedida e progressiva*, mais semelhante à forma de compreender a investigação descrita por Popper ou pelos positivistas lógicos, guardadas também as diferenças importantes entre essas abordagens. Mais uma vez, contudo, em comparação com nosso modelo da investigação, esse modelo de Dewey, assim como o de Kuhn (isto é, o modelo específico dos passos da solução de um problema), pressupõe determinadas instituições que tornam possível o *contexto de investigação*, mas não as nomeia explicitamente" (2008, p. 282, com itálico nosso).

[16] Cf., nesse sentido, Pablo Rubén Mariconda *in* DEWEY, 1980: "Introdução – Vida e Obra".

1.1. O padrão de investigação (J. Dewey)

Em *Lógica – A Teoria da Investigação*, J. Dewey desenvolve o que ele chama de *padrão de investigação* (Capítulo VI), esmiuçando a sua definição de investigação, nos termos que passamos a expor sucintamente, segundo a disposição explicativa do próprio filósofo.

A ideia preliminar, que antecede a discussão sobre os elementos de sua definição, concerne à distinção entre a maneira pela qual os homens *conduzem* suas investigações e a maneira como *devem conduzir*, segundo regras reguladas ("normativas") em conformidade com modelos idealmente adequados de investigação. Segundo J. Dewey, "a pesquisa do modelo de investigação é, portanto, algo instituído não de maneira obscura, ou indiscriminadamente. É conferida e controlada pelo conhecimento dos tipos de investigação que têm e não têm funcionado; métodos que, (...), podem ser comparados de modo a produzir conclusões fundamentadas, ou racionais. Pois, através da comparação e do contraste, verificamos *como* e *por que* certos meios e instrumentalidades têm fornecido conclusões garantidamente assertíveis, enquanto que outros não o têm feito e *não podem* fazê-lo no sentido em que 'não podem' expressa uma incompatibilidade intrínseca entre os meios utilizados e as consequências alcançadas" (1980, p. 57-58)[17].

i) A situação indeterminada (p. 59 e ss.)

O que Dewey chama de "situação indeterminada" são "as condições que antecedem a investigação", não em sentido subjetivo, por

[17] No âmbito da investigação criminal, essa idéia pode ser desenvolvida a partir de estudos e descrição de investigações bem sucedidas que tenham obtido êxito em suas conclusões, em contraste com outras que poderiam obter semelhante resultado. Essa técnica acadêmica tem a vantagem de reduzir *teoricamente* o que a *prática* teria demonstrado eficaz, traduzindo *racionalmente* o que o *empirismo* da atividade diária colhera em campo. A partir, então, desse diálogo entre teoria e prática da investigação, pode-se avançar para modelos de investigação criminal. Tratar-se-ia, em síntese, de aproveitar o acervo de investigações criminais como laboratório de estudo da investigação criminal em um nível científico.

decorrência de limitações do investigador, mas objetivamente, pois "é a *situação* que tem tais características. Nós estamos incertos porque a situação é inerentemente incerta". A indeterminação, no entanto, é consequência da *interação* com o ambiente em que se situa a questão.

Assim, segundo Dewey, "a situação em que a interação ocorre é, portanto, indeterminada com respeito a seu *resultado*. Se a chamamos *confusa*, isto quer dizer que seu resultado não pode ser antecipado. É chamada *obscura* quando o seu curso de movimentos admite consequências finais que não podem ser claramente discernidas. É chamada *conflitiva* quando tende a evocar respostas discordantes. Ainda que as condições existenciais fossem ilimitadamente determinadas em e de si próprias, permaneceriam indeterminadas quanto à *significação*, ou seja, naquilo que significam e representam em sua interação com o organismo"[18].

Nesse ponto, Dewey sustenta que *investigação* é *indagação*, sendo esta a "procura pelo que quer que seja que forneça uma resposta para uma indagação", tendo em conta o contexto do problema que condicionará o tipo de resposta a ser dado. Em síntese, "a resolução da situação indeterminada é ativa e operacional. Se a investigação for dirigida adequadamente, o desfecho final será a situação unificada que foi mencionada".

ii) A instituição de um problema (p. 60 e ss.)

Não é a indeterminação da situação que se constitui no problema em si, a exigir uma solução; é necessário *instituí-lo* na investigação. Em outros termos, "a situação indeterminada torna-se problemática

---

[18] Organismo, aqui, parece ter o mesmo sentido que L. H. Dutra atribui a contexto, como se verá no Capítulo 2. Quanto às especificidades da indeterminação referidas, podemos visualizá-las na investigação criminal. Ainda que certos fatos sejam determinados, em princípio, há sempre questões que tornam o resultado *confuso* (por não poder ser antecipado), *obscuro* (porque há conseqüências finais que não podem ser discernidas) ou *conflitivo* (porque tende a respostas discordantes), considerando, ainda, que o ambiente peculiar da investigação criminal transmite uma significação específica que condiciona a solução do problema.

durante o processo em que é tornada objeto de investigação, e em virtude do mesmo". Trata-se, segundo Dewey, de um passo inicial, preliminar e essencial, pois "um problema bem colocado está semi-resolvido".

Em síntese, admite-se que "o modo pelo qual o problema é concebido decide quais as sugestões específicas que serão tomadas em consideração e quais as que serão deixadas de lado; que dados serão selecionados e que dados serão rejeitados; ele é o critério de relevância e irrelevância das hipóteses e das estruturas conceptuais".[19]

iii) A determinação da solução de um problema (p. 61 e ss.)

Não basta, contudo, instituir um problema, se não temos já alguma solução em abstrato, a partir do que comumente já se observou em investigações prévias. Nesses termos, admite-se que "um problema bem enunciado se encontra a caminho da própria solução". Isso decorre do fato que, segundo Dewey, "nenhuma situação que seja *completamente* indeterminada poderá ser convertida em um problema tendo *constituintes* definidos" (grifo nosso).

Por *constituintes*, Dewey se refere aos dados que estejam estabelecidos, por constituírem os termos do problema e terem de ser considerados ou levados em conta em qualquer possível solução. Nesse sentido, uma solução possível (que constitui uma ideia antecipada, uma hipótese) parte da determinação das condições fáticas garantidas pela observação (fatos estabelecidos), atribuindo-lhes significados como sugestões iniciais. No entanto, porque tais sugestões e

[19] O uso dessa orientação tem primordial relevância para a eficácia da investigação criminal, sobretudo considerando o seu limite temporal (prescrição). A delimitação adequada do problema real da investigação implica em ganho de tempo substancial, na medida em que se descartam elementos que, ou já estão presentes nos dados disponíveis, ou são irrelevantes para a conclusão final da investigação, no que há de essencial. O estudo dos elementos do crime, a partir da análise típica do ilícito, bem como dos elementos probatórios existentes, permite estabelecer qual problema da investigação – se o objetivo é configurar o crime integralmente, se complementar sua configuração parcialmente definida, ou se apenas identificar seu autor, ou mesmo apenas o partícipe de autoria já presente.

ideias se referem a algo não presente na existência dada, "os significados que envolvem têm que ser incorporados em algum símbolo. Não há ideia sem algum tipo de símbolo; um significado que não possua corpo não pode ser nem considerado nem utilizado. Desde que uma existência (....) é o suporte e o veículo de um significado e ao mesmo tempo um símbolo, e não mera existência física enquanto tal, os significados incorporados ou ideias são capazes de inspeção e desenvolvimento objetivos".[20]

iv) O raciocínio (p. 63 e ss.)

O raciocínio é desenvolvido como processo, como discurso racional que opera com os símbolos estabelecidos para as ideias, atribuindo significação aos dados constituintes do problema investigado. Esse processo se desenvolve através de "uma série de significados intermediários" que conduzirá a "um significado que é mais relevante para o problema do que a ideia originariamente sugerida"

Segundo Dewey, o raciocínio "indica operações que podem ser efetuadas para testar sua aplicabilidade, ao passo que a ideia original é habitualmente vaga demais para determinar operações decisivas. Em outras palavras, a ideia ou significado, quando desenvolvido no discurso, dirige as atividades que, quando executadas, fornecem o material probatório necessitado".

Ora, com isso, temos que os fatos observados e as ideias sugeridas se relacionam entre si, até chegar a "uma clarificação do problema envolvido e a proposta de uma possível solução", tendo, assim, os fatos um caráter operacional na medida em que lhes atribuímos significados.[21]

---

[20] Esse *tratamento conferido aos dados* existentes *pela significação*, mediante atribuição de símbolo às ideias, encontra-se presente na investigação criminal na medida em que cada dado fático apurado conduz-se a uma especificação típica legal, segundo os termos (ou símbolos, se o quisermos) de uma teoria analítica do crime, usada como linguagem necessária para as ideias que antecipam a solução da investigação.

[21] Essa é uma ideia fundamental de Dewey que possui relevância ímpar na investigação criminal, na medida em que aclara a necessidade de atribuir um *significado típico* para os fatos observados, sem o que a investigação seria apenas um amontoado de dados recolhidos sem sentido no âmbito jurídico a que se destinam.

v) O caráter operacional dos fatos-significados (p. 64 e ss.)

A partir dessa constatação, que relaciona fatos e ideias, Dewey sustenta que os fatos são escolhidos e descritos "em função de um propósito, a saber, a exposição do problema envolvido de modo tal que seu material indique um significado relevante para a resolução da dificuldade e sirva para testar seu valor e validade."

Noutros termos, Dewey reconhece que *os fatos têm uma força operativa*, não possuindo aptidão para ser evidência de forma isolada das ideias Em outros termos, "sua função consiste no servirem de evidência, e suas características de evidências são julgadas com base em sua capacidade para a formação de um todo ordenado em resposta a operações prescritas pelas ideias que ocasionam e mantêm".

Com essas considerações, Dewey reafirma a necessidade de símbolos na investigação e conclui que "a condução da investigação exige que os fatos sejam tomados como representativos e não como puramente presente. Tal exigência é satisfeita pela formulação dos fatos em proposições – isto é, por meio de símbolos".[22]

1.2. A natureza zetética

Considerando a concepção geral de investigação desenvolvida, podemos admiti-la como uma *atividade de natureza zetética*, no sentido de "investigativo ou inquisitivo". Nicola Abbagnano (2003, p. 1013) refere-se ao termo *zetético*, atribuindo-o à corrente céptica, pelo fato de *procurar e investigar*[23]. No entanto, é necessário precisar

---

[22] E na investigação criminal, reafirmemos isso, a teoria analítica do crime cumpre essa função de símbolo, podendo efetivamente ser reduzida a uma expressão com fórmula mínima, que permita averiguar a relação entre fato e ideia sugerida.

[23] Segundo o autor, referindo-se a *zetético*, "esse termo foi primeiramente aplicado por Trasilo para indicar um grupo de diálogos de Platão (...). Em seguida, foi assumido como denominação da atitude céptica: 'A corrente céptica é chamada de *zetética* por procurar e investigar; *suspensiva* pela disposição da alma que, depois da indagação, mantém em relação ao objeto indagado; e *dubidativa* por duvidar e indagar todas as coisas" (2003, p. 1013).

em que sentido podemos aceitar o *ceticismo* como da essência da investigação.

Na teoria do conhecimento, o *ceticismo*, quanto à possibilidade do conhecimento, opõe-se ao *dogmatismo*, que é uma "posição epistemológica para a qual o problema do conhecimento não chega a ser levantado. A possibilidade e a realidade do contato entre sujeito e objeto são pura e simplesmente pressupostas" (Hessen, 2003, p. 29). Trata-se de concepção considerada ingênua do ponto de vista da aquisição do conhecimento, ao passo que o ceticismo, em sua vertente mais radical (*Pirro de Élis*, 360-270 a. C.) propugna pela impossibilidade do conhecimento (id. ibid. p. 32). Mas, na filosofia moderna, encontramos um ceticismo diverso (metódico, não de princípio), como em Descartes ao sustentar uma dúvida metódica[24], que podemos chamar de *ceticismo moderado*[25].

Em síntese, segundo Johannes Hessen, "na história da filosofia, o ceticismo aparece como antípoda ao dogmatismo. Enquanto o dogmatismo enche o pensador e o pesquisador de exagerada confiança em face da capacidade da razão humana, o ceticismo mantém desperto o sentimento do problema. Crava o aguilhão da dúvida no peito do

---

[24] Para Johannes Hessen, contudo, por ceticismo deveríamos entender apenas o ceticismo geral e de princípio, atribuindo, a outros pontos de vistas, denominações diversas, a exemplo do ceticismo metafísico comumente chamado de *positivismo*. "Segundo esse ponto de vista, que remonta a *A. Comte* (1789-1857), devemos nos ater ao que é positivamente dado, aos fatos imediatos da experiência, mantendo-nos em guarda contra toda e qualquer especulação metafísica" (2003, p. 35).

[25] Essa expressão é usada por D. Hume, em *Investigação acerca do entendimento humano*: "Uma outra espécie de ceticismo *moderado*, que deve ser vantajoso aos homens e que pode resultar naturalmente das dúvidas e escrúpulos pirrônicos, consiste em limitar nossas investigações aos objetos que mais bem se adaptam à exígua capacidade do entendimento humano. A *imaginação* humana, sublime por natureza, deleita-se com tudo que é remoto e extraordinário, e ela corre, sem controle, pelas mais longínquas regiões do tempo e do espaço, visando assim a evitar os objetos que o costume lhe tem tornado demasiado familiares. Um *juízo* correto observa um método contrário e, evitando todas as investigações longínquas e elevadas, limita-se à vida diária e aos objetos compreendidos pela prática e experiência cotidianas, reservando os temas mais sublimes ao embelezamento dos poetas e dos oradores, ou à arte dos sacerdotes e dos políticos." (2001, p. 193)

filósofo, fazendo que este não se aquiete diante das soluções já dadas a um problema, mas continue lutando por soluções novas e mais profundas" (2003, p. 36). Nesse sentido, podemos admitir que, enquanto o dogmático parte de certezas pressupostas, o cético põe-se em busca dessa certeza, com atitude *suspensiva* e *dubidativa*, tanto quanto seja possível ao conhecimento.

Trata-se, em síntese, do que D. Hume considerou uma espécie de *ceticismo antecedente* (a todo estudo ou investigação), que teria sido recomendado por Descartes como eficaz proteção contra o erro e o juízo precipitado[26]. Segundo ele, "este ceticismo, prescrevendo uma dúvida universal que abrange tanto o conjunto de nossas opiniões e princípios anteriores como também nossas próprias faculdades, de cuja veracidade – dizem eles – devemos assegurar-nos mediante uma cadeia de raciocínios deduzida de um princípio primitivo que não pode ser enganador ou duvidoso" (2001, p. 178 e ss.)[27].

Em síntese, é com base nessa concepção cética *antecedente e moderada*, que podemos falar na *investigação como atividade zetética*, tendo em vista uma atitude metódica que se resguarda dos vícios da presunção cognitiva e combate a razão ingênua.

---

[26] "Há outra espécie de ceticismo, *conseqüente* à ciência e à investigação, ocorrendo quando os homens supõem haver revelado a completa falsidade de suas faculdades mentais ou sua incapacidade para enlaçar uma definição rigorosa em todos aqueles temas curiosos da especulação que geralmente os atraem. Certa classe de filósofos chega inclusive a duvidar de nossos próprios sentidos, submetendo ao mesmo tipo de dúvida tanto as máximas da vida cotidiana como as conclusões e os princípios mais profundos da metafísica e da teologia." (id. ibd.)

[27] E acrescenta o filósofo: "No entanto, devemos concordar que esta espécie de ceticismo, sendo mais moderada, pode ser aceita como bastante razoável, pois afigura-se como atitude prévia e indispensável ao estudo da filosofia [e à investigação], mantendo adequada imparcialidade em nossos juízos e apartando nosso espírito de todos os preconceitos adquiridos pela educação e precipitação. Iniciar com princípios claros e evidentes por si mesmos, avançar com passos prudentes e seguros, repassar freqüentemente nossas conclusões e examinar rigorosamente todas as suas conseqüências são os únicos métodos que nos podem levar a aspirar à verdade e lograr uma adequada estabilidade e certeza em nossas conclusões, embora reconhecendo que assim nossos sistemas progridem pouco e lentamente." (id. ibd.)

Capítulo II

A INVESTIGAÇÃO CIENTÍFICA

A investigação científica poderia ser distinguida das demais simplesmente pela referência ao *método científico* de que se vale, mas isso nos sonegaria a questão fundamental prévia que realmente interessa e caracteriza essa investigação – *o que é ciência, afinal?* Esse é o título português da tradução de um livro – no original *"What is this thing called Science?"* – de A. F. Chalmers, que, após considerações várias, sugere que essa pergunta é enganosa, pois "ela supõe que exista uma única categoria 'ciência' e implica que várias áreas de conhecimento, a física, a biologia, a história, a sociologia e assim por diante, se encaixam ou não nessa categoria", não se podendo sustentar uma caracterização tão geral da ciência. Segundo o autor, "os filósofos não têm recursos que os habilitem a legislar a respeito dos critérios que precisam ser satisfeitos para que uma área do conhecimento seja considerada aceitável ou 'científica'. *Cada área do conhecimento pode ser analisada por aquilo que é*" (1993, p. 211, com itálicos nossos). Trata-se de ideia que desmistifica a imagem científica e, no mínimo, exige-nos atentar para a existência de várias concepções que podem existir acerca da ciência[28].

---

[28] G. F. Kneller, em *A Ciência como atividade humana*, por exemplo, apresenta-nos uma ideia mais corriqueira da ciência, apesar de admitir ser ela motivo de controvérsia. Em síntese, segundo ele "Ciência é conhecimento da natureza e exploração desse conhecimento. Entretanto, essa exploração envolve muitas coisas. Envolve, por exemplo, uma história, um método de investigação e uma comunidade de investigadores. Hoje, em especial, a Ciência é uma força cultural de esmagadora importância e uma fonte de informações indispensável à tecnologia" (1980, p. 11).

Nicola Abbagnano, considerando essa variedade de concepções, apresenta-nos um panorama conciso, a partir de uma definição conciliadora de ciência como "conhecimento que inclua, *em qualquer forma ou medida*, uma garantia da própria validade". Segundo o autor, a limitação expressa por "em qualquer forma ou medida" é adequada para se tornar aplicável à Ciência moderna em contraposição ao conceito tradicional que exige uma garantia absoluta de validade. Tendo esse ponto por parâmetro, ele sustenta que "as diferentes concepções de Ciência podem ser distinguidas conforme a garantia de validade que se lhes atribui. Essa garantia pode consistir: *1.º na demonstração; 2.º na descrição; 3.º na corregibilidade*" (2003, p. 136); Vejamos, sucintamente, no que consiste cada uma dessas concepções[29].

i) Ciência como demonstração

Essa concepção representa o *ideal clássico de ciência* como "conhecimento demonstrativo da essência necessária ou substância" (Aristóteles) ou como "compreensão segura, certa e imutável fundada na razão" (Sexto Empírico). Nesse sentido, segundo N. Abbagnano, "a mais perfeita realização desse ideal da Ciência está em *Elementos*, de Euclides (séc. III a.C). Essa obra, que quis realizar a matemática como Ciência perfeitamente dedutiva, sem nenhum recurso à experiência ou à indução, permaneceu por muitos séculos (e sob certos aspectos permanece até hoje) como o próprio modelo de ciência" (2003, p. 137).

---

[29] Para uma incursão mais profunda e detalhada sobre as diversas concepções de Ciência, cf. "Introdução à Teoria da Ciência", de Luiz Henrique de Araújo Dutra (UFSC, 2009), cuja obra propõe outro esquema teórico e está assim sistematizada: Capítulo 1 – teorias da confirmação; Capítulo 2 – teorias do progresso; Capítulo 3 – teorias da explicação; e Capítulo 4 – teorias da aceitação. Nessa obra, a partir da pergunta sobre "o que faz com que a ciência seja ela mesma", em distinção com a arte, religião, polícia, filosofia etc., o autor apresenta as teorias referidas como propostas conceituais já realizadas. Em complemento, o autor ainda apresenta um conjunto de modelos científicos, que costumam ser usados na prática da pesquisa científica, como instrumentos de teste das teorias de descoberta. Para um conceito unitário de ciência, contudo, cf. French, Steven. *Ciência – Conceitos-Chave em Filosofia*. Ed. Artmed, em que o autor, ao passo que vai construindo a ideia de ciência, com exemplos, apresenta as diversas concepções acerca do conceito.

Kant rotulou esse velho ideal com um novo termo – *sistema*. Segundo ele, "a unidade sistemática é o que antes de tudo faz de um conhecimento comum uma Ciência, isto é, de um simples agregado, um sistema", acrescentando que por sistema devemos entender "a unidade de conhecimentos múltiplos reunidos sob uma única ideia" (apud Abbagnano, ibid.).

A respeito dessa concepção, N. Abbagnano explica que, embora seja possível considerar superado o ideal clássico de Ciência como sistema acabado de verdades necessárias por evidência ou por demonstração, o mesmo não se pode dizer de todas as suas características. Assim, "que a Ciência seja, ou tende a ser, um sistema, uma unidade, uma totalidade organizada, é pretensão que as outras concepções da própria Ciência também têm. O que essa pretensão tem, em todos os casos, de válido é a exigência de que as proposições que constituem o corpo linguístico de uma Ciência sejam *compatíveis* entre si, isto é, não contraditório" (ibid. p. 138)[30].

ii) Ciência como descrição

Nessa concepção, a ciência se reduz "à observação dos fatos e às inferências ou aos cálculos fundados no fato", conforme um conceito descritivo, exaltado e difundido pela filosofia iluminista. Distinguindo, como métodos, *síntese* e *análise*, Newton sustenta que esta consiste em "fazer experimentos e observações, em deles tirar conclusões gerais por meio da indução e em não admitir, contra as conclusões, objeções que não derivem dos experimentos ou de outras verdades seguras" (apud Abbagnano, ibid. p. 138).

A respeito dessa concepção, contudo, Claude Bernard advertiu que "a simples constatação dos fatos nunca chegará a constituir uma ciência. Podem-se multiplicar fatos e observações, mas isso não levará à compreensão de nada. Para aprender, é preciso, necessariamente,

---

[30] E acrescenta o filósofo: "Essa exigência, sem dúvida, é muito menos rigorosa do que aquela para a qual tais proposições deveriam constituir uma unidade ou um sistema; aliás, a rigor, é uma exigência totalmente diferente, pois a não-contradição não implica, em absoluto, a unidade sistemática." (id. ibd.)

raciocinar sobre o que se observou, comparar os fatos e julgá-los com outros fatos que servem de controle" (apud Abbagnano, ibid.).

Nesse sentido, N. Abbagnano ressalta que "uma Ciência de observação será uma Ciência que raciocina sobre os fatos da observação natural, isto é, sobre os fatos pura e simplesmente constatados, ao passo que uma Ciência experimental ou de experimento raciocinará sobre os fatos obtidos nas condições que o experimentador criou e determinou" (ibd.).

iii) Ciência como corrigibilidade

Essa concepção menos dogmática da ciência tem como pressuposto o *falibilismo*[31] do conhecimento humano, sem pretensão a qualquer garantia absoluta, e se funda na *autocorrigibilidade* do seu método. Nesse sentido, a ciência é definida como um "sistema autocorretivo" que "pode desenvolver-se ou progredir não só porque é fragmentária, mas também porque nenhuma proposição sua é, em si mesma, absolutamente certa, e assim o processo de correção pode atuar quando encontramos provas mais adequadas." (Morris R. Cohen apud Abbagnano, 2003, p. 139).

No âmbito dessa concepção, segundo N. Abbagano, pode-se situar a ideia de *falseabilidade*, "critério sugerido por Karl Popper para acolher as generalizações empíricas. O método empírico, segundo Popper, é o que 'exclui os modos logicamente admissíveis de fugir à falseação. Desse ponto de vista, as asserções empíricas só podem ser decididas em um sentido por tentativas sistemáticas de colhê-las em erro. Desse modo desaparece todo o problema da indução e da validade das leis naturais" (2003, p. 427). Com essa noção, K. Popper exacerba o falibilismo e sustenta que o homem não pode conhecer, mas apenas conjecturar.

Em *A Lógica da Pesquisa Científica*, Karl Popper, após considerar alguns problemas fundamentais, sugere a *falseabilidade como critério*

[31] "Termo criado por Peirce para indicar a atitude do pesquisador que julga possível o erro a cada instante da sua pesquisa e, portanto, procura melhorar os seus instrumentos de investigação e de verificação" (Abbagnano, 2003, p. 426)

de demarcação da ciência (Parte I, Capítulo I, 6). Partindo da inadmissibilidade da indução[32], Popper sustenta que as teorias não são empiricamente verificáveis, mas sim falseáveis, devendo esse ser o critério adequado para caracterizar a ciência[33]. Segundo o filósofo, "aquilo que caracteriza o método empírico é sua maneira de expor a falsificação, de todos os modos concebíveis, o sistema a ser submetido a prova. Seu objetivo não é o de salvar a vida de sistemas insustentáveis, mas, pelo contrário, o de selecionar o que se revele, comparativamente, o melhor, expondo-os todos à mais violenta luta pela sobrevivência" (1993, p. 43)[34].

Em termos lógicos, combatendo a inferência indutiva e com auxílio do *modus tollens*[35], Popper sustenta que sua posição "está ali-

---

[32] Segundo ele, "é comum dizer-se 'indutiva' uma inferência, caso ela conduza de *enunciados singulares* (por vezes denominados também enunciados 'particulares'), tais como descrições dos resultados de observações ou experimentos, para *enunciados universais*, tais como hipóteses e teorias. Ora, está longe de ser óbvio, de um ponto de vista lógico, haver justificativa no inferir enunciados universais de enunciados singulares, independentemente de quão numerosos sejas estes; com efeito, qualquer conclusão desse modo sempre pode revelar-se falsa: independentemente de quantos casos de cisnes brancos possamos observar, isso não justifica a conclusão de que *todos* os cisnes são brancos. A questão de saber se as inferências indutivas se justificam e em que condições é conhecida como o *problema da indução*" (1993, p. 287-28).

[33] K. Popper adverte que apresenta o critério da falseabilidade como critério de demarcação, mas *não como critério de* significado. "A falseabilidade separa duas classes de enunciados perfeitamente significativos: os falseáveis e os não falseáveis; traça uma linha divisória no seio da linguagem dotada de significado e não em volta dela" (1993, p. 42).

[34] Essa concepção de ciência pode ser acolhida na investigação criminal, na medida em que suas conclusões se deparam, na fase processual, com a refutação probatória do réu, em virtude do contraditório judicial a que se submete a questão, pondo à prova a hipótese acusatória, antes de proferir-se uma sentença final acerca do crime. Não se descartam, contudo, o caráter demonstrativo e o descritivo da investigação criminal, mas esses são mais precários – quanto à descrição, porque a investigação não conhece os fatos em si, mas as provas que a eles se referem; quanto à demonstração, porque a linguagem usada não possui um grau de correção adequado, embora a *teoria analítica do crime* possa cumprir essa função, desde que melhor trabalhada na prática da investigação.

[35] "**Modus pones e modus tollens.** Na lógica do séc. XVII, foram assim chamados os dois modos do silogismo hipotético: o primeiro, posto o antecedente, põe o conseqüente

cerçada numa assimetria entre verificabilidade e falseabilidade, assimetria que decorre da forma lógica de enunciados universais. Estes enunciados nunca são deriváveis de enunciados singulares, mas podem ser contraditados pelos enunciados singulares [ou seja, embora não verificáveis, são falseáveis]. Consequentemente, é possível, através de recurso a inferências puramente dedutivas (com auxílio do *modus tollens*, da lógica tradicional), concluir acerca da falsidade de enunciados universais a partir da verdade de enunciados singulares". E sintetiza o filósofo reafirmando que "essa conclusão acerca da falsidade dos enunciados universais é a única espécie de inferência dedutiva que atua, por assim dizer, em 'direção indutiva', ou seja, de enunciados singulares para enunciados universais" (ibid.)

Simon Blackburn (1997, p. 302), a respeito desse critério de demarcação, explica que "Popper propõe como alternativa uma epistemologia que parte da formação arrojada e imaginativa de hipóteses. Essas enfrentam o tribunal da experiência, que tem o poder de falsificá-las, mas não de confirmá-las. Uma hipótese que sobreviva a tentativa de refutação poder ser provisoriamente aceita como 'corroborada', mas jamais se pode atribuir-lhe uma probabilidade"[36].

2.1. Ciência como solução de problemas

John Dewey, em sua teoria da investigação, já enfatizava o problema – *sua instituição e determinação da solução* – como uma questão fundamental para a investigação (nesse sentido, cf. 1980, p. 60 e ss). Também T. Kuhn "coloca como ponto central de sua análise do desenvolvimento de um paradigma a solução de um problema" (Dutra, 2008, p. 281), mas é em Larry Laudan que podemos encontrar, em definitivo, a concepção de *ciência como solução de problemas* levada ao extremo.

(*se A é, é B; mas A é, portanto é B)*, e o segundo, retirado o conseqüente, retira o antecedente (*se A é, é B; mas A não é, portanto não é B).*" (Abbagnano, 2003, P. 680)

[36] É o que se passa, sem dúvida, com as hipóteses conclusivas da investigação criminal, ao submetr-se ao crivo do judiciário, em processo contraditório.

Segundo Giovani Reale e Dario Antiseri, "a ideia central de Larry Laudan é a de que 'a ciência visa fundamentalmente à solução de problemas'. Em *O progresso científico* (1977), Laudan delineou 'as implicações, para a história e a filosofia da ciência, do ponto de vista que concebe a ciência sobretudo como atividade emprenhada na solução de problemas" (2003, p. 1054).

Em síntese, segundo L. Laudan, "se os problemas são o ponto central do pensamento científico, as teorias são seu resultado final. Se os problemas constituem as perguntas da ciência, as teorias constituem as respostas. A função de uma teoria é resolver a ambiguidade, reduzir a irregularidade à uniformidade, mostrar que o que sucede é em certo modo inteligível. É a este complexo de funções a que ele se refere quando fala de teorias como solução de problemas" (1986, p. 41, tradução nossa).

No entanto, essa teoria chega a certos extremos que devem ser considerados com ressalvas, sobretudo no âmbito da persecução penal, pois Laudan considera que o essencial para uma teoria é se ela responde aceitavelmente aos problemas postos, e que para avaliar uma teoria é mais importante considerar se ela responde às questões postas do que se é verdadeira ou se está comprovada. Em suas palavras, "não necessitamos considerar o tema da verdade e da falsidade – como fazem geralmente os cientistas – para determinar se uma teoria resolve ou não um problema empírico concreto" (1986, p. 54, tradução nossa). Sem dúvida, a solução do problema como essência da ciência é a concepção que melhor atende à realidade da investigação criminal, desde que não abandonemos a noção de verdade como igualmente necessária.

Com essa ressalva, são relevantes certas orientações que Laudan nos apresenta, no sentido de que: "1. A importância da resolução dos problemas empíricos (tanto resolvidos como anômalos) não é a mesma em todos os casos, dado que alguns problemas são de maior importância que outros. 2. A valoração da importância de um problema ou anomalia concreta requer o conhecimento das diversas teorias do domínio e o conhecimento de se essas teorias tiveram ou não êxito ao propor soluções" (ibid. p. 71)

2.2. Pragmática da investigação científica (L. H. Dutra)[37]

No âmbito das teorias da ciência e de seus métodos, Luiz Henrique Dutra (2008, p. 259 e ss) nos adverte que geralmente, elas possuem um caráter eminentemente lógico e quase formal, detendo-se no que ele chama de *contexto de justificação*, a exemplo da teoria de Popper que chega a desdenhar das questões que se encontram no *contexto de descoberta*, "ao qual pertence o tema das formas pelas quais, *de fato*, elaboramos teoria e levantamos hipóteses"[38]. Entretanto, segundo o autor (ibid. p. 261), há outros *modelos de atividade científica*, com ênfase na "atividade de levantar hipóteses, avaliá-las de diversas maneiras, inclusive testando-as empiricamente, e de aplicá-las para múltiplos usos, inclusive para dar explicações e fazer predições" – a exemplo da sua concepção *pragmática da investigação científica*, cujo modelo podemos transportar para outras investigações como a criminal[39].

---

[37] "*Luiz Henrique de Araújo Dutra* é doutor em lógica e filosofia da ciência pela Universidade Estadual de Campinas (UNICAMP). É professor do Departamento de Filosofia da Universidade Federal de Santa Catarina (UFSC) e pesquisador do CNPq".

[38] Esse é o contexto que mais nos interessa na investigação criminal, pelo menos nos moldes que pretendemos abordar uma possível ciência da investigação.

[39] *Pragmático*, aqui, está em seu sentido originário, não relacionado ao pragmatismo. N. Abbagnano explica que: "Esse adjetivo foi usado pela primeira vez por Políbio, para quem há nítida distinção entre a história pragmática, que cuida dos fatos, e a história que se ocupa das lendas... (...) Na linguagem contemporânea, essa palavra voltou a ter o seu sentido inicial. Quando não se refere a pragmatismo, designa simplesmente *o que é ação ou que pertence à ação*" (2003, p. 783, com itálico nosso). Nesse sentido, podemos dizer que *a investigação é pragmática* – por constituir-se, sobretudo, de ações –, além de ser *zetética*, no sentido já exposto no Capítulo 1. L. H. Dutra, em outra obra sua (2001, p. 133 e ss), expõe claramente a sua idéia de "investigação como ação", na qual declara que "ao utilizarmos a palavra 'pragmática', estamos nos referindo à distinção entre sintaxe, semântica e pragmática, tal como estes três termos são empregados nos estudos sobre a linguagem. Portanto, de modo mais geral, estamos nos referindo à *prática dos investigadores*, ou a como se comportam eles enquanto investigam, utilizando as mais diversas ferramentas investigativas".

Por *pragmática da investigação*, devemos entender, segundo o autor, "uma classe de aspectos da investigação ordinariamente apresentados pela prática científica. Entre tais elementos relevantes para compreendermos a atividade científica, obviamente, estão coisas como teorias, modelos, experimentos, observações etc." (ibid. p. 262). E segue o autor com uma advertência, explicando que o termo "pragmático" tem um sentido limitativo, pois o que se almeja "não é uma teoria rigorosa e acabada da atividade científica, mas apenas uma compreensão parcial dessa atividade", como ele mesmo reconhece. E conclui, assim, que "não desejamos construir uma *gramática* da atividade científica e mostrar como ela *deve* se desenvolver, mas apenas mostrar como alguns de seus aspectos mais salientes se apresentam nos contextos das investigações científicas conhecidas ou naquilo que, considerando uma abordagem como a de Dewey, poderíamos denominar de *investigação típica*" (ibid. p. 263).[40]

2.2.1. *Contextos de investigação*

A partir dessa concepção, Luiz Henrique Dutra (2008, p. 279 e ss) nos apresenta, em sua *pragmática*, um *modelo de investigação* científica sustentado em um *modelo de comportamentos*, composto de ações que um indivíduo realiza em determinado *contexto* de investigação. Sob essa perspectiva de tratamento da investigação científica, o autor explica – com base na ideia de *comunidade científica*[41]

[40] Essas ressalvas apresentadas pelo autor, igualmente, nós as estendemos à investigação criminal científica, para limitar o objetivo dessa introdução a uma possível ciência da investigação criminal. Assim, sem abandonar alguns aspectos lógicos da investigação científica, pretendemos nos concentrar mais em seu aspecto pragmático.

[41] "A comunidade científica é uma associação de pessoas que não estão vinculadas entre si por leis nem cadeias de comando, mas pela comunicação de informações – através de revistas especializadas, conferências, discussões informais e outros canais. (...) Por meio dessas instituições e canais, e do mecanismo de recompensa que opera através deles, a comunidade científica procura atingir certos objetivos que contribuem para o propósito geral de ampliar o conhecimento da natureza. Esses objetivos consistem em manter os padrões de pesquisa, harmonizar os interesses do cientista individual e da empresa científica, promover a competição e a cooperação, e estimular a inovação" (Kneller, 1980, p. 182).

– que "uma investigação deve, portanto, necessariamente, pressupor determinadas instituições ou, mais especificamente, uma investigação científica é um procedimento realizado no interior de certas instituições, que lhe conferem o contexto possível de ação. O investigador, por exemplo, utiliza um dialeto ou jargão próprio de sua comunidade ou tradição, e sua compreensão básica dos termos-chave do vocabulário desse dialeto científico é a primeira base de sua ação investigativa."[42]

Nesses termos, segundo o autor antecipa na introdução de sua obra, é "a possibilidade de encaixar uma atividade de investigação em determinadas instituições que a tornam investigação Científica. A ação de investigar é interpretada então como um repertório de comportamentos que se encaixa em determinados contextos institucionais, aqueles tradicionalmente identificados como uma tradição científica" (ibid. p. 23).

Essa concepção em relação à investigação dentro de um contexto institucional possui relevância especial na medida em que nos permite considerar os vários contextos de desenvolvimento de uma dada investigação – a exemplo da investigação criminal –, considerando seus conceitos típicos e seus limites, sem, contudo, desqualificá-la como atividade típica de pesquisa científica.

---

[42] Na investigação criminal, os institutos jurídico-penais, com o vocabulário próprio da teoria analítica do crime, devem ser a base do contexto necessário de investigação, entre outros itens que se devem desenvolver pelas organizações empenhadas com a atividade de investigar. A tradição lingüística da prática de investigação, contudo, baseada em vocabulário pouco técnico, sem referência aos institutos legais, tende a afastar-se de um possível padrão de investigação criminal científica, salvo se forem absorvidos pela linguagem adequada da teoria analítica do crime.

CAPÍTULO III

A INVESTIGAÇÃO CRIMINAL

A investigação criminal, segundo uma definição prévia e concisa, pode ser entendida como "método para a reconstrução de fatos passados que pretende responder a quatro perguntas básicas: onde, quando e como ocorreu o fato, e quem o praticou" (Garrido, Stangeland y Redondo, 2006, p. 853, tradução própria)[43]. Nessa mesma linha, podemos dizer que a investigação criminal é uma *pesquisa* – com certas peculiaridades relativas à *verdade* e ao *método* –, que se especifica por seu *objeto – o crime*. De forma mais apurada, diríamos melhor que é um *conjunto de pesquisas* de naturezas diversas, o que é bastante evidente considerando os diversos atores da investigação criminal[44]. Menos evidente, contudo, é que todas essas pesquisas na investigação criminal são *administradas estrategicamente*[45], com tomada de decisões sobre que ato de investigação deve ser realizado e em que ordem[46].

---

[43] Acrescentam os autores que: "La parte técnica tiene mucho en común con la arqueologia, la física y la química, mientras que la recopilación de información aportada por testigos está más relacionada con la psicología, así que se puede decir que la criminalística es una ciencia aplicada, con métodos y teorias derivados de varias ciencias básicas" (p. 854).

[44] Considerando o modelo de inquérito policial brasileiro, em que o agente de polícia realiza pesquisas de campos; o perito, pesquisas laboratoriais; e o escrivão documenta os diversos atos de investigação em um todo formalizado segundo disposições da lei.

[45] Nesse sentido, a investigação criminal envolve atos como administração de pessoal, instrumentos e recursos financeiros essenciais aos diversos atores, dispostos de forma a alcançar o objetivo final de toda investigação.

[46] Nesse ponto, ainda considerando o modelo de inquérito policial brasileiro, sobressai a figura do delegado de polícia, autoridade responsável pela unidade das diversas pesquisas

3.1. A investigação como pesquisa

Considerando a definição de investigação de J. Dewey, que nos apresenta um padrão comum a toda categoria de investigação, bem como a perspectiva pragmática da investigação científica, com ênfase nas instituições dos contextos de investigação, não temos dúvida de que *é possível uma aproximação entre investigação científica e investigação criminal*, como, aliás, o próprio L. H. Dutra já admite em outra obra sua anterior à *Pragmática da Investigação Científica*.

Em *Verdade e Investigação*, L. H. Dutra sustenta que "...*há mais que mera semelhança de família entre as diversas atividades investigativas que conhecemos, como a própria investigação científica, a investigação policial*, o jornalismo investigativo (...). A nosso ver, (...), *em todas elas podemos encontrar certos elementos fundamentais da investigação, relevados por uma análise da pragmática da investigação* (2001, p. 14, com itálicos nossos). E, com essa premissa, o autor expõe, na referida obra, duas investigações, uma científica e outra policial, demonstrando os pontos em que se aproximam (cf. 2001, p. 141 e ss)[47].

Assim, sob uma perspectiva particular, considerando as investigações criminais, tal como elas se praticam no cotidiano da atividade dos investigadores, podemos, sem dúvida, admitir a categoria autônoma *investigação criminal científica*[48], em que os conceitos típicos do

---

e o domínio da finalidade da investigação, bem como pelo controle da legalidade dos meios utilizados pelos demais atores.

[47] Em sentido aproximado, G. F. Kneller (1980, p. 99-100) sustenta que "a tarefa de um detetive pode ser tão difícil quanto a de um cientista", mas "detetives e cientistas têm objetivos diferentes". Assim, segundo o autor: "As técnicas de suas investigações também diferem, em virtude da espécie de provas que cada um procura obter. Não obstante, em ambos os exemplos encontramos a mesma seqüência de atividades observadas na pesquisa científica (...). Assim, o método científico não é único. A investigação científica usa conhecimentos mais aprimorados e técnicas mais refinadas do que na resolução de problemas imediatos; mas a estrutura racional é a mesma" (idem, ibdem).

[48] Advirta-se, desde já, que com essa expressão não estamos nos referindo exclusivamente à investigação pericial (que representa apenas uma parcela da investigação criminal), mas à totalidade da investigação criminal, em todos seus aspectos. A investigação

discurso científico podem ser transpostos, com proveito, para a investigação criminal, naquilo que há de comum entre elas – cuidando-se, contudo, de identificar e resguardar o que há de particular nessa categoria de investigação, em virtude de seu objeto (crime) e sua finalidade (jurídica). No mais, a investigação criminal lida, igualmente, com problema, hipótese, base de dados e demais elementos próprios de uma investigação científica – sendo, assim, possível tratar a investigação criminal como pesquisa, em sentido científico.

3.1.1. *Peculiaridades da investigação criminal*

Conquanto possível uma aproximação entre investigação científica e investigação criminal, há nessa, contudo, especificidades que a particularizam em relação a uma investigação científica geral, no que concerne à verdade e ao método, sobretudo.

Assim, embora o ponto de partida, para que possamos falar em investigação criminal científica, seja seu enquadramento em um padrão de investigação assim qualificado, não se pode nunca descuidar de que *a investigação criminal é atividade desenvolvida em função de um sistema jurídico-penal que possui finalidade própria*, que é *a elucidação de fatos e busca da verdade a respeito de um crime (a)*, e *limites normativos intrínsecos e anteriores, condicionantes de qualquer método de investigação pretendido (b)*, os quais constituem as especificidades mais marcantes dessa categoria de investigação a serem consideradas.

i) Objeto histórico e implicações na verdade

O primeiro problema que se coloca em relação à investigação do crime (antes de qualquer dedução jurídica que se possa aplicar no

---

pericial, nesses termos, possui o caráter científico em decorrência das ciências a que recorre, não tendo uma autonomia própria – embora não se olvide que pela perícia muitas ciências obtêm incremento de suas técnicas e resultados, aplicados aos problemas típicos da investigação criminal.

momento de interpretação da lei) é que o fato que o compõe, porque cometido e finalizado no passado, não passa de um *fato histórico*, e por isso a verdade que se constitui acerca dele não passa de uma verdade histórica (relativa a um fato determinado no passado) que, metodologicamente, sofre inevitavelmente dos problemas de qualquer investigação historiográfica.

Segundo Luigi Ferajoli, a respeito disso, "deve-se salientar que a verdade processual, seja de fato seja de direito, não pode ser afirmada por observações diretas. A verdade processual fática é, na realidade, um tipo particular de verdade *histórica*, relativa a proposições que falam de fatos passados, não diretamente acessíveis como tais à experiência" (2002, p. 43).

Assim, embora se possa recorrer à ideia de experiência e indução, na referência que há ao crime como fato punível, não se trata exatamente de um *empirismo contemporâneo* (no sentido de experiência atual em relação ao fato investigado), mas somente demonstrável mediante o recurso às provas (comprovação), que passam a ser os verdadeiros e únicos fatos presentes de que dispõe o julgador, assim como o investigador. Essa peculiaridade cumpre uma função limitadora da verdade na investigação do crime.

ii) Direitos fundamentais e implicações no método

Embora a lei não estabeleça o método de investigação *necessário*, deixando assim, em princípio, abertas todas as possibilidades que se possam extrair das ciências em geral, há certos âmbitos de atuação em que nenhum método pode adentrar, por exclusão legal absoluta, e outros para os quais há uma necessária forma legal sem a qual não se pode investigar. Noutro sentido, contudo, embora não exista um método legal de investigação, há um método legal de demonstração obrigatório, ao se exigir a prova do objeto, uma instrumentalização do conhecimento alcançado, que permita a *verificação* do que se afirma sobre o crime e sua autoria[49].

---

[49] Essa exigência, além da função epistemológica que cumpre (ao se permitir a verificação da verdade), sob o ponto de vista jurídico, é que vai permitir o contraditório

Assim, por exemplo, está excluído absolutamente pela lei o recurso a qualquer método que importe em práticas degradantes (como a tortura, p. ex.); por sua vez, quanto às informações sigilosas resguardadas pela lei, pode-se ter acesso a elas, desde que procedidas mediante autorização judicial. Trata-se aqui de verdadeira interferência legal no método de investigação, que embora não seja determinado por regras positivas necessárias de pesquisa, encontra-se limitado por *regras negativas* que tiram do âmbito de possibilidade da investigação uma parcela de caminhos considerados inadmissíveis juridicamente, ou admitidos somente sob certas condições.

Dessa forma, embora se admita que "ainda hoje, no atual processo informado pelo princípio da 'livre apreciação do juiz', continuamos disciplinando pelo menos o *método* de investigação e de formação da verdade processual" (Ferrajoli, 2002, p. 49), não se trata nunca de um método necessário e obrigatório, senão de métodos proscritos juridicamente, ficando tudo mais à disposição, desde que não proibido expressamente. Ou seja, não se trata de um método em sentido positivo (que se mantém a requerer uma sistematização empírica pelos órgãos de investigação), mas em sentido negativo (limitado juridicamente).

Assim, especificamente sobre os limites do método de investigação, L. Ferrajoli nos adverte que "em geral as normas jurídicas em matéria de verdade e de provas substituem os critérios próprios da livre investigação por critérios autorizados de aquisição e de controle da verdade processual". Mas a interferência se justifica, porque "muitas dessas normas sobre a (formação da) verdade se dirigem a garantir contra o abuso e as prevaricações das partes, o desenrolar das investigações e do contraditório entre acusação e defesa" (id. ibid.).

Admite-se, assim, que, tratando-se de investigação que se desenvolve em função do direito, há que se reconhecer a exigência da lei,

---

(submetendo-se ao crivo da falseabilidade). A falseabilidade "é o critério sugerido por Karl Popper para acolher as generalizações empíricas. O método empírico, segundo Popper, é o que 'exclui os modos logicamente admissíveis de fugir à 'falseação'. Desse ponto de vista, as asserções empíricas só podem ser decididas em um sentido, o da falseação, e só podem ser verificadas por tentativas sistemáticas de colhê-las em erro. Desse modo desaparece todo o problema da indução e da validade das leis naturais" (Abbagnano, 2003, p. 427).

submetendo-se a certas condições limitadoras dos métodos [e técnicas] de investigação, pois, segundo o autor: "...não é só a verdade que condiciona a validade, mas é também a validade que condiciona a verdade no processo. Esta é, com efeito, por assim dizer, uma *verdade normativa*, no tríplice sentido: a) uma vez comprovada definitivamente, tem valor normativo; b) está convalidada por normas; *c) é verdade na medida em que seja buscada e conseguida mediante o respeito às normas*" (ibid. com itálicos nossos).

Luigi Ferrajoli, tendo em conta essas particularidades, observa que a concepção de verdade aceita no processo (assim como na investigação) não se resume exclusivamente a um critério de mera correspondência[50], pois há um caráter normativo em torno de sua busca. Segundo o autor, "diferentemente do que ocorre em qualquer outra atividade cognitiva, tanto a verdade fática das teses de fato e das alegações probatórias, quanto a verdade jurídica das teses de direito e das interpretações das leis são predicáveis jurisdicionalmente sob a condição de que se observem regras e procedimentos que disciplinam sua comprovação e que imprimem a ambas um caráter *autoritativo* e convencional, em contraste com o de mera correspondência." (ibid. p. 49)

3.2. O crime – objeto da investigação

Jorge Frias Caballero sustenta que o crime é "conduta humana e, portanto, é um objeto cultural egológico e não um objeto natural, nem ideal, nem psicológico. Ainda que o natural, o ideal e o psico-

---

[50] "O conceito de verdade como *correspondência* é o mais antigo e divulgado", bem como "é amplamente empregado", geralmente como "relação de conformidade entre o conhecimento e a coisa". Aristóteles enunciava duas teses fundamentais dessa concepção: uma, que a verdade está no pensamento ou na linguagem, não no ser ou na coisa; a outra, que a medida da verdade é o ser ou a coisa, não o pensamento ou o discurso. Nesse sentido, cf. Abbagnano (2003, p. 995 e ss), para quem: "Os lógicos contemporâneos também recorrem à doutrina da correspondência, procurando formulá-la de tal modo que ela seja independente de qualquer hipótese metafísica. Desse ponto de vista, quem melhor formulou essa teoria foi Alfred Tarski, que retomou explicitamente, além da definição aristotélica acima, também algumas definições análogas ou dependentes delas, como aquela segundo a qual 'um enunciado é verdadeiro quando designa um estado de coisas existente".

lógico formem também parte de sua estrutura, não constituem seu ser e consistir essencial" (1993, p. 76, tradução própria). Com essa definição, o autor parte da noção ontológica de que há objetos materiais, ideais, culturais, psicológicos e metafísicos (cf. p. 72 e ss)[51], sustentando, acerca dos objetos culturais, que são eles produtos do fazer humano, com o objetivo de satisfazer a uma finalidade valiosa. Tais objetos estão no tempo e espaço, na história e na experiência, mas seu ser essencial, sua estrutura ôntica, não se esgota na base naturalística que lhes serve de substrato, sim no sentido valioso que o homem imprime no fragmento da realidade (cf. p. 73 e 74). Entre os objetos culturais, Jorge Frias Caballero faz uma distinção entre os "mundanales" e os "egológicos"[52]. Aqueles seriam os objetos reais integrados no mundo da cultura, como utensílios, instrumentos, livros, obras de arte, edifícios etc; os egológicos, por sua vez, embora decorram do viver e atuar humano, não se esgotam na corporificação real. Segundo o autor, também nesses objetos há uma base real, um substrato naturalístico, mas seu ser essencial não se esgota nessa corporificação, sim no sentido valioso que há conforme o sentido conferido pelo homem (cf. p. 76).

O conceito de crime apresentado é relevante na medida em que nos conduz ao problema da metodologia (ou do "caminho" cognitivo) apropriado para conhecer os objetos, pois cada família de objeto requer um método apropriado à índole do objeto, sendo, no caso do crime, como objeto cultural egológico, a *compreensão* o método adequado[53].

---

[51] O autor baseia seu conceito a partir da teoria dos objetos de Edmund Husserl (1859-1938). "A partir de Edmundo Husserl, creador de la fenomenologia, se denomina 'ontologia regional' o 'teoria de los objetos' a la investigación que se ocupa de los 'entes en su ser'. Esta investigación reduce la totalidad del conjunto ilimitado de los objetos que integran el universo a una pocas famílias o grupos de entes u objetos" (Caballero, 1993, p. 72).

[52] Nesse ponto, recorre o autor à teoria egológica de Carlos Cossio, para quem "a ciência jurídica deve estudar a conduta humana enfocada em sua dimensão social, e não na norma jurídica. Considera o direito um objeto cultural, composto de um substrato, que é a conduta em interferência intersubjetiva, e de um sentido, que é o dever de realizar um valor." (Diniz, 2001, p. 135).

[53] Nesse ponto, o autor recorre a Wilhelm Dilthey (1833-1911): "Filósofo, crítico literário e historiador alemão. (...) Dilthey é especialmente conhecido pelos seus estudos

Segundo Jorge Frias Caballera, "esse método consiste em discorrer, a partir do substrato material que lhe serve de base ao sentido valoroso ou não valoroso em que radica a essência, e a partir daí novamente ao substrato, em uma espécie de movimento continuado que se denomina 'circular', através do qual se acede à essência, em um trânsito e aproximação crescente e sucessiva, apreendendo-se assim, em definitivo, o sentido valoroso ou não valoroso" (1993, p. 78, tradução nossa).

Esse método de compreensão, segundo entendemos, remete-nos a uma compreensão tridimensional do crime – como fato, valor e norma –, na linha da teoria de Miguel Reale[54].

A partir da noção ôntica do direito como objeto cultural, Miguel Reale sustenta que "o Direito é uma realidade, digamos assim trivalente ou, por outras palavras, tridimensional. Ele tem três sabores que não podem ser separados um dos outros. O Direito é sempre fato, valor e norma, para quem quer que o estude, havendo apenas variação no ângulo ou prisma de pesquisa" (Reale, 1994, p. 121).

A norma jurídica em geral – assim como a norma penal incriminadora em específico – apresenta-se sempre como um modelo de estrutura tridimensional, em que as diversas facetas do fenômeno jurídico estão em relação dialética. Com isso, podemos ter uma "visão integral do direito" – como sustentado por Miguel Reale – bem assim do crime como fenômeno jurídico (cf., nesse sentido, 1994, p. 121). De forma mais detalhada, na linha do filósofo, devemos compreender que (2007, p. 67): "a) onde quer que haja um fenômeno jurídico, há, sempre e necessariamente, um *fato* subjacente (fato econômico, geo-

---

sobre a metodologia das ciências sociais.... Para Dilthey, estas se distinguem das ciências naturais pelo uso do método da compreensão, ou *verstehen*, pelo qual compreendemos o significado de expressões humanas, como as palavras ou as ações." (Blackburn, 1997, p. 102).

[54] Miguel Reale costuma ser situado entre os filósofos do culturalismo jurídico, ao lado de Carlos Cossio (nesse sentido, cf. Diniz, 2001, p. 131 e ss). "O culturalismo jurídico enfatiza os valores do direito, sendo que alguns desses valores assumem maior importância sob o influxo de conteúdos ideológicos em diferentes épocas e conforme a problemática social de cada tempo e lugar". Assim, há em Cossio já uma tendência tridimensionalista do direito, mas, segundo observou Miguel Reale, "é uma tridimensionalidade genérica" (cf. nesse sentido, 1994, p. 40), diversa do *tridimensionalismo específico* que ele defende (cf. 1994, p. 48).

gráfico, demográfico, de ordem técnica etc); um *valor*, que confere determinada significação a esse fato, inclinando ou determinando a ação dos homens no sentido de atingir ou preservar certa finalidade ou objetivo; e, finalmente, uma *regra* ou *norma*, que representa a relação ou medida que integra um daqueles elementos ao outro, o fato ao valor; b) tais elemento ou fatores (*fato*, *valor* e *norma*) não existem separados um dos outros, mas coexistem numa unidade concreta; c) mais ainda, esses elementos ou fatores não só exigem reciprocamente, mas atuam como elos de um processo (...) de tal modo que a vida do Direito resulta da interação dinâmica e dialética dos três elementos que a integram"[55].

A respeito dos três elementos (fato, valor e norma), Maria Helena Diniz explica-nos que "quando se procura combinar os três pontos de vista unilaterais, ou melhor, os resultados decorrentes de estudos levados a cabo separadamente, segundo aqueles pontos de vista, configura-se a *tridimensionalidade genérica do direito*"; noutro sentido, "quando não se realiza uma simples harmonização de resultado de ciências distintas, mas se analisa previamente, a correlação essencial dos elementos constitutivos do direito, mostrando que se implicam numa conexão necessária, se tem a *tridimensionalidade específica*, que pode ser estática ou dinâmica e de integração" (2001, p. 143)[56].

---

[55] A partir dos elementos constitutivos da teoria – *fato, valor e norma* – o filósofo relaciona, respectivamente, os planos de *eficácia*, *fundamento* e *vigência* do direito, bem como às concepções científicas do *sociologismo jurídico*, *moralismo jurídico* e *normativismo jurídico* (nesse sentido, cf. Diniz, 2001, p. 142). Em relação ao crime, como fenômeno jurídico, podemos relacionar ao *fato, valor e norma*, respectivamente, a *criminologia, a política criminal e o direito penal (ou dogmática jurídico-penal)*, como concepções científicas acerca do crime.

[56] Nos termos do próprio M. Reale: "Tal concepção cessa de apreciar fato, valor e norma como *elementos separáveis* da experiência jurídica e passa a concebê-las, ou como perspectivas (Sauer e Hall) ou como *fatores* e *momentos* (Reale e Recaséns) ineliminávei s do direito: é o que denomino 'tridimensionalidade específica", sendo que a de Sauer apresenta mais caráter estático ou descritivo; a segunda se reveste de acentuado cunho sociológico, enquanto a minha teoria procura correlacionar dialeticamente os três elementos em uma unidade integrante, e Recaséns Siches a insere no contexto de sua concepção de *logos del razonable*". Para aprofundar-se nessa compreensão, cf. *Teoria Tridimensional do Direito*. – São Paulo: Saraiva, 1994.

3.2.1. *A complexidade ontológica do crime*

Na linha da teoria tridimensional de Miguel Reale, podemos sustentar que o crime não é apenas o fato (conceito ontológico)[57], nem apenas o tipo penal hipoteticamente previsto em lei (crime formal) independente do bem jurídico tutelado e ofendido por uma lesão de fato (crime material). O crime é o conjugado de fato, norma e valor – daí a complexidade ontológica do objeto (segundo Jorge Frias Caballero, um "objeto cultural egológico"). Com base nessa concepção é que vamos expor o conceito de crime que, sob uma perspectiva jurídico-científica, entendemos necessário à investigação criminal.

i) O fato do crime – "corpus delicti"

A *compreensão fática* do crime nos exige resgatar o conceito de "corpus delicti"[58], de acordo com o atual estágio da teoria dos tipos penais em conexão com sua aplicação no processo penal. Raúl Plascencia Villanueva sustenta que, na doutrina em geral, é possível identificar três sentidos de corpo-delito – como o *fato objetivo*, tanto o permanente como o transitório, inserto em cada crime, ou seja, a ação punível descrita em toda e qualquer infração penal; como *o efeito material* que os delitos permanentes deixam depois de perpetrados; ou,

---

[57] A noção de crime "natural", sustentada por Garófalo "em vão, tenta atribuir uma base ontológica segura ao conceito de delito, neutra, livre de valorações e com sustento empírico (conceito "material")" (Molina; Gomes, 2008, p. 68).

[58] "El cuerpo del delito (*corpus delicti*) consiste en un añejo concepto, que ubica la doctrina en su raiz en las leyes germánicas de la Edad Media, las cuales contemplaban hellas del examen del cuerpo de la víctima. En Inglaterra se legislo de manera especial. Más tarde, las legislaciones de todos los países aceptaron la necesidad de la comprobación del cuerpo del delito, lo cual provocó que dicho concepto sufriera variaciones sujetas a diveras influencias, algunas derivadas del paso del tiempo y otras propiciadas por la cultura inmersa en el país en cual se adoptó. En el siglo XX el concepto de cuerpo del delito se tradujo en una expresión de uso común por los prácticos europeos e incluso por las legislaciones americanas, a tal nível que represento, en su momento, un papel verdaderamente transcendente por su importância en el Estado de derecho, especialmente derivado del principio de legalidad, el cual ahora asume el tipo penal." (Villanueva, 2004, p. 85)..

ainda, como *qualquer rastro ou vestígio* de natureza real, que se conserva como registro da ação material perpetrada. Em síntese, trata-se de identificar o corpo de delito com alguma materialidade em geral (cf. 2004, p. 86 e ss.), distinguindo-se entre *delicta facti permanentis* e *delicta facti transeuntis*, segundo deixem ou não vestígios e rastros.

Partindo-se dessa concepção, convencionou-se enquadrar os elementos do corpo de delito em três grupos: *a) corpus criminis* – a pessoa ou coisa sobre a qual se realizou o ato proibido pela lei, como objeto da conduta (sujeito passivo, ou objeto material); *b) corpus instrumentorum* – os instrumentos utilizados, as coisas com as quais se cometeu ou tentou cometer-se o fato delituoso (meios de ação); *c) corpus probationem* – as chamadas peças de convicção, nas quais se encontram vestígios, rastros e sinais deixados pelo sujeito ativo do crime (cf. Villanueva, ibid. p. 88).

A respeito dessa concepção, contudo, Raúl Plascencia Villanueva (ibid. p. 89 e ss) chama-nos atenção para o fato de que ela exclui todo e qualquer elemento subjetivo, porque em consonância com uma teoria causal do crime, em que se distinguia em absoluto a face objetiva da subjetiva – esta contida apenas na culpabilidade –, bem como da ideia de elemento normativo do tipo. Daí porque a noção de corpo de delito se foi deixando esquecer – embora tão importante para o processo penal – para ceder à noção legal de tipo penal, com ênfase no direito penal. No entanto, sustenta o autor que o corpo de delito constitui ainda um elemento do tipo penal, com respeito ao caráter objetivo deste, apesar dos elementos também subjetivos, normativos e descritivos. Em síntese, o tipo penal seria um continente, em que contido o corpo de delito (cf. 2004, p. 89). Sob essa perspectiva, o corpo de delito consiste na primeira dimensão necessária, mas não suficiente, da investigação criminal, a partir da qual é possível considerar o crime sob os demais aspectos.

Noutro sentido, contudo, encontram-se doutrinas que sustentam que o corpo de delito seja todo e qualquer elemento relativo ao fato do crime, mas não necessária e exclusivamente material, que componha toda a descrição típica – seja com elementos objetivos, subjetivos ou normativos[59]. Não nos parece, contudo, seja essa uma com-

[59] Nesse sentido, cf. Sergio García Ramírez (apud Urosa Ramírez, 2003, p. 306): "la tendencia moderna de la conctrina mexicana se pronuncia, de plano, en el sentido de

preensão adequada à investigação criminal – não obstante termos de trabalhar com a noção de tipo penal com elementos objetivos, subjetivos e normativos. A questão que se coloca frente a essa noção de corpo de delito – a envolver elementos objetivos, subjetivos e normativos – concerne à dificuldade de constatação e demonstração de elementos que não sejam materiais, mas isso é um problema de prova, para o qual precisamos de uma adequada *teoria das provas criminais* orientada à prática da investigação criminal, em consonância com a teoria dos tipos penais que lhe sirva de base, sem desconsiderar qualquer elemento.

Por isso, preferimos considerar o *corpo de delito,* não como o espelho fático completo do tipo penal, sim como o *fato do crime*, ou em termos mais preciso, *a evidência fática da prática do crime*, tudo que, uma vez externalizado, estando em forma de vestígio ou registro, possa contribuir para a compreensão fática do crime, ainda que não se identifique com todos os elementos objetivos do crime, ou que, mesmo se identificado, haja necessidade de investigar os demais elementos – subjetivos e normativos – sem referência ao corpo de delito. Não obstante, é esse corpo de delito que lhe serve de suporte fundamental, pois os elementos subjetivos e normativos não podem ser hauridos do nada, ou em conflito com as conclusões acerca dos elementos objetivos.

O certo, sobretudo, é que a instância fática, embora possamos recorrer à noção de corpo de delito, não pode esgotar a compreensão do crime. Embora seja o necesário ponto de partida, não se pode extrair exclusivamente dos fatos a compreensão do crime. É que, sendo o fato do crime um dado do passado (como em geral sói ocorrer na grande maioria das investigações), somente os vestígios deixados pela ação (o que deixou marca – v.g. a lesão de uma ofensa física), ou os registros da ação (ainda que não tenha deixado marca – v.g. a gravação de voz de uma ofensa moral, ou apenas o testemunho de um terceiro que presenciou a ação), é que nos dão *notícia* de que

---

referir el cuerpo del delito a los elementos plenários del tipo. Distinguiendo entre los de caráter objetivo, los subjetivos y los normativos, se afima que el cuerpo del delito existe cuando se hallan debidamente integrados tales elementos, en los términos del tipo correspondiente"

um crime foi cometido. Assim, parece-nos que o conceito de corpo de delito, embora indispensável à compreensão fática do crime, não pode, contudo, ser confundido ou espelhado na noção de tipo, em sua integralidade, devendo circunscrever-se aos elementos materiais que, após a prática do crime, a este remetem, sejam para compor o tipo legal, seja para apenas sustentar as circunstâncias em que ele foi cometido, ainda que estejam fora do tipo. Em síntese, *corpo de delito são os elementos que representam a externalização da conduta*, composta tanto de elementos objetivos que compõem o tipo legal, como de outros que apenas circunscrevem a conduta típica. Os demais elementos do crime, portanto, resolvem-se, não na dimensão fática do crime, mas nas demais dimensões, normativa e valorativa.

Em todo caso, entenda-se em espalhamento absoluto ou parcial com o tipo penal, a compreensão fática do crime nos exige ter em mente que *é pressuposto de uma investigação criminal a notícia de um fato* (*notitia criminis*) que possa a ser constatado pelo seu *corpo de delito*, antes de ser enquadrado tipicamente como crime em sentido formal[60], pois será ele a base fática de que decorre a possibilidade de concluir acerca dos demais elementos do crime.

ii) O tipo de crime – princípio da legalidade

A *compreensão normativa* do crime nos exige uma noção adequada de tipo penal, a partir do entendimento do princípio da legalidade, como pressuposto essencial da investigação criminal, pois "só é possível verificar empiricamente que se cometeu um delito se, antes, uma convenção legal estabelecer com exatidão que fatos empíricos devem ser considerados como delitos" (Ferrajoli, 2002, p. 38).

[60] Essa primeira exigência poderia ser suficiente para eliminar miríades de investigações criminais fundadas em conjecturas inaptas à constatação ou demonstração e, portanto, para sustentar qualquer processo penal ou, sobretudo, para admitir ao investigado opor-se concretamente a alguma imputação, em geral tão difusa que impediria qualquer defesa efetiva. Daí porque as notícias de crime devem conter requisitos mínimos que justifiquem a investigação criminal, ainda que oriundas de órgãos que em geral detêm poder de requisição.

Essa delimitação do âmbito da investigação decorre de uma concepção convencionalista do sistema penal, que se encontra em nosso sistema jurídico-penal brasileiro, e se expressa pelo princípio fundamental da legalidade, segundo o qual *não há crime nem pena sem lei*[61], previsto na Constituição Federal, como direito fundamental (art. 5.º. XXXIX), e no Código Penal (art. 1.º), como base da fonte exclusiva da norma penal incriminadora, e reflete um ideal político e de justiça, defendido pela doutrinas do Liberalismo e do Estado de Direito, fontes do Constitucionalismo moderno.

A lei incriminadora, que tipifica a conduta reprovável, para realizar devidamente o princípio da legalidade, deve ainda atender a certas exigências que são identificadas na doutrina pelos princípios *nullum crimen, nulla poena sine lege scripta; nullum crimen, nulla poena sine lex certa; nullum crimen, nulla poena sine lex praevia; nullum crimen, nulla poena sine lege stricta,* que podem ser identificados, concisa e respectivamente, como princípio da reserva legal (ou do monopólio exclusivo do Poder Legislativo em matéria penal); princípio da taxatividade (ou da tipicidade, segundo alguns, relativa à técnica legislativa de tipificação de condutas); princípio da irretroatividade da lei penal (salvo em caso de lei mais benéfica ao réu); e princípio da proibição de analogia (relativa à limitação da fonte do direito penal)[62].

No âmbito do direito penal, o princípio da legalidade nos remete ao conceito de tipo penal, cuja raiz histórica se encontra no conceito de corpo de delito, vertido para a língua alemã com a denominação de *Tatbestand* (no século XIX), que tinha como significado *o fato do delito*, seu conteúdo real e objetivo, em oposição ao seu conceito abstrato (*Degriff*), somente alcançando a independência (fase defensiva) pela doutrina do tipo penal de Ernest Beling em 1906 (cf. Marquez Piñero, 2005, p. 132)[63]. Em síntese, o conceito de tipo penal evolui na

---

[61] "Enunciado por Anselm von Feuerbacho atavés de la conocida fórmula latina (*nulla poena sine lege, nulla poena sine crimine, nullum crimen sine poena legale*) aunque no fue creado por el, su moderno origem arranca de la filosofía iluminista del siglo XVIII" (Caballero, 1993, p. 33).

[62] Para aprofundar e melhor entender cada um desses princípios, cf. Caballero, 1993, p. 31 e ss.

[63] Para conhecimento da doutrina de Beling, cf. tradução espanhola da obra original, disponível em http://www.bibliojuridica.org

medida em que o direito vai se aprofundando teoricamente, a partir das conquistas políticas em torno da liberdade do homem[64]. Assim, admite-se que no direito penal moderno, o tipo penal constitui a base de todo ordenamento jurídico-penal com função de segurança (id. ibid. p. 129 e ss)[65].

Rafael Marquez Piñero (ibid. p. 130), com base em definição do tipo penal de Olga Islas[66], articula um conceito com os seguintes pontos:

a) O tipo é uma mera descrição geral e abstrata;
b) Sua elaboração compete exclusivamente ao legislador;
c) O tipo regula, tão somente, eventos que têm a propriedade de ser antissociais;
d) O tipo determina que um evento antissocial adquire relevância social;
e) Para cada classe de eventos antissociais há um, e somente um, tipo penal;
f) Cada tipo penal caracterizado diferencia uma, e somente uma, classe de eventos antissociais;
g) A necessidade e a suficiência especificam a classe de eventos antissociais descrita;
h) O tipo delimita, com toda precisão, o âmbito do punível, e como consequência, permite conhecer, com certeza, o que não é punível;
i) O tipo tem como função a proteção de bens jurídicos;
j) Sem a existência prévia de um tipo, não há crime.

---

[64] Para uma visão completa da evolução do conceito de tipo, cf. Márquez Piñero, 2005, p. 133 e ss, cujo autor assim divide: "1. Fase de la independência; 2. De carácter indiciário; 3. Fase de la ratio essendi de la antijuridicidad; 4. Fase defensiva. La figura rectora de Beling; 5. Fase destructiva; 6. Fase finalista."

[65] Sobre essa função de segurança, o autor se refere às palavras de Mariano Jiménez Huerta, para quem "las figuras típicas geometrizan lo antijurídico, corrigen la intuición, frenan la emoción y proporcionan al derecho penal una mística noble y una reciedumbre segura y grandiosa, que corta de raiz los arrebatos de la ira, los despotimos, las arbitrariedades y todos los excesos emotivos ínsitos en la endeble condición humana" (2005, p. 129-130)

[66] "El tipo constituye, funcionalmente, uma figura elaborada por el legislador, descriptiva de uma determinada clase de eventos antisociales, con un contenido suficiente y necesario para garantizar la protección de um o más bienes jurídicos".

O tipo penal, nesses termos, tem para a investigação criminal, em um sentido científico, a relevância de uma hipótese legal previamente delimitada, a respeito da qual se deve concluir positiva ou negativamente, não se admitindo a inovação hipotética para sustentar uma tese fora dos parâmetros legais. Sob essa perspectiva, devemos entender que a estrutura dos tipos penais pode influenciar no caráter mais ou menos científico da investigação criminal, pois, quanto mais se faça referência a elementos não objetivamente observáveis, tende-se a diminuir o espaço de certeza objetiva acerca dos elementos do tipo penal, remetendo-se a outras formas de constatação e demonstração dos elementos, pois não pode ser exigível demonstrar os elementos subjetivos e normativos igualmente como se demonstram elementos objetivos.

Disso decorre o *necessário caráter fático (ou empírico) das hipóteses legais*, sem os quais se tornaria impossível proceder com precisão à investigação de certos crimes. O tipo penal deveria, nesse sentido, ser tanto mais objetivo quanto possível. Trata-se de uma questão de *qualidade dos tipos penais*, sem o que inevitavelmente o princípio da legalidade tende a cair na mera formalidade e ineficácia, remetendo sempre a juízo de valores sobre pessoas, e não juízo de verificação sobre fatos. Em síntese, "a lei não pode qualificar como penalmente relevante qualquer hipótese indeterminada de desvio, mas somente comportamentos empíricos determinados, identificados exatamente como tais e, por sua vez, aditados à culpabilidade de um sujeito" (Ferrajoli, 2002, p. 31).

Não obstante, sobretudo no direito penal contemporâneo, há tipos penais cada vez mais instituídos com base em elementos não-objetivos, alguns mais em função de garantia da liberdade do homem[67]; outros, contudo, em virtude de pouca técnica legislativa quanto à tipificação penal, ou do afã político de responder com tutela penal a todo e qualquer problema social[68]. Daí a relevância de recorrer à

---

[67] Nesse sentido, pode-se entender o dolo, como elemento subjetivo implícito em todo crime, que exclui da tutela penal as condutas com base em responsabilidade objetiva.

[68] Em contradição com um direito penal mínimo, a política criminal atual ignora o caráter fragmentário e subsidiário do direito penal, tornando-o mais simbólico do que efetivo, na medida em que a inflação legislativa alcança normativamente todo e qualquer problema, mas sem eficácia social.

noção de *pressupostos materiais do crime*[69], indiscutivelmente importantes para uma adequada investigação criminal, orientada pelo substrato dos tipos penais. Tais pressupostos podem ser identificados nos princípios *nullum crimen, nulla poena sine conducta* (a) e *nullum crimen, nulla poena sine injuria* (b)[70]. Pelo primeiro, exige-se a existência de um fato material, uma conduta exteriorizada; pelo segundo, um resultado que implique uma lesão juridicamente relevante. Respectivamente, costumam ser referidos como *princípio da materialidade da ação* e *princípio da lesividade do resultado*, que são princípios de ordem garantista substancial[71]. Em síntese, o tipo penal – seja qual for sua estrutura jurídica – deve ter em seu desenho legal a previsão de uma conduta material e uma lesão a um bem como resultado. Com esse recurso, podemos comunicar a dimensão fática do crime com a dimensão normativa, permitindo uma compreensão mais adequada na investigação.

iii) O valor do tipo – o bem jurídico

Toda norma jurídica assimila um valor ético que a política legislativa identificou no âmbito das relações sociais, conferindo-lhe uma tutela jurídica pelo Estado. Sob uma perspectiva moderna dos direitos humanos e fundamentais, há sempre um direito implícito na tutela da norma, que se qualifica como um bem tutelado juridicamente. Mais especificamente, devemos entender que o Estado, ao tipificar uma conduta como crime, por um lado limita o âmbito de liberdade de alguém, por outro aumenta o âmbito de proteção de outrem.

---

[69] Sobre o tema, cf. Bianchini, Alice. Pressupostos materiais mínimos da tutela penal. RT, 2002. Trata-se de elementos baseados em estudos de política criminal que têm sustentado a existência de elementos substanciais essenciais para orientar a política legislativa de tipificação dos crimes.

[70] A esses princípios a doutrina acresce o *nullum crimen, nulla poena sine culpa*, ou princípio da culpabilidade, que, segundo entendemos, consiste em matéria reservada à apreciação do Judiciário, como pressuposto de aplicação da pena – questão fora do âmbito de atuação da investigação criminal, destinada a subsidiar uma denúncia e legitimar a instauração do processo penal.

[71] Cf., nesse sentido, Ferrajoli, 2002, p. 387 e ss.

É com esse sentido que devemos compreender a tutela penal na dimensão dos direitos humanos fundamentais, com o que podemos entender porque, no caso da Constituição Federal, há previsão de tipificação de certos crimes considerados mais graves (v.g. art. 5.º, inc. XLI), em atenção aos direitos das vítimas, entre os demais direitos fundamentais de interesse do criminoso (v.g. art. 5.º, XLIX). Trata-se, em última análise, de atender a um princípio que já constava na Declaração Universal dos Direitos Humanos, de 1948, art. XXIV, item 2 (com itálicos nossos): "No exercício de seus direitos e liberdades, toda pessoa estará sujeita apenas às limitações determinadas pela lei, *exclusivamente com o fim de assegurar o devido reconhecimento e respeito dos direitos e liberdades de outrem* e de satisfazer às justas exigências da moral, da ordem pública e do bem-estar de uma sociedade democrática."

A *compreensão valorativa* do crime, assim, passa necessariamente pela compreensão do bem jurídico tutelado juridicamente pelo direito penal[72]. Santiago Mir Puig (2007, p. 139) distingue dois conceitos de bem jurídico: "(a) no 'sentido político-criminal' (*de lege ferenda*) daquilo que merece ser protegido pelo Direito penal (em contraposição, sobretudo, aos valores apenas morais); (b) no 'sentido dogmático (*de lege lata*) de objetivo efetivamente protegido pela norma penal vulnerada", a exemplo da vida, propriedade, liberdade, honra". A partir desse conceito, o autor explicita as funções do bem jurídico (além da função de limite do legislador), sustentado existir uma *a) função sistemática* (na classificação dos diversos crimes previsto no Código Penal); *b) função de guia de interpretação* (já que exclui do tipo condutas que não o lesionam nem o põem em perigo); e *c) função de critério de medida da pena* (conforme a maior ou menor gravidade da lesão).

Luiz Flávio Gomes, por sua vez, adverte-nos para que não se confunda o bem jurídico-penal com o *objeto material do delito*, ou objeto da ação, que é uma coisa física. Assim, segundo o autor, "o bem jurídico é um conceito jurídico (é resultado de uma valoração); o objeto material é um conceito naturalístico" (2007, p. 384). Ainda, segundo ele, "o substrato empírico do bem jurídico é, em outras

---

[72] Sobre o tema, cf. "Bem jurídico-penal e Constituição", de Luiz Regis Prado (Ed. RT).

palavras, uma relação social positivamente aceita que se vincula a uma coisa (material ou imaterial); tem como objeto um bem ou interesse existencial (pessoal), mas essa coisa (a vida, a honra, etc.), para se transformar em um bem jurídico, precisa ser objeto de um interesse humano e ainda depende de uma significação social, é dizer, de uma valoração positiva do legislador" (ibid. p. 383).

A noção de bem jurídico, em sentido geral relevante a todo o ordenamento jurídico, no âmbito penal, contudo, somente se completa com a compreensão da *fragmentariedade* e *subsidiariedade*, como característica do Direito penal. Ainda segundo L. F. Gomes (id. ibid.), "a *fragmentariedade* pretende que o Direito penal somente tenha intervenção diante dos ataques especialmente graves a bens jurídicos que ostentam grande relevância social. (...) A *subsidiariedade* do Direito penal, por seu turno, significa sua posição de *ultima ratio* frente aos demais sistemas de controle social formal ou informal." Tais características que, em geral, são indicadas como orientações para a política criminal legislativa, podem ter na investigação criminal uma função ímpar em relação a tipos penais que não são claros quanto aos limites do penalmente relevante.

Com efeito, em relação a certos tipos penais, para uma adequada compreensão da tutela penal, somente recorrendo à compreensão integral da tutela jurídica, para além das normas penais, podemos delimitar o âmbito do penalmente relevante, não confundindo qualquer lesão ao bem como objeto da norma penal[73]. Trata-se, em síntese, de entender o bem jurídico como instituição do Direito, segundo uma delimitação conceitual legal[74]. Como instituição jurídica, o bem jurídico

---

[73] Nesse sentido, por exemplo, conferir alguns crimes ambientais, cuja tutela penal não pode ser compreendida sem o conhecimento das demais normas que autorizam certas lesões controladas por órgãos de fiscalização, dentro de limites regulados por outros ramos do direito, sendo às vezes necessário entender o funcionamento administrativo do IBAMA para compreender a lesão penal ao bem tutelado.

[74] "As instituições jurídicas são 'conjuntos de regras de direito organizadas em torno de uma ideia central, que forma um todo sistematicamente ordenado e permanente'. Designam-se assim pessoas e coisas tão diversas quanto o Estado, as associações, as sociedades, os sindicatos, a família, o casamento, a propriedade, os procedimento técnicos, tais como a representação, a instância, as vias de recurso etc." (Bergel, 2001, p. 229). Em outros termos, é "um conjunto de regras de direito que abarca uma série de relações sociais

não se limita apenas ao direito penal – sua lesão não se limita ao penalmente relevante. Há outras normas, variadas e dispersas, que, em seu conjunto, possibilitam entender o que é *permitido, proibido ou obrigatório*. Assim, "o conceito de instituição jurídica permite absorver num mesmo complexo jurídico as múltiplas facetas de um fenômeno social, portanto conhecê-lo bem" (Bergel, 2001, p. 232), o que – embora aparentemente supérfluo para a investigação de crimes corriqueiros (como homicídio e furto, em referência a bens jurídicos assimilados pela sociedade, como a vida e o patrimônio) –, mostra-se essencial para compreender crimes mais complexos (como os relativos a bens supra-individuais, a exemplo de crimes contra a ordem econômica, a previdência social, o meio ambiente etc).[75] Nesse sentido, a compreensão valorativa do bem jurídico, como dimensão do crime, em conexão com o entendimento da instituição jurídica em que se insere, é essencial a uma investigação criminal.

3.2.2. *Enfoques investigativos do crime*

O crime – como objeto de investigação em geral – pode ser pesquisado por diversas e variadas ciências, sendo comum dar-se a esse conjunto de conhecimento o nome de Ciências Criminais, cuja tríade fundamental é sustentada pela Criminologia, Política criminal e Direito penal (ou dogmática jurídico-penal)[76]. Segundo Jorge de

---

tendentes aos mesmos fins" (p. 233). Referindo-se à utilidade do conceito de instituição jurídica, o autor explica-nos que: "Ela possibilita reunir em torno de um interesse comum e de uma mesma inspiração regras dispersas sob rubricas diferentes nos textos ou nos códigos, mas que são complementares pela finalidade e pelo espírito que as animam." (p. 232).

[75] Em tais casos, é possível que se exija conhecer as normas administrativas, ou mesmo o funcionamento de entidades que se destinam a gerenciar a proteção e fiscalização do bem jurídico. Assim, por exemplo, dificilmente será possível investigar um crime previdenciário sem conhecer a instituição previdência social e a estrutura de funcionamento do INSS.

[76] Nesse sentido, cf. Molina, 2007, p. 162: "...é hoje opinião dominante a de que a Criminologia, a Política Criminal e o Direito Penal são os três pilares do sistema das ciências criminais, inseparáveis e interdependentes"

Figueiredo Dias (2007, p. 18-19), "desde há muito e por toda a parte se reconhece que o 'crime' constitui um fenómeno de **patologia social** diversificado, que revela não apenas de condicionalismos exógenos (externos, sociais), mas também de substratos endógenos (internos, individuais) componentes da mais complexa de todas as realidades: a realidade humana; que revela do Homem total e da sua condição. Isso faz compreender que, ao longo do séc. XIX, quando se estabeleceu (julgava-se que definitivamente) o estatuto do pensamento científico moderno, o crime se tenha tornado em objecto de uma multiplicidade de ciências. (...) A esse conjunto vastíssimo de disciplinas científicas que têm o crime por objecto chamou Von Liszt a 'enciclopédia das ciências criminais".

i) Direito penal, Criminologia e Política criminal

O *Direito penal* consiste em um dos meios de controle social formal[77] que costuma ser definido, sob seu aspecto objetivo, como o conjunto de "normas jurídicas que associam ao delito, como pressuposto, penas e/ou medidas de segurança, como consequência jurídica" (Mir Puig, 2007, p. 38), sendo a *dogmática jurídico-penal* a ciência normativa que tem esse direito por objeto (ciência do direito penal)[78]. Nesse âmbito, o crime tende a ser investigado a partir da norma, da tipificação legal estabelecida pelo legislador acerca de determinadas condutas observadas na sociedade.

---

[77] Nesse sentido, cf. Gomes, 2007, p. 24: "...pode-se definir o Direito penal, do ponto de vista *dinâmico e social,* como um dos instrumentos do controle social *formal* por meio do qual o Estado, mediante um determinado sistema normativo (leia-se, mediante normas penais), castiga com sanções de particular gravidade (penas e outras conseqüências afins) as condutas desviadas (crimes e contravenções) mais nocivas para a convivência, visando a assegurar, dessa maneira, a necessária disciplina social bem como a convivência harmônica dos membros do grupo"

[78] Para uma distinção adequada entre direito penal e ciência do direito penal, Cf. Enrique Gimbernat Ordeig. *Conceito e Método da Ciência do Direito Penal*, Ed. RT.

A *Criminologia*, por sua vez, qualifica-se como ciência focada na dimensão fática do crime[79]. Alfonso Serrano Maíllo (2007, p. 21) a define como "a ciência que se ocupa do delito e do deliquente como fenômeno individual e social". Sua atividade principal, segundo o autor, é o estudo das causas do delito (perspectiva etiológica), mas também se interessa pelas formas de responder ao fenômeno delitivo, por prevenção ou controle, bem como pelos quantos crimes são cometidos e em que situação, além dos motivos e meios que conduzem à elaboração das leis.

Na sua relação com o Direito penal, Antonio Garcia-Pablos de Molina sustenta que a Criminologia não opera com o *conceito jurídico-penal* de crime, em razão das distintas funções com relação ao crime que corresponde a cada uma (cf. 2008, p. 67). Segundo o autor, "o jurista cuida do fato delitivo como abstração, não de forma direta ou imediata, senão por meio da figura típica prevista na norma, isto é, valorativamente, normativamente. As definições 'formais' de delito delimitam a intervenção punitiva do Estado, por imperativo inescusável do princípio da legalidade. O 'realismo' criminológico, pelo contrário, libera as disciplinas empíricas destas exigências garantidoras ('garantistas') típicas do Direito, reclamando do investigador uma análise totalizadora do delito, sem mediações formais ou valorativas que relativizem ou obstaculizem seu diagnóstico." (ibid. p. 68).[80]

A Política criminal, por fim, "compreende o *conjunto dos procedimentos pelos quais o corpo social organiza as respostas ao fenômeno criminal,* aparecendo, portanto, como 'teoria e prática das dife-

---

[79] De forma mais ampla, segundo Antonio Garcia-Pablos de Molina (2008, p. 32), "cabe *definir* a Criminologia como ciência empírica e interdisciplinar, que se ocupa do estudo do crime, da pessoa do infrator, da vítima e do controle social do comportamento delitivo, e que trata de subministrar uma informação válida, contrastada, sobre a gênese, dinâmica e variáveis principais do crime – contemplando este como problema individual e como problema social –, assim como sobre os programas de prevenção eficaz do mesmo e técnicas de intervenção positiva no homem deliquente e nos diversos modelos ou sistemas de resposta ao delito".

[80] Com isso podemos antever que a investigação criminal participa das duas formas de investigação, criminológica e normativa, sem limitar-se a uma em específico nem descartar o conhecimento de nenhuma delas.

rentes formas de controle social" (Delmas-Marty, 2004, p. 3-4)[81]. Como ciência valorativa, na medida em que capta as necessidades sociais sob uma perspectiva decisória, a Política criminal tende a ser uma ponte entre o Direito penal e a Criminologia, colhendo dessa o conhecimento empírico necessário, valorando-o, segundo as necessidades sociais, e decidindo por normatizar ou não as condutas indesejáveis, ou tomar outras decisões, o que nos permite uma compreensão integral do fenômeno delitivo.

Antonio Garcia-Pablos de Molina, nesse mesmo sentido, relacionando essas três ciências, explica-nos que "a Criminologia deve se incumbir de fornecer o substrato empírico do sistema, seu fundamento científico. A Política Criminal deve se incumbir de transformar a experiência criminológica em opções e estratégias concretas assumíveis pelo legislador e pelos poderes públicos. O Direito Penal deve se encarregar de converter em proposições jurídicas, gerais e obrigatórias, o saber criminológico esgrimado pela Política Criminal, com estrito respeito às garantias individuais e aos princípios jurídicos de segurança e igualdade típicos do Estado de Direito" (2008, p. 162). Trata-se em síntese do que Jorge de Figueiredo Dias chama de *ciência conjunta do direito penal*[82].

---

[81] "Geralmente atribuída ao professor alemão Feuerbach (1803), a expressão 'política criminal' foi durante muito tempo sinônimo de teoria e prática do sistema penal, designando, segundo este autor, 'o conjunto dos procedimentos repressivos pelos quais o Estado reage contra o crime'. Este ainda é o sentido que lhe dão diversos autores contemporâneos. No entanto, constata-se hoje que a política criminal destacou-se tanto do direito penal quanto da criminologia e da sociologia criminal e adquiriu uma significação autônoma. E ao fundar, em 1975, os *Archives de politique criminelle*, Marc Ancel imediatamente assinala a necessidade de não reduzi-la ao direito penal e propõe que se veja nela 'a reação, organizada e deliberada, da coletividade contra as atividades delituosas, desviantes ou anti-sociais', destacando seu duplo caráter de 'ciência de observação' e de 'arte', ou de 'estratégia metódica da reação anticriminal" (Delmas-Marty, 2004, p. 3-4).

[82] "Foi mérito de Von Liszt ter criado, na base das *especiais* relações intercedentes entre estes vários pensamentos do crime (...) o *modelo tripartido* do que chamou a **ciência conjunta (total ou global) do direito penal**... Uma ciência conjunta, esta, que compreenderia como ciências autónomas: a *ciência estrita do direito penal* (ou *dogmática jurídico-penal*), concebida, ao sabor do tempo, como o conjunto de princípios que subjazem ao ordenamento jurídico-penal e devem ser explicitados dogmática e sistematicamente; a *criminologia*, como

ii) Investigação criminológica e criminalística

Dentre as ciências criminais, a criminologia, em virtude de sua ênfase na dimensão fática do crime, tende a aproximar-se da criminalística, embora com esta não se confunda, sobretudo em função de suas *finalidades próprias e distintas*. A criminalística – entendida aqui em seu sentido amplo e originário – como investigação criminal[83], corresponde à disciplina fundada por Hans Gross, que a definiu como "o conjunto de teorias que se referem ao esclarecimento dos casos criminais", expondo-a como ciência de investigação do crime, posteriormente desenvolvida e ampliada por Edmund Locard, em seu Tratado de Criminalística (cf. nesse sentido, Barberá y Turégano, 1998, p. 24)[84].

A investigação criminológica tem metodologia própria das ciências naturais e sociais, em geral com base em método empírico[85],

ciências das causas do crime e da criminalidade; e a *política criminal*, como 'conjunto sistemático dos princípios fundados na investigação científica das causas do crime e dos efeitos da pena, segundo os quais o Estado deve levar a cabo a luta contra o crime por meio da pena e das instituições com esta relacionadas" (Dias, 2007, p. 20).

[83] Nesse sentido, cf. Barberá y Turégano, 1998, p. 23 e ss.: "Criminalítica significa en sentido amplio 'investigación criminal. (...) El francés Ceccladi (Director del laboratório de la Polícia judicial francesa), llama criminalística al conjunto de procedimentos aplicables a la investigacións y al estudio del crimen para llegar a la prueba. La criminalística es el arte y la técnica de la investigación criminal (Jean Nepote)". Esse é o sentido original da palavra que aqui resgatamos em divergência com o uso vulgar que se estabeleceu no Brasil, limitando-o à investigação técnico-pericial.

[84] Trata-se, em síntese, de um ramo de conhecimento que se situa no âmbito da ciência policial. "La Ciencia policial es una Ciencia concreta, incluso separada de la medicina, la toxicologia y la psiquiatría legales, cuyo sujeto es muy distinto e el objeto es la criminalística. (...) Stockis creador, junto a Lavaleye, em 1896, en Bélgica, del servicio de reconocimiento e identificación, según el método y princípios del bertillonaje e introductor, en dicho país, de la dactiloscopia em 1904, afirma que '*la Ciencia Policial*' es una ciência independiente, hija de la Antropologia y de la Medicina legal. Es una Ciencia auxiliada por otras. De lo dicho se desprende que la Criminalística requiere el conocimiento y aplicación de métodos científicos a la investigación del delito y de esto trata precisamente la Polícia Científica" (Barberá y Turégano, 1998, p. 24).

[85] "La metodologia utilizada en las investigaciones criminológicas procede de las ciencais sociales y naturales, como, por ejemplo, la sociologia, la psicológica y la biologia.

mas não necessariamente experimental, como nos adverte Antonio Garcia-Pablos de Molina (2008, p. 35), porque "o objeto da investigação – ou os fins desta – pode tornar inviável ou ilícita a experimentação e, não obstante, o criminólogo seguirá em condições de constatar empiricamente a hipótese de trabalho com as garantias que exige o conhecimento científico mediante outras técnicas não experimentais, assegurando também, assim, a confiabilidade do resultado". Daí o recurso a métodos e técnicas vários, utilizados pela Criminologia, como a exploração, entrevista, a observação, o questionário etc.[86], muitas das quais de possível aplicação igualmente na investigação criminalística, pois esta parte inicialmente de dados objetivos, embora não deva se limitar à investigação fática. Em suma, a Criminologia se enriquece com o acesso aos dados estabelecidos pela Criminalística, e esta necessita de teorias criminológicas para melhorar seu funcionamento, de tal forma que entre Criminalística e Criminologia existe, assim, uma simbiose frutífera para ambas as partes (cf. nesse sentido, Garrido, Stangeland e Redondo, 2006, p. 78 e ss)[87].

A investigação criminal, como ciência, assim, "se baseia na integração de dados – evidências – tratando, de alguma maneira, de ajustá-los metodicamente em sistemas, de maneira que tenham sentido e sejam coerentes com a verdade histórica do delito investigado, mediante um processo de acumulação de antecedentes e seu ordenamento simul-

---

Todas ellas utilizan métodos empíricos de trabajo, es decir, se basan en la observación del mundo que nos rodea, y el estabelecimiento de hipótesis a partir de estas observaciones. Esta metodologia es conocida también como el método hipotético-inductivo" (Garrido, Stangeland, Redondo, 2006, p. 78).

[86] Para conhecer tais técnicas, cf. Molina 2008, p. 37 e ss, bem como Garrido, Stangeland e Redondo, 2006, p. 82 e ss.

[87] Há quem sustente, no entanto, que, pela proximidade, a criminalística seria um ramo, ou uma técnica dentro da Criminologia, desconsiderando a finalidade diversa de cada uma, bem como a necessária compreensão valorativa e normativa do crime. No sentido da vinculação, cf. Garrido, Stangeland e Redondo, 2006, p. 107: "Si llamamos a la criminalística una 'técnica' dentro de la Criminología, y no ciência própria, no es por limitaciones en los métodos que utilizan, sino en su finalidad"; cf. Barberá y Turégano, 1998, p. 23, que define a criminalística como "la Criminología que se ocupa de los métodos y modos prácticos de dilucidar las circunstancias de la perpretación de los delitos e individualizar a los culpables".

taneamente, não separadamente. É a acumulação de dados ordenadamente, um recurso para elucidar as incógnitas ou para apoiar ou rechaçar uma ideia vinculada a um fato delitivo" (Barberá y Turegáno, 1998, p. 25, tradução nossa)

Mas a investigação criminal não se deve limitar aos elementos materiais, nem se reduzir a investigações periciais. Apesar de o conhecimento criminológico auxiliar na investigação criminal, não limita a investigação criminal a ela, ante sua necessária vinculação ao caráter normativo do crime, relacionado à hipótese típica legal. Assim, a investigação criminal, em sentido científico, exige de todos quanto a conduzam uma atitude científica, para compreensão integral do delito, tendo em conta suas várias dimensões (fática, normativa e valorativa).

Manuel Monteiro Guedes Valente (2009, p. 307), a respeito da relação discutida, explica que "a investigação criminal e a investigação criminológica, mesmo que as queiramos aproximar e determinar como ciências exactas, não poderão ser consideradas como tal, apesar de terem como fundamento a procura da verdade dos factos que originam o cometimento de um crime, a sua análise, o estudo do deliquente, da vítima e do controle social." E ao enfrentar a questão de saber se investigação criminal é o mesmo que investigação criminológica, entre outros pontos suscitados, o autor conclui pela distinção em virtude das finalidades diversas. Assim segundo ele, ao passo que "a investigação criminológica tem como finalidade transformar a criminologia em uma ciência credível no estudo do crime...", a investigação criminal, por sua vez, "recorrendo a ciências auxiliares, entre as quais se inclui a criminologia, e utilizando quer métodos adequados, quer processos apropriados de actuação técnicas especializada", tem por finalidade "reconstituir factos já ocorridos (factos com relevância penal) e descobrir quem os produziu – identificar e determinar o objeto do processo e os seus autores –, melhor, fundar os alicerces da realização do Direito Penal" (2009, p. 312)[88].

---

[88] Acrescenta, ainda, o autor que: "A investigação criminal tem como fim último a realização do direito nas prossecuções de defesa da sociedade, do coletivo, que tem o direito de viver em segurança e numa ordem social e internacional que lhe garanta a efectivação plena dos seus direitos e liberdade, ou seja, a realização dos fins e interesses de ordem

Noutros termos, dizemos, assim, que a investigação criminal, conquanto se utilize do conhecimento das ciências criminais, com ênfase na criminologia, além das demais ciências, não se limita a estas, e distingue-se pela finalidade própria destinada a sustentar um processo penal, legitimando a denúncia com uma justa causa, e justificando a submissão de um cidadão à condição de réu do processo.

3.3. A legitimação do processo pela investigação criminal

Sob essa perspectiva, podemos sustentar que a investigação criminal, com seu resultado provisório (instrução preliminar), contribui para justificar (legitimando) a instauração de um processo penal fundado em um mínimo de elementos probatórios acerca do crime[89], evitando que o cidadão seja submetido, diante de qualquer notícia de crime, de forma direta e imediata, a um processo penal[90]. Esta, aliás, parece ser a concepção que já constava na Exposição de Motivos do Código de Processo Penal brasileiro, ao considerar o inquérito (leia-se, em sentido mais amplo, a investigação preliminar) como "uma

---

jurídica, em particular do direito penal e das penas, subjugados a princípios consagrados constitucionalmente que só se alcançam quando se descobre *quem é que, como é que, quando é que, onde é que, e o porque é que* se praticou aquele delito." (ibid. p. 313)

89 Com isso não estamos a sustentar que o *inquérito policial* (um dos instrumentos jurídico-formais da investigação criminal) seja imprescindível à denúncia, mas que a *investigação criminal* (como o conteúdo necessário de qualquer instrumento jurídico-formal), seja qual for a sua *forma*, ou mesmo o *sujeito* investigador, é essencial ao processo penal. Quanto à forma e ao sujeito, trata-se de uma decisão política fundamental, contida na Constituição do Estado e realizada nas disposições legais acerca da questão. Quanto ao sujeito, em específico, no Brasil há já intensa discussão em torno da investigação pelo Ministério Público, razão por que não pretendemos multiplicar tais discussões. Aqui, interessa-nos apenas discutir sobre a investigação criminal como *conteúdo* do instrumento jurídico-formal (seja qual for o sujeito e a forma), questão que, no Brasil, não tem tido tanta atenção pela doutrina.

90 A angústia a que conduz um processo sem conteúdo determinado, a título de exemplo, pode ser observada na obra *O Processo*, de F. Kafka, a demonstrar a relevância de se prevenir um tal modelo de justiça penal, porque ofensivo à dignidade da pessoa humana.

garantia contra apressados e errôneos juízos, formados quando ainda persiste a trepidação moral causada pelo crime ou antes que seja possível uma exata cisão de conjunto dos fatos, nas suas circunstâncias objetivas e subjetivas" (itálico nosso).

E é para bem legitimar um processo judicial que a investigação criminal requer uma teoria jurídico-científica, que confira cada vez mais certeza acerca do crime, de um ponto de vista científico, e mais segurança em relação ao autor do crime, de um ponto de vista jurídico. Para tanto, somente colhendo das ciências criminais, e demais ciências, o conhecimento necessário a uma compreensão integral do crime, poderá desenvolver um método adequado de investigação, tendo em conta a complexidade ontológica do crime com suas várias dimensões: fática, normativa e valorativa.

Essa *finalidade*, contudo, pode ser considerada *instrumental ou imprópria* – porque não vinculativa na medida em que a investigação criminal pode resultar em justificar a *não-instauração* de um processo, deslegitimando-o, portanto –, ao lado de sua *finalidade essencial e própria*, que consiste na busca pela verdade – essa sim uma finalidade vinculativa. Assim podemos concluir que a investigação criminal possui dupla finalidade: *a) externa*, que consiste em justificar um processo penal; e *b) interna*, que consiste em perseguir a verdade acerca dos fatos[91].

3.4. Definição

Em conclusão, tendo em vista um padrão geral de investigação (Capítulo 1) e o caráter científico possível de toda investigação, sobretudo sob uma perspectiva pragmática (Capítulo 2), bem como todas as questões suscitadas e discutidas concisamente, em torno dos elementos da investigação e os pressupostos teóricos de uma ciência da investigação, podemos definir que **a investigação criminal, atividade *pragmá-***

[91] Sob essa perspectiva, não se pode aceitar a difundida ideia de que a investigação criminal se presta a subsidiar o órgão de acusação, desconsiderando-se a posição jurídica do investigado que, desde a investigação preliminar, deve ter assegurado o direito à verdade e a que o órgão investigante esteja vinculado aos princípios e fundamentos do Estado de Direito, não à pretensão acusatória exclusivamente.

***tica* e *zetética* por essência, é uma *pesquisa*, ou conjunto de pesquisas, *administrada estrategicamente*, que, tendo por base critérios de *verdade* e *métodos* limitados juridicamente por *direitos e garantias fundamentais*, está dirigida a obter *provas* acerca da existência de um *crime*, bem como indícios de sua autoria, tendo por fim *justificar um processo* penal, ou a sua não instauração, se for o caso, tudo instrumentalizado sob uma forma jurídica estabelecida por lei.**

É com base nesse conceito (Parte I) que pretendemos discutir o problema da verdade e a questão do método (Parte II), para depois tratarmos dos elementos essenciais a uma teoria da investigação criminal (Parte III).

PARTE II

FUNDAMENTOS DA INVESTIGAÇÃO CRIMINAL

Verdade e *Método* estão referidos nessa parte como *fins* e *meios* da investigação criminal e correspondem a questões epistemológicas e metológicas, em conformidade com uma distinção que faz Leônidas Hegenberg (2005, p. 10), ao considerar que "se a 'epistemologia' se refere ao que podemos saber, 'metodologia' se reporta aos meios e modos usados para obter conhecimento".

Luiz Henrique Dutra, a respeito da epistemologia, explica que ela "é compreendida como a disciplina que trata dos problemas cognitivos mais gerais ou mais básicos", embora por vezes seja considerada como teoria da ciência mais especificamente (2009, p. 13-14). Como teoria do conhecimento em geral, a epistemologia engloba vários problemas, a exemplo do que encontramos na obra de Johannes Hessen, *Teoria do Conhecimento*, que inclui entre seus pontos a *possibilidade*, *origem*, *essência* e os *tipos do conhecimento*, além das questões relativas ao *conceito* e *critérios de verdade*. É quanto a esse ponto, mais restritamente, que vamos nos referir à epistemologia; quanto aos demais, somente de forma muito indireta serão considerados.

Nicola Abbagnano (2003, p. 183) nos adverte, contudo, que a teoria do conhecimento "perdeu seu significado na filosofia contemporânea e foi substituída por outra disciplina, a *metodologia*, que é a análise das condições e dos limites de validade dos procedimentos de investigação e dos instrumentos linguísticos do saber científico". A metodologia, no entanto, tem obtido várias acepções, de tal forma que pelo termo se costuma designar quatro coisas diferentes: "1.ª) lógica ou parte da lógica que estuda os métodos; 2.ª) lógica transcendental aplicada; *3.ª) conjunto de procedimentos metódicos de uma ou mais ciências; 4.ª) análise filosófica de tais procedimentos*" (id. ibid. p. 669).

Em relação ao terceiro sentido, N. Abbagnano explica mais especificamente que "com o nome de Metodologia hoje é frequentemente indicado o conjunto de procedimentos técnicos de averiguação ou verificação à disposição de determinada disciplina ou grupo de disciplinas. Nesse sentido, fala-se, p. ex. de 'Metodologia das ciências naturais' ou de 'Metodologia historiográfica'. Nesse aspecto, a metodologia é elaborada no interior de uma disciplina científica ou de um grupo de disciplinas e não tem outro objetivo além de garantir às disciplinas em questão o uso cada vez mais eficaz das técnicas de procedimento de que dispõem" (ibid. p. 669).

Em conexão estreita com o sentido acima, o quarto sentido trata a metodologia como disciplina filosófica autônoma e destinada ao estudo de *técnicas de investigação* empregada nas ciências. Nesse caso, a metodologia não tem como objeto os métodos, nos quais se inserem certas técnicas, "mas tão somente essas técnicas, consideradas em suas estruturas específicas e nas condições que possibilitam o seu uso". E técnica, aqui, tem um significado muito mais amplo que método – como "procedimento linguístico ou operacional, qualquer conceito e qualquer instrumento que uma ou mais disciplinas utilizarem na aquisição e na verificação de seus resultados". Com esse sentido, explica N. Abbagnano, a metodologia tende a ser sucessora tanto da metafísica quanto da gnosiologia (ou epistemologia, segundo José Ferrater Mora, 2001, p. 318), substituindo as considerações acerca do conhecimento, "pela consideração dos procedimentos cognoscitivos utilizados por um ou mais campos da investigação científica" (id. ibid.). No entanto, com isso a metodologia não exclui as discussões acerca da verdade, de forma que ainda podemos considerar, como o faz L. Hegenberg, que a metodologia se ocupa dos meios e modos da investigação, ao passo que a epistemologia, das questões relativas à verdade, seu conceito e critérios, embora quanto a esses se possa observar uma necessária relação com os meios referidos na metodologia.

Em síntese, é com esses sentidos que, como *fundamentos da investigação criminal*, nessa parte, trataremos da *verdade* (Capítulo 4) e do *método* (Capítulo 5), referidos, respectivamente, como *fins e meios* da investigação, a partir da discussão de *questões epistemológicas e metodológicas*, embora possamos reconhecer que a distinção não pode ser feita de forma absoluta, sobretudo no campo do processo penal em que a *validade dos meios jurídicos* vai condicionar a verdade, em virtude do método que se encontra delimitado pelos procedimentos legais de obtenção das provas.

CAPÍTULO IV

OS FINS DA INVESTIGAÇÃO CRIMINAL

4.1. A verdade. Conceito

A verdade é a finalidade da investigação[92] – eis o postulado de que vamos partir –, mas antes é necessário que tenhamos um conceito de verdade, para o qual há várias teorias que iremos expor no seção seguinte. Nicola Abbagnano (2003, p. 994) a conceitua, inicialmente, como "validade ou eficácia dos procedimentos cognitivos", ou, mais especificamente, como "*qualidade* em virtude da qual um procedimento cognitivo qualquer torna-se eficaz ou obtém êxito", independentemente de qualquer distinção que se faça entre *definição* e *critério* de verdade, o que, segundo ele, representa apenas a admissão de dois conceitos de verdade, não frequente nem sempre feita entre os filósofos. Essa distinção, contudo, é relevante para a compreensão da investigação criminal.

4.1.1. *Definição e critérios de verdade*

A distinção entre *definição (ou significado)* e *critério* de verdade tem sido sustentada por alguns, a exemplo de Luigi Ferrajoli (2002, p. 52 e ss), para quem, no âmbito do processo penal, ela não é uma

---

[92] "De acordo com Peirce, *a verdade é o fim da investigação*, aquela opinião sobre a qual aqueles que usam o método científico vão concordar, ou talvez, fossem, se persistissem o suficiente. A importância dessa tese deriva da teoria da investigação de Peirce. (...) Pois o método científico, argumenta Peirce, é o único entre os métodos de investigação a ser condicionado (*constrained*) por uma realidade que é independente do que qualquer um acredita, e é por isso que ele pode levar ao consenso" (Haack, 2002, p. 140).

mera sutileza, mas sim uma questão essencial, por distinguir teoricamente a *condição de uso do termo "verdadeiro"* (em conformidade com a realidade objetiva) dos critérios (reconhecidamente subjetivos) pelos quais o juiz avalia e decide acerca da verdade ou da confiabilidade das hipóteses fáticas ou jurídicas discutidas em juízo[93].

A respeito dessa distinção, Susan Haack (ibid. p. 130) adverte, contudo, que é preciso lidar com ela cuidadosamente, embora não se possa excluir seu uso[94]. De um modo geral, podemos dizer que enquanto "uma *definição* dá o *significado* da palavra 'verdadeiro', um *critério* fornece um teste por meio do qual se diz se uma sentença (ou o que quer que seja) é verdadeiro ou falso". Como exemplo, "pode-se distinguir, de um lado, fixar o significado de 'febril' como ter um a temperatura mais alta que algum ponto dado e, de outro, especificar procedimentos para decidir se alguém *está* febril" (ibid.).

4.1.2. *Concepções de verdade*

São várias as teorias que se propõem a conceituar a verdade, como veremos adiante. Nicola Abbagnano (2003, p. 994), no entanto, considera que "é possível distinguir cinco conceitos fundamentais de verdade" – como correspondência; como revelação; como conformidade; como coerência; e como utilidade[95] – e nos adverte que "essas

---

[93] "Na realidade", sustenta o autor, "é essencial – e mais ainda na teoria do direito do que na teoria da ciência – para fundamentar no plano metateórico e normativo modelos de motivação ou justificação racional das decisões jurídicas adequadas aos diversos setores do ordenamento e aos variados fins e valores políticos que os presidem. É essencial, sobretudo, para fundamentar teoricamente e para garantir a racionalidade específica das decisões penais" (ibid. p. 55).

[94] "Não se pode simplesmente decidir abster-se de usar a distinção, mesmo sendo ela problemática, por causa de sua importância para questões como a de se as teorias da coerência e da correspondência precisam ser encaradas como rivais entre as quais se é obrigado a escolher, ou como suplementando-se mutuamente, a correspondência fornecendo a definição e a coerência, o critério" (Haack, 2002, p. 130).

[95] Nesse trabalho, contudo, vamos seguir a proposta de L. H. Dutra (2001, p. 17--71) – contida no Capítulo 1 de sua obra *Verdade e Investigação* –, ao tratar das *teorias da correspondência, teoria semântica, verdade como verossimilhança, verdade aproximada* e *como adequação empírica*, e *teorias epistêmicas*.

concepções têm importâncias diferentes na história da filsofia: as duas primeiras, em especial a primeira, sem dúvida são as mais difundidas. Não são nem mesmo alternativas entre si: é possível encontrar mais de uma no mesmo filósofo, embora usadas com propósito diferentes. No entanto, por serem díspares e mutuamente irredutíveis, devem ser consideradas distintas".

Johannes Hesse distingue apenas dois conceitos de verdade – o *transcendente* e o *imanente*. No primeiro caso, "quando descrevemos o fenômeno do conhecimento, constatamos que, para a consciência natural, a verdade do conhecimento consiste na *concordância do conteúdo do pensamento com o objeto*" (2003, p. 119). No segundo caso, "a essência da verdade não reside numa relação do conteúdo do pensamento com algo contraposto, transcendente, mas sim no interior do próprio pensamento" (ibid.). A verdade, nesse caso, é uma *concordância do pensamento consigo mesmo*, algo puramente formal, uma correção lógica, sem referência necessária a qualquer objeto da realidade[96].

José Ferrater Mora (2001, p. 710), após expor várias teorias, observa que os diversos conceitos de verdade "podem ser agrupados em vários tipos fundamentais". Entre outras classificações[97], ele nos apresenta a distinção entre: *(a) verdade ontológica (ou metafísica)*, que "equivale à verdade das coisas, ou à realidade como verdade" (realidade como algo distinto da aparência); *(b) verdade lógica (ou semântica)*, que "expressa a correspondência, ou adequação, do enunciado à coisa ou à realidade" (não contradição); e *(c) verdade epistemológica*, "refere-se à verdade na medida em que é concebida por um intelecto e formulada, num juízo, por um sujeito cognoscente" (adequação do entendimento e da realidade).

---

[96] Segundo Johannes Hessen, o conceito transcendente nos remete a um *conceito realista* de verdade, ao passo que o imanente, a um *conceito idealista*, que só faz sentido aceitar, segundo o autor, "caso não haja qualquer objeto real, exterior à consciência. Nesse caso, essa concepção será certamente necessária, pois se não houver objetos independentes do pensamento, se todo o ser residir no interior do pensamento, a verdade só pode consistir no acordo dos conteúdos de pensamento entre si, vale dizer, na correção lógica" (2003, p. 120).

[97] Cf. Mora, 2001, p. 710 e ss, em que o filósofo apresenta distinções entre verdade semântica e verdade filosófica; verdade fática e verdade lógica etc.

Luigi Ferrajoli (2002, p. 52 e ss), no âmbito do processo penal, observa que podemos considerar as diversas teorias da verdade, sem necessariamente contrapô-las, se distinguirmos a aplicação dos vários conceitos nos planos *semântico* (relativo ao significado do termo verdade em si); *sintático* (relativo ao conjunto de conhecimento em que se insere a noção de verdade) e *pragmático* (relativo à aceitação e satisfatoriedade pelos que fazem uso da verdade)[98].

Considerando as classificações apresentadas, bem como a distinção entre definição e critério, a partir das diversas teorias, podemos conjugar mais de um conceito de verdade em um único esquema teórico[99].

4.2. Teorias da verdade

Aristóteles, a respeito da verdade, dizia que: "Negar aquilo que é e afirmar aquilo que não é, é falso, enquanto afirmar o que é e negar o que não é, é a verdade" (apud Abbagnano, 2003, p. 994). Com essa afirmação, o filósofo enunciava duas teses fundamentais de sua concepção de verdade: "A primeira é que a verdade está no pensamento ou na linguagem, não no ser ou na coisa (...). O segundo é que a medida da verdade é o ser ou a coisa, não o pensamento ou o discurso: de modo que uma coisa não é branca porque se afirme com verdade que ela assim é, mas afirma-se com verdade, que ela é branca por que é" (id., ibid.)[100]. Essa concepção de Aristóteles,

---

[98] Admitem-se *três dimensões da semiose*: "*semântica*, que considera a relação dos signos com os objetos a que se referem; *pragmática*, que considera a relação dos signos com os intérpretes; e *sintática*, que considerada a relação formal dos signos entre si" (Abbagnano, 2003, p. 870). Mais detalhadamente, cf. *op. cit*, explicações sobre *pragmática* (p. 783), *semântica* (p. 869) e *sintaxe* (p. 904).

[99] É o que faz Luigi Ferrajoli, quanto ao processo penal, em *Direito e Razão* – na primeira parte sobre epistemologia –, e faremos em relação à investigação criminal, a partir de sua proposta, após uma compreensão sucinta das diversas teorias.

[100] Em outro sentido, contudo, sustenta-se que: "Os filósofos gregos começaram por buscar a verdade, ou o verdadeiro, diante da falsidade, da ilusão, da aparência, etc. A verdade era, nesse caso, idêntica à realidade, e esta última era considerada idêntica à permanência, ao que é, no sentido de 'ser sempre' – quer se tratasse de uma substância

contudo, expressa uma particular teoria da verdade (correspondencial)[101], geralmente associada à noção de definição ou significado da verdade, que concorre com outras igualmente propugnadas na filosofia, algumas das quais iremos expor sucintamente[102].

4.2.1. *Teorias da correspondência*

A verdade como correspondência expressa a ideia de uma relação entre *afirmações* e *fatos existentes* (Moser, Muder e Trout, 2004, p. 73), entre o conhecimento e a coisa (Abbagnano, 2003, p. 994). Essa é, em essência, sua noção fundamental, que relaciona o que se diz (linguagem) ou se conhece (ideia) ao que existe (realidade). Nesse sentido, as coisas, a realidade externa ao conhecimento seria a medida da verdade. Existindo, há verdade, por haver correspondência entre conhecimento, íntimo ou expresso na linguagem, e a coisa que se pensa ou se diz.

---

material, quer de números, qualidades primárias, átomos, idéias, etc." (Mora, 2001, p. 699). Nesse caso, concebe-se a verdade como descoberta do ser, o que representa apenas uma particular noção de verdade ontológica, distinta da verdade lógica (de não contradição) e da verdade epistemológica (adequação do entendimento e da realidade).

[101] A concepção de Aristóteles acerca da verdade é entendida por certos autores como a base da teoria da correspondência, conforme Abbagnano, 2003, p. 994; e Blackburn, 1997, p. 402. Também, nesse sentido, cf. Moser, Muder e Trout (2004, p. 73), para os quais "a definição da verdade como correspondência tem sua raiz na proposição de Aristóteles...". Susan Haak (2002, p. 127 e ss), por sua vez, sustenta que é a teoria semântica que tem uma influência direta dessa concepção de Aristóteles, sendo que a teoria da correspondência tem apenas uma *afinidade* com ela, assim como a teoria da redundância. Também L. H. Dutra (2001, p. 17) considera que "ela não deve ser interpretada necessariamente como uma definição correspondencial da verdade", sendo significativo que Tarski, em sua teoria semântica, tenha se referido a ela.

[102] Para uma visão geral e resumida sobre as teorias da verdade, cf. Haack, 2002, p. 127, em especial um esquema conciso das concepções e seus relacionamentos entre si (p. 128). Para uma visão mais detalhada e específica, contudo, cf. Kirkham, 2003, Capítulo 1, sobre "Projetos de teorias da verdade" (p. 13-65), em especial a Tabela 1.1 com "Uma categorização das teorias da verdade", especificando as diversas teorias, os filósofos que as propuseram e a categoria em que elas se encontram, conforme a classificação proposta pelo autor.

Mas em que termos podemos observar essa relação de correspondência, é o que duas concepções especialmente representativas dessa ideia tentam responder: (a) a teoria da correspondência entre preposições e fatos, como congruência ou similaridade de estrutura entre eles (Russell); e (b) a teoria da correspondência em termos de correlação, entre convenções descritivas e convenções demonstrativas (Austin).

i) Verdade como congruência[103]

Segundo Russell, a verdade pode ser definida como uma correspondência entre crença e fato. Afirma ele que "uma crença é *verdadeira* quando corresponde a um certo complexo associado, e *falsa* quando não corresponde" (apud Dutra, 2001, p. 18). Referindo-se a essa teoria, Luiz Henrique Dutra explica que, para Russel, "uma teoria adequada sobre a noção de verdade deve nos permitir saber em que circunstâncias o que dizemos do mundo é o caso; por isso a verdade não pode ser uma propriedade intrínseca de nossas crenças, mas tem de depender de algum fator externo, admitindo que isso possa falhar, e, logo, a verdade tem de ser correlativa à falsidade" (2001, p. 19).

Da noção de verdade como relação entre crenças e fatos, Russel observa que o mundo é constituído de fatos que são o gênero de coisas que nos permitem dizer sobre proposições verdadeiras ou falsas. Em outros termos, "os atos são o que percebemos, e as proposições aquilo em que acreditamos" (Dutra, 2001, p. 20).

Dentre as objeções feitas à teoria de Russell, encontramos a relativa ao *isomorfismo de estrutura*, que se refere exatamente a essa ideia fundamental de correspondência como congruência entre estrutura da proposição e do fato a ele correspondente[104]. Em síntese,

---

[103] "**Congruência.** Adequação. P. ex., 'recompensa congrua', isto é, adequada ao trabalho ou ao mérito. Em geometria, a congruência é a coincidência das figuras por sobreposição ao mesmo plano" (Abbagnano, 2003, p. 173)

[104] Esse é, segundo L. H. Dutra, o problema fundamental dessa teoria, "o compromisso metafísico com a existência de uma similaridade entre mundo e linguagem, da qual deriva,

questiona-se como seria possível haver uma similaridade (ou isomorfismo) entre estrutura de fatos e estrutura de proposições, entre duas coisas que são de naturezas diversas[105].

ii) Verdade como correlação[106]

Austin também admite a verdade como relação entre palavras e mundo (ideia correspondista fundamental), mas diverge de Russell em pontos particulares, porque não aceita a existência de um isomorfismo estrutural e considera que são portadores da verdade os *enunciados*, não as *proposições*.

Quanto ao isomorfismo estrutural, Austin não o aceita porque, para ele, "qualquer relação entre portador de verdade e estados de coisas tem de ser estabelecida convencionalmente" (apud Dutra, 2001, p. 27), revelando com isso o caráter pragmático da linguagem como fator preponderante, no que se distingue da teoria de Russell que pugna por uma linguagem formalizada, afastando a aptidão da linguagem natural para a questão da verdade.

Quanto ao portador da verdade, Austin defende que "os enunciados é que podem ser verdadeiros ou falsos, porque eles é que podem, então, se referir a estados de coisas, a acontecimentos, por exemplo" (Dutra, 2001, p. 28). Nesse ponto, distingue-se proposição (como atitude mental) de enunciado (como linguagem)[107].

---

então, o isomorfismo entre fato e proposição" (2001, p. 25), de tal forma que essa teoria pode nos dar uma *definição* aceitável de verdade (se aceitáveis suas premissas), mas não um *critério* de verdade. Outra objeção é feita a partir do questionamento sobre a *noção de fato*. Para um melhor entendimento, cf. Dutra, 2001. p. 23-26.

[105] A respeito dessa crítica, Russelll teria considerado que a dificuldade reside no problema da linguagem natural, por causa de suas imperfeições, pois, segundo ele, em uma linguagem logicamente perfeita, seria possível a similaridade, na medida em que a proposição em si é que mostraria a verdadeira estrutura do fato (nesse sentido, cf. Dutra, 2001, p. 24).

[106] "**Correlação.** Uma das quatro formas de oposição enumeradas por Aristóteles, mais precisamente a que ocorre entre termos correlativos, como a metade e o dobro" (Abbagnano, 2003, p. 214)

[107] A *distinção entre "enunciado"* e *"proposição"* nem sempre é feita na filosofia, porque às vezes são usados um pelo outro. Entretanto, "às vezes emprega-se 'proposição'

Assim, segundo Austin, considera-se verdadeiro um enunciado "quando o estado de coisas histórico (ou efetivo) com o qual ele é *correlacionado* pelas *convenções demonstrativas* (aquele estado de coisas ao qual o enunciado se refere) é de um tipo com qual a sentença utilizada para fazê-lo está *correlacionada* pelas *convenções descritivas*" (apud Dutra, 2001, p. 28)[108]. Em síntese, é verdadeiro um enunciado (linguagem) quando ele está correlacionado, por convenções, a um estado de coisas (realidade) demonstradas, bem como correlacionada, por outras convenções, quanto à sua descrição (conceito); noutras palavras, os interessados na verdade estão de acordo (por convenções) quantos às correlações existentes entre coisas, ideias e linguagem.

---

para um enunciado isolado, e 'enunciado' quando está dentro de um silogismo. Ocasionalmente, 'enunciado' é um termo neutro, decomponível em 'proposição' (produto lógico do pensamento) e 'juízo' (produto psicológico do pensamento). Esta decomposição efetua-se, por vezes, em sentido inverso: o enunciado designa então o fato de enunciar uma proposição" (Mora, 2001, p. 215-216). Nicola Abbagnano explica que, "quando, conforme ocorre com frequência, se distingue enunciado de proposição, diz-se que o enunciado é verdadeiro quando exprime uma proposição verdadeira" (2003, p. 337). *Russell*, contudo, *"reduz a proposição a atitude mental*, embora distinguindo do enunciado. Na verdade, considera-a como 'crença' ou 'atividade proposional', e afirma que as proposições devem ser definidas como eventos psicológicos (ou fisiológicos) de certa espécie: imagens complexas, expectativas etc" (Abbagnano, 2003, p. 801). *Um enunciado*, segundo Austin, *"é o proferimento por um falante de certas palavras, o emprego de uma sentença, diante de uma audiência e com referência a uma situação determinada*" (Dutra, 2001, p. 28)

108 "As *convenções descritivas* são aquelas que *correlacionam sentenças com tipos de situação*, coisa, evento etc., encontradas no mundo. E as *convenções demonstrativas correlacionam enunciados com situações históricas* etc. também encontradas no mundo" (Dutra, 2001, p. 28). Para um exemplo dessas convenções, cf. Dutra, ibid. No âmbito da investigação criminal, há também certas convenções acerca do que a verdade se refere (fatos e direito) e sobre as quais os atores da comunidade jurídica (delegado, promotor e juiz) estão de acordo, ou conseguem pelos meios institucionais da persecução penal chegar, com uma conclusão sobre a verdade. Pense-se, por exemplo, nas *convenções legais* a respeito dos tipos penais que definem o crime a partir de elementos imprescindíveis para sua configuração, bem como nas *convenções jurisprudenciais* (ou até doutrinárias) a respeito de que fatos e situações são admitidos como correlativos às descrições legais.

Ponto relevante dessa teoria se refere ao vínculo que Austin estabelece entre a noção de verdade e a linguagem praticada pelas comunidades que dela fazem o uso, porque, segundo ele, "a verdade e a falsidade dependem das circunstâncias, da audiência e dos propósitos e intenções com que se faz um enunciado" e "a referência depende do conhecimento que se tem no momento de um proferimento" (nesse sentido, cf. Dutra, 2001, p. 30). Dessa forma, explica Luiz Henrique: "Ao fazer seus enunciados, *o falante sempre pressupõe o conhecimento que ele compartilha com sua comunidade linguística*, o que inclui uma delimitação do mundo sobre o qual ele fala. *Tal conhecimento está expresso nas convenções (descritivas e demonstrativas) que a comunidade estabelece*" (ibid. p. 30)[109].

4.2.2. *Teoria semântica*[110] *(A. Tarski)*

A noção de verdade proposta por Tarski constitui-se a partir de duas condições – *adequação material* e *correção formal*[111] – de tal

---

[109] Tendo em conta as convenções, também na investigação criminal, a verdade pressupõe um conhecimento compartilhado pela comunidade em que está inserida, bem como uma delimitação do mundo que lhe é próprio (os fatos relevantes à qualificação jurídica do crime) e a que se refere a verdade (hipóteses fáticas e jurídicas).

[110] "**Semântica.** Um dos três ramos em que a semiótica é usualmente divida: o estudo do significado das palavras e da relação entre os signos e os objetos a que eles são aplicáveis." (Blackburn, 2991, p. 354). Segundo N. Abbagnano: "Propriamente, a doutrina que considera as relações dos signos com os objetos a que eles se referem, que é a relação de *designação.* (...) A semântica seria portanto a parte da Linguísitica (e mais especialmente da Lógica) que estuda e analisa a função significativa dos signos, os nexos entre os signos linguísticos (palavras, frase etc) e suas significações" (2003, p. 869). Para melhor compreender a teoria e aprofundar, cf. "A concepção semântica da verdade", de Alfred Tarski, Editora Unesp, 2007 (textos clássicos de Tarski, organizados e traduzidos por L. H. Dutra *et al.*).

[111] "A primeira dessas condições coloca limites para o conteúdo possível, a segunda, para a forma possível de qualquer definição aceitável" (Haack, 2002, p. 143). "A teoria de Tarski pode ser reduzida ao seguinte: para ser materialmente adequada, uma definição do conceito de verdade tem de trazer como consequência a equivalência da forma" (Mora, p. 708).

forma que sua definição se estabelece por intermédio de uma metalinguagem[112]. Com esse requisito, "só podemos dar **definições parciais de verdade** para as sentenças de determinada linguagem, definindo as condições mediante as quais cada uma das sentenças é verdadeira" (Dutra, 2001, p. 34)[113], o que somente seria possível em linguagens formalizadas[114], porque possuem *estrutura sintática inteiramente especificável*[115].

Com o conceito proposto, Tarki pretende que sua noção de verdade seja neutra e "compatível com qualquer posição metafísica, seja realista, seja idealista etc" (Dutra, 2001, p. 40). Segundo ele, a partir de um esquema geral (T) podemos ter definições adequadas de verdade para certas e determinadas sentenças. Assim, como condição prévia, devemos partir do seguinte esquema:

(T) x é uma sentença verdadeira se e somente se p

No esquema, x é o nome de uma sentença qualquer, e p se refere a um estado de coisas. Exemplificativamente, *"a neve é branca"/é uma sentença verdadeira/se e somente se/a neve é branca.* É a partir

---

[112] "Uma definição adequada de 'verdade' tem de ser dada numa metalinguagem. Segundo Tarski, nas linguagens formalizadas é possível construir uma definição adequada e formalmente correta do que é uma sentença verdadeira numa metalinguagem, só com a ajuda de expressões lógicas gerais, expressões da própria linguagem e termos da morfologia da linguagem" (Mora, p. 706)

[113] "Tarski diz que 'verdadeiro' expressa uma propriedade ou nomeia uma classe de sentenças, então, são sentenças que ele toma como portadores de verdade" (Kirkham, 2003, p. 208). "Entre os lógicos, gramáticos e linguistas, é comum dizer que uma sentença é uma **sequência de símbolos** em um língua ou linguagem, uma sequência que atenda a determinados requisitos de caráter sintático e, as vezes, semânticos" (Dutra, 2001, p. 82).

[114] "Tarski defende que a semântica de uma linguagem L qualquer deva ser especificada em uma outra linguagem M, uma ***meta*-linguagem**, diferente de L." (Dutra, 2001, p. 34)

[115] Ou seja, linguagens em que as *relações de designação* dos signos com os objetos a que eles se referem (semântica) estejam especificadas inteiramente em uma outra linguagem (metalinguagem). A contrário senso, em linguagens não-formalizadas (coloquial, ou natural), por terem estrutura sintática não-especificável, torna-se difícil estabelecer uma definição de verdade.

desse esquema geral, requisito formal da concepção de verdade, que alguns filósofos tendem a interpretar a teoria de Tarki como uma concepção correspondencial. Esse esquema, contudo, não é ainda definição de verdade de Tarski, "mas apenas a formulação de uma das duas condições que devem ser satisfeitas para podermos ter adequadas definições de verdade para sentenças determinadas" (Dutra, 2001, p. 36). É uma convenção formal, assim como o é também o outro requisito relativo à condição de adequação material, que também se estabelece como uma convenção[116]. A definição de verdade, segundo Tarski, somente é possível em uma linguagem necessariamente formalizada[117] e semanticamente não fechada, o que exige uma metalinguagem (M) mais rica que a linguagem formalizada (L), capaz de especificar a estrutura sintática de L, e em condições de definir o verdadeiro em termos de *satisfação* em L.

Segundo Luiz Henrique Dutra (2001, p. 39), a noção de verdade de Tarski, em resumo, pode ser assim explicada: "Atendendo, então, aos dois requisitos – de adequação material e correção formal – Tarski sustenta que podemos definir 'verdadeiro-em-L, sendo L uma linguagem formalizada qualquer. Para isso, devemos, em primeiro lugar, especificar a estrutura sintática de L. Em segundo lugar, temos de especificar a estrutrua sintática da metaliguagem M na qual vamos definiri verdadeiro-

[116] É nesse ponto que Tarki acaba recorrendo, em última análise, aos objetos do mundo como forma de satisfação da verdade das sentenças (nesse sentido, cf. Dutra, 2001 p. 39-40). Ou seja, embora uma meta-linguagem defina o verdadeiro em uma linguagem anterior (semântica), o procedimento indireto acaba por recorrer ao final a objetos do mundo. Segundo Luiz Henrique Dutra, a respeito disso: "...este é um dos pontos a cujo respeito a teoria de Tarski tem sido criticada, envolvendo sua alegada neutralidade em face de posições metafísicas ou epistemológicas. Dado que, em sua apresentação original da teoria, Tarski não fala de modelos, nem de mundos possíveis, por exemplo, entende-se que as variáveis dizem respeito a objetos do mundo. E isso parece comprometer a teoria com o fisicalismo" (2001, p. 40)

[117] L. H. Dutra (2001, p. 38) explica que "construir uma linguagem formalizada, deste ponto de vista, é apenas **especificar claramente um sistema sintático** e **dotá-lo de uma interpretação** (semântica), e não é **certo que não possamos fazer** isso com certas partes da linguagem coloquial". Davidson, a respeito disso, sustenta que a teoria de Tarki é aceitável inclusive em linguagens não formais (nesse sentido, cf. Dutra, 2001, p. 47-52).

-em-L. M pode conter L como uma parte sua, caso contrário temos de providenciar meios para traduzir as sentenças L em M."[118]

Embora a teoria de Tarski seja por muitos referida como uma formulação mais bem elaborada da concepção correspondencial (nesse sentido, em especial, K. Popper), além de pretender um conceito neutro, em relação a questões metafísicas e epistemológicas (como assim o pretende o próprio Traski), não há um consenso sobre essa sua natureza e qualidade[119].

Luiz Henrique Dutra (2001, p, 41) nos dá, contudo, uma boa interpretação dessa teoria, ao observar que: "...ao contrário das abordagens gerais nas teorias da verdade, a de Tarski contém um **preceito metodológico importante**, e que pode se mostrar profícuo não exatamente para definir a 'verdade' para a linguagem coloquial (e científica), mas para enfrentar o problema em contextos em que ele possa receber uma formulação mais exata."[120]

---

[118] No âmbito da investigação criminal, a dogmática penal sobre a teoria analítica do delito, apesar de não inteiramente formal, segundo entendemos, desempenha com êxito o desenvolvimento de uma metalinguagem que nos permite especificar a semântica das sentenças legais que definem os tipos penais. Assim, ao se questionar sobre a verdade acerca de uma crime, podemos perceber que somente é crime o que definido na lei como tal (linguagem L), mas somente a partir da dogmática penal (linguagem M), podemos apreender o sentido verdadeiro e inequívoco daquela linguagem L, em certas situações. Também a jurisprudência, segundo entendemos, tem uma função especificadora da semântica dos termos da linguagem jurídica, na medida em que exclui ou inclui certos fatos da hipótese legal, a. ex. de pequenos furtos (bagatelas) excluídos da hipótese de incidência do tipo.

[119] Nesse sentido, cf. Dutra, 2001, p. 33 e ss. Para entender porque a teoria de Tarski é ou não associada a uma concepção correspondencial, cf. explicações detalhadas em Kirkhan, 2003, p. 241 e ss. Certo, contudo, é que tem sido uma das mais bem aceita teoria da verdade entre os filósofos segundo algumas opiniões. Nesse sentido, cf. Haak, 2002, p. 143, para quem "a teoria de Tarski tem sido, ultimamente, com grande probabilidade, a teoria da verdade mais influente e mais amplamente aceita".

[120] Reconhecendo sua relevância, cf. Ferrajoli, 2002, p. 40-42, onde o autor faz uso da concepção semântica no contexto do processo penal.

4.2.3. *Teoria da verossimilhança*[121] *(K. Popper)*[122]

A teoria de Popper acerca da verdade parte de uma especial interpretação da teoria semântica de Tarski[123] como correspondência, embora seja considerada por muitos uma abordagem equivocada dessa teoria[124].

A concepção de Popper abrange as perspectivas da definição e dos critérios acerca da verdade. Para ele, a definição de verdade deve ser objetiva, o que somente é possível se aceita a noção de correspondência com os fatos, nos termos do esquema geral proposto por Tarsk (*x*/é verdadeiro/se e somente se/*p*), como condição de adequação material para definir a verdade de sentenças[125].

---

[121] **Verossimilhança**. "Grau com que uma hipótese se aproxima da verdade. A primeira abordagem dessa noção deve-se a Popper, que a identifica com o grau com que uma teoria capta toda a veradde..." (Blackburn, 1997, p. 404).

[122] "**Popper, Karl Raimund** (1902-1994) Filósofo da ciência. Popper nasceu e se formou em Viena, partilhando com os positivistas lógicos o interesse pelos fundamentos e metodologia das ciências naturais. (...) Ficou famoso com seu primeiro livro *Logik der Forschung* (1935), no qual destrói as tentativas tradicionais de fundamentar o método científico no apoio que a experiência proporciona às generalizações e às teorias adequadamente construídas." (Blackburn, 1997, p. 302)

[123] Uma outra interpretação, a partir da teoria de Tarski, é proposta por Davidson, que pretende aplicá-la para certas linguagens coloquiais (nesse sentido, cf. Dutra, 2001, p. 47-52). Em síntese: "O programa de Davidson e seus colaboradores consiste, portanto, em tomar partes do discurso coloquial e procurar fazer o mesmo tipo de arregimentação e descrição formal que os lógicos já conseguiram fazer com outros fragmentos" (p. 49). "A noção de verdade se torna essencial neste programa porque, para Davidson, compreender o que uma sentença significa é compreender quais são suas condições de verdade" (p. 50). "É deste modo que a verdade se torna, segundo Davidson, *uma ferramenta para compreender o significado das sentenças de uma linguagem*" (p. 51)

[124] Nesse sentido, cf. Dutra, 2001, p. 44 e ss, que a considera uma teoria ingênua da correspondência. Entretanto, é a partir da interpretação popperiana da teoria semântica como correspondência, e de sua proposta de verdade aproximada, que Luigi Ferrajoli parece erigir seu esquema teórico acerca da verdade no processo penal (nesse sentido, cf. 2002: "A concepção semântica da verdade processual como 'correspondência'. Verdade fática e verdade jurídica", p. 40 e ss), do qual iremos extrair os fundamentos para o uso da verdade na investigação criminal.

[125] É nesse ponto que a concepção de Popper é especialmente criticada, por ter dado à teoria de Tarski uma interpretação que não parece estar de acordo com a concepção do

Tendo por base essa definição, Popper apresenta sua concepção de conteúdo de verdade, a partir da ideia de verossimilhança, como forma de escolhermos entre teorias diversas a que mais se aproxima da verdade. Nesse ponto, acredita-se que Popper apenas nos deu critérios para considerar qual é a melhor dentre duas teorias, tomando por base não uma verdade propriamente dita, mas uma das teorias apresentadas com base no conhecimento de que dispomos no momento. Noutros termos, "dada a situação em que se encontra nosso conhecimento, julgamos que uma das teorias é melhor que as outras, e a utilizamos para julgar as demais" (Dutra, 2001, p. 46). Ou seja, Popper não nos dá um conceito completo de verdade, mas apenas uma definição correspondencial conjugada com outros critérios. Nesse sentido, Luiz Henrique Dutra (2001, p. 47) conclui que: "Em suma, aparentemente, Popper deseja manter uma definição de verdade como correspondência, mas aceita um critério não-correspondencial de verdade ou, melhor dizendo, daquele substitutivo para a verdade que ele julga a nosso alcance – a verossimilhança."[126]

4.2.4. *Verdade aproximada e adequação empírica*

Com a ideia de *aproximação da verdade*, Boyd acredita ser possível determinar *diferentes graus de verdade*, com base em critério epistêmico de avaliação de teorias (cf. Dutra, 2001, p. 54 e ss). Mas, apesar de a história das ciências demonstrar que sempre há teorias novas que suplantam as velhas, aproximando-se a cada passo da verdade, Boyd, contudo, não desconsidera que em algum ponto as anteriores tinham algo de verdadeiro. Assim, admite-se que "ao longo deste processo dialético e natural que é a ciência, a verdade como

---

próprio autor, e por reduzi-la a uma definição de correspondência com os fatos, que o próprio Tarski não teria admitido em absoluto (cf. nesse sentido, Dutra, 2001, p. 44).

[126] Essa noção nada mais é do que *uma aproximação máxima possível da idéia de verdade*. Essa concepção de Popper deve ser compreendida dentro de uma idéia maior de progresso constante das ciências baseado em sua proposta falseacionista. Especialmente por causa desse programa que a concepção de Poppper parece ter uma boa aplicação no âmbito do processo penal, segundo a proposta garantista de Luigi Ferrajoli.

correspondência entre nosso conhecimento e o mundo se nos impõe, gradualmente, isto é, sucessivamente, por meio de teorias cada vez mais próximas da verdade (exata)" (id. p. 55).

Com isso, Boyd sustenta que a noção de correspondência apenas nos dá uma definição de verdade, sendo contudo a noção de coerência o critério de verdade, ainda que aproximadamente[127]. Com isso, essa teoria da verdade de Boyd "apresenta a vantagem de poder formular **um critério aplicável** de verdade aproximada, que consiste na associação entre confiabilidade instrumental e coerência" (id. p. 56). Em síntese, "*uma teoria instrumentalmente confiável e coerente com o restante do saber estabelecido, em determinado momento da história de uma ciência madura, deve ser considerada aproximadamente verdadeira*" (id. ibd.).

Noutro rumo, apesar de também partir da definição de verdade como correspondência, van Frassen propõe a noção de *adequação empírica* como critério, não de verdade, contudo, sim como forma de escolher entre duas teorias que possam competir a respeito de uma aproximação da verdade[128]. Segundo van Frassen: "...uma teoria é

---

[127] Nesse caso, um critério de autorização (falível), não um critério de garantia (infalível). "A distinção enter critério de garantia (que são infalíveis) e critérios de autorização (que são falíveis) é apresentada por Rescher (1973). Um critério de autorização consiste em detectar alguma coisa que esteja causalmente ligada a outra (por exemplo, febre com infecção), o que, por conseguinte, nos *autoriza* [itálico nosso] a inferir a presença desta outra coisa" (Dutra, 2001, p. 56). Seria um critério de garantia, no exemplo, a constatação do microorganismo em um microscópio (id. ibid.). Nesse caso, é claro, há que se perceber uma certa confiabilidade científica sobre a instrumentalidade do microscópio para nos revelar o microorganismo. No âmbito da investigação criminal, um critério de autorização pode ser percebido a partir do testemunho de várias pessoas acerca da morte de um homem cujo corpo desapareceu, mas somente o exame de corpo delito, feito diretamente sobre o corpo poderia nos garantir a morte daquele homem.

[128] "Ao contrário dos realistas científicos, van Frassen, entre os anti-realistas, argumenta que o sucesso preditivo (ou a confiablidade das teorias científicas, como diz Boyd) não é a questão a ser respondida, mas, antes, o que interessa é o problema de como escolher entre duas teorias ou mais **teorias competidoras**, todas empiricamente adequadas, isto é, todas elas sendo bem-sucedidas em nos dar explicações sobre certos fenômenos e permitindo fazer predições corretas" (Dutra, 2001, p. 53). Ora, essa é pontualmente a questão que se coloca no âmbito da investigação do crime no processo penal, em que o contraditório põe

empiricamente adequada exatamente se o que ela diz sobre as coisas observáveis e eventos neste mundo é verdadeiro – exatamente se ela 'salva os fenômenos'. De forma um pouco mais precisa: tal teoria tem pelo menos um modelo tal que todos os fenômenos dados nele se ajustam" (apud Dutra, 2001, p. 57).[129] Com essa compreensão, contudo, van Frassen deixa de focar a atenção na ideia de verdade, para concentrar-se na ideia de adequação empírica, que pode ser entendida independentemente da ideia verdade (nesse sentido, id. ibid. p. 60).

4.2.5. *Teorias epitêmicas*[130]

Diferentemente das teorias da correspondência que vinculam a noção de verdade a uma relação entre o mundo e o conhecimento que temos dele, há certas teorias que defendem a *noção de verdade como uma questão interna ao conhecimento*, dependente apenas do que pensamos em relação ao mundo, sem referência necessária ao que existe nele. Sob essa perspectiva é que se colocam a *teoria da coerência* e a *teoria pragmática*, como formas de teorias epistêmicas da verdade (nesse sentido, cf. Dutra, 2001, p. 61 e ss)

em conflito duas teses a respeito dos fatos investigados, por vezes, igualmente admissíveis pelo que podemos saber no estágio de nosso conhecimento, e nos limites temporais do sistema penal que exige uma decisão antes da prescrição do direito de punir (*jus puniendi*), questão que pode ser antevista mesmo no inquérito policial quando as investigações conduzem a duas possíveis conclusões, igualmente possíveis, consideradas em si (coerentes), mas contrárias, consideradas uma em relação à outra.

[129] "Na medida em que a idéia intuitiva de um modelo é, em última instância, aquela da representação de um mundo possível, isto pode ganhar um sentido razoável" (Dutra, 2001, p. 59)

[130] "**Epistemologia** (do gr., *epistêmê*: conhecimento). Teoria do conhecimento. Algumas de suas questões centrais são: a origem do conhecimento; o lugar da experiência e da razão na gênese do conhecimento; a relação entre o conhecimento e certeza, e entre o conhecimento e a impossibilidade do erro; a possibilidade do ceticismo universal; e as formas de conhecimento que emergem das novas conceitualizações do mundo" (Blackburn, 1997, p. 118-119).

i) Verdade como coerência[131]

A teoria da verdade como coerência, segundo Simon Blackburn (1992, p. 401), é a perspectiva a partir da qual "a verdade de uma proposição consiste em pertencer a um certo conjunto apropriadamente definido de outras proposições: um conjunto consistente, *coerente* e possivelmente ainda dotado de outras virtudes, desde que não sejam definidos em termos de verdade".

Segundo Luiz Henrique Dutra, "*uma teoria da coerência é uma teoria que identifica a verdade com uma propriedade do sistema enquanto tal, internamente, sem referência a nada externo*" (2001, p. 66). As teorias da coerência partem da ideia de sistema de crenças (ou proposições, não sendo relevante a discussão acerca do portador da verdade), como conjunto ou classe de sentenças ou proposições, de tal forma que possamos ter uma coerência interna, sem proposições contraditórias. A ideia de compatibilidade (ausência de desacordo), no entanto, deve ser tida como um requisito necessário, mas não suficiente. Assim, além da exigência de compatibilidade (entre as sentenças), exige-se também a abrangência (do sistema) para absorver, e se necessário revisar-se, em função de alguma sentença inicialmente conflitante com o sistema (cf. id. ibid.).

Dessa forma, observa-se que essa teoria não apenas define a verdade em termos de coerência, como elege este como seu próprio critério, ou, como sintetiza Luiz Henrique Dutra, "*qualquer critério para julgar a coerência do sistema deve derivar do próprio sistema*" (2001, p. 67), o que é um dos pontos criticáveis da teoria.

---

[131] "**Coerência.** (...) 1. Ordem, conexão, harmonia de um sistema de conhecimento. Nesse sentido, Kant atribuía aos conhecimentos *a priori* a função de dar ordem e coerência às representações sensíveis (...). Nesse sentido, a coerência foi assumida por alguns idealistas ingleses como critério da verdade. Segundo Bradley, p. ex., a realidade é uma Cosciência absoluta que abarca, na forma de coerência harmoniosa, toda a multiplicidade dispersa e contraditória da aparência sensível (...). A coerência, nesse sentido, é muito mais do que simples *compatibilidade* entre os elementos de um sistema: implica, com efeito, não só a ausência de contradição, mas a presença de conexões positivas que estabeleçam harmonia entre os elementos do sistema. Nessa acepção, esse termo não tem significado lógico" (Abbagnano, 2003, p. 147)

ii) Verdade pragmática

A teoria pragmática da verdade, por sua vez, pode ser entendida como "o ponto de vista, especialmente associado a James, segundo o qual a verdade de uma afirmação pode ser definida em termos de utilidade que há em aceitá-la" (Blackburn, 1997, p. 403). É uma teoria que decorre diretamente do *pragmatismo*[132] e tende a relacionar a noção de verdade com *utilidade*, *consenso*, ou algum outro substitutivo.

Segundo concepção de Peirce, que considera a verdade como finalidade da investigação, a verdade pode ser compreendida como "aquela opinião sobre a qual há acordo geral entre aqueles que investigam utilizando o método científico após um tempo suficientemente longo" (apud Dutra, 2001, p. 63).

Dewey, por sua vez, tende a substituir o termo verdade pela expressão *acertabilidade garantida*, como uma propriedade das crenças a que chegamos pela impossibilidade de refutação pela experiência (cf. *id. ibid.*). Nicola Abbagnano acredita que "talvez se possa antever uma forma diferente dessa mesma concepção na tese de Dewey, da *instrumentalidade* dos procedimentos cognoscitivos e do conhecimento em seu conjunto, com vistas ao aperfeiçoamento da vida humana no mundo. Contudo, em Dewey não se encontra a definição de verdade como utilidade, mas apenas a afirmação do caráter instrumental – portanto *válido*, mas não verdadeiro – das proposições" (2003, p. 998).

---

[132] "**Pragmatismo.** Filosofia do significado e da verdade estreitamente associada a Peirce e a James. Apesar de ter conhecido diversas formulações por parte desses dois autores, o essencial do pragmatismo consiste na crença de que o significado de uma doutrina é idêntico as efeitos práticos que resultam de sua adoção. (...) A concepção da verdade de Peirce é que a verdade é aquilo que processos (adequados) de investigação tenderiam a aceitar se fossem levados até um limite ideal" (Blackburn, 1997, p. 307).

4.2.6. *Verdade como acordo (L. H. Dutra)*

Luiz Henrique Dutra (2001, p. 72 e ss), em seu programa de pragmática da investigação[133], sustenta uma abordagem alternativa da questão, a partir do exame de uma *noção comum de verdade como acordo*, com a qual ele propõe um relato de como se lhe apresenta, em uma investigação qualquer, o "papel desempenhado pela noção de verdade", do que ele extrai "uma formulação alternativa do problema da verdade em seu uso epistemológico".

Segundo a compreensão do autor, seja qual for a noção de verdade, sabemos que ela é essencial à investigação, ainda que façamos uso de um substitutivo, mas não parece essencial, contudo, a necessidade de escolher um portador de verdade, como o fazem as diversas teorias, ao tratarem de proposições, enunciados e sentenças. De fato, no âmbito das várias teorias da verdade, há referência e divergência sobre o portador da verdade[134], de tal forma que essa se apresenta como propriedade de algo, geralmente crenças ou proposições (Russell), enunciados (Austin) ou sentenças (Tarski)[135]. Segundo L. H. Dutra, em todas teorias clássicas da verdade, no que diz respeito aos portadores da verdade, há dificuldades ontológicas que somente parecem superáveis em uma abordagem pragmática do problema.

---

[133] Advirta-se que essa abordagem, segundo o próprio autor, não deve ser confundida com as teorias pragmáticas da verdade (cf. Dutras, 2001, p. 61). Ela está relacionada com aquela noção de pragmática da investigação contida em sua sua obra e sucintamente explicada no Capítulo 2 do nosso trabalho.

[134] Para uma melhor especificação do que são portadores de verdade, cf. Dutra, 2001, p. 73 e ss ("O que é um portador de verdade?").

[135] "Além das crenças, proposições, sentenças e enunciados, há outras coisas às quais costumamos atribuir a verdade como uma de suas propriedade. É o caso de uma teoria científica, ou então um relato qualquer" (Dutra, 2001, p. 75). Sob essa perspectiva, em uma investigação criminal, o "relatório de um inquérito policial" sobre a ocorrência de um crime, com as afirmações acerca de sua materialidade e autoria, poderia ser tido como um portador de verdade. Também a "tese de acusação", contida na denúncia, defendida com base nos elementos da investigação, pode ser tida como portador de verdade, sob essa perspectiva. Essas possibilidades, além disso, parece-nos, são tanto mais aceitáveis se aceitamos discutir a questão da verdade também fora do âmbito das linguagens não formalizadas.

Em princípio, qualquer portador é admissível, assim como, se devidamente defendida, qualquer teoria é aceitável (cf. 2001, p. 100). O problema, segundo o autor, é que as teorias são programadas para atender a determinado *contexto* e certa *noção* em detrimento de outros, mas em todos eles é possível identificar que em torno da noção de verdade, sob uma perspectiva pragmática da investigação, há um determinado *acordo* acerca do uso de termos como "verdade" ou "verdadeiro". O difícil, segundo o autor, "é dizer mais exatamente *em que consistiria tal acordo*". Mas ele nos dá um exemplo: "O detetive que faz uma investigação almeja que sua hipótese sobre o autor provável de um crime esteja de acordo com os fatos. O cientista que formula uma teoria almeja que ela esteja de acordo com determinados fenômenos ou acontecimentos do mundo. (...) Ao encontrar as provas que esperava, o detetive declara: 'minha hipótese é verdade – eis o culpado!'. E aqui diríamos: *o acordo (a verdade) consiste numa relação entre hipótese e as provas*. Essas são os fatos, diríamos, e aquela, a proposição." (2001, p. 101-102)[136]

i) Verdade como ferramenta de investigação

O que emerge como fundamental dessa concepção é que a verdade é uma ferramenta de investigação; e ainda que o acordo possa ser quebrado, é válido enquanto não o for, e ainda que revisado, será até que o seja. Nesse sentido, ainda assim a verdade permanece como uma ferramente da investigação. Daí a conclusão de Luiz Henrique Dutra de que: *"Muitas coisas podem ser verdadeiras – todas aquelas que possam ser colocadas de acordo umas com as outras*. Por isso, em determinados contextos, todas as teorias da verdade são plausíveis, e todas aquelas coisas que elas apontam como portadores de verdade podem, de fato, ter essa propriedade. Mas essa é uma *propriedade que*

---

[136] Luiz Henrique Dutra, contudo, adverte que não devemos com isso concluir pela teoria da correspondência na versão russelliana, porque considera a noção de correspondência um substitutivo semântico muito fraco, inadequado à pragmática, sendo melhor manter a noção de verdade associada à de verificação e constatação de acordo, entre hipótese e prova, ou entre o que se diz e o que se pensa ser o caso (cf. 2001, p. 102).

o investigador atribui a certas coisas quando produz o acordo entre elas. *Fora da pragmática de uma investigação determinada, não podemos dizer de que coisa a verdade é uma propriedade*" (2001, p. 103)[137].

ii) Verdade como acordo – uma formulação pragmática

Assim sendo, em uma análise pragmática da investigação, segundo Luiz Henrique Dutra, "a verdade é o acordo que se estabelece pelo ato de verificar, ou seja, a verdade é o acordo que se estabelece pelo ato de fazer tal acordo" (2001, p. 107), o que, embora seja uma afirmação tão vazia quanto tautológica, conforme reconhece o autor, é bom do ponto de vista pragmático, porque "fora de um contexto de investigação, e sem um investigador que produz ou constate o acordo entre duas coisas (hipótese e prova, por exemplo), não faz sentido pensar na verdade" (ibid., 106).

Com essa observação, o autor conclui que: "Nosso uso da palavra 'verdade' sugere, então, que a verdade não pode ser uma propriedade de determinadas coisas (proposições, por exemplo), mas que ela é algo que se dá, um **evento**, uma **ação**, o acordo de que falávamos" (ibid., p. 107).

A noção de verdade como acordo é possível, assim, no contexto de investigações em que ela se aplica, regidas por um dialeto próprio que se estabelece por convenções descritivas e demonstrativas (Austin). Nesse sentido: "Como toda investigação utiliza, obviamente, uma língua, jargão ou dialeto, seja no caso de investigações comuns, como uma investigação policial, seja no caso de uma investigação científica,

---

[137] A idéia de acordo coloca o problema da verdade em termos práticos, sendo inestimável sua noção para a investigação criminal, na medida em que, seja qual for a teoria usada, desde que os atores do processo penal (delegado, promotor e juiz) estejam de acordo quanto ao que querem submeter ao crivo da verdade, e estejam de acordo quanto a como chegar a conclusões satisfatórias, dentro do que se propõem a averiguar. Esses acordos, contudo, não se estabelecem *a priori*, como uma estipulação preliminar, mas na medida em que o procedimento se desenvolve e as etapas vão sendo concluídas como satisfatórias, sem discussão acerca das questões postas.

podemos falar daquela forma especializada de linguagem que se emprega na investigação. Ora, tal forma de linguagem é o que podemos denominar dialeto" (Id. ibid., p. 109).

4.3. A busca da verdade no processo penal[138]

A respeito da verdade no processo penal, Luigi Ferrajoli nos adverte sobre um primeiro requisito cognitivo – sem o qual não podemos iniciar qualquer investigação do crime –, ao afirmar que "só é possível verificar empiricamente que se cometeu um delito se, antes, uma convenção legal estabelecer com exatidão que fatos empíricos devem ser considerados como delitos" (2000, p. 38). Essa afirmação, em suma, expressa o princípio da legalidade, decorrente do convencionalismo penal, já analisado na primeira parte, ao tratarmos da dimensão normativa do crime (cf. Capítulo 3)[139].

4.3.1. *Verdade real vs. Verdade formal*

Essa delimitação do âmbito da investigação, que decorre de uma concepção convencionalista do sistema penal, traz em si ainda o tipo de verdade que se admite perseguir – uma *verdade formal*, em contraste com a verdade substancial propugnada por outros modelos de sistema não vinculados ao princípio da legalidade dos crimes. A respeito dessa distinção, entre *verdade formal* e *verdade substancial*, compreende-se a verdade no processo como formal, por princípio, e

---

[138] Essa seção está orientada, essencialmente, pela obra *Direito e Razão*, de Lugi Ferrajoli, precisamente pela Primeira Parte de sua teoria do garantismo penal, dedicada à Epistemologia, na qual o autor discute os problemas e limites da verdade no processo penal.

[139] Essa concepção, em síntese, que se encontra em nosso sistema jurídico-penal brasileiro, expressa-se pelo princípio fundamental da legalidade, segundo o qual *não há crime sem lei (nullum crimen sine lege)*, previsto na Constituição Federal, como direito fundamental (art. 5.º XXXIX), e no Código Penal (art. 1.º), como base da fonte exclusiva da norma penal incriminadora, e reflete um ideal político e de justiça, defendido pela doutrinas do Liberalismo e do Estado de Direito, fontes do Constitucionalismo moderno.

relativa, portanto, devido a estarem disciplinados os métodos de comprovação e de valoração das provas (objetivamente limitada, portanto), embora por pretensão subjetiva (do investigador) se possa admitir a busca da verdade material, ou absoluta (cf. Ferrajoli, 2002, p. 60)[140].

A *verdade formal (ou processual)*[141], assim, em contraste com a verdade substancial, "não pretende ser a verdade", pois ela "está condicionada em si mesma pelo respeito aos procedimentos e às garantias da defesa". Segundo L. Ferrajoli (2002, p. 38), ela "é, em suma, uma verdade mais controlada quanto ao método de aquisição, porém mais reduzida quanto ao conteúdo informativo do que qualquer hipotética 'verdade substancial', no quádruplo sentido de que se deve estar corroborada por provas recolhidas por meio de técnicas normativamente preestabelecidas, de que é sempre uma verdade apenas provável e opinativa, e de que na dúvida, ou na falta de acusação ou de provas ritualmente formadas, prevalece a presunção de não culpabilidade, ou seja, da falsidade formal ou processual das hipóteses acusatórias."

Essa é, portanto, uma opção epistemológica do sistema jurídico, fundado no convencionalismo penal, a preponderar na investigação dos crimes, tendo em vista a proteção da liberdade dos cidadãos

---

[140] Essa distinção assim exposta, segundo Luigi Ferrajoli, é oriunda da doutrina de Carnelutti, que passaremos a adotar nesse trabalho, mas há outros significados que não devem ser ignorados. Assim, "para Eugenio Florian, por exemplo, a 'verdade formal' seria a alcançada, como no processo inquisitivo pré-moderno, através das 'provas formais' ou 'legais', prescindindo da livre convicção do juiz; enquanto seria 'material' a verdade histórica alcançada, como no processo acusatório, através da liberdade de prova. (...) Em um sentido análogo, a oposição 'formal/material' é usada às vezes para designar a diferença entre a verdade própria do processo civil, condicionada pelo princípio da disposição sobre as provas, e a própria do processo penal, onde as provas não são disponíveis para as partes" (2002, p. 60). Quanto a esse sentido, contudo, tem-se admitido que a distinção está enfraquecida no processo civil moderno dirigido pelos poderes instrutórios do juiz. Nesse sentido, cf. "A busca da verdade no processo penal", de Manoel Antonio de Barros, 2002, p. 32 e ss.

[141] Embora consideradas sinônimos por Luigi Ferrajoli, daremos preferência ao uso da expressão "verdade formal", em lugar de "verdade processual", por permitir aplicação tanto ao processo judicial quanto à investigação preliminar ao processo.

contra a arbitrariedade de verdades pretenciosamente substanciais e intoleráveis (cf. id. ibid.), das quais a história da inquisição nos dá exemplos suficientes[142].

4.3.2. *O problema da verdade processual*

Considerando, assim, a noção de verdade, em sua perspectiva formal, é possível entender que as garantias legais e processuais, presentes no processo judicial, além de garantias de liberdade, são sobretudo garantias de verdade (cf. Ferrajoli, 2002, p. 39), de tal forma que "o conceito de verdade processual é, em suma, fundamental não apenas para a elaboração de uma teoria do processo, mas também pelos usos que dele são feitos na prática judicial" (id. ibid.). Daí ser admissível compreender que tais garantias integram o conceito de verdade, a exigir-lhe uma adequação de *validade*. Essa é uma questão prévia e necessária que concerne à verdade formal no processo penal.

Essa compreensão nos conduz, assim, a uma noção de verdade fundada na *validade jurídica* dos meios utilizados para seu alcance, o que, no âmbito da justiça penal, é ainda maior do que em qualquer outra atividade judicial (cf. id. ibid. p. 40). Temos, assim, que reconhecer um nexo entre *verdade* e *validade*, tendo esta um vínculo

---

[142] Pretensões subjetivas a uma verdade substancial, e absoluta, estavam na base da investigação feita pela Inquisição em que se admitia a tortura como método de revelação da verdade concebida previamente pela fé, buscando exclusivamente a confissão, considerada prova por excelência. A concepção de *verdade como revelação* é a que parece se encontrar na base dos métodos de investigação da inquisição. A respeito dessa noção, Nicola Abbagnano explica que, em sua forma metafísica ou teleológica, essa concepção "afirma que a verdade se revela em modos de conhecimento excepcionais ou privilegiados, por meio dos quais se torna evidente a essências das coisas, seu ser ou seus princípios (Deus). A característica fundamental dessa concepção é a êntase dada à *evidência*, assumida ao mesmo tempo como definição e critério de verdade. Mas a evidência, obviamente, nada mais é que a revelação ou manifestação." (2003, p. 996). Ora, lendo-se o *Directorium Inquisitorium* (Manual do Inquisidor), de Nicolau Eymerich (1376), essa é a noção que exsurge e acaba por fundamentar as práticas degradantes nele consolidadas. A respeito das técnicas de investigação, cf. na obra referida o capítulo relativo ao interrogatório.

com o método de investigação (como se verá) que, embora limite a busca da verdade, permite legitimá-la pelo respeito a certos valores relacionados a tais limites jurídicos.

i) Verdade fática e verdade jurídica

Prosseguindo na análise da verdade no processo, além de formal e contida no âmbito de validade jurídica, devemos compreender que, numa investigação do crime, devemos lidar com duas verdades, uma fática e outra jurídica (nesse sentido, cf. Ferrajoli, 2002, p. 40)

O processo penal (assim como a investigação criminal preliminar) tem por finalidade *afirmar e comprovar* que "alguém cometeu um crime *culpavelmente*", proposição essa que pode ser decomposta em duas, uma fática (de fato) e outra jurídica (ou de direito).

Assim, concluir se "alguém cometeu um crime *culpavelmente*" exige investigar se "alguém cometeu tal fato *culpavemente*" (a) e se "tal fato constitui crime" (b). No primeiro caso, temos uma verdade fática (*quaestio facti*), comprovável pela *prova* da ocorrência do fato e de sua imputação ao agente[143]; no segundo, uma verdade jurídica (*quaestio juris*), comprovável por *interpretação* de enunciados normativos. Como nos explica Luigi Ferrajoli, a *quaestio facti* é resolúvel por via indutiva, segundo dados probatórios; enquanto a *quaestio juris* é resolúvel por via dedutiva, segundo o significado da linguagem contida na lei.

Não obstante a duplicidade da verdade formal no processo, admite-se que a concepção semântica de verdade (Alfred Tarski) é adequada ao uso do termo verdadeiro nos dois casos (nesse sentido, cf. Ferrajoli, 2002, p. 41).

---

[143] No âmbito da investigação criminal preliminar ao processo, contudo, como teremos oportunidade de rediscutir, segundo entendemos, o termo *culpavelmente* dessa proposição constituiria com proveito uma terceira proposição, como *uma questão puramente valorativa*, de tal forma que arriscaríamos falar em uma "terceira verdade", além da fática e da jurídica, uma *verdade valorativa*, apreciável por um juízo de reprovação (na linha da teoria pura normativa da culpabilidade), embora se admita que a expressão possa sugerir uma *contradição* (entre verdade e valor)

ii) Concepção semântica da verdade[144]

Assim, recorrendo à teoria semântica da verdade, a verdade formal no processo, tal como definida, em proposições fática e jurídica, somente será aceitável sob as seguintes condições:

a. *quanto à proposição fática*, "alguém praticou tal fato culpavelmente", se, e somente se, "alguém praticou tal fato culpavelmente";
b. *quanto à proposição jurídica*, "tal fato constitui crime", se, e somente se, "tal fato constitui crime".

De tal forma que, uma proposição acerca da verdade formal no processo somente será verdadeira se, e somente se, forem verdadeiras, tanto fática quanto juridicamente, suas proposições constitutivas (nesse sentido, cf. Ferrajoli, 20002, p. 41).

Luigi Ferrajoli, ao recorrer à concepção semântica de Tarki, assim o faz decisivamente orientado pela ideia de que não é ela uma definição real de verdade, mas uma definição nominal, considerando-a como forma de verdade como correspondência, limitando-se a um significado objetivo do termo verdadeiro, que nada diz acerca dos critérios de verdade, que remetem a teorias subjetivas[145].

Segundo o autor, concluindo sobre essa distinção e o uso da concepção semântica, essa teoria não subministra um critério objetivo ou realista de aceitação da verdade – o que não se tem aceito, por não existir –, pois se limita a indicar em que condições se faz uso do termo *verdadeiro*, qualquer que seja a epistemologia adotada ou

---

[144] Para melhor entender, cf. explicações prévias, no início desse capítulo, bem como a "A concepção semântica da verdade", de Alfred Tarski, traduzido por Luiz Henrique Dutra *et al.* (Editora Unesp). Para uma explicação mais concisa, porém detalhada, cf. Kirkham, Richard L. Teorias da Verdade (Capítulo 5 A teoria semântica de Alfred Tarski), Editora Unisinos.

[145] Essa compreensão de Ferrajoli, acerca da teoria de Tarski, acompanha nitidamente a compreensão que dela tem K. Popper (2002, p. 63). A respeito dessa compreensão, contudo, há entendimentos que a criticam. Nesse sentido, cf. Dutra, 2001, p. 43 e ss, seja para conhecer as críticas, seja para entender melhor a compreensão e aplicação que Popper faz da teoria semântica de Tarski.

afastada (ibid. p. 41). Dessa forma, entende L. Ferrajoli que se justifica o uso da teoria semântica no processo, porque "uma vez estabelecido que o termo 'verdadeiro' pode ser empregado sem implicações metafísicas no sentido de 'correspondência', é na realidade possível falar na investigação judicial como busca da verdade em torno dos fatos e das normas mencionadas no processo, e usar os termos 'verdadeiro' e 'falso' para designar a conformidade ou a desconformidade das proposições jurisdicionais a respeito deles" (2002, p. 41).

iii) A noção de verdade aproximativa

Partindo da noção de verdade por correspondência, há que se ter em mente que ela corresponde apenas a *um ideal do qual podemos mais ou menos nos aproximar*. Mesmo no âmbito da investigação científica, não se tem admitido a ideia de uma verdade objetiva ou absoluta. É importante, para a investigação dos crimes, admitir que, segundo nos adverte Luigi Ferrajoli (2002, p. 42), "a 'verdade' de uma teoria científica e, geralmente, de qualquer argumentação ou proposição empírica é sempre, em suma, uma verdade não definitiva, mas contigente, não absoluta, mas relativa ao estado dos conhecimentos e experiências levados a cabo na ordem das coisas de que se fala, de modo que, sempre, quando se afirma a 'verdade' de uma ou várias proposições, a única coisa que se diz é que estas são (plausivamente) verdadeiras *pelo que sabemos* sobre elas, ou seja, em relação ao conjunto de conhecimentos confirmados que deles possuímos".

Na base dessa noção de verdade, admite o autor, encontra-se a ideia de verdade aproximada, que vale para o processo judicial, assim como para qualquer investigação científica, em termos de uma verdade relativa. Assim, segundo Luigi Ferrajoli, para expressar esta relatividade da verdade, alcançada em cada ocasião, "pode-se muito bem usar a noção sugerida por Popper de *aproximação* ou *acercamento* da verdade objetiva, entendida esta como um 'modelo' ou uma 'ideia reguladora' que 'somos incapazes de igualar', mas da qual podemos nos aproximar, sob a condição, não obstante, de que não se associem a tal noção conotações desorientadoras de tipo ontológico ou espacial, mas apenas o papel de um princípio regulador que nos permita asseverar que uma tese ou uma teoria é mais plausível ou mais aproximadamente verdadeira e, portanto, preferível a outras por causa de seu maior 'poder de explicação' e dos controles mais numerosos a que foi submetida com sucesso" (id. ibid.).

Assim, urge aceitar que a verdade formal no processo pode ter na noção de correspondência apenas um ideal, um *valor* regulador e limite da investigação[146]. Nesse ponto, observa-se que, no plano semântico, a verdade formal do processo não difere em princípio da verdade das teorias científicas, salvo em virtude de certos fatores intrínsecos dos elementos empíricos da investigação do crime, bem como em virtude dos fatores relativos à verificação processual da verdade.

4.3.3. *Os limites da verdade no processo*

Há ainda, segundo Luigi Ferajoli, algumas razões por que a verdade formal no processo se limita a uma verdade aproximativa, impedindo o ideal de "correspondência" absoluta, sendo duas delas relativas a problemas que decorrem da natureza da verdade fática e da verdade jurídica[147].

Em relação à verdade fática, trata-se de uma verdade "relativa a proposição que falam de fatos passsados, não diretamente acessíveis

[146] A respeito dessa concepção de Popper, Luiz Henrique de A. Dutra (2001, p. 43 e ss) nos explica a noção de *verossimilhança*, como uma teoria epistêmica da verdade, que se aproxima da noção de verdade aproximada de realistas científicos como Richard Boyd.

[147] Além dos limites que decorrem da probabilidade da verdade fática e da opinatividade da verdade jurídica, como se discutirá, Luigi Ferrajoli se refere ainda à "subjetividade específica do conhecimento judicial", o que decorre do caráter não impesssoal do juiz como investigador, que, "por mais que se esforce para ser objetivo, está sempre condicionado pelas circunstâncias ambientais nas quais atua, pelos seus sentimentos, suas inclinações, suas emoções, seus valores éticos-políticos" (2002, p. 46). Trata-se, assim, de uma questão prévia à investigação e ao problema da verdade. A respeito disso, relevante a confereir G.F. Kneller, "A Ciência como Atividade Humana" (Ed. Zahar/Edusp), em específico o *Capítulo 7: O Cientista como Pessoa* e no *Capítulo 12: A Responsabilidade do Cientista.* Além dessa questão, L. Ferrajoli considera também um limite à verdade o que decorre do "método legal da comprovação processual", por decorrência de certas condições de regras e procedimentos legais, o que concerne mais ao problema do método, como veremos no próximo capítulo.

como tais à experiência", sendo assim considerada uma *verdade* que se considera *histórica,* por não admitir uma verificação experimental direta; ao passo que, quanto à verdade jurídica, trata-se de uma verdade que podemos chamar de *classificatória*, por referir-se à "classificação ou qualificação dos fatos históricos comprovados conforme as categorias subministratadas pelo léxico jurídico e elaboradas mediante a interpretação da linguagem legal" (nesse sentido, cf. Ferrajoli, 2002, p. 43).

Em virtude disso, devemos admitir que a verdade formal no processo, tem sua verificabilidade estabelecida, ainda que possível, com certas limitações intrínsecas à espécie de verdade, seja ela fática ou jurídica.

i) Indução fática e verdade provável

Quanto à verdade fática, em específico, sofre ela das limitações de qualquer proposição histórica, que somente pode ser enunciada pelos efeitos produzidos, pelos sinais do passado. Contudo, há diferenças em relação às investigações puramente históricas, pois estas se dirigem a fatos mais remotos e consiste predominantemente em encontrar fontes preexistentes (documentos, inscrições, utensílios etc.) e só raramente criar novas fontes (entrevistas e relatos orais, provas químicas etc.). A investigação do crime, embora espécie de investigação histórica, possui suas particularidades, pois "...a investigação judicial não consiste somente na coleta de dados e peças de convicção, mas, sobretudo, em experimentar e produzir *novas fontes* de prova, como interrogatórios, testemunhos, acareações, reconhecimentos, perícias, inspeções etc." (Ferrajoli, 2002, p. 44).

Dessa forma, admite-se que, se há algum experimento fático, o que se experimenta pelo investigador não são os fatos delituosos, mas suas provas, assim como ocorre com o historiador. Em outros termos, os únicos fatos presentes são provas, embora estas se refiram a fatos passados, daí se dizer que não temos uma verificação experimental direta. E é em virtude dessa diferença entre experimento (de um fato presente) e provas (de um fato passado) que não pode chegar a verdade fática a uma correspondência objetiva. Diante disso, necessário admitir-se que "a verdade processual fática, da mesma forma que a verdade histórica, em vez de ser predicável em referência direta ao fato julgado, é o resultado de uma ilação dos fatos 'comprovados' do passado com os fatos 'probatórios' do presente. Esta ilação – realizada por um historiador, um juiz ou um detetive – pode ser representada como uma inferência *indutiva* que contém nas premissas a descrição do fato que se tem de explicar e as provas praticadas, além de generalidades habitualmente subtendidas (entimemáticas)[148] no atendimento de experiências análogas, e que contém na conclusão a enunciação do fato que se aceita como provado pelas premissas e que equivale a sua hipótese de explicação" (Ferrajoli, 2002, p. 44).

Em virtude dessa estrutura de raciocínio, é que devemos admitir que qualquer conclusão acerca da verdade fática na investigação tem o *valor de uma hipótese de probabilidade*, com base em uma "conexão causal entre o fato aceito como provado e o conjunto de fatos adotados como probatórios", de tal forma que "sua verdade não está *demonstrada*" como logicamente deduzida das premissas, mas "apenas *comprovada* como logicamente provável ou razoavelmente plausível de acordo com um ou vários princípios de indução" (id. ibid.).

Isso é o que se passa, igualmente, com explicações alternativas de dados historiográficos, sendo revelado com mais ênfase no juízo penal, em virtude da contradição de teses contrapostas, uma pela culpabilidade e outra pela inocência, ainda que ambas estejam de acordo quanto às provas existentes. Dessa forma, a investigação do crime, quando chega ao juízo processual, tende a ser uma conclusão acerca de duas hipóteses, geralmente "em favor da hipótese mais simples, dotada de maior capacidade explicativa e, sobretudo, compatível com o maior número de provas e conhecimentos adquiridos com anterioridade" (Ferrajoli, 2002, p. 44-45)[149].

---

[148] "O entimema fundado em premissas prováveis nunca conclui necessariamente, pois as premissas prováveis valem *na maioria das vezes*, mas nem sempre. (...) Assim, quando se diz que alguém está doente porque tem febre, ..., cria-se um silogismo do qual simplesmente se omite a premissa maior, ou seja, que quem tem febre está doente..." (Abbagnano, 2003, p. 334).

[149] O problema, ainda, é que, na discussão processual do crime, a conclusão é obrigatória e limita-se pelo tempo da prescrição, não podendo ser suspensa, e no caso de dúvida, resolve-se em favor do acusado (cf. Ferrajoli, 2002, p. 45 e ss.)

ii) Dedução jurídica e verdade opinativa

No que se refere à verdade jurídica, decorre ela de uma inferência que no direito se chama *subsunção*, que se admite ter a *natureza de um procedimento classificatório*, na medida em que visa ao enquadramento de um fato em certo modelo típico definido por preposição legal. Nesse caso, diversamente da verdade fática, o raciocínio se faz por *inferência dedutiva*, em que temos, segundo Ferrajoli (2002, p. 45):

a. *No antecedente*, a conjunção da definição legal do crime (o tipo, tal como definido na lei penal, *v.g.* CP, 121, que define *homicídio* como "matar alguém") e da hipótese fática (*v.g.* "X desferiu 1 tiro em Y, culpavelmente, levando-o à morte");
b. *No consequente*, a classificação do fato (já considerado comprovado anteriormente, no âmbito da verdade fática) no conceito jurídico do crime.

Luigi Ferrajoli, ao explicar a verdade jurídica em termos de uma inferência dedutiva, considera-a tão *opinativa* quanto o são as premissas de que se vale a dedução, de tal forma que é extremamente relevante que o conceito legal do crime seja suficientemente preciso, para permitir uma melhor dedução, a partir de premissas mais claras. Contudo, quem quer que tenha tido a necessidade de enquadrar certo fato em um tipo penal, sabe que a subsunção não é uma atividade de fácil correlação entre fatos e proposições, seja pela falta de qualidade técnica da linguagem legislativa, seja porque a linguagem nos remete a conceitos indeterminados e incertos, seja, ainda, porque os fatos da vida não estão todos e sob qualquer forma previamente tabe-lados pela lei.

Em síntese, admite-se na investigação do crime, tal como definido legalmente, que há sempre certas características insuscetíveis de serem investigadas empiricamente, e ainda quando o sejam, está suscetível a argumentos quantitativos sobre seu exato enquadramento no tipo legal, sobretudo quando essa hipótese legal deixa em aberto certos pontos[150].

[150] Um exemplo corrente desse problema, que limita a verdade no processo, pode ser observado na imprecisão que existe em relação ao enquadramento legal do fato provado

Assim, inevitável concluir que a verdade jurídica é, irremediavelmente, opinativa, na medida em que é opinativo enquadrar o fato comprovado em determinada modalidade típica de definição legal do crime, em outra modalidade ou mesmo não o enquadrar[151].

4.3.4. *A decibilidade da verdade no processo*

Ao final de uma investigação do crime, há sempre uma decisão da autoridade judicial acerca das verdades fática e jurídica necessárias para condenar que, a partir do significado objetivo de correspondência aproximativa, define-se segundo critérios subjetivos (embora justificados com base em elementos necessários de motivação).

A decidibilidade da verdade, assim, decorre da necessidade de concluir a investigação do crime. É que, embora apenas aproximativa da noção da verdade objetiva, em virtude dos problemas e limites da verdade no processo (o que nos proíbe uma atitude dogmática), não se pode admitir uma atitude ceticista radical de que o conhecimento do crime seria sempre impossível[152]. Ademais, certos limites legais,

---

de que determinado papel não corresponde a uma *moeda*, embora tenha sido recebida como tal no comércio. Assim, conquanto possa não se divergir sobre o fato certo, não é definitivamente claro que tal fato constitui *crime de estelionato* ou *crime de moeda falsa*, já que *opinativo* o entendimento da jurisprudência sobre os limites entre estelionato e a moeda falsa. Ao investigador, é claro, fica sempre a possibilidade de recorrer à *lógica jurídica dos tribunais*, como fonte de delimitação da verdade jurídica, mas isso não lhe retira o caráter opinativo que decorre do entendimento jurisprudencial, sempre cambiante e com possibilidade de retificação do entendimento do crime, a partir de uma nova compreensão dos valores e princípios do sistema jurídico-penal, a exemplo do que podemos observar nas interpretações em torno do *princípio da insignificância* que tem excluído do âmbito de tutela penal várias condutas antes consideradas típicas.

[151] Isso, certamente, foi o que levou Chaïm Perelman (1998, p. 221) a afirmar que a lógica jurídica é o que diz ser a jurisprudência. Daí, ser indispensável, na investigação criminal do inquérito policial, reconhecer e aplicar certos entendimentos previamente determinados pela jurisprudências dos tribunais, visando a conferir ao indiciamento a aceitabilidade jurídica que dele se espera.

[152] Ademais, certos limites são comuns a todo conhecimento em geral (nesse sentido, Ferrajoli, 2002, p. 51). Salvo os limites procedimentais, que na investigação são legais, e

em específico, operam no sentido de uma *ponderação de valores* que o sistema jurídico prefere, mesmo em detrimento de uma verdade mais aproximada da realidade, concluindo assim em favor do réu, sempre que em caso de dúvida não se possa chegar, satisfatoriamente e dentro dos limites legais, a uma síntese aceitável juridicamente.

Essa decidibilidade da verdade, no entanto, não pode ser levada ao extremo de ignorar certos parâmetros não exclusivamente jurídicos, mas sobretudo lógicos, que consistem em condições necessárias para uma decisão aceitável. Tendo isso em vista, Luigi Ferrajoli (2002, p. 53) explica que o raciocínio judicial, a respeito da investigação judicial dos crimes, compõe-se de três inferências dispostas na seguinte sequência:

a. *uma inferência indutiva* (prova ou indução fática), cuja conclusão de fato, CF, é que "A cometeu o fato F" e cujas premissas são o conjunto de provas coletadas;
b. *uma inferência dedutiva* (subsunção ou dedução jurídica), cuja conclusão de direito, CG, é que "A cometeu o delito D" e cujas premissas são a tese CF e a definição jurídica do crime (o fato F configura o delito D);
c. *um silogismo prático* (ou disposição), cuja conclusão dispositiva, CD, é a decisão "A deve ser punido com a pena P" e cujas premissas são a tese CG e a norma penal (quem comete D deve ser punido com P).

Segundo L. Ferrajoli, em virtude desse esquema lógico, a decisão judicial tende a ser discricionária, por causa da natureza das inferências indutiva e dedutiva, sobretudo porque "a indução fática inclui escolhas na decisão da conclusão de fato, inevitavelmente *probabilistas*, enquanto a dedução jurídica inclui escolhas na decisão das premissas de direito, inevitavelmente *opinativas* e igualmente subjetivas" (2002,

---

na ciência em geral podem ser apenas éticos, mas não menos limitativos aos seus procedimentos. Pensemos, por exemplo, nos limites éticos de certos procedimentos científicos que podem colidir com a dignidade da pessoa humana, ainda que não estejam proibidos em lei (como o uso de drogas experimentais mediante pagamento de quantia a "candidatos" impelidos pela necessidade financeira, embora conferido o pagamento a título de compensação por despesas).

p. 53)[153]. No entanto, apesar disso, não devemos abandonar a teoria semântica da verdade como correspondência para expressar o significado da verdade, sendo possível adotar a *teoria sintática da verdade como coerência*[154] e/ou *a teoria pragmática da verdade como aceitabilidade jusitificada*[155], pois não há contraposição e exclusão entre elas, sendo apenas necessário distinguir entre significado e critérios de verdade (cf. nesse sentido, 2002, p. 54)

A respeito da distinção entre significado e critérios de verdade, Luigi Ferrajoli defende que "o significado de 'correspondência', associada ao termo 'verdadeiro', nada afirma acerca dos *critérios de verdade*, ou seja, das condições de aceitação da verdade de uma proposição" (ibid.). Assim, sustenta o autor que "a coerência e a aceitabilidade justificada são, em suma, os critérios subjetivos pelos quais o juiz avalia e decide acerca da verdade ou da confiabilidade

---

[153] Mas o autor no adverte, contudo, que: "Essa subjetividade das decisões sobre a verdade processual não tem nada de particular. Decisões e escolhas pragmáticas do tipo analógico, as quais intervêm no conhecimento judicial, tanto fático quanto jurídico, são necessárias, como sabemos, para justificar a verdade de qualquer afirmação empírica. Nas teorias científicas, por exemplo, presidem elas a aceitação das testes primitivas, quer dizer, dos postulados e das definições que constituem as premissas dos raciocínios dedutivos e, por outro lado, a indução das leis científicas que, como se sabe, jamais são, por sua forma universal, inteiramente verificáveis, mas apenas aceitáveis como mais ou menos prováveis ou plausíveis pelo seu grau de confirmação e sua capacidade explicativa. É sobre esse caráter relativo e provisório – voluntarista, mas funcional – do conhecimento científico que se baseia o convecionalismo de grande parte da epistemologia contemporânea." (2002, p. 53).

[154] A respeito dessa teoria, Luigi Ferrajoli (2002, p. 71, em nota n. 79) refere-se expressamente à noção exposta por O. Neurath, nos seguintes termos: "quando se formula um enunciado, confronta-se-o com a totalidade dos enunciados existentes. Se concorda com estes, acrescenta-se-o a eles; se não concorda, é caracterizado como 'não verdadeiro' e é abandonado, ou bem se altera o atual conjunto de enunciados da ciência para que o novo enunciado possa ser nele inserido; em geral, dificilmente se escolhe esta última opção"

[155] A respeito dessa, o autor recorre à noção de J. Dewey acerca da verdade, no sentido de que "toda ideia é um 'esboço desenhado a partir de coisas existentes, uma intenção de atuar de forma que tais coisas se coloquem de uma determinada maneira. Disto deriva que se aquele esboço dá bons resultados, se as existências, com base em informações advindas das ações, se restabelecem da maneira desejada, então a ideia é verdadeira" (2002, p. 72)

das premissas probatórias da indução do fato e das premissas interpretativas de sua qualificação jurídica. Mas o único significado da palavra "verdadeiro" – como das palavras "confiável", "provável", "verossímil", "plausível" ou similares – é a correspondência mais ou menos argumentada e aproximativa das proposições para com a realidade objetiva, a qual no processo vem constituída pelos fatos julgados e pelas normas aplicadas" (ibid.).

Com base nessas distinções, no processo penal, Luigi Ferrajoli distingue três planos de atuação das teorias da verdade (o semântico, o sintático e o pragmático), sendo os critérios da coerência e/ou da aceitabilidade justificada "necessários apenas no plano sintático e no pragmático para estabelecer a verdade precisamente porque está é caracterizável, no plano semântico, como correspondência apenas pelo que sabemos e somente de forma aproximativa". Dessa forma, segundo o L. Ferrajoli (ibid. p. 54), como critérios de verdade, podemos recorrer a:

a. a *coerência*, para afirmar que a tese avençada está confirmada e/ou não desmentida por uma ou várias provas coletadas e por uma ou várias interpretações jurídicas de outras normas e que, portanto, é verdadeira em relação ao conjunto dos conhecimentos de que dispomos; e
b. a *aceitabilidade justificada*, para afirmar que tal conjunto, incluída a tese avençada, é mais satisfatória ou plausivelmetne verdadeiro que qualquer outro por causa de sua maior capacidade explicativa.

Ocorre, no entanto, que no direito penal essa justificação redunda na referência aos elementos empíricos como motivação das decisões sobre a verdade, não sobre outros critérios identificados em outras ordens de conhecimento em geral. Nessas, os critérios não são necessariamente de verdade, pois podem remeter *à moralidade, conveniência, eficiência ou utilidade*, como se observa no pragmatismo em geral, ou podem até decorrer do *consenso outorgado pela comunidade científica*, como se defende por T. Kuhn (nesse sentido, cf. Ferrajoli, 2002, p. 55). No entanto, adverte L. Ferrajoli que, de modo inverso, semelhantes modelos de justificação são inaceitáveis no âmbito da justiça penal. Assim, não bastaria ao processo judicial cumprir uma função de prevenção e segurança, ou mesmo obter o consenso da comunidade jurídica, pois "nem uma amplíssima maioria nem sequer a totalidade dos consentidos podem justificar que se aceite como pressuposto de uma decisão penal uma tese não provada ou não submetida à prova", pois, ainda segundo L. Ferrajoli, "não se pode sacrificar a liberdade de um homem, de quem não se tenha verificado a responsabilidade penal no interesse e na vontade de todos" (2002, p. 56).

Em síntese, conclui L. Ferrajoli que este é "um postulado político fundamental do liberalismo penal, que exclui tanto a justificação meramente instrumentalista ou utilitarista quanto a consensualista ou democrática das decisões punitivas. No direito penal, a única justificação aceitável das decisões é representada pela verdade de seus pressupostos jurídicos e fáticos, entendida a 'verdade' precisamente no sentido de 'correspondência' mais aproximada possível da motivação às normas aplicadas e aos fatos julgados. Só se referidos à verdade como correspondência podem os critérios da coerência e da aceitabilidade justificada impedir, de fato, a prevaricação punitiva justificada pelo único interesse ou vontade mais ou menos geral, e vincular o juízo à estrita legalidade, ou seja, aos fatos empíricos previamente denotatos pela lei como puníveis." (id. ibid.)

Dessa forma, a verdade no processo judicial, conquanto demande uma decisão, e exatamente por essa razão, há que existir na base dessa decisão um motivo que remete a fatos e normas existentes, capazes sempre de serem verificados e refutados a quem interesse ou prejudique.

4.4. A verdade na investigação criminal

Na investigação criminal[156], entendemos poder trabalhar com um esquema teórico acerca da verdade, tal como estabelecido por Luigi Ferrajoli para o processo penal, sem maiores restrições[157]. Assim,

---

[156] Ratifique-se que, ao falar de investigação criminal, não estaremos reduzindo-a ao inquérito policial (nesse sentido, cf. Capítulo 1), embora com base neste sejam referidos os exemplos e principais problemas aqui tratados.

[157] É nosso ponto de partida teórico, pois não nos interessa, em princípio, aprofundar questões epistemológicas acerca da verdade, para refutar a escolha e o uso das teorias

podemos aceitar a *definição de verdade como correspondência*, sob a forma de uma *verdade semântica*, relativa ao uso que fazemos do termo "verdadeiro", tal como estabelecida por Tarski[158]. Dessa forma, também na investigação criminal, podemos trabalhar com o uso do termo verdadeiro, em sentido semântico, para referir à correspondência entre o que se afirma acerca de fatos ou normas e o que existe como realidade, fática ou jurídica, segundo a espécie de verdade referida.

Nesse sentido, o investigador deve ter em mente que a investigação criminal somente pode concluir pela existência de certos fatos, comprovados por elementos probatórios reunidos, segundo *critérios de coerência*, e pelo seu enquadramento em certa norma penal incriminadora, interpretada juridicamente, segundo *critérios de aceitabilidade justificada.*

Com isso, busca-se permitir, no processo judicial posterior, tanto a verificação como a refutação das proposições acerca do crime, bem como evitar na investigação criminal certos vícios que se encontram muito frequentemente, como por exemplo: *a*) os decorrentes de referências a fatos não comprovados, mas apenas referidos como conhecidos (ainda que existentes, mas limitados a uma verdade sabida de alguém, sem provas); *b*) os que remetem a fatos supostos, sob a forma de uma conjectura vazia, sem qualquer referência à realidade; *c*) os fundados em elementos irrelevantes, como características relativas ao investigado, quando estranhas a qualquer previsão legal; *d*) os que se fundam em intuições baseadas na experiência profissional do investigador, orientadas por cautelas e preconcepções acerca da realidade (que podem até ter relevância quanto ao método de investigar, mas não quanto à verdade e à prova).

---

adotadas. Sobretudo porque, à falta de outros teóricos do direito que se dediquem com profundidade ao tema em matéria penal, a doutrina de Ferrajoli se apresenta como mais segura para discussões inicias, sem afastar de todo a possibilidade de alguns questionamentos que faremos.

[158] Embora cientes de certas críticas que existem a respeito dessas conclusões, em especial sobre ser uma teoria correspondencial, bem como sobre ser uma definição em sentido objetivo, predicável a qualquer critério subjetivo, como sustentado por Ferrajoli, com base em K. Popper.

4.4.1. *A verdade como acordo e ferramenta da investigação*

Há que se admitir, sobretudo, de um ponto de vista pragmático – tal como proposto por L. H. Dutra – que a verdade na investigação criminal tem a natureza de uma *ferramenta* de investigação. Nesse sentido, "a verdade é, portanto, ineliminável e é um constituinte essencial da investigação. Ela é um elemento operativo, revelado pela análise da pragmática da investigação. Enquanto acordo, a verdade é, de fato, o **conceito chave** revelado pela pragmática da investigação. Uma investigação que, neste sentido, não visa a verdade, não é realmente uma investigação" (2001, p. 149).

Dessa forma, podemos admitir que "...todas as teorias da verdade são plausíveis, e todas aquelas coisas que elas apontam como portadores de verdade podem, de fato, ter essa propriedade. Mas essa é uma *propriedade que o investigador atribui a certas coisas* quando produz o acordo entre elas" (id. ibid. p. 103). É sob essa perspectiva que vamos considerar o esquema teórico proposto por L. Ferrajoli como aplicável à investigação criminal, com as considerações que faremos.

4.4.2. *Problemas e limites da verdade na investigação*

Assim como no processo judicial, a verdade na investigação criminal sofre dos mesmos problemas e limites da verdade processual (além de outros que trataremos). Em síntese, trata-se de uma *verdade igualmente formal*, porque orientada por regras e procedimentos que a vinculam à validade jurídica. É uma verdade que está limitada *faticamente como uma verdade apenas provável* e *juridicamente como uma verdade opinativa.*

Dessa forma, é possível, também na investigação criminal, distinguir entre verdade fática e jurídica, mas aqui precisamos fazer uma ressalva ao esquema sugerido por Luigi Ferrajoli para o processo judicial, no que se refere à investigação da verdade relativa à culpabilidade.

i) A verdade segundo a teoria analítica do crime.

Com efeito, segundo Luigi Ferrajoli, na verdade processual se distiguem duas proposições, uma fática e uma jurídica, de tal forma que: (a) quanto à proposição fática, "alguém praticou tal fato culpavelmente", se, e somente se, "alguém praticou tal fato culpavelmente"; e (b) quanto à proposição jurídica, "tal fato constitui crime", se, e somente se, "tal fato constitui crime".

O tratamento da culpabilidade no âmbito da verdade fática por Luigi Ferrajoli parece justificar-se, metodologicamente, porque ele compreende "a culpabilidade como elemento normativo do fato" (nesse sentido, cf. 2002, p. 399 e ss). Assim, segundo o autor, "sob essa base podemos conceber a culpabilidade, tal como acontece, por outro lado, com a ação e com o resultado lesivo, como um elemento normativo não do autor, mas do delito, do qual designa, mais do que uma conotação psicológica, uma modalidade deôntica e, além disso, alética: o dever de abster-se de realizá-la com base na possibilidade material da sua omissão ou da sua comissão". Outra, contudo, é nossa orientação metodológica, pois partimos da *teoria normativa pura da culpabilidade*, tal como a defendeu Hans Wezel (nesse sentido, cf. 2001, p. 88 e ss) e como se costuma aceitar na doutrina jurídico-penal em geral, de tal forma que "a culpabilidade limita-se a reunir aquelas circunstâncias que condicionam a censura do fato antijurídico. *Todo o objeto* da censura se encontra no injusto [fato típico e antijurídico]. Na culpabilidade permanecem apenas as condições que permitem *atribuí-lo a seu autor*" (Mir Puig, 2007 p. 414)[159].

---

[159] Não estamos aqui, contudo, a discutir qual seria a melhor posição, mas apenas optando pela que nos parece mais adequadamente aplicável à investigação criminal. Com isso, acreditamos estar seguindo a metodologia analítica da teoria do crime, tal como se encontra hoje na dogmática jurídico-penal brasileira, conforme a doutrina finalista, por ser a mais difundida e de fácil manejo pelos operadores do direito. Com isso, não estamos, contudo, descartando as inovações teóricas trazidas pela doutrina funcionalista, nem pelo incremento da teoria da imputação objetiva. Apenas estamos partindo do esquema conceitual básico, acerca do qual boa parte da doutrina penal brasileira não diverge e há um consenso maior.

Assim sendo, quanto à proposição fática, entendemos que deveria ela ser decomposta em: a) verdade fática propriamente dita, limitada à observação da existência de fatos exclusivamente, referida à proposição "alguém praticou tal fato"; e b) "verdade valorativa", orientada por um *juízo de reprovação* sobre os fatos, referida à proposição "tal fato é culpável", somente após incidir o juízo de tipicidade e juízo de ilicitude, no âmbito da verdade jurídica.

Essa decomposição, se não relevante para o processo em que ao juiz cabe tanto a verificação da existência dos fatos, como a "verificação" da culpabilidade acerca dos fatos, na investigação criminal preliminar, ela se justifica pela limitação funcional da autoridade investigante, a quem não cabe decidir sobre a culpabilidade, segundo a teoria normativa pura da culpabilidade, por se tratar de um juízo de reprovação, que compete exclusivamente ao juiz, como última etapa da teoria análitica do crime necessária à decisão sobre a aplicação da pena ou não.

Ora, não cabendo à autoridade investigante decidir sobre a aplicação da pena, mas exclusivamente sobre o ato de indiciamento, deve ela se limitar à verdade que concerne aos fatos (tipicidade) e à norma (ilicitude), deixando o valor (culpabilidade) para o juiz, sobretudo porque a culpabilidade não se compõe de elementos novos diferentes dos que compõe a tipicidade e ilicitude, mas decorre de um juízo de reprovação sobre os mesmos elementos, só que orientados por critérios próprios (imputabilidade, potencial consciência da ilicitude e exigibilidade de conduta diversa).

Entretanto, embora não seja da autoridade investigante o juízo acerca da culpabilidade, os elementos fáticos, sobre os quais, ou a partir dos quais, incide esse juízo, devem ser reunidos na investigação, para permitir e contribuir com um melhor juízo de culpabilidade, sobretudo porque tais fatos, por vezes, exsurgem em conjunto e indissociáveis do fato típico; e ainda que assim não fosse, se há notícia deles, há que serem comprovados desde já, mas apenas como fatos para autoridade investigante que se limitará a constatar sua existência, não emitindo juízo de reprovação sobre eles.

Essa limitação, contudo, não tem nada que ver com a possibilidade ou não de a autoridade investigante fazer interpretação jurídica dos fatos e subsumi-los ao tipo legal, pois isso se inclui na investigação da verdade jurídica acerca do crime, como atividade imprescindível à conclusão da investigação, com o ato de indiciamento e o relatório. Com efeito, tornar-se-ia impossível concluir uma investigação se não fosse permitido investigar a verdade jurídica e fazer interpretação da lei, por dois motivos:

a) Primeiro porque, sendo a investigação criminal orientada pelo requisito prévio da existência de um tipo penal, esse é necessariamente o modelo a partir do qual a investigação se desenvolve;

b) Segundo porque não se pode concluir a investigação senão dizendo que os fatos, tal como comprovados, configuram ou não o tipo penal, embora segundo um juízo preliminar de tipicidade e ilicitude, que não afasta nem vincula a *opinio delicti* do órgão de acusação ou o juízo processual.

ii) Verdade fática e coerência do conjunto probatório

Em relação à verdade fática, a autoridade investigante tem como objeto fundamental a busca de todos os componentes da tipicidade, de tal forma que todos os elementos desta, previstos abstratamente no tipo penal (seja qual for sua natureza – objetiva, subjetiva ou normativa), sejam comprovados por elementos probatórios compatíveis (segundo a natureza dos elementos, respectivamente).

Ainda no âmbito da verdade fática, embora não seja o objeto fundamental da investigação, a autoridade investigante deve reunir elementos comprobatórios de fatos que se relacionem à ilicitude e à culpabilidade, seja porque não se podem dissociar do fato típico, estando intimamente ligado a este, seja porque interessam ao juízo de culpabilidade, por representar circunstâncias relevantes do fato principal, seja ainda porque pode interessar à possível defesa. Nesse ponto, temos em mente tanto um princípio de caráter natural, porque o fato deve ser considerado em sua unidade, o que impõe uma busca irrestrita, quanto outro de caráter ético, que impede a omissão relativa aos fatos que possam interessar à defesa.

Em todo caso, é certo que a investigação criminal não pode se limitar a reunir um emaranhado de elementos comprobatórios de fatos que, colhidos desordenadamente, sejam relacionados por obra de puro arranjo estético. Quanto mais *coerente* o conjunto probatório reunido na investigação criminal, tanto maior será a aceitabilidade da decisão contida na investigação criminal – o ato de indiciamento final, seguido do relatório, que conclui por haver elementos suficientes acerca da existência do crime e da autoria do investigado. Essa *coerência* possui relevância fundamental, sobretudo e especialmente, na atribuição da autoria do crime, pois quanto a esta, por mais que o crime esteja materialmente comprovado por elementos probatórios, não há, em geral, critério que permita de forma absoluta imputar a alguém a responsabilidade por um ato, havendo intermediação de pessoas (subjetivamente envolvidas de alguma forma no caso) e provas (objetivamente vinculadas a certo estágio de conhecimento científico sempre refutável). Dessa forma, pela coerência, contudo, permite-se chegar a uma decisão aceitável, desde que justificada por raciocínios lógicos que indicam o caminho da conclusão a que se chegou com a investigação.

Quanto à coerência em relação da verdade fática, com efeito, trata-se de critério que tem sido referido na jurisprudência nacional, que aceita certas e determinadas provas como relevantes, desde que coerente no conjunto probatório, ou seja, desde que as diversas provas existentes sejam em um mesmo sentido e não se contradigam[160]. Nesse sentido, qualquer fato provado que não esteja em concordância com o conjunto probatório pode conduzir à falta de coerência da investigação do crime quanto à sua conclusão. Mas, por não terem as provas valores hieraquizados, sendo aceitas e não refutadas por nenhuma outra prova, há que se concluir pela coerência do conjunto probatório.

---

[160] Nesse sentido, cf. STJ, HC 100.909/DF, DJ 02/06/2008 (com negrito nosso): "Ainda que não apontada, efetivamente, nenhuma outra prova para dar suporte à acusação, a não ser o depoimento da vítima prestado no inquérito policial e ratificado em juízo, é plenamente admissível que, dependendo do contexto probatório produzido nos autos, desde que haja ***coerência*** e harmonia, essa prova seja utilizada validamente como fundamento único para condenar o réu."

iii) Verdade aproximativa e o problema do grau de cognição

Eis um ponto fundamental do problema da verdade. Sendo essa aproximativa do ideal de correspondência, quão aproximativa deve ser a busca da verdade na investigação? É possível diferir a verdade buscada na investigação criminal preliminar, em quantidade ou qualidade, relativamente à verdade do processo judicial? Ou somente existe uma distinção pela finalidade a que se destina uma e outra, pelo fato de que, na investigação, se pretende justificar uma outra decisão (o indiciamento e a *opinio delicti* para propositura de denúncia) que não uma sentença (sendo por isso, menor a aproximação da verdade por correspondência)?

A respeito da questão, Aury Lopes Jr (2003, p. 99 e ss), partindo também da noção de que a investigação se destina apenas a justificar o processo judicial ou não, chega à conclusão de que a investigação requer apenas um juízo de probabilidade e não de certeza como o processo[161]. O problema é que, com base no esquema teórico de Luigi Ferrajoli, no qual nos fundamos, também a sentença no processo judicial conclui com base em uma verdade igualmente provável, no que se refere à verdade fática (cf. nesse sentido, 2002, p. 43). Ora, dessa forma, temos então que, tanto no processo quanto na investigação, há um juízo de probabilidade, não sendo possível uma distinção segura com base nesse critério.

Se aceitarmos a verdade na investigação em termos de verdade aproximativa (tal como no processo), porque provável a verdade fática (além de opinativa a verdade jurídica), devemos entender o juízo de probabilidade na investigação como suficiente ao fim a que se destina (indiciamento e sustentação de uma acusação processual), ou seja, não o necessário para uma condenação. Ora, para uma distinção assim, somente se considerarmos o grau de probabilidade em termos de qualidade ou quantidade de provas, é que podemos estabelecer alguma diferença.

---

[161] O equívoco desse autor parece estar em partir de uma concepção de verdade absoluta fundada na certeza, inaceitável no estágio atual da filosofia da ciência, como bem o demonstra Luigi Ferrajoli em sua obra (cf. 2002, p. 42).

De início, entendemos que a verdade se torna aceitável no âmbito da decisão do sujeito que investiga. Cabe, assim, à autoridade investigante, ao órgão de acusação ou ao juiz, aceitar como provável ou não a verdade investigada, tanto quanto suficiente e necessário, no âmbito das funções que lhes competem (indiciar; denunciar e sentenciar). Sob essa perspectiva, não há como limitar a investigação da autoridade investigante até certo grau de cognição, para evitar um exaurimento das provas, pois estamos a falar, nesse ponto, em um *juízo de satisfatividade subjetiva do investigador*.

Sob essa perspectiva, certo é que, ainda que a autoridade investigante se dê por satisfeito com o grau de cognição alcançado, concluindo pelo indiciamento do investigado, isso não assegura nem vincula o promotor a dar-se por satisfeito, podendo este requerer novas diligências, assim como o juiz pode entender por complementar provas para concluir pela condenação. Assim, não há como estipular supostos graus de cognição, dizendo a cada um dos atores do sistema penal (delegado, promotor/procurador e juiz), até que ponto pode/deve investigar, pois somente cada um pode concluir sobre a cognição necessária e suficiente ao objetivo de sua função institucional. Assim, seria esdrúxulo exigir da autoridade investigante que se limite em sua cognição, quando ainda não tem elementos de convicção (subjetivos) que o permitam concluir pelo indiciamento, sob o argumento de que estaria a adentrar nas provas em demasia. Assim, igualmente esdrúxulo seria exigir da autoridade investigante contentar-se com elementos probatórios de uma cognição insuficiente, e mesmo assim esperar dele o indiciamento final[162].

---

[162] Dessa forma, para nós, *a questão do grau de cognição*, na investigação criminal, parece trata-se de um falso problema, ou na melhor das hipóteses de um problema mal colocado, que contém vícios metodológicos, com base em preconceitos ideológicos (nesse sentido, cf. Aury Lopes, 2003, p. 65 e 103, nas quais constam observações vulgares acerca da atividade policial fundadas em juízos de puro preconceito), tendentes e diminuir a importância da investigação criminal, quando mais se percebe na prática que ela tem avançado na função de instrução provisória. Isso, aliás, tem-se percebido na prática, pois mesmo o delegado querendo desvincular-se de uma investigação exauriente, o Ministério Público tende a querer exaurir as provas, esvaziando a instrução processual. Ou seja, ainda que o delegado se dê por satisfeito com uma prova, o Ministério Público tende a querer aumentar o seu juízo de probabilidade antes do processo, visando ao êxito da ação.

Ademais disso, devemos distinguir entre investigação dos fatos (a chamada irrestritamente "materialidade" do crime, mesmo no caso de crimes meramente formais) e investigação da autoria, pois, segundo entendemos, em relação aos fatos, a investigação criminal preliminar deve ser exauriente, tanto quanto possível, sob a perspectiva da autoridade investigante. É que, segundo entendemos, não se justifica ter um procedimento preliminar de investigação, para ao final se concluir, no processo judicial, pela inexistência do fato. Trata-se de uma contradição interna do sistema de persecução penal, que ofende ao princípio de economia processual, bem como torna supérflua toda uma estrutura administrativa orientada a uma atividade que, segundo se pretende, seria dispensável, não tem valor probatório, ou precisa ser repetida em juízo, ao passo que na prática, em regra, não se processa judicialmente sem investigação prévia. Pensamos diferente e aqui defendemos outra lógica de raciocínio sobre o sistema de persecução penal. A investigação criminal, nesse ponto, deve ser exauriente, acerca dos fatos, ainda que estes não se aceitem como típicos ao final, ou ainda que não se considere suficiente o conjunto probatório acerca do crime para imputá-lo ao réu, mas há que concluir quanto aos fatos[163].

A investigação criminal, na busca da verdade fática, deve ser exauriente, tanto quanto possível, buscando a verdade mais aproximativa possível do ideal de correspondência, de tal forma que possa ao final sustentar hipóteses fáticas o mais próximo possível do que realmente aconteceu. Assim, no que se refere à "materialidade" do

---

[163] Claro é que, em relação a fatos de menor potencial lesivo, justifica-se serem investigados sumariamente, por uma questão de disponibilidade político-legislativa que se tem conferido ao sistema jurídico-penal, mediante transação, independente da assunção de culpabilidade. Nesse caso, se o próprio sistema tende a desconsiderar a verdade, afastando o conflito em prol da conciliação, não se justificaria uma investigação exauriente para ao final ser descartado todo um trabalho orientado por princípios científicos desatentos a princípios políticos, sendo aqui o princípio jurídico conciliador o da economia processual. Assim, somente em não se alcançando a conciliação é que a investigação poderia ser exauriente, se necessário, contudo, podendo inclusive retornar à fase de investigação. Ou seja, admitimos, nessas hipóteses, uma suspensão da investigação exauriente para, se necessário, ser retomada posteriormente e se houver prazo para tanto (considerando a prescrição).

crime (entenda-se, os fatos que se referem ao crime), a investigação deve ser exauriente, tanto quanto deve e pode ser o processo judicial, embora sob a perspectiva subjetiva da autoridade investigante.

Em relação à autoria, contudo, deve-se admitir que a investigação se limita a uma *verdade indiciária*, seja porque o ato conclusivo é um ato de indiciamento, seja porque acerca da imputação da autoria, mesmo o processo terá uma limitação em torno da verdade sobre a autoria. Mas é indiciária a verdade em torno da autoria, sobretudo, em virtude da limitação funcional da autoridade investigante frente à culpabilidade do autor, pois pertence ao juiz do processo com exclusividade o juízo de reprovação. Essa questão, por sua vez, no conduz a uma segunda distinção entre a investigação criminal preliminar e processo judicial.

iv) Verdade jurídica e juízos de tipicidade, ilicitude e culpabilidade

Embora também na investigação preliminar deva ser averiguada a verdade jurídica, essa não requer da autoridade investigante uma investigação exauriente, tendo em vistas os elementos da teoria analítica do crime, estando limitada à tipicidade e à ilicitude.

Na investigação criminal, relativamente à verdade jurídica, a autoridade investigante deve fazer necessariamente uma inferência dedutiva, a respeito da tipicidade dos fatos constatados e comprovados, como forma de chegar ao indiciamento, embora deva considerar que a existência de excludente de ilicitude (leia-se, fatos que indicam sua existência) impede o indiciamento. Nesse caso, contudo, a questão deve ser referida no relatório, como motivo da falta do indiciamento, mas nunca de forma conclusiva, sim apenas de forma indireta, deixando claro que não se indiciou o investigado porque as provas estão a indicar a *possibilidade de excludente*, a ser apreciado pelo órgão de acusação, bem como pelo juiz.

Há grande equívoco na doutrina em querer alhear a autoridade investigante da discussão jurídica acerca do crime. Nesse trabalho, partimos da convicção de que à autoridade investigante se permite averiguar a verdade jurídica, nos limites e na forma como trataremos adiante, embora cientes de que essa interpretação jurídica não vincula nem o órgão de acusação, que está livre a fazer nova interpretação na denúncia, nem essa ou aquela interpretação vincula ao juiz, na condenação. Mas também não prejudica, e mais que isso, se justifica necessariamente pela própria natureza da investigação criminal que se orienta por um modelo teórico hipotético e porque, ao fim, somente pela interpretação jurídica é possível concluir pelo indiciamento do investigado. Em síntese, retirar à autoridade investigante a possibilidade de interpretar o fatos juridicamente, seria lhe retirar a própria possibilidade de investigar (o que é uma contradição, já que a isso está obrigado por função pública), ou mesmo de concluir essa investigação satisfatoriamente (o que seria outra contradição, já que é a isso que se destina a investigação).

Quanto à culpabilidade, contudo, ainda que existam elementos comprobatórios de sua exclusão (sempre ainda segundo um juízo preliminar), não compete à autoridade investigante ponderar sobre esse elemento do crime, pois o juízo de reprovabilidade é exclusivo do juiz e apenas impede a aplicação da pena (admitindo em certos casos medida de segurança), sendo despiciendo a autoridade investigante entrar a discutir tais questões. Aqui, temos em mente a sistemática do Código Penal brasileiro ao considerar que, no caso de dirimente de culpabilidade, o autor é apenas isento de pena, não se falando em exclusão do crime[164]. Assim, o indiciamento pode ser feito, segundo entendemos, com base na tipicidade e ilicitude (por mera falta de excludente), não obstante exista dirimente de culpabilidade.

Dessa forma, podemos concluir que, em relação à verdade jurídica, a investigação criminal se limita a fazer uma *interpretação*, mediante inferências dedutivas, restrita à tipicidade e à ilicitude, sendo que, somente pela constatação da primeira e pela inexistência de fato que exclua a segunda, permite-se o indiciamento; não deve a culpabilidade, assim, ter influência neste ato de indiciamento, embora devam os fatos relativos a ela, se comprovados na investigação criminal, ser

[164] Nesse sentido, é a disciplina da inimputabilidade, a respeito da qual o art. 26 do Código Penal diz apenas "é isento de pena o agente...", assim como o art. 21, sobre erro de proibição, diferentemente do art. 23 relativo à exclusão de ilicitude ("não há crime quando...").

referidos no relatório final de conclusão. Com isso, evita-se entrar no âmbito do juízo de reprovabilidade que pertence ao juiz, como antecedente necessário à decisão sobre aplicação ou não da pena criminal[165].

v) Aceitabilidade justificada (no indiciamento) e verdade opinativa

Ao decidir sobre o indiciamento do investigado, com base no conjunto probatório, considerando-os típicos, a verdade jurídica averiguada na investigação é igualmente opinativa, como o é no processo judicial. Não é, contudo, vinculante da opinião do órgão de acusação, que dela pode discordar, como não o é para o juiz, que pode discordar de ambas. Mas é necessária, pois sem uma interpretação jurídica das normas típicas e sem subsunção dos fatos às normas, não há indiciamento. É, assim, da essência do indiciamento (como é da sentença condenatória final) que se faça uma interpretação, nos limites suficientes ao ato, excluído o juízo de culpabilidade. Mas não há como, à autoridade investigante, na investigação da verdade jurídica, omitir-se do juízo de ilicitude, porque os fatos que concernem à ilicitude não são outros diversos da tipicidade, já que aquela se conclui por consequência dessa, quando não há excludente. A verdade jurídica investigada preliminarmente, assim, deve ser opinativa em relação à tipicidade e à ilicitude, ainda que represente apenas a opinião da autoridade investigante, sem ponderação de argumentos da defesa.

Na prática, não parece haver divergência quando à autoridade investigante concluir pela tipicidade e ilicitude, em favor da acusação; o problema tem surgido quando ela conclui em favor do investigado, hipótese em que o órgão de acusação tem se insurgido ao argumento de que a autoridade investigante estaria antecipando motivos de defesa. Não vemos como conciliar essa contradição; se à autoridade inves-

---

[165] Esse esquema, como se disse, se funda em certa concepção da culpabilidade que, segundo entendemos, é a que se encontra no Código Penal brasileiro, a permitr tais conclusões.

tigante cumpre investigar o crime, não há como impedi-lo de adentrar no juízo de ilicitude, embora deva fazê-lo sem excesso de linguagem. No atual estágio da teoria analítica do crime, em que a tipicidade é indiciária da ilicitude, é praticamente impossível cindir os dois juízos, ou pior, no caso em que houver excludente de ilicitude, mesmo evidente, ignorar esta, indiciar o investigado e remeter a questão para o processo. A melhor solução é não indiciar e expor os fatos no relatório, justificando o não-indiciamento[166].

O indiciamento, como ato final de conclusão da investigação com conteúdo decisório, na medida em que contém um efeito jurídico para o indiciado (o que o relatório não possui), ao adentrar na análise das provas e interpretação jurídica, há que se fazer de forma motivada, demonstrando com base em que é aceitável tal conclusão, justificando-a, portanto[167]. Nisso há que se recorrer ao critério da aceitabilidade justificada, tal como ocorre no processo, segundo Luigi Ferrajoli (cf. 2002, 52 e ss.). Em síntese, também na investigação criminal, embora com menor relevo que a sentença condenatória, há que existir uma conclusão acerca da verdade de forma aceitável e justificada, a ponto de permitir tanto a verificação e refutação por quem interessa, quanto o controle do judiciário sobre os atos da autoridade investigante.

Somente uma investigação criminal que seja capaz de apresentar uma tese aceitável de imputação do crime, justificada em fatos comprovados e normas existentes, poderá justificar um processo judicial,

---

[166] A questão, assim, parece estar apenas em como fazer essa exposição e justificação, ou seja, uma questão de linguagem, pois, se não deve o delegado omitir-se sobre a verdade a que chegou, também não deve assumir papel de defesa por antecipação. Em suma, reafirmamos, é tudo uma questão de linguagem, para a qual deve o delegado de polícia dedicar um certo rigor, evitando antecipar-se unilateralmente sobre uma verdade que se deve definir por contraditório.

[167] Isso decorre do dever de motivação, como princípio inerente à atividade da administração pública, sempre que suas decisões impliquem em atingir algum direito fundamental, pois no caso é indiscutível que o indiciamento atinge a imagem da pessoa indiciada, estando de todo superada a idéia de que o investigação criminal não produz nenhum resultado no âmbito jurídico da pessoa. Sobretudo porque, uma vez indiciado, a prisão cautelar passa a ser mais provável (embora, na prática, se decrete a prisão sem indiciamento, o que deveria ser evitado).

permitindo pelo menos a denúncia com aptidão para ser aceita (justa causa) e possivelmente chegar a uma condenação. Certo é que nenhuma conclusão a que chega a autoridade investigante é necessariamente vinculante para a denúncia ou para a sentença, mas estando justificada em fatos comprovados e normas existentes, a aceitabilidade será maior, tendente a prosseguir e passar tanto pelos testes de refutação pela defesa, como pelo crivo do Judiciário, em primeiro e segundo graus. Nesse sentido, há que se perceber que a conclusão inicial contida na investigação criminal deve se mostrar como uma hipótese que, somente em sendo devidamente justificada e permanecendo aceitável até o final do processo judicial, poderá alcançar a condição de uma tese capaz de servir de base a uma condenação final.

Capítulo V

OS MEIOS DA INVESTIGAÇÃO CRIMINAL

5.1. O método. Conceito

"O método é necessário para a procura da verdade" (Descartes)[168], mas há que se adequar ao objetivo pretendido, segundo a ciência na qual se pratica. Nesse sentido, Enrique. P. Haba nos explica que cada ramo da ciência, seja ela natural ou exata, ou a chamada ciência humana (ou do espírito), possui seus próprios métodos. Não obstante, um mesmo método pode, em certos casos, ser aplicável em mais de uma ciência, além de haver analogias entre métodos diferentes de disciplinas distintas. Há, assim, segundo o autor, uma pluralidade de métodos, e isto nos obriga a efetuar opções, ou seja, eleger um ou mais métodos que sejam aptos às características de cada disciplina. Ademais disso, entre os procedimentos (ou técnicas) que se aceitam em uma dada disciplina, há que se eleger o método que seja mais adequado, tendo em vista o caso concreto (cf. 1990, p. 176).

---

[168] A respeito dessa noção de método, segundo R. Òmes (1996, p. 271), "quando Bacon ou Descartes falavam de método, tratava-se do que normalmente se entende por isso, de uma regra de comportamento que pudesse levar infalivelmente a mais conhecimento: um método para construir a ciência". Essa noção, contudo, como se verá, tende a ser substituída pela idéia de método para julgar, considerando uma distinção entre contexto de descoberta e contexto de justificação.

5.1.1. *Definição, concepções e espécies*

O método, segundo N. Abbagnano (2003, p. 668), de um modo geral, implica sempre uma doutrina que concerne a um dado conceito de racionalidade e uma respectiva noção de verdade, mas em específico, como técnica particular de pesquisa, "indica um procedimento de investigação organizado, repetível e autocorrigível, que garanta a obtenção de resultados válidos".

René Descartes, em *Regras para a direção do espírito*, explica que "todo o método consiste na ordem e disposição das coisas, para as quais é necessário dirigir a agudeza do espírito para descobrir a verdade" (2004, p. 85). Noutras palavras, ainda na mesma obra, o filósofo considera como método "regras certas e fáceis, graças às quais o que as observa exatamente não tomará nunca o falso por verdadeiro e chegará, sem gastar esforço inutilmente, ao conhecimento verdadeiro de tudo aquilo que seja capaz" (id. ibid. p. 81). Com essas considerações conceituais, em *Discurso do método*, o filósofo nos apresenta quatro regras concisas, através da quais garante a obtenção da verdade. Em síntese, segundo Descartes (2004, p. 31-32):

1) "A *primeira* é a regra da evidência que consiste em *nunca aceitar como verdadeira coisa alguma que não se conheça evidentemente como tal*, devendo-se evitar com todo cuidado a precipitação e a prevenção, só incluindo nos juízos conclusivos o que se apresenta de tal modo claro e distinto ao espírito que não se possa disso duvidar";
2) "A *segunda* regra é a do *método analítico* que consiste na *divisão de cada dificuldade que se deve examinar em tantas partes quanto seja possível e necessário dividir para resolvê-las*, para escapar às generalizações";
3) "A *terceira* é a *regra da síntese* que consiste em *conduzir ordenadamente o pensamento, iniciando pelos objetos mais simples e mais fáceis de conhecer, para chegar, aos poucos e gradativamente, ao conhecimento dos mais compostos*, supondo sempre uma ordem de precedência de uns em relação aos outros";
4) "A *quarta* regra, por fim, consiste em *fazer enumerações tão completas e revisões tão gerais*, para acercar-se de certeza de que não houve omissão alguma".

O método proposto por Descartes, contudo, deve ser visualizado dentro de uma filosofia racionalista, cujo modelo de conhecimento é predominantemente conceitual e dedutivo (cf. Hessen, 2003, p. 49, nesse sentido)[169]. Trata-se, assim, de método que aposta excessivamente na razão e na crença da infalibilidade do raciocínio, contra o que Francis Bacon fazia ressalvas, ao referir-se aos tantos obstáculos com que a mente humana se debate na busca da verdade[170]. Portanto, àquela concepção racional e dedutivista, costuma-se opor a filosofia empirista que, por sua vez, provém das ciências naturais fundadas geralmente na experiência e na indução[171].

Há, contudo, outros e inúmeros métodos, para além do racionalismo e do empirismo, sendo certo, nesse sentido, que há tantos métodos quantas sejam as doutrinas filosóficas existentes[172]. No entanto, podem-se distinguir espécies de métodos segundo a espécie do objeto e os tipos de conhecimento que se pretende. Segundo Enrique P. Haba (1990, p. 175), como "os fins e os modelos possíveis são tão variados, há muitos tipos de métodos. Ante todos, há que se distinguir entre métodos de investigação e de verificação. O primeiro se utiliza

---

[169] "Ressalte-se, ..., que o método cartesiano foi estabelecido para ser usado em quaisquer investigações racionalmente conduzidas. Na verdade, a visão de Descartes foi de unificação dos conhecimentos – expressa na 'árvore do conhecimento'. Essa árvore teria, como raízes, a metafísica; seu troco seria a física; os ramos, enfim, seriam as demais ciências – incluindo a medicina e a moral" (Hegenberg, 2005, p. 36)

[170] Trata-se da teoria dos *idola*. Segundo F. Bacon, purificada a mente dos "ídolos" e fixado no conhecimento das formas da natureza o verdadeiro objetivo do saber, é preciso ver agora através de que caminhos, procedimentos e de que *método* tal objetivo pode ser alcançado. Bacon afirma que o objetivo é alcançável realizando-se um procedimento de pesquisa composto de duas partes: "a primeira consiste em extrair e fazer surgir os axiomas da experiência, a segunda em deduzir e derivar novos experimentos dos axiomas" (cf. Reale; Antisteri, 2003, p. 339).

[171] Embora empiristas e racionalistas disputem métodos diversos, já em Bacon se podia observar uma união entre experimental e racional, segundo sustentam certos autores. O mesmo, igualmente, se discute a respeito de Descartes.

[172] Cf. nesse sentido, Abbagnano, 2003, p. 668: "...não há doutrina ou teoria, quer científica quer filosófica, que não possa ser considerada sob o aspecto de sua ordem de procedimentos, sendo, pois, chamada de Método"

para encontrar, descobrir uma solução. O segundo, por sua vez, se ocupa de controlar (posteriormente) se aquela solução é aceitável, legítima. Essas etapas, contudo, não são estanques entre si.

A respeito dessa distinção do método em etapas, R. Carnap (*apud* Haba, 1990, p. 175) considerava *três etapas* sucessivas, relativas ao método: (a) o encontro ("invenção") de uma conclusão; (b) a construção (outra "invenção") de uma prova que permita submeter a verificação aquela conclusão; e (c) o exame, ou controle, de que tal conclusão é correta, mediante a prova proporcionada. Essa distinção é especialmente importante para o processo penal, bem como para a investigação criminal, que podem ser analisados, a partir da questão do método, como uma atividade que engloba essas três etapas, necessariamente[173].

Assim, pode-se com proveito aceitar, em conclusão, uma definição detalhada do método, como apresentada por Enrique P. Haba, segundo o qual "*Método* es el conjunto ordenado – modelo racional – de procedimientos intelectuales, y eventualmente materiales, que se emplean para un determinado tipo de actividades; estos procedimientos son medios que apuntam a ciertos aspectos de un tipo de objetos (reales o ideales), a los que el método es aplicado con la finalidad de obtener o confirmar conocimientos acerca de ellos, o bien de elaborar o transformar dichos objetos; y tales procedimientos, si el método es correcto, la experiencia los acredita como adecuados para la obtención de los conocimientos ou las realizaciones prácticas así perseguidos" (1990, p. 175)[174].

---

[173] É preciso que tenhamos isso em mente, pois, de fato, encontra-se no processo penal, tanto uma atividade de investigação (o buscar e encontrar fatos), como uma de instrução ("construção" de uma prova acerca dos fatos que permita verificá-los), bem como uma valoração (exame e controle da prova construída). E isso não se observa apenas no processo judicial, pois na investigação criminal, de certa forma, também se encontram as três atividades, distintas do processo judicial apenas em relação ao grau de definitividade (porque provisória) e finalidade (porque destinada a uma decisão indiciária e à *opinio deliciti* do órgão de acusação, que é uma decisão não definitiva).

[174] Ainda, segundo Enrique Haba (id., ibd.): "La racionalidad *científica* se caracteriza especialmente por la condición de que ella se vierte en *métodos*. La elaboración y aplicación de éstos es, puede decirse, la condición esencial para el pensamiento racional en la ciencia.

5.1.2. *Contexto de descoberta vs. Contexto de justificação*

Leonidas Hegenberg, em *Métodos*[175], a partir da distinção entre *contexto de descoberta* e *contexto de justificação*, explica-nos que "as técnicas servem para *descobrir* (exibir, colocar claros, mostrar) os dados passíveis de experimentação e controle. Entretanto, a fim de *justificar* resultados descobertos, não valem as técnicas – vale o método. (...) Diferenças de técnicas não estão obrigatoriamente associadas a diferenças de métodos." (2005, p. 11).

Daí pode seguir-se uma distinção entre *metodologia* e *tecnologia*, segundo observa L. Hegenberg (2005, p. 12): "O termo 'tecnologia', quando usado de maneira ampla, designa disciplina assentada na ciência e voltada para os projetos (não a execução) de coisas e processos artificiais – inanimadas (p. ex. computadores), vivas (p. ex. vegetal) ou sociais (p. ex. a distribuição de serviços em uma empresa)".[176]

En sentido amplio, 'método' quiere decir simplesmente: un 'camino', algún *procedimiento*, sea intelectual o material. En tal sentido, *cualquier* medio que se emplee para lograr algo constituiría um método (..) Pero si queremos referinos a los procedimientos *científicos*, los métodos *propriamente dichos*, entoces esa palabra tiene un alcance mucho más restringido. En este último sentido, riguroso, estrecho, un método es el conjunto de operacionales por médio de las cuales, paso a paso, seguiendo un esquema racional, se avanza hacia un fin. Las etapas de este proceso dependen de la cosa (material o no) a la cual el respectivo método se refiere y de lo que se debe hacer com ella. El método consiste en un modelo racional – o un sistema de reglas, o cuando menos una sola – que apunta a la realización de determinado género de operaciones, las que conducen, si como punto de partida están dadas ciertas condiciones, hacia una meta preestabelecida."

[175] *Métodos* é o título de uma obra fundamental, organizada por Leonidas Hegenberg (E.P.U), na qual se reúne o estudo de vários métodos, expostos pelo próprio organizador e outros especialistas em diversas áreas do conhecimento. Será nossa bibliografia básica, conjugada com dicionários de filosofia (Abbagnano, Blackburn e Mora), para expor de forma sucinta a essência de cada método, ficando ao leitor a indicação da obra para aprofundamento de estudos.

[176] Nesse sentido, podemos falar não apenas em uma *metodologia da investigação*, como também de uma *tecnologia da investigação criminal*, o que, de certa forma, já existe na prática da investigação criminal, a exemplo das diversas operações policiais que, a partir de um projeto operacional, chegam a resultados satisfatórios de um ponto de vista gerencial.

Essa é uma distinção, contudo, que, segundo o autor, deixou de ocupar cientistas e filósofos no século XXI, em virtude de outras questões mais relevantes que passaram a se colocar, apesar de ainda servir para distinguir certos aspectos da pesquisa, bem como ao esclarecimento de etapas sucessivas do método, tal como proposto por Carnap (*supra*), que entre um e outro contexto intercala uma outra etapa, que poderíamos chamar de contexto de *"construção"*, para nos referirmos ao método de prova, como meio de submeter a conclusão da descoberta ao exame da verificação[177]. Aos três contextos, no conjunto, podemos chamar de contextos metodológicos da pesquisa.

5.2. Teorias do método

"Methodos", em um primeiro sentido, "se origina de 'metá' (no meio, entre, através) e de 'hódos' (caminho)" (Hegenberg, 2005, p. 9). Nesse sentido, dizemos que é o caminho percorrido na busca pelo conhecimento. Mais detalhadamente, "método alude a procedimentos ou processos para alcançar um objetivo. Alude a uma técnica ou modo de investigação adotado por (ou próprio de) uma disciplina ou arte. Também se refere a planos sistemáticos adotados com o propósito de apresentar material para instruções. Enfim, é termo usado, algumas vezes, como sinônimo de 'técnica para fazer algo. (...) Em sentido amplo, método é o processo ou o conjunto de processos que permite conhecer determinada realidade, produzir certo objeto, ou desempenhar este ou aquele tipo de comportamento" (id. ibid. p. 10).

[177] Embora, se bem analisado esse *'contexto'* (ou melhor, *etapa*), acreditamos possa se estabelecer no mesmo contexto de justificação (incluindo "construção" e "verificação"), ou como ponte necessária entre este e o contexto de descoberta apenas. No âmbito da investigação criminal, servir-nos-á para bem destacar a *etapa de produção probatória*, tão importante à sustentação processual de uma denúncia, fundada em justa causa.

5.2.1. *Métodos aporético, axiomático e dialético*

O método *aporético* alude a uma *aporia*, que consiste em uma perplexidade grave, e refere-se ao método socrático para levantar problemas sem fornecer soluções (Blackburn, 1997, p. 18)[178]. Leonidas Hegenberg (2005, p. 18) explica-nos que esse método principia com a ignorância (real ou alegada), passando pelo diálogo com outras opiniões, para conduzir-se a uma definição. É, assim, um método conceptual, considerando o conceito como conhecimento, no sentido de um primeiro passo na tentativa de resolução de problemas.

Por *aporética*, também, costuma-se considerar um "estágio da pesquisa filosófica que consiste em pôr em evidência os problemas, isto é, todos os aspectos dos fenômenos que não foram compreendidos e que, por isso, constituem aporias naturais" (Hartmann *apud* Abbagnano, 2003, p. 74)[179]. Em síntese, é um método que parte de uma *dúvida*.

O método axiomático, diversamente, pretende partir de uma *certeza* – o *axioma*, ou *postulado*[180]. O axioma é uma proposição "a partir da qual podemos começar, uma asserção tida como fundamental,

---

[178] *Aporia* "é usado em sentido de *dúvida racional*, isto é, de dificuldade inerente a um raciocínio, e não no sentido de estado subjetivo de incerteza. É, portanto, a dúvida *objetiva*, a dificuldade efetiva de um raciocínio ou da construção a que leva um raciocínio" (Abbagnano, 2003, p. 75).

[179] O método tem a vantagem de colocar em discussão o problema, visando a obter as impressões pessoais de tantos quanto estejam envolvidos na pesquisa. Na investigação criminal, pode-se recorrer a esse método para a abertura dos trabalhos, em certos casos mais complexos que exijam o esforço conjugado de pessoas com diferentes formações acadêmicas, ou mesmo em etapas posteriores, para discutir certos resultados parciais.

[180] Nesse sentido, cf. Hegenberg, 2005, p. 22. Há quem distinga, contudo, *axioma* do *postulado* (nesse sentido, cf. Abbagnano, 2003, p. 101). Em síntese, "enquanto os axiomas são evidentes por si e têm de ser admitidos necessariamente, mesmo não sendo demonstráveis, o postulado, apesar de demonstrável, é assumido e utilizado sem demonstração. Além disso, o postulado é uma proposição ainda não admitida ou aceita por aquele a quem é endereçada (senão seria inútil pedir-lhe que a admitisse); nisso difere da *hipótese*, que também é uma proposição demonstrável, não demonstrada, mas considerada verdade por aquele a quem é dirigido o discurso" (2003, p. 782). Na filosofia contemporânea, contudo, não se distinguem postulado e axioma, em virtude de ter-se negado a esse a característica de imediação da sua verdade, considerando-se que os axiomas não são verdadeiros nem falsos, mas convencionados (2003, p. 102).

pelo menos para os fins da investigação em causa" (Blackburn, 1997, p. 33). Axiomas, assim, são proposições primeiras de que parte uma demonstração (Aristóteles), devendo atender a certas condições[181].

Axiomatizar, assim, significa considerar em lugar de objetos ou classes de objetos, *símbolos* cujas regras de uso são fixadas por relações enumeradas pelos axiomas (cf. Abbagnano, 2003, p. 102)[182].

A *dialética*, em um primeiro sentido, como método de divisão, segundo concepção de Platão, "é a técnica da investigação conjunta, feita através da colaboração de duas pessoas, segundo o procedimento socrático de perguntar e responder" (id. ibid. p. 269-273)[183]. Para

---

[181] Nesse sentido, cf. Abbagnano, 2003, p. 102, que, em síntese, apresenta a *coerência* do axioma, a *completude* e *independência* do sistema de axiomas, e o menor número possível e simplicidade dos axiomas, como condições mínimas para convencionar axiomas.

[182] No âmbito do direito penal, temos um exemplo de axiomatização na teoria do garantismo penal, segundo a concepção de L. Ferrajoli, que, a partir da racionalização de dez postulados de direito penal, sustenta ser possível avaliar os sistemas penais tanto teórica quanto efetivamente. Ferrajoli sustenta os seguintes axiomas: A1 Nulla poena sine crimine, A2 Nullum crimen sine lege, A3 Nulla lex (poenalis) sine necessitate, A4 Nulla necessitas sine injuria, A5 Nulla injuria sine actione, A6 Nulla action sine culpa, A7 Nulla culpa sine judicio, A8 Nullum judicium sine accusatione, A9 Nulla accusatio sine probatione, A10 Nulla probation sine defensione (2002, p. 74), em que temos os seguintes elementos: PE (pena, poena), RE (delito, crimen), LE (lei, lex), NE (necessidade, necessitas), IN (ofensa, injuria), AZ (ação, actio), CO (culpabilidade, culpa), GI (juízo, judicium), AC (acusação, accusatio), PR (prova, probatio) e DI (defesa, defensio). O sistema de modelo garantista, por sua vez, é representado através de teoremas enunciados por expressões lógicas nas quais se utilizam todos os axiomas, como p. ex. o teorema 56, obtido mediante a conjunção dos elementos que compõem os princípios: T56 (PE'!(RE.LE.NE.IN.AZ.CO.GI.AC.PR.DI)), em que "se (há) *pena*, logo (há também) *delito* (e) *lei* (e) *necessidade* (e) *ofensa* (e) *ação* (e) *culpabilidade* etc." A investigação criminal, por sua vez, pode partir de certos axiomas preexistentes, tais como os propostos por Ferrajoli, por se tratarem de postulados inerentes ao âmbito jurídico em que se desenvolve a investigação, ou pode constituí-los segundo as particularidades da investigação, extraídas da experiência. Nesse ponto, devemos ter em mente a observação de Bacon (cf. Nota 170).

[183] "A dialética platônica não é um método dedutivo ou analítico, mas indutivo e sintético, mais semelhante aos procedimentos da pesquisa empírica (não obstante a pretensão platônica de que ele prescinda dos 'sentidos') do que aos procedimentos do raciocínio *a priori* ou do silogismo" (Abbagnano, 2003, p. 270). No processo penal, pode-se compará-la ao contraditório, como técnica de investigação conjunta.

Aristóteles, contudo, a dialética é "simplesmente o procedimento racional não demonstrativo; dialético é silogismo que, em vez de partir de premissas verdadeiras, parte de premissas prováveis, geralmente admitidas". Na filosofia moderna e contemporânea, contudo, a dialética tem o significado de *síntese dos opostos*, tal como formulada por Fichte ("síntese dos opostos por meio da determinação recíproca") e Hegel ("a própria natureza do pensamento").

Segundo Hegel, "a dialética consiste: '1.º na colocação de um conceito 'abstrato e limitado'; 2.º no suprimir-se desse conceito algo 'finito' e na passagem para o seu oposto; 3.º na síntese das duas determinações precedentes, que conserva 'o que há de afirmativo na sua solução e na sua transposição" (id. ibid. p. 273). Hegel se refere a essas três etapas, ou momentos, com os nomes, respectivamente, de momento intelectual, dialético e especulativo ou positivo racional, embora não se considere dialética apenas o segundo desses momentos, sim o conjunto em seu movimento, sobretudo considerado quanto ao seu resultado. Em contraposição a essa *dialética idealista*, contudo, Engels sustentou uma *dialética materialista* (que passa da abstração para a realidade, do mundo da consciência para o da natureza e da história), "como síntese das oposições (todavia relativas e parciais) que a natureza realiza em seu devir" (id. ibid. p. 273 e 274)[184].

K. Popper (*apud* Hegenberg, 2002, p. 112 e ss) sustenta que a dialética é apenas um aspecto de um procedimento, de tentativa e eliminação de erro. Assim, segundo ele, um problema requer a colocação provisória de uma solução (tentativa), que é submetida a rigorosas críticas, com abandono da tese inicial ao surgir novas soluções. Dessa forma, "o método dialético engeliano, ao contrário, sugere buscar confirmação da tese (aspectos 'positivos' a se preservarem na síntese). A solução das dificuldades seria a síntese, na qual se conservam aspectos favoráveis da tese e da antítese" (id. ibd.)[185].

---

[184] Ao longo da história, a noção de dialética assume vários significados, e embora o último seja o mais referido, também é o mais desacreditado (nesse sentido, cf. Abbgnano, 2003, p 274).

[185] Na investigação criminal, o resultado acerca da verdade, segundo a dialética, corresponde a apenas um dos momentos do método, que deve ser contraposto pela antítese da defesa, em contraditório processual. Mas para se chegar ao resultado, admitem-se momentos dialéticos anteriores.

5.2.2. *Método fenomenológico (E. Husserl)*

A fenomenologia, como referida por Kant, inicialmente, significa a "descrição da consciência e da experiência, abstraindo de considerações sobre seu conteúdo intencional"[186], mas é a partir do sentido atribuído por Husserl[187] – que considera a intencionalidade como marca característica da consciência –, que o conceito permanece atualmente (nesse sentido, cf. Blackburn, 1997, p. 146; Abbagnano, 2003, p. 438).

A fenomenologia de Husserl pressupõe um determinado conceito de fenômeno que não se limita apenas ao que aparece ou se manifesta ao homem, sob determinadas condições, mas "aquilo que aparece ou se manifesta em si mesmo" (Abbagnano, 2003, p. 437). A partir dessa noção de fenômeno, a fenomenologia seria uma ciência de essências (*eidética*)[188], e não de dados de fato, empenhada na exclusão dos fenômenos psicológicos das características reais do fenômeno – *a redução eidética*: transformação do fenômeno em essência. Com base na ideia de *redução eidética*, e valendo-se ainda do conceito de *epoché*[189], a investigação fenomenológica chega a certos resultados fundamentais, assim resumidos por N. Abbagnano (ibid. p. 438):

---

[186] Nesse sentido, ainda, diz-se que fenomenologia é "descrição daquilo que aparece ou ciência que tem como objetivo ou projeto essa descrição" (Abbgnano, 2003, p. 437)

[187] **Husserl, Edmund G. Albert (1859-1938).** "Matemático alemão e principal fundador da fenomenologia. (...) De Brentano, herdou o ponto de vista de que o principal problema ao tentar compreender o pensamento é explicar o modo como um conteúdo intencional pode pertencer ao fenômeno mental que o exibe. Os fenômenos mentais são alicerçados nos dados dos sentidos, mas ao passo que para Brentano não há distinção nítida entre as 'intuições' (...) e os conceitos (...). Husserl reinstaura esta divisão kantiana" (Blackburn, 1993, p. 188)

[188] *Eidética.* "Termo introduzido na filosofia contemporânea por Husserl a partir de *Investigações lógicas* (1900-01) para indicar tudo o que se refere às essências, que são objeto da investigação fenomenológica" (Abbagnano, 2003, p. 308).

[189] *Epoché.* "Suspensão do juízo, que caracteriza a atitude dos céticos antigos, particularmente de Pirro; consiste em não aceitar nem refutar, em não afirmar nem negar. (...) Husserl vale-se da *epoché* em vários níveis da sua investigação..." (Abbagnano, 2003, p. 339).

"1.º O reconhecimento do caráter *intencional da consciência*, em virtude do qual a consciência é um movimento de *transcendência* em direção ao objeto e o objeto se dá ou se apresenta à consciência 'em carne e osso' ou 'pessoalmente";

"2.º Evidência da visão (intuição) do objeto devida à presença efetiva do objeto";

"3.º Generalização da noção de objeto, que compreende não somente as coisas materiais, mas também as formas de categorias, as essências e os 'objetos ideais' em geral (...)";

"4.º Caráter privilegiado da 'percepção imanente', ou seja, da consciência que o eu tem das suas próprias experiências, porquanto nessa percepção aparecer e ser coincidem perfeitamente, ao passo que não coincidem na intuição do objeto externo, que nunca se identifica com suas aparições à consciência, mas permanece além delas".

Nesse sentido, a fenomenologia significa, antes de tudo, um *conceito de método*, que pretende mostrar aquilo que não se manifesta, aquilo que está escondido, sendo por isso considerada a verdadeira e única ontologia possível (segundo Heidegger *apud* Abbagnano, 2003, p. 439)[190]. A respeito do método fenomenológico, L. Hegenberg (2002, p. 107) explica que ele "não se entende como um instrumento, um utensílio ou uma técnica que se aprende despreocupando-se com a sua origem." Trata-se de um método que consiste na *variação imaginária*, ou seja, "faz-se variar as determinações pensadas do objeto no sentido de se ver se ele tem possibilidades de ser outro

---

190 Sob essa perspectiva, pode-se antever a relevância da fenomenologia para a investigação criminal, tendo em conta a complexidade ontológica de seu objeto – o crime. Nesse sentido, podemos sustentar que a fenomenologia pode concorrer para o aprimoramento da investigação, no que se refere à compreensão eidética do crime, visando a subsidiar no desenvolvimento de técnicas adequadas aos contextos de descoberta e de justificação, em conformidade com a estrutura ontológica do crime. Para aprofundar-se no tema, cf. *A fenomenologia, de Jean-François Lyotard (Edições 70); Introdução à fenomenologia, de Robert Sokolowski (Loyola).*

desde que não prejudiquem a sua identidade, a identidade 'invariável' da coisa nela mesma que se faz ser ela e não outra coisa. Pela variação livre da imaginação se revela a verdadeira resistência da essência e a sua contingência..."[191].

5.2.3. *História, historiografia e método histórico*

A *história* que, em geral, significa pesquisa, informação ou narração[192], possui uma ambiguidade conceitual, ao indicar, por um lado, o conhecimento de fatos, ou ciência que disciplina e dirige esse conhecimento, e por outro, os próprios fatos. Aqui nos interessa o primeiro sentido, a que se costuma chamar *historiografia*, da história como "estudo do passado; o estudo do desenrolar dos fatos ao longo do tempo" (Abbagnano, 2003, p. 502)[193]. Nesse sentido, dizemos que *histórico* é o "relativo a eventos do passado, eventos que realmente ocorreram (reais, verídicos, que não são produtos da imaginação)" (Hegenberg, 2005, p. 75).

A *historiografia*, como conjunto das ciências históricas (Croce *apud* Abbagnano, 2003, p. 509), possui certos fundamentos metodológicos, que a particularizam e nos interessa especialmente[194], quais sejam:

---

[191] Chamemos essa técnica cognitica de *exercício fenomenológico* e compreendamos como ela pode se aplicar à investigação criminal, tendo uma relevância impar, sobretudo em virtude do caráter unilateral da investigação que, geralmente, não conta com a bilateralidade do processo. No exercício da investigação, a compreensão do objeto investigado tende a ser precipitada por conclusões imediatas, sem ponderações acerca de outras possíveis conclusões igualmente aceitáveis. Em síntese, podemos observar que certos dados obtidos podem levar a duas conclusões igualmente possíveis, mas contrárias. O exercício fenomenológico pode concorrer para uma investigação mais esmerada na intenção de compreender o objeto em sua essência fundamental.

[192] Entre os gregos, segundo N. Abbagnano, era usada para referir à resenha ou narração dos fatos humanos (2003, p. 502).

[193] Para conhecer as diversas concepções acerca da *realidade histórica*, cf. Abbagnano, 2003, p. 502 e ss.

[194] Interessa-nos especialmente pela natureza do crime investigado, como fato histórico, do passado, havendo grande *aproximação entre historiografia e investigação criminal do*

a) "O conhecimento histórico é *perspectivista:* mantém afastamento em relação ao passado e quer entendê-lo no seu tempo e lugar, sem assimilá-lo ou reduzi-lo ao presente. O reconhecimento da *alteridade* entre a experiência histórica e a realidade histórica, entre o sujeito histórico e o objeto histórico, ou entre o presente e o passado, é uma das condições fundamentais da pesquisa histórica." (id. ibid. p. 510). Em virtude disso, admite-se que "a interferência ativa dos interesses e das tendências do historiador sempre condiciona, em certa medida, os resultados da sua investigação e até mesmo a descoberta dos fatos" (p. 511);

b) "O conhecimento histórico é *individualizante*, porque individualizantes são os instrumentos de que se vale. (...) Em primeiro lugar todo acontecimento histórico é individualizado pelos dois parâmetros fundamentais: cronologia e geografia" (p. 511);

c) "O conhecimento histórico é *seletivo*. Este é um dos pontos pacíficos na metodologia historiográfica. (...) 'O historiador *deve* fazer uma escolha. Na infinita variedade de relações revelada pelos acontecimentos passados, deve escolher o que é *importante* ou *fundamental* para a sua história. Para que a seleção não seja apenas aquilo que parece importante para ele, para não ser subjetiva e arbitrária, deve ter um *foco objetivo* em alguma coisa que deve ser feita, em alguma coisa que ele considere obrigatória ou importa aos homens, (...), em algum trabalho que deve ser feito" (p. 512);

---

ponto de vista de seus métodos. Interessa-nos, contudo, o que N. Abbagnano (2003, p. 509-510) denomina *historiografia pluralista* (em oposição à universal, como tarefa dos filósofos), pela "sua dependência em relação ao material documentário disponível e aos princípios que orientam a escolha historiográfica. Desse ponto de vista, o conhecimento histórico autêntico versa sempre sobre objetos delimitados ou delimitáveis; e nunca é juízo sobre essa totalidade, de sorte que exclui, como desprovidos de sentido, os conceitos de progresso, dacadência, etc, entendidos em sentido absoluto [presentes na historiografia universal]".

d) "O conhecimento histórico não visa à explicação causal, mas à *explicação condicional.* Embora não falte quem ainda insista no caráter causal da explicação histórica (...), tende a prevalecer entre os metodizadores da história a opinião de que as noções de causa e de lei têm pouca possibilidade de aplicação no domínio historiográfico. (...) A preferência pela explicação condicional reduz a importância da oposição entre *explicação* e *compreensão*, que por certo tempo pareceu expressar a oposição entre ciências da natureza e ciências do espírito. De fato, tanto a explicação quanto a compreensão consistem na determinação da possibilidade do objeto" (p. 512)[195];

e) "O conhecimento histórico visa à determinação de *possibilidades retrospectivas*. Esta é uma consequência da renúncia da historiografia ao esquema causal (...) e do seu recurso ao esquema condicional. Este esquema consiste na determinação de possibilidades, ou melhor, de *probabilidades* retrospectivas. (...) Por mais que os historiadores e os metodizadores da história continuem a falar de 'causa', o sentido que dão a essa palavra nada tem que ver com seu significado tradicional...." (p. 512).

Tendo em conta essa noção de história e historiografia, urge entender que o *método histórico* é um só: "o estudo de fatos históricos ao longo do tempo", embora vários possam ser os métodos usado para a condução de estudos históricos, a exemplo do método comparativo e do método estatístico, sendo certo que "o método histórico é usado para desenvolver pesquisas nas mais diversas áreas do conhecimento" (cf. Hegenberg, 2005, p. 76)[196].

---

[195] Essa é uma questão complicada, no âmbito da investigação criminal, que em geral recorre à noção de *nexo causal* entre conduta do autor do crime e resultado lesivo. Não obstante, devemos aceitá-la, considerando que os dados do presente que se referem ao passado são uma mera hipótese (conjectura) de como o fato pode ter ocorrido, se aceitas certas condições prévias quanto à interpretação dos dados. Assim, podemos aceitar que, em verdade, o que temos é sempre uma *explicação condicional* do crime, se aceitos como razoáveis os dados obtidos em relação ao crime investigado, segundo a *compreensão* que temos deles.

[196] Em nosso caso, podemos aceitar que o método de investigação criminal é histórico por essência, embora se utilize de vários outros que lhe permitam chegar ao conhecimento

Sob essa perspectiva, entende-se que "o historiador é o cientista da visão retrospectiva dos fatos. Uma vez que ele sabe (ou pensa que sabe) como tudo ocorreu, está preocupado com a pergunta: Qual a sequência de eventos que promoveu o resultado histórico observado? O historiador, com suas pesquisas, pode centrar sua atenção em vários tipos de eventos (individualmente ou conjugadamente); eventos políticos, econômicos, intelectuais etc." (id. ibid. p. 81). Daí porque é necessário e comum o recurso a *chaves interpretativas* nos métodos da história, como uma espécie de suporte conceitual com base no qual o historiador organiza seus dados, dando-lhe sentido e unidade, já que "o desenvolvimento dos estudos históricos é muito complexo" e "podemos ter várias perspectivas e unidades de análise" (id. ibid. p. 76-79)[197].

5.2.4. *Experiência, experimento e método experimental*

O *empirismo*, segundo N. Abbagnano, define-se como uma "corrente filosófica para a qual a experiência é critério ou norma da verdade" (2003, p. 326), considerada a experiência aqui como "recurso à possibilidade de repetir certas situações como meio de verificar as soluções que elas permitem: como quando se diz 'a *experiência* confirmou *x*', ou então: 'a proposição *p* pode ser confirmada pela *experiência*" (p. 406). Tem, assim, o significado muito próximo de experimento, como "experiência controlada ou dirigida, ou seja, de *observação*", ou mais precisamente a experiência "provocada com o fim de dar origem a uma ideia" (p. 414-415). Noutro sentido, contudo, a experiência consiste na "participação pessoal em situações repetíveis, como quando

histórico, e não se limite à descrição fática do fato histórico. Nesse sentido, "os fatos históricos podem estar relacionados aos mais variados temas", como nos explica L. Hegenberg (2005, p. 81), sendo adequado entender o método histórico e aproximá-lo da investigação criminal, aceitando as limitações de seus métodos e colhendo dele o que há de metodologicamente fundamentado.

[197] No âmbito da investigação criminal, a teoria do crime é o suporte conceitual para os fatos observados, servindo como modelo para o investigador integrá-lo como suporte de uma unidade explicativa.

se diz: "*x* tem experiência de *S*, em que *S* é entendido como uma situação ou estado de coisas qualquer que se repita com suficiente uniformidade para dar a *x* a capacidade de resolver alguns problemas" (id. ibid.)[198]

O empirismo, em geral, caracteriza-se pela "negação do caráter absoluto da verdade ou, ao menos, da verdade acessível ao homem" e pelo "reconhecimento de que toda verdade pode e deve ser posta à prova, logo eventualmente modificada, corrigida ou abandonada. Portanto, o empirismo não se opõe à razão ou não a nega, a não ser quando a razão pretende estabelecer verdades necessárias, que valham em absoluto, de tal forma que seria inútil ou contraditório submetê-las a controle" (id. ibid. p. 326). Em síntese, o empirismo se sustenta na tese de que "toda e qualquer 'concatenação de verdades' deve poder ser posta à prova, controlada e eventualmente modificada ou abandonada", do que decorrem certas características fundamentais que nos interessam (ibid. p. 327):

a) "Negação de qualquer conhecimento ou princípio inato, que deve ser necessariamente reconhecido como válido, sem qualquer atestação ou verificação";
b) "Negação do 'suprassensível', entendido como qualquer realidade não passível de verificação e controle de qualquer tipo";
c) "Ênfase na importância da realidade *atual* ou imediatamente presente aos órgãos de verificação e comprovação, ou seja, no *fato*";
d) "Reconhecimento do caráter *humano* limitado, parcial ou imperfeito dos instrumentos de que o homem dispõe para verificar e comprovar a verdade, além da aplicação e dos usos desses instrumentos em todos os campos de pesquisa acessíveis ao homem e só neles"[199].

---

[198] Vamos, aqui, fazer distinção entre experiência, nesse sentido último, e experimento, naquele sentido inicial. Assim, falaremos de *empirismo como corrente filosófica* referindo-se a *experimento*, e *empirismo como atitude prática*, como *conhecimento prático oriundo da vivência*, referindo-se a *experiência*.

[199] "Essa é a característica limitativa ou *crítica* do Empirismo, que é tradicionalmente associada ao reconhecimento da limitação das possibilidades humanas, e, portanto, da

Tendo em conta tais considerações, fala-se em método experimental para designar a pesquisa empírica que se caracteriza, essencialmente, por uma inferência de causa e efeito, com base no paradigma hipotético-dedutivo, que tem por finalidade testar uma hipótese visando a sua verificação (cf. Hegenberg, 2005, p. 41 e ss). Nesse sentido, podem ser experimentos naturais, laboratoriais (simulados), de campo, ou mesmo sociais. Em todos os casos, há etapas que constituem um roteiro do método: formulação do problema, com objetivos e premissas da pesquisa; definição da(s) técnica(s) de pesquisa; definição de hipóteses, coleta de dados e informações; representação e análise; teste de hipóteses e avaliação de resultados; inferências e conclusões (cf. Hegenberg, 2005, p. 47 e ss)[200]. Esse método, contudo, não se deve confundir com o método científico.

5.2.5. *Dedução, indução e método hipotético-dedutivo*

A dedução, considerada como "relação pela qual uma conclusão deriva de uma ou mais premissas" (Abbagnano, 2003, p. 232), pode ser interpretada de várias formas. Aristóteles a considerava como silogismo – "um raciocínio em que, postas algumas coisas, seguem-se necessariamente algumas outras, pelo simples fato de aquelas existirem" (id. ibid. p. 233), sendo esse o significado mais geral que se atribui à palavra. Nesse sentido, a dedução se distingue da indução por sua estrutura esquemática, por ser "procedimento que leva do particular ao universal" (Aristóteles *apud* Abbagnano, 2003, p. 556).

---

restrição da investigação aos limites impostos por essas possibilidades, ao mesmo tempo em que é associado à decisão de prosseguir as investigações até onde tais possibilidades o permitam e em qualquer campo que o permitam". Com essa observação, podemos aceitar as ponderações empiristas para a investigação criminal, inclusive de um ponto de vista jurídico dos direitos fundamentais que limita a pesquisa empiricamente, embora com fundamentos valorativos, não fáticos.

[200] Para compreender cada etapa, cf. Hegenberg, 2005, 47 e ss. Esse método, com pouca aplicação na investigação criminal em geral (salvo a chamada "reconstituição do crime", quen não passa de um experimento simulado, para verificar se a hipótese poderia se verificar), é comum na investigação pericial, sobretudo laboratorial.

Um e outro, segundo Aristóteles, seriam os dois caminhos pelos quais formamos nossas crenças, embora a indução, pelo seu caráter demonstrativo, esteja limitada ao âmbito de validade do fato, ou seja, à "totalidade dos casos em que sua validade foi efetivamente constatada" (ibid. p. 557), diversamente da dedução que deve ter premissas universais, a partir de pressupostos substanciais do objeto considerado em sua essência (ibid. p. 233).

Há, segundo N. Abbagnano, uma noção de dedução convencional, presente na lógica contemporânea, que admite "a possibilidade de livre escolha das regras de dedução" (2003, p. 234). Nesse sentido, dedutivo, como sistema, entende-se atualmente, como "discurso que se inicia com pequeno número de regras assumidas como premissas, e que sempre pode assumir como regra qualquer proposição deduzida daquelas premissas e em conformidade com as regras que elas prescrevem" (ibid. p. 235)[201]. Como método, por sua vez, a dedução consiste "em procurar a confirmação de uma hipótese através da verificação das consequências previsíveis nessa mesma hipótese" (ibid. p. 235)[202].

Em síntese, na dedução, o primeiro aspecto a considerar são as *premissas* – o ponto de partida convencionado ou sobre o qual não se diverge. Partindo das premissas, podemos chegar a deduções, por dois modos de silogismo hipotético que conduzem à conclusão dedutiva: o *modus ponens* e o *modus tollens* (nesse sentido, Hegenberg, 2005, p. 132 e ss). Segundo N. Abbagnano (2003, p. 680), pelo *modus ponens*, "posto o antecedente, põe o consequente (se *A* é, é *B*; mas *A* é, portanto, é *B*)"; pelo *modus tollens*, "retirado o consequente, retira o antecedente o antecedente (se *A* é, é *B*; mas *A* não é, portanto, não é *B*).

A indução, por sua vez, porque parte de questões particulares para universalizar, encontra barreira na impossibilidade de abranger

[201] Nesse sentido, aproxima-se de certa forma da axiomatização. Cf. a respeito disso, Hegenberg, 2005, p. 121.

[202] Segundo N. Abbgnano, trata-se de um método complexo irredutível à dedução propriamente dita (2003, p. 235). Para melhor compreender o método dedutivo, cf. Hegenberg, 2005, p. 121 e ss, no qual o autor trata dos argumentos, simbolização, conectivos, regras de inferências e cálculo com igualdade.

todos os casos particulares. Daí se admitir que "a indução não tem valor necessário ou demonstrativo, conquanto seja mais clara que o silogismo; seu âmbito de validade é o mesmo do fato, ou seja, da totalidade dos casos em que sua validade foi efetivamente constatada" (ibid. p. 557)[203].

i) O problema da indução (Hume)

Tendo em conta essa natureza da indução, Hume propôs o seguinte problema: "Todas as inferências extraídas da experiência supõem, como fundamento, que o futuro se assemelhará ao passado e que poderes semelhantes estarão unidos a qualidades sensíveis semelhantes. Se houvesse algumas suspeita de que o curso da natureza pudesse mudar e de que o passado não servisse de regra para o futuro, toda a experiência se tornaria inútil e não poderia dar origem a nenhuma inferência ou conclusão. É impossível, portanto, que argumentos extraídos da experiência possam provar a semelhança entre o passado e o futuro, visto que todos os argumentos desse tipo fundam-se na suposição dessa semelhança. Mesmo se admitindo que o curso das coisas sempre regular foi, só isso, sem nenhum argumento ou inferência nova, não prova que no futuro continuará assim" (Abbagnano, 2003, p. 558).

A esse problema foram dadas algumas soluções baseadas na existência de uma uniformidade, seja considerando um princípio de causalidade natural, seja considerando a uniformidade da estrutura do intelecto (Kant), mas somente na filosofia contemporânea é que se reconheceu a impossibilidade de justificação teórica, para se sugerir uma justificação pragmática.

Uma das justificações pragmáticas se encontra na *interpretação probabilista da indução*, segundo a qual, "quando a proporção é igual a cem por cento das amostras examinadas, quando o caráter em questão ocorre em *todas,* tem-se a generalização *uniforme* ou *completa.* (...) Por outro lado, quando o valor numérico dessa proporção é tomado como medida da *possibilidade* de que o caráter em questão

---

[203] Em razão disso, há quem proponha distinguir entre *indução completa* e *indução incompleta* (nesse sentido, Sexto Empírico *apud* Abbagnano, 2003, p. 557).

reapareça em novo exemplo, tem-se um juízo de *probabilidade*" (Abbagnano, 2003, p. 559)[204].

Outra forma de justificação pragmática da indução consiste em reconhecer nela a *capacidade de autocorreção*, ou seja, admite-se que o procedimento indutivo "tem o caráter de um método de tentativa e erro". Noutros termos, sustenta-se que "o problema da indução em geral, assim como o problema de inferir o futuro do passado ou os casos não observados dos casos observados, não têm sentido por falta de dados. (...) Na realidade, os procedimentos científicos e, em geral, os comportamentos e as diretrizes *racionais* do homem consistem em limitar o risco, em torná-lo calculável, não em eliminá-lo" (id. ibid. p. 560)[205].

ii) O método hipotético-dedutivo (Hempel)

Tendo em conta as questões relativas à indução e as justificações expostas, podemos recorrer ao método hipotético-dedutivo proposto por Carl G. Hempel, como forma de compreender a maneira de atuar das hipóteses, no contexto da justificação, segundo exposição contida em sua *Filosofia da Ciência Natural.* Segundo Hempel (1970, p. 30-31), "não se chega ao conhecimento científico pela aplicação de algum procedimento de inferência indutiva a dados coligidos anteriormente, mas, antes, pelo que é frequentemente chamado 'o método da hipótese', *i.e.*, pela invenção de hipóteses como tentativas de resposta ao problema em estudo e submissão dessas hipóteses à verificação empí-

---

[204] Trata-se em síntese de uma questão estatística. Segundo N. Abbagnano (2003, p. 559): "A mais simples expressão da regra da indução probabilista talvez seja a de Kneale: 'Depois de observarmos certo número de coisas á e de descobrirmos que a frequência das coisas â entre elas é *f*, concluímos que a frequência que *P (*á, â) = *f*, ou seja, que a probabilidade de uma coisa á ser â deve ser *f* (...)".

[205] Segundo N. Abbagnano, 2003, p. 561, "essa tese foi expressa por Popper de forma extremada, pois este considerou a indução um simples *mito*, que não é um fato psicológico, nem um fato da vida comum, muito menos um procedimento científico; e considerou que a ciência procede pelo método de tentativa e erro, ou seja, dá saltos bruscos indo de uma observação única a uma conjectura ou uma hipótese que depois procura *refutar* e que é mantida enquanto a refutação não ocorre".

rica. Parte dessa verificação consistirá em apurar se a hipótese se ajusta ao que já fôra estabelecido antes de sua formulação; outra parte, em derivar novas implicações para submetê-las a observações e experiências apropriadas".

Com base nessa observação, Hempel (ibid. p. 31 e ss) sustenta que a investigação científica não se trata de uma indução em sentido estrito, mas apenas em *um sentido mais amplo*, pelo fato de que aceita hipóteses baseadas em dados que não fornecem uma evidência dedutiva conclusiva, sim o que ele chama de "suporte indutivo". Assim, conclui ele que "as regras da indução devem ser concebidas, em analogia com as regras da dedução, como cânones de validação e não propriamente de descoberta. Longe de gerarem uma hipótese que dê razão de certos dados empíricos, essas regras pressupõem que além desses dados empíricos que formam as 'premissas' de um 'argumento indutivo' seja *dada* também a hipótese proposta com sua 'conclusão'. As regras de indução forneceriam então critérios para a legitimidade do argumento".

Simon Blackburn (1997, p. 248), a respeito do método hipotético-dedutivo, sustenta que ele está associado à filosofia da ciência que enfatiza a falsificação (v. *infra*) e explica que: "Na sua forma mais simples, propõe-se uma hipótese e deduzem-se dela certas consequências, que depois são testadas pelo confronto com a experiência. Se a hipótese for falsificada, aprendemos com a tentativa e ficamos em condições de produzir uma hipótese. Se a hipótese não for falsificada, podemos tentar outros testes"[206]. Com esse entendimento, podemos passar à compreensão do método científico.

5.2.6. *O método da investigação científica*

O conceito de método científico depende essencialmente da concepção que temos da ciência[207], bem como do modelo propugnado

---

[206] "Em suma", segundo L. Hegenberg, "hipotético-dedutivo é o método que consiste em (i) criar uma hipótese; (ii) colocá-la ao lado das 'condições iniciais' e as 'condições de contorno"; (iii) deduzir predições; (iv) verificar, uma após outra, se as predições se realizam ou não" (2005, p. 185).

[207] Dessa forma, relevante considerar as concepções propostas por N. Abbagnano, 2003, p. 136 e ss (ciência como demonstração, como descrição e como corrigibilidade).

(se lógico ou pragmático)[208], mas, essencialmente, segundo Marcos Botelho (*in* Hegenberg, 2005, p. 188), ele "diz respeito a uma certa maneira, ..., de gerar proposições de valor universal a respeito de determinados objetos de conhecimento"[209]. O importante, sobretudo, é admitir que na ciência atual, "o ideal clássico de objetividade científica como distanciamento do objeto de estudo, sem considerações de valor e livre de contextos humanos, está colocado em xeque. O cientista pós-moderno passou a reconhecer sua subjetividade ativa tanto em suas metodologias como também sobre seus objetos" (ibid. p. 196)

i) A lógica da pesquisa científica (K. Popper)

Karl Popper, em *A lógica da pesquisa científica,* defende que a questão do método científico está estreitamente ligada ao critério de demarcação da ciência (a falseabilidade, conforme ele propõe). Ao considerar o *problema da teoria do método científico*, Popper sustenta as regras metodológicas como convenções, como regras do jogo da ciência (empírica)[210]. Segundo ele, "não se deve esperar verdades profundas da parte da metodologia. Não obstante, em muitos casos, ela pode auxiliar-nos a ver mais claramente a situação lógica e mesmo a resolver alguns problemas de longo alcance..." (1993, p. 57).

---

[208] L. H. Dutra (2008, p. 259 e ss) chama a atenção para o fato de que, em geral, as teorias do métodos são esquemas lógicos de justificação, diferentemente de uma proposta pragmática centrada no estudo das ações de investigação.

[209] Cf. *esquema representativo do método científico*, proposto pelo autor, em que ele enfatiza quatro ações fundamentais (observação, conceitualização, elaboração e verificação), em torno das quais ele estabelece o relacionamento entre o mundo dos fenômenos e o mundo das idéias (p. 189)

[210] K. Popper centra sua atenção nas ciências empíricas, cuja estrutura pode se compreendida, no âmbito da investigação criminal, no que diz respeito ao fato do crime. Segundo ele, "assim como o xadrez pode ser definido em função de regras que lhe são próprias, a Ciência pode ser definida por meio de regras metodológicas" (1993, p. 56), mas, adverte-nos, "elas diferem das regras da Lógica pura, como destas diferem as regras do xadrez, que poucos encarariam como parte da lógica *pura*" (ibid. p. 55).

Com essa ideia, ele nos fornece *um exemplo simples* de regra metodológica, nos seguintes termos: "Uma vez proposta e submetida a prova à hipótese e tendo ela comprovado suas qualidades, não se pode permitir seu afastamento sem uma 'boa razão'. Uma 'boa razão' será, por exemplo, sua substituição por outra hipótese, que resista melhor às provas, ou o falseamento de uma consequência da primeira hipótese" (1993, p. 56).

Popper parte do *problema da indução*, para rejeitar o método indutivo, considerando que "está longe de ser óbvio, de um ponto de vista lógico, haver justificativa no inferir enunciados universais de enunciados singulares, independentemente de quão numerosos sejam estes; com efeito, qualquer colhida desse modo sempre pode revelar-se falsa: independentemente de quantos casos de cisnes brancos possamos observar, isso não justifica a conclusão de que *todos* os cisnes são brancos" (1993, p. 27)[211]. Em oposição, ele nos oferece o que chama de *método dedutivo de prova* (ibid. p. 30), com base no qual "a partir de uma ideia nova, formulada conjecturalmente e ainda não justificada de algum modo – antecipação, hipótese, sistema teórico ou algo análogo – podem-se tirar conclusões por meio de dedução lógica. Essas conclusões são em seguida comparadas entre si e com outros enunciados pertinentes, de modo a descobrir-se que relações lógicas (equivalência, dedutibilidade, compatibilidade ou incompatibilidade) existem no caso" (ibid. p. 33)[212].

Com base nesse método, K. Popper explica que se as conclusões probatórias se mostrarem aceitáveis ou *comprovadas*, a teoria estará provisoriamente *corroborada*; se não, terão sido *falseadas* (ibid.

---

[211] Esse princípio fundamental de rejeição da indução atinge também várias das conclusões de uma investigação, naquilo que geralmente ela pressupõe com base em regras de experiência do investigador, para sustentar outras hipóteses.

[212] Observe-se como essa construção se encontra no processo penal, na relação entre as teses de acusação e defesa, e sua relevância para antecipar na investigação criminal o *valor* de suas conclusões, postas em situação de prova. Cf. Popper, 1993, p. 33, em que o autor apresenta quatro diferentes linhas pelas quais se pode submeter à prova um teoria – comparação lógica das conclusões umas às outras; investigação da forma lógica da teoria; comparação com outras teorias; comprovação da teoria por aplicações empíricas da conclusões dela deduzidas.

p. 34). Daí surge sua proposta para o problema da demarcação, que nos permita distinguir entre ciências empíricas de um lado, lógica e matemática de outro, além das "metafísicas" (cf. p. 34 e ss). Trata-se da falseabilidade.

Segundo o filósofo explica, "a falseabilidade separa duas classes de enunciados perfeitamente significativos: os falseáveis e os não falseáveis; traça uma linha divisória no seio da linguagem adotada de significado e não em volta dela" (ibid. p. 42, em nota do autor). Com essa ideia, conclui Popper com a proposta de que "aquilo que caracteriza o método empírico [científico] é sua maneira de expor à falsificação, de todos os modos concebíveis, o sistema a ser submetido a prova" (ibid. p. 4).

Karl Popper, assim, só reconhece um sistema como científico (no sentido de empírico)[213], "se ele for passível de comprovação pela experiência. Essas considerações sugerem que deve ser tomado como critério de demarcação não a *verificabilidade*, mas a *falseabilidade* de um *sistema*" (1993, p. 42). Com isso, Popper defende que um sistema científico não precisa ser válido de uma vez por todas, em sentido positivo, sim que seja possível validar-se pelo recurso à prova empírica, em sentido negativo: *"deve ser possível refutar, pela experiência, um sistema científico empírico"*.

ii) Um método de investigação (G. F. Kneller)

George F. Kneller, em *A Ciência como atividade humana*, diz entender por *método científico* "a estrutura racional daquelas investigações científicas em que são formadas e testadas hipóteses", estrutura que, segundo ele, "assemelha-se muito à da solução ponderada de problemas na vida cotidiana. Hipótese, inferência, teste e *feedback* constituem o núcleo da estrutura." (1980, p. 120).

---

[213] Aqui, nota-se que o filósofo tende a limitar o âmbito da ciência aos fatos de base empírica. Com isso, não estamos aceitando excluir a existência de outras ciências, mas apenas limitando suas considerações ao âmbito da ciência empírica. Para o processo penal, bem como para a investigação criminal, tais considerações se estendem ao âmbito de compreensão do fato do crime.

Ainda, segundo o autor, "este método é combinado com operações gerais como a observação e mensuração, e com várias técnicas que diferem de especialidade para especialidade. A observação científica, frequentemente controlada por uma hipótese e ajudada por instrumentos, é mais sistemática e precisa do que a sua contraparte cotidiana." (ibid. p. 120). Nesse esquema metodológico, "o passo decisivo no ciclo da pesquisa é a invenção de uma hipótese", de tal forma que "o método científico não é só intrinsecamente racional, é também um refinamento do raciocínio cotidiano" (ibid. p. 121).

G. F. Kneller enfatiza que o método de investigação científica é, em geral, usado em conjunto com *técnicas* especiais, adquiridas na prática, que podem ser conceituais ou empíricas, sendo isso o que distingue as várias ciências (ibid. p. 101). Com base nessas técnicas, a ciência observa *fatos* e os registra como *dados*: "Os *fatos* são coisas que acontecem ou subsistem; são eventos ou estados. Os *dados* são representações simbólicas de eventos e estados – em geral, enunciados que os registram" (ibid. p. 102). Assim, tais dados estão impregnados de concepções teóricas, inevitavelmente. A *observação* e a *mensuração* consistem em operações gerais, referidas no método, necessárias ao estabelecimento do dado a partir dos fatos[214].

Entretanto, "o ciclo de pesquisa não começa com observação ou mensuração, mas com a busca ou localização de um problema", seja ele empírico ou conceitual. Formulado o problema, deve-se passar à hipótese – "uma hipótese é uma *conjetura* [conjectura] sobre a natureza de algo" (ibid. p. 108). A passagem do problema à hipótese admite certas estratégias, a exemplo de propor várias e eliminar uma a uma (cf. p. 109 e ss), mas o importante é o raciocínio que sustenta a formação da hipótese, que pode se distinguir em momento psicológico (de descoberta, o *insight*) e em momento lógico (de justificação)[215].

---

[214] Em síntese, segundo Kneller, "a observação científica é sistemática, pormenorizada e variada. (...) Os dados obtidos por observação devem ser objetivos, idôneos e precisos" (ibid. p. 105). Mensuração, por sua vez, "é atribuição de números a propriedades, de acordo com uma regra" (p. 106).

[215] Nesse passo, o autor apresenta a *retrodução*, a *indução*, o *raciocínio por analogia* e o *hipotético-dedutivo*. Para uma visão completa dessas formas de raciocínio (alguns já referidos ao longo do trabalho), cf. Kneller, p. 114 e ss.

Tendo em conta esse modelo de investigação, G. F. Kneller explica que em geral o cientista não se apercebe do método que usa e o raciocínio usado não difere do pensamento comum e cotidiano em espécie, mas apenas em refinamento e precisão. Daí porque, segundo ele, "a tarefa de um detetive pode ser tão difícil quanto a de um cientista. Depois de trabalhar com uma série de hipóteses, o detetive pode descobrir o culpado. Isso poderá levar alguns dias, meses ou anos. Ou poderá redundar em fracasso." (ibid. p. 99). Mas admite o autor que também várias pesquisas científicas podem levar a lugar nenhum. O que há de diferente é que detetives e cientistas têm objetivos diferentes, assim como "as técnicas de suas investigações também diferem, em virtude da espécie de prova que cada um procura obter". No entanto, conclui o autor que, apesar das diferenças, "em ambos os exemplos encontramos a mesma sequência de atividades observadas na pesquisa científica: problema, hipótese, inferência, teste, *feedback*, mudança de hipótese; e a sequência repetida. Assim, o método científico não é único." (ibid. p. 100).

iii) Pragmática da investigação científica (L. H. Dutra)

Luiz Henrique de A. Dutra, em *Pragmática da Investigação Científica*, adverte-nos de que, "tradicionalmente, as teorias do método científico – entre as quais as mais conhecidas no século XX são aos dos positivistas lógicos e de Popper – possuem um caráter eminentemente lógico e quase formal" (2008, p. 259), mas, segundo ele, "a tradição produziu, contudo, outras formas de abordar esse tema e outros *modelos* da atividade científica, ou mais especificamente, da atividade de levantar hipóteses, avaliá-las de diversas maneiras, inclusive testando-as empiricamente, e de aplicá-las para múltiplos usos, inclusive para dar explicações e fazer predições" (ibid. p. 261). Trata-se, em síntese, do que o autor chama de *pragmática da investigação científica*, em contraponto da *lógica da pesquisa científica*, conforme exposição de K. Popper, em que o contexto de justificação é posto em evidência.

Com essa concepção, L. H. Dutra, em *Verdade e Investigação*, propõe-se a "uma análise da pragmática da investigação", dando ênfase à ideia de *averiguação*, como "*aquilo que de maneira mais geral caracteriza a investigação*" (2001, p. 119). Nessa outra obra, o autor enfatiza que "o ponto fundamental é mostrarmos que um relato ou análise geral da pragmática da investigação não é uma teoria do conhecimento ou, mais especificamente, uma teoria da investigação, no sentido tradicional que tais expressões adquirem, mas *uma análise do processo de averiguação"* (ibid. p. 119), mas sem desconsiderar os procedimentos de validação – próprios de uma teoria do método como justificação (nesse sentido, cf. p. 130).

No entanto, o autor admite que o objetivo da pragmática da investigação é voltar-se "inteiramente para o contexto de descoberta, sem o objetivo previamente estabelecido de chegar a uma teoria da justificação, isto é, de tematizar sistematicamente entre teoria e evidência, ou entre o conhecimento ou as crenças que possuímos e a base que podemos apontar para isso." (2001, p. 132-133). Daí sua ideia de "investigação como ação", com base na qual ele pretende fazer um relato da pragmática da investigação, enfatizando "como o investigador se comporta ao utilizar certa linguagem, certos métodos e procedimentos (mais ou menos rigorosos ou regrados), certas estratégias empíricas, certa instrumentalização e aparelhagem construídas para investigar etc." (ibid. p. 134).

É com base nessa concepção que L. H. Dutra (2001) apresenta "etapas da investigação", quais sejam: "1. a colocação de um **problema;** 2. a elaboração de uma **hipótese**, visando solucionar o problema; 3. a constituição de uma **base de dados**, com a qual a hipótese vai ser comparada; 4. a constatação do **acordo** entre a hipótese e a base de dados, a **averiguação** propriamente dita." (p. 141). Essas etapas da investigação são desenvolvidas e explicadas pelo autor, a partir de dois exemplos típicos de investigação, a científica e a policial, através dos quais ele demonstra os pontos em comuns. Exponhamos sucintamente tais etapas, segundo a proposta do autor.

a) *A colocação do problema.* Na investigação, o problema é levantado em determinado contexto (ou "pano de fundo"), no qual "múltiplos elementos conceituais tomam parte". Em geral, o problema nasce de uma "expectativa violada", que, na investigação dos crimes, consiste em uma infração da lei que rege o comportamento das pessoas e que se espera seja respeitada. Segundo o autor, "é o contraste com uma expectativa ou predição antes feita [no caso de uma investigação científica] que dá lugar a um problema que gera a investigação. O problema é formulado mediante a constatação de um fenômeno saliente e, em muitos casos, não apenas saliente, mas inesperado" (p. 141-143)

b) *A elaboração de uma hipótese.* Assim como o problema, a elaboração de uma hipótese somente é possível, segundo o autor, em um determinado contexto. No caso de uma investigação de crimes, exemplifica o autor, há certas questões que não requerem explicação, outras que são implícitas, como no caso de um assassinato em que se supõe ter sido cometido por uma pessoa (ficando de fora certas conjecturas mirabolantes, como seria o caso de suscitar um crime cometido por extraterrestres, espíritos malignos ou algo parecido). Em geral, é com base em outros crimes já investigados e resolvidos, e por isso considerados relevantes, que se torna possível especificar "hipóteses plausíveis", ao que se agregam certos dados inicialmente disponíveis que permitem uma hipótese inicial (p. 143-144)

c) *A base de dados.* A partir desses elementos (dados iniciais e experiências anteriores), a investigação segue na busca de outros dados com base nas hipóteses levantadas. A hipótese requer seja sustentada por uma base de dados, que permita concluir positivamente pela sua aceitação. Em uma investigação científica, essa base de dados é em geral constituída por experimentos adequados que podem levar à confirmação da hipótese; em uma investigação de crime, outros dados que estejam em conformidade com os dados iniciais, obtidos por meios de provas comumente aceitos na investigação, levarão à confirmação da hipótese. Em todo caso, uma investigação requer que se estabeleça sua base de dados (p. 145)

d) *A constatação de acordo.* Por fim, há a verificação, ou como prefere o autor a *averiguação*, que consiste em *"constatar o acordo entre a hipótese levantada e a base de dados estabelecida"*. Isso se dá, segundo o autor, no sentido corrente da expressão, quando na investigação, o investigador, averiguou que determinado crime foi cometido por alguém. Em síntese, o acordo se dá entre uma hipótese e uma base de dados. Nesse ponto, há um raciocínio lógico que, partindo de certas premissas, leva à conclusão, que é um certo conhecimento produzido acerca de alguma coisa (p. 145-148)[216].

5.3. O método no processo penal

O processo penal é estruturado com base em certas concepções metodológicas contidas nas normas que o disciplinam. Ainda que isso não nos seja evidente, teoricamente podemos sustentar essa afirmação, e a prática do processo, por sua vez, reproduz tais regras ou, em certas situações, até multiplica outras tantas concepções não abrangidas pela norma. O mesmo se observa na investigação criminal, como veremos. Não pretendemos, contudo, tratar de todos os aspectos metodológicos do processo, mas apenas evidenciar os mais salientes, naquilo que representa sua estrutura fundamental em conformidade com certas teorias já tratadas e o que veremos adiante.

5.3.1. *Inquisitivo vs. Acusatório – a dicotomia histórica*

De início, urge compreender que *acusatório* e *inquisitivo*, sob uma perspectiva teórica[217], devem ser entendidos como *métodos de*

---

[216] Na investigação criminal, as premissas iniciais são sustentadas, em geral, com base em certas regras de experiência, segundo o que normalmente se observa na prática da investigação, servindo de hipótese. Por exemplo, no caso de um crime previdenciário, em que se exige liberação do benefício previdenciário por um funcionário público, é possível partir da premissa de que houve participação, dolosa ou culposa, de um funcionário e que o beneficiário da vantagem indevida estava em conluio com ele. Isso é o que normalmente se observa em várias investigações, servindo de hipótese a ser confirmada pela base de dados, mas não é absolutamente a única possibilidade de cometimento do crime. Em não se confirmando, outra hipótese deve ser levantada, mas sempre com fundamento na base de dados inicial e nos dados posteriormente obtidos, no caso incluindo os que falsearam a hipótese inicial.

[217] Luigi Ferrajoli adverte-nos, contudo, que "as diferenças identificáveis no plano teórico não coincidem necessariamente com aquelas verificáveis no plano histórico, não

investigação dirigidos por epistemologias próprias, que se relacionam tanto com a organização judiciária quanto com o modelo de Estado em que se praticam. Nesse sentido, segundo C. J. A. Mittermaier, "quem estuda a história destas duas formas, terá a demonstração de quanto sobre os seus desenvolvimentos pode influir a organização da sociedade política, e verá que onde reina a democracia domina o processo por acusação. Com este regime, vê o povo em qualquer acusação contra um cidadão um ataque perigoso à liberdade civil e individual, e mostra-se receoso do poder, a quem pode esta acusação fornecer armas; então esforça-se por aumentar, tanto quanto lhe é dado, as garantias existentes contra todos os abusos possíveis; não vê no processo criminal senão a questão política, e despreza muitas vezes a questão puramente jurídica. A forma de inquirição pertence, ao contrário, principalmente ao sistema monárquico; adquire todo o seu desenvolvimento nos Estados em que o movimento das ideias políticas é refreado por um poder ativo, central, e que leva ao infinito o impulso a agentes subordinados que em todos os sentidos distribui. Este poder supremo ordena a investigação dos crimes no interesse da segurança e da ordem pública; por instruções, que são leis, guia os passos do juiz; e, conquanto submeta os fatos a um exame, talvez demorado, porém profundo, conquanto obrigue o magistrado a seguir os meios legais; todavia a seus olhos, o processo criminal não passa de um simples negócio administrativo." (1997, p. 34).

---

sendo sempre logicamente conexas entre si. Por exemplo, se fazem parte tanto do modelo teórico como da tradição histórica do processo acusatório a separação rígida entre o juiz e acusação, a paridade entre acusação e defesa, a publicidade e a oralidade do julgamento, o mesmo não se pode dizer de outros elementos que, pertencendo historicamente também à tradição do processo acusatório, não são logicamente essenciais ao seu modelo teórico: como a discricionariedade da ação penal, a elegibilidade do juiz, a sujeição dos órgãos de acusação do Poder Executivo, a exclusão da motivação dos julgamentos do jurado dentre outros. Por outro lado, se são tipicamente próprios do sistema inquisitório a iniciativa do juiz em campo probatório, a disparidade de poderes entre acusação e defesa e o caráter escrito e secreto da instrução, não o são institutos que nasceram exclusivamente no seio da tradição inquisitória, como a obrigatoriedade e a irrevogabilidade da ação penal, o caráter público dos órgãos de acusação, a pluralidade dos graus de jurisdição e a obrigação do juiz motivar as suas decisões." (2002, 451-452).

A partir dessa perspectiva, o que pode distinguir bem acusatório e inquisitivo é que, enquanto neste se encontram defendidos ao extremo os interesses da coletividade, naquele são os interesses do indivíduo que se sobrepõem, mas, obviamente, devemos entender que "nem o processo inquisitório ignora o problema da tutela do inocente, nem tampouco o acusatório descuida do escopo da repressão dos culpados." (Ferrajoli, 2002, p. 483). O problema é que, "enquanto o método inquisitório exprime uma confiança tendencialmente ilimitada na bondade do poder e na sua capacidade de alcançar o verdadeiro [o que é uma ingenuidade], o método acusatório se caracteriza por uma confiança do mesmo modo ilimitada no poder como autônoma fonte de verdade [o que é uma prepotência]" (Id. ibd.)[218].

De um ponto de vista político, assim, devemos compreender que no conhecimento sustentado pelo inquisitivo, prepondera o *princípio da autoridade* e o sujeito tende a ser reduzido a mero objeto de investigação, enquanto no sustentado pelo acusatório, pretende-se assegurar o *princípio da liberdade* e encarar o investigado como sujeito de direitos. Em síntese, "o predomínio de uma ou outra forma em um Estado depende, sobretudo, da Constituição política deste" (Mittermaier, 1997, p. 39)[219].

i) Contraditório e inquisitório como método

Cientes desse caráter histórico, mas enfatizando o ponto de vista teórico e metodológico, devemos compreender que o acusatório

---

[218] Por isso, já C. J. A. Mittermaier advertia que, "quando se comparam as vantagens e os inconvenientes da acusação e da inquirição, é um erro considerar esta essencialmente nociva à liberdade e à inocência; as censuras que fundadamente merecem os abusos, as aplicações bastardas de seu princípio, não podem ser dirigidas a este mesmo princípio, quando for aplicado com lealdade e inteligência" (1997, p. 35).

[219] À parte da dicotomia entre acusatório e inquisitivo, fala-se ainda no sistema misto, que enlaça os dois métodos. Segundo C. J. A. Mittermaier, "uma legislação criminal, sabiamente constituída, comporta perfeitamente a reunião de fórmulas de acusação e inquirição; e, uma vez que as partes se harmonizem, parece evidente que tal legislação não pode deixar de conseguir seu fim" (1997, p. 49).

pretende indagar a verdade por via da *síntese*[220], enquanto o inquisitivo segue a via da *análise*[221], em que "a dúvida e a observação filosófica se estendem a todos os pontos de detalhe que podem prestar para algum descobrimento" (Mittermaier, 1997, p. 37). O caráter analítico do inquisitivo está intimamente relacionado à investigação da verdade por esforço exclusivo e individual do investigador, ao passo que o caráter de síntese do acusatório, à noção de descobrimento da verdade por dialética do contraditório.

É nesse sentido que Nicolás Guzmán sustenta ser o contraditório não apenas um direito do imputado e um dever do Estado de garanti-lo, mas *um método conveniente para o conhecimento da verdade* (2006, p. 149 e ss)[222]. Assim, podemos admitir que, se no acusatório há um *princípio contraditório* que sustenta a investigação como método *dialógico* de conhecimento do objeto pela multiplicidade de sujeitos, em exercício de igualdade, no inquisitivo, por sua vez, há um *princípio inquisitório* que sustenta a investigação como método *monológico* de conhecimento com apropriação do objeto por um único sujeito que investiga.

---

[220] "Este termo, além do significao comum de unificação, organização ou composição, tem os seguintes significados específicos: 1.º *método* cognitivo oposto à análise; 2.º atividade intelectual; 3.º *unidade* dialética dos opostos; 4.º *unificação* dos resultados das ciências na filosofia. (...) No primeiro significado, como um dos métodos fundamentais do conhecimento (em oposição à análise), a síntese pode ser considerada como o método que vai do simples ao composto, dos elementos às suas combinações, nos objetos cuja natureza se pretende explicar. (...) A noção de síntese como unidade dos contrários nasceu com o conceito correlato de *dialética*..." (Abbagnano, 2003, p. 905 e ss).

[221] "Em geral, a descrição ou a interpretação de uma situação ou de um objeto qualquer nos termos dos elementos mais simples pertencentes à situação ou ao objeto em questão" (Abbagnano, 2003, p. 51).

[222] Segndo N. Guzmán, "se ha insistido demasiado en el contradictorio como derecho de defensa, como garantia individual, pero no se ha puesto de relive – con igual medida – su dimension como *medio* para el descubrimiento de la veradd, para la correcta reconstrucción de los hechos. (...) El conocimiento científico (y su progreso) se basa justamente en la *crítica* de las conjeturas ensayadas, de manera tal que éstas puedan ser controladas, refutadas y cambiadas. La adopción de un modelo contrario, en el cual parta de una conjetura tomada por válida y donde, por ende, sólo se tienda a la recolección de elementos que la confirmen, comporta la adopción de una postura pseudocientífica que tiene por fin sólo la conservación de un dogma" (p. 155)

Sustenta-se, assim, que pelo contraditório, diversamente do inquisitório, assegura-se maior *objetividade* no conhecimento da verdade, porque o método se constitui com base na *imparcialidade* do juiz no processo penal, na medida em que as funções de acusação, defesa e julgamento estão divididas entre sujeitos diversos (cf. Guzmán, p. 165 e ss). Sob essa perspectiva, no inquisitivo, porque o responsável pela busca da verdade é o mesmo a quem cabe decidir em definitivo, essa imparcialidade tende a ser afetada pela subjetividade do envolvido.

ii) Intersubjetividade e método

A questão objetividade/subjetividade, contudo, requer certas ponderações, pois não é certo, em absoluto, que o contraditório permita um conhecimento da verdade com base na objetividade, em oposição à subjetividade do inquisitório. O que há, em um e em outro, é subjetividades distintas. Assim, podemos falar em *intersubjetividade* e *intrassubjetividade*, para distinguir os métodos contraditório e inquisitório, respectivamente.

Por intersubjetividade devemos entender a propriedade "sobre a qual a opinião de diferentes sujeitos coincide ou pode coincidir. Se isso acontecer unicamente porque os sujeitos têm uma natureza em comum, pode-se supor que essa propriedade não é totalmente objetiva." (Blackburn, 1997, p. 208). Nesse sentido, dizemos que o conhecimento obtido pelo método contraditório tende a ser intersubjetivo, porque se abre para composição múltipla de sujeitos diversos, mas não é essa multiplicidade que lhe confere a legitimidade necessária, sim o caráter participativo do sujeito a respeito de quem se discute a verdade. No método inquisitório, diversamente, há uma intrassubjetividade, em virtude de o conhecimento não se abrir para o sujeito a respeito de quem se discute a verdade. Ainda que, no âmbito do inquisitório, exista uma multiplicidade de sujeitos, esses são internos ao seu próprio procedimento.

Enrique P. Haba, a respeito da intersubjetividade, adverte que "os critérios da verdade dominantes na ciência contemporânea apontam para a possibilidade de um controle *intersubjetivo*. Inter-subjetividade (entre-sujeitos-distintos) do conhecimento, quer dizer que a verificação, o controle enquanto legitimidade de uma afirmação, dependerá de critérios que sejam firmes, no sentido que as pessoas – pelo menos as de ciência da respectiva disciplina – estarão habitualmente de acordo sobre a aplicação de ditos critérios, ou seja, acerca do valor (grau de probabilidade) dos resultados obtidos em função de tais critérios. Em síntese, para saber se é assim, esses resultados deverão poder ser comunicados sem que haja, habitualmente, maior risco de mal-entendidos" (1990, p. 178, tradução nossa)[223].

Esse processo de formação da verdade, por ter um impacto direto no método, ainda que não alcance a objetividade tão propugnada por um ideal de ciência pura, como se admite, tem o condão de influir na legitimidade das decisões tomadas com base no conhecimento obtido, não tanto pela qualidade da verdade alcançada (subjetiva/objetiva), mas pela especial relevância política que se encontra no caráter participativo do sujeito interessado.

4.3.2. *Aspectos metodológicos do processo*

No processo penal, os contextos metodológicos (de descoberta, construção probatória e justificação) estão envolvidos por normas variadas e difusas que condicionam a verdade à validade relativa ao cumprimento de certas regras do procedimento judicial, bem como ao sistema probatório legal e o sistema de valoração das provas, que são alguns dos aspectos mais relevantes. Essas regras metodológicas giram em torno de uma estrutura básica, expressa por certas garantias

---

[223] Enrique P. Haba (1990, p. 178), ainda, nos explica que a intersubjetividade de uma ciência consiste em: "(i) el hecho de disponer de un lenguaje riguroso, o sea, susceptible de ser generalmetne entendido de manera inequívoca, al menos en la comunicación entre los especialistas de la disciplina respectiva; (ii) el hecho de que los procedimientos y resultados de esa disciplina puedan ser expressados en forma adecuada, netamente comprensible mediante dicho lenguaje; (iii) el hecho de que rija acuerdo (entre los especialistas) sobre el manejo de dichos lenguajes (i) y procedimientos (ii), y también sobre la legitimidad de los resultados (ii) que así se alcancen; (iv) y todo ello con base en un cuerpo específico de conocimientos que caracerizan a esos especialistas como tales, el cual constituye el sistema teorético propio de la disciplina cientifíca en cuestión"

relevantes à obtenção da verdade: *necessidade de prova*; *possibilidade da refutação* e *convicção justificada*. Segundo L. Ferrajoli, essas "três condições ou garantais, (...), têm todas caráter epistemológico e não especificamente jurídico. Não predeterminam normativamente a valoração das provas, mas simplesmente refletem, na investigação judicial a lógica da indução científica." (2002, p. 122). Sob essa perspectiva, evidenciaremos o caráter metodológico de certas normas, com ênfase nos seguintes pontos: o método legal de comprovação processual (i); a prova como método e sua estrutura lógica (ii); e convicção justifica e raciocínio *in dubio pro reo*.

i) O método legal de comprovação processual

Luigi Ferrajoli, ao falar do que ele considera "método legal de comprovação processual" (2002, p. 49), explica que, diferentemente do que ocorre em outras atividades cognitivas (na ciência em geral), no processo judicial há uma limitação do método por regras e procedimentos que disciplinam a comprovação da verdade, com um caráter *autoritativo* e convencional. Segundo ele, "essas regras são muito menos rígidas e numerosas no processo penal moderno do que no processo medieval, em que havia espaço para as chamadas 'provas legais'[224]... Mas ainda hoje, no atual processo informado pelo princípio da 'livre apreciação do juiz', continuamos disciplinando pelo menos o *método* de investigação e de formação da verdade processual. (ibid. p. 49)[225].

Certas normas, contudo, devemos compreender e admitir, se destinam a garantir o processo contra abusos e a assegurar o contraditório

[224] Para uma melhor compreensão do *sistema de provas legais*, cf. Ferrajoli, 2002, p. 108 e ss, em que o autor explica a estrutura lógica do raciocínio contido em seu método de justificação.

[225] A respeito disso, o autor cita alguns exemplos, como os relativos aos testemunhos admissíveis, o ônus da prova atribuída à acusação, o princípio *in dubio pro reo*, entre outros. No sistema processual brasileiro, lembramos, ainda, das provas periciais obrigatórias, o número de testemunhas, a prova a respeito do estado das pessoas etc.

às partes, e algumas se dirigem a permitir a conclusão do processo, mesmo em caso de dúvida quanto ao mérito da causa, mas há "numerosas normas e mecanismos processuais que entorpecem inutilmente a busca da verdade", muito comuns no sistema inquisitivo, mas ainda presentes nos sistema acusatório (cf. Ferrajoli, 2002, p. 50).

Nesse sentido, embora a lei não discipline o método de investigação por completo, em um sentido positivo, podemos admitir que ela limita o método de investigação, negativamente, naquele âmbito de questões que estabelece a forma de conhecimento da verdade e obtenção de provas[226]. Em geral, de um ponto de vista material, esse âmbito coincide com o âmbito de proteção dos direitos fundamentais, assegurados por normas absolutas de proibição (a exemplo da proibição de tortura), embora, de um ponto de vista formal, existam variadas normas que apenas restringem ou condicionam o afastamento do direito fundamental (a exemplo da possibilidade de interceptação telefônica por autorização judicial).

ii) A prova como método e sua estrutura lógica

Sob uma perspectiva metodológica, podemos, ainda, entender a prova como método, em virtude de sua função cognoscitiva. Nesse sentido, Nicolás Guzmán sustenta que "o processo se nutre da prova e através dela se adquire o conhecimento. A prova é o único instrumento que pode ser utilizado pelo juiz para afirmar que um determinado evento passado ocorreu em um determinado lugar, em um certo momento e de determinada maneira" (2006, p. 93 e ss, tradução nossa).

Assim, no processo, a prova como método opera no *contexto de justificação*, não como *demonstração* do fato propriamente dito, mas como *confirmação* de uma hipótese fática. Ela é, sob esse aspecto, o veículo necessário à compreensão fática do crime, com *função confirmatória*, segundo expressão sugerida por N. Guzmán (2006, p. 100) em substituição à noção de *demonstração*. Segundo o autor,

---

[226] Nesse sentido é que podemos falar em *método legal negativo*, por não estar dito na lei qual método seguir, embora esteja dito qual método não seguir, em certos casos.

dessa forma, "a prova opera, ademais, como *elemento de justificação*, quando serve para justificar racionalmente o juízo de fato, é dizer, a concatenação e a combinação das inferências em função das quais a asserção do fato é assumida como verdadeira" (id., ibid.).

Luigi Ferrajoli ressalta que, no processo penal, a verificação fática do crime, por meio das provas, segue o sistema de inferência indutiva (com as limitações que lhe são inerentes, sem conclusão acerca da verdade da hipótese, portanto), mas apenas em condições de confirmar ou invalidar a hipótese (2002, p. 116). Dessa forma, devemos entender que "ainda que de uma hipótese acusatória não possam resultar provas suficientes, devem, contudo, resultar provas necessárias; ou que nenhuma prova é suficiente e todas as provas e contraprovas praticáveis são necessárias". Com isso, sustenta L. Ferrajoli que, no processo penal em que prova e contraprova são atribuídas a partes antagônicas, diferentemente do que ocorre na investigação científica em geral, existe uma *estrutura lógica da prova* em que há confirmação por *modus ponens* e refutação por *modus tollens* (cf. 2002, p. 116)[227].

Com isso, o esquema probatório relativo à justificação das hipóteses fáticas do crime, no processo penal, está constituído pelos seguintes elementos, assim resumidos por L. Ferrajoli (2002, p. 116):

1) "O ônus da *acusação* de produzir dados ou fatos probatórios que tenham o valor de confirmações necessariamente consequentes acerca da hipótese acusatória e de generalizações ou 'máximas da experiência' que os liguem a ela";
2) "O direito da *defesa* de invalidar tal hipótese, contraditando-a mediante contraprovas compatíveis apenas com hipótese alternativas, as quais por sua vez a acusação tem o ônus de invalidar";
3) "A faculdade de o *juiz* aceitar como convincente a hipótese acusatória (não se, mas) apenas se concordante com todas as provas e resistentes a todas as contraprovas coletadas."

---

[227] Para compreender melhor essa ideia, cf. Ferrajoli, 2002, p. 117 e ss, em que o autor expõe sob a forma lógica os raciocínios referidos.

Dessa forma, observa-se que a investigação fática no processo não parte das provas para chegar à inferência indutiva, mas de hipóteses fáticas, sustentadas como verdadeiras e que podem ser confirmadas pelas provas. Em outras palavras, segundo L. Ferrajoli, "a busca das provas está sempre dirigida em função de alguma confirmação disponível ou esperada. Ao enfrentar um problema, não se registram indistintamente todos os dados e os fatos do mundo, mas só aqueles *relevantes* acerca de uma ou de várias hipóteses de solução, e não se parte de todas as hipótese imagináveis, mas apenas daquelas plausíveis, ainda que só o sejam de modo diferente" (ibid. p. 117)[228].

Esse esquema lógico do processo penal decorre especialmente do fato de que seu objeto é um acontecimento do passado, impossível de ser experimentado por reprodução artificial no presente, tendo assim a prova um *caráter indireto de cognição* para a explicação causal[229]. Assim "por causa do caráter indireto de quase todas provas que, como já visto, são quase sempre 'provas de indícios', as afirmações que enunciam dados probatórios mais diretamente relevantes jamais são verificadas diretamente, mas só mais ou menos plausíveis" (id. ibid. p. 118)[230].

---

228 Importante observar que "esta seleção das hipóteses que devam ser questionadas e das provas que se devam praticar está dirigida, além de por nossa intuição, pelo conjunto de nossos conhecimentos, tal como resultam dos chamados 'fatos notórios' e das chamadas 'máximas de experiência'. Mas estas máximas permitem inferir dedutivamente não já as hipóteses das provas coletadas, como pretendem as falsas generalizações, (...), mas – ao revés – as provas das hipóteses por *modus ponens* ou a negação das hipóteses das contraprovas por *modus tollens*" (Ferrajoli, 2002, p. 117)

229 Daí porque é relevante a aceitação de que a explicação é condicional, como ocorre na historiografia, porque condicionada pelas hipóteses fáticas como plausíveis e pela base de dados de acordo com elas.

230 "Em conseqüência, seu caráter de confirmações (ou de refutações) é relativo ao grau de confiabilidade subjetiva dos meios de prova, por cuja prática são por sua vez induzidas. Além disso, enquanto as generalizações, incluída no esquema nomológico-dedutivo da explicação científica, são leis naturais cujo grau de probabilidade se aproxima da unidade, as utilizadas nas explicações não científicas – as 'leis de cobertura' de que falam Dray e Hempel na investigação histórica, as 'máximas de experiência', de que falam os juristas na investigação judicial e, em geral, as infinitas regras entimemáticas que dirigem a conduta cotidiana – são, ao contrário, muito mais toscas e aproximativas. Daí se segue

Por tudo isso, podemos aceitar como conclusão a afirmação de L. Ferrajoli, no sentido de que "não dispomos de um método de descoberta ou de verificação, mas apenas de um método de confirmação e de falseabilidade" (ibid. p. 116)[231].

iii) Convicção justificada e "in dubio pro reo"

Tendo em conta a estrutura lógica da prova, e as condições epistemológicas do processo (necessidade de prova; possibilidade da refutação e convicção justificada), chegamos ao contexto de justificação que, no processo penal, possui um raciocínio em que prevalece o *"in dubio pro reo"*. L. Ferrajoli (2002, p. 121 e ss), a respeito de cada condição referida, sustenta o seguinte:

1) "A hipótese acusatória deve ser, antes de tudo, confirmada por uma pluralidade de provas ou dados probatórios. A tal fim, deve ser formulada de tal modo que implique a verdade de vários dados probatórios e a explicação de todos os dados disponíveis. Com efeito, uma hipótese verdadeira é sempre fecunda, isto é, idônea para explicar muito mais fatos do que aqueles para os quais fora formulada e, portanto, para produzir *modus ponnes...*"
2) "Ainda mais importante do que a necessidade da prova é a garantia do contraditório, isto é, a possibilidade da refutação ou da contraprova. Com efeito, se a verificação de uma hipótese é impossível, dado que sua verdade não pode ser demonstrada, senão apenas confirmada, é, ao contrário, possível sua refutação por *modus tollens....*"
3) "A terceira condição ou garantia da verdade fática, conectada às outras duas e não menos decisiva, se refere à imparcialidade

---

que o grau de probabilidade das induções judiciais é, ademais, relativo ao grau de probabilidade das máximas de experiência empregadas, que é, em todo caso, menor do que o das leis científicas" (2002, p. 118). Para entender o esquema nomológico-dedutivo de explicação causal, cf. Hempel, 1970, p. 68, bem como Ferrajoli, 2002, p. 114.

[231] O que é igualmente verdadeiro para as ciências em geral, tanto quanto para o processo, só que em um grau diferente de probabilidade.

da escolha realizada pelo juiz entre hipóteses explicativas em conflito. Para ser aceita como verdadeira, a hipótese acusatória não só deve ser confirmada por várias provas e não ser desmentida por qualquer contraprova, senão que também deve prevalecer sobre todas as possíveis hipóteses em conflito com ela, que devem ser refutadas por *modus tollens*..."

A partir desse esquema, a decisão acerca da hipótese fática do processo penal, que, embora fundamentada na livre convicção do juiz, exige a justificação com base nos dados probatórios, deve atender, como norma de decisão, em caso de dúvida, ao princípio *in dubio pro reo*, quando não são refutadas nem a hipótese acusatória nem as hipóteses em conflito com ela. "Esse princípio", segundo L. Ferrajoli, "equivale a uma norma de conclusão sobre a decisão da verdade processual fática, que não permite a condenação enquanto junto à hipótese acusatória permaneçam outras hipóteses não refutadas em conflito com ela. Por isso, enquanto a hipótese acusatória só prevalece se estiver confirmada, as contra-hipóteses prevalecem pelo fato de não haverem sido refutadas: não desmenti-las, com efeito, ainda que sem justificar sua aceitação como verdadeira, é suficiente para justificar a não aceitação como verdadeira da hipótese acusatória" (2002, p. 122)[232].

5.4. O método na investigação criminal

A investigação criminal, no sistema processual penal brasileiro, desenvolve-se, essencialmente, pelo método *inquisitivo* (segundo o princípio inquisitório acima referido, em oposição ao contraditório), de caráter *monológico* e por processo de *análise*. "A finalidade desse processo [de análise] é *resolver* a situação ou o objeto nos seus *elementos,* de modo que um processo analítico é considerado bem-sucedido quando tal resolução é realizada. (...) Na filosofia e, em geral, na cultura moderna e contemporânea, a tendência analítica, isto é, a tendência a reconhecer a análise como método de investigação, disseminou-se e mostrou ser muito fértil. *Essa tendência*

[232] É o que o autor chama de critério pragmático do *favor rei* (cf. 2002, ibid.)

coincide substancialmente com a tendência empirista (no sentido metodológico do empirismo...) a restringir a investigação aos 'fatos observáveis' e às relações entre tais fatos: tendência que implica, em cada caso, a exigência de indicar o método ou o procedimento mediante o qual o fato pode ser efetivamente observado. Nesse sentido, o procedimento analítico leva à eliminação de realidades ou de conceitos 'em si', isto é, absolutos ou independentes de qualquer observação ou verificação e pressupostos como realidades ou verdades 'últimas" (Abbagnano, 2003, p. 51-53, com itálico nosso). O *caráter monológico*, por sua vez, decorre do fato de decidir-se a respeito da verdade individualmente pela autoridade que investiga.

5.4.1. *O método inquisitivo*

Quanto ao inquisitivo como método, sustentamos que ele se justifica como necessário, na relação exclusiva com o objeto da investigação e na medida em que o outro possível sujeito se mantém, por escolha, alheio à investigação. É que, na investigação criminal, por essência, o sujeito investigado está oculto e pretende manter-se assim, sendo finalidade da investigação identificá-lo, individualizando-o, para colocá-lo em condições de participar do processo dialético. De início, portanto, a investigação deve focar na evidenciação do crime apenas, como objeto de investigação, não se predispondo, imediatamente, em relação ao outro sujeito, porque geralmente latente; e ainda que conhecido esse possível sujeito, ele se encontra em estado de suspeição – sob suspeita – ao aguardo da configuração do crime, o que se mostra como uma *questão prévia da investigação*. Somente a partir da configuração do crime e da identificação do outro sujeito é que podemos considerar o contraditório, não antes porque racionalmente impossível contraditar com o inexistente ou oculto. Sob essa perspectiva, o inquisitivo não pode ser excluído em absoluto da investigação criminal, ainda que limitado ao momento pré-processual, desde que estabelecido seus limites: até que momento e com que intensidade – eis o real e efetivo problema do inquisitivo[233].

---

[233] O problema está em que, ainda durante a investigação criminal, não pouco freqüentemente, há certas ações de investigação (sobretudo as fundamentadas em decisões

Assim, devemos ter em mente que o inquisitivo se justifica nos limites de sua finalidade para tratar de objeto (o crime) exclusivamente, não para tratar de sujeito (o criminoso), para o qual, tão-logo seja identificado, há que se lhe garantir um início de defesa[234].

Em virtude dessas características, a investigação criminal tende a ser menos *objetiva* se comparada ao processo penal por contraditório, mas, como evidenciado, também esse possui uma subjetividade própria – a intersubjetividade (diversa da intrassubjetividade do inquisitório). No entanto, é possível visualizar uma intersubjetividade no inquisitório da investigação, em comparação com o contraditório do processo. Primeiro porque, mesmo no processo, há situações em que o contraditório é mitigado, ou, segundo expressão jurídica mais corrente, *é diferido*, posto adiante, nos casos em que há decisões judiciais cautelares. Vê-se que, em tais casos, há uma intersubjetividade não simultânea (como ocorreria se o réu fosse chamado previamente para discutir a questão), mas sucessiva, *a posteriori*. Assim, com base nessa distinção entre *intersubjetividade simultânea* e *intersubjetividade sucessiva*, podemos observar que também a investigação criminal, orientada pelo método inquisitivo, desenvolve-se segundo uma *intersubjetividade sucessiva e mitigada*[235].

---

judiciais) que alcançam o âmbito de proteção de direitos fundamentais do investigado, haja ou não imputação direta a ele (por indiciamento formal), em geral justificadas na necessidade instrumental de tais medidas. Daí ser necessário estabelecer critérios materias (não meramente formais como o indiciamento, ou o início do processo com denúncia e seu recebimento) que possam dividir o âmbito de incidência do inquisitório e do contraditório, sempre tendo em conta que este se destina a tratar de sujeitos, aquele a tratar de objetos exclusivamente.

[234] Não estamos falando, assim, em contraditório propriamente dito, em sentido processual, mas em mera defesa, que, na investigação criminal, jamais será "ampla", pois esta apenas se justifica diante da sentença condenatória final, antes da qual se deve assegurar uma defesa completa. Essa questão é o cerne da estrutura do Capítulo 9, ao qual remetemos o leitor.

[235] Essa, aliás, é uma conclusão necessária se entendemos a intersubjetividade como a possibilidade de comunicação dos sujeitos envolvidos na investigação criminal (a exemplo do modelo de inquérito brasileiro: juiz, promotor e delegado de polícia), segundo as condições referidas por E. P. Haba (cf. nota 55). Há, assim, sempre uma intersubjetividade, mesmo quando o delegado conclui incial e individualmente sobre a verdade da investigação,

5.4.2. *Aspectos metodológicos da investigação criminal*

Assim como ocorre no processo judicial, na investigação criminal, os contextos metodológicos (de descoberta, de construção e de justificação) estão envolvidos por certas regras legais que condicionam o desenvolvimento da atividade e limitam certas ações investigativas, mas há aqui algumas particularidades que decorrem, em especial, do fato de não haver contraditório em relação à prova.

i) Os limites legais dos direitos fundamentais

Os direitos e garantias fundamentais, na investigação criminal, desempenham uma função negativa do âmbito de investigação, sobretudo no contexto de descoberta, pois *limitam* ou *condicionam* os meios de obtenção de provas. Se no processo judicial os direitos e garantais fundamentais condicionam a verdade à validade de certos procedimentos, na investigação criminal, além de condicionar essa verdade, limitam e condicionam as ações investigativas, estabelecendo um verdadeiro âmbito negativo de atuação. Daí falarmos em um *método legal negativo de investigação.*

Em outras palavras, os direitos e garantias fundamentais atuam como disposições legais de caráter negativo, na medida em que *dizem o que não se pode fazer na investigação criminal* (a exemplo da proibição de tortura como método de descobrimento da verdade), ou dizem como certas ações investigativas devem ser desenvolvidas (a exemplo do requisito de autorização judicial prévia em alguns casos, como busca e apreensão). Nesse sentido, é que podemos dizer que os direitos e garantias fundamentais atuam de forma negativa em relação ao método e técnicas de investigação, merecendo a atenção especial de uma teoria da investigação, tendo em vista as particularidades de sua dinâmica de desenvolvimento, haja vista seu caráter metodológico de limitação dos meios de descoberta da verdade.

---

pois, além de limitada ao âmbito da decisão indiciária preliminar ao processo, comunica-se racionalmente aos demais sujeitos do processo, em momento posterior, incluindo o próprio indiciado ou acusado, se for o caso.

ii) A instrumentalização probatória conforme a lei

Na investigação criminal, assim como no processo judicial, a prova tem uma *função confirmatória das conclusões* a que se chega, servindo de base para o indiciamento que conclui pela existência do crime e indícios de autoria. Daí porque a *instrumentalização adequada das provas criminais*, com base em um estudo das espécies legais admitidas, dirigido aos objetivos da investigação, tem uma função metodológica fundamental. Essa instrumentalização probatória dos dados obtidos deve, sempre e em todo caso, ter em conta o esquema da hipótese típica legal, a partir das quais a prova deve ser reconhecida como necessária e suficiente.

No entanto, considerando os direitos e garantias fundamentais, como estes condicionam os meios de obtenção da prova, mesmo sendo adequada à demonstração do fato (ou, mais precisamente, à confirmação de hipóteses fáticas), a prova não terá a validade necessária que dela se espera no âmbito de uma discussão jurídica, se não forem observados tais direitos. Nesse caso, não basta reconhecer a necessidade da instrumentalização probatória em conformidade com a hipótese típica legal (o produto final), porque, em estando a obtenção da prova em desconformidade com as regras limitativas dos direitos fundamentais, considera-se ela ilícita, é dizer, imprestável ao processo judicial. Nesse ponto, podemos entender como se relacionam teoria dos direitos fundamentais, teoria do crime e teoria da prova, em termos metodológicos, para a investigação criminal.

Há, ainda, uma limitação em relação à prova da investigação criminal, porque, sendo ela produzida sem contraditório (elemento intrínseco à constituição da prova em juízo), ela somente se tem como prova no âmbito da investigação em si, nos limites de sua finalidade e como base de justificação para suas conclusões exclusivamente. Por isso é que se reconhece nas provas da investigação criminal a natureza de "meros" elementos ou dados probatórios em relação ao processo, que exige o requisito do contraditório como elemento de formação jurídica da prova; no entanto, nos limites da investigação, tais elementos são provas em sentido estrito. A questão, apenas, é que serão verificadas (terceira etapa, segundo Carnap) pelo mesmo responsável pela descoberta e construção. Assim, a prova da investigação, em relação ao processo, representa apenas uma hipótese (ou no dizer de Popper, uma conjectura), o ponto a partir do qual será instituído o sistema de contradição (ou refutação) do processo judicial. Essa particularidade da investigação, segundo enendemos, vai ser determinante no raciocínio conclusivo acerca da prova.

iii) A lógica conclusiva na investigação – "in dubio pro societate"

A lógica que encontramos na decisão conclusiva da investigação do crime não é a mesma se encontra no processo judicial, embora possamos desse aceitar o esquema teórico acerca da verdade, como o fizemos. É que, diferentemente do processo que se desenvolve intersubjetivamente, por participação de vários autores em contraditório, na investigação criminal a verdade se estabelece de forma intrassubjetiva, sem diálogo acerca dos critérios de verdade, estabelecidos e concluídos segundo o juízo unilateral da autoridade investigante. Nesse ponto do sistema de investigação do crime há, em princípio, uma prevalência de interesse público coletivo em detrimento do interesse privado individual do investigado, mas, devemos reconhecer, nele reside também um limitador intrínseco de legitimidade da verdade que se resolve apenas pelo controle judicial dos atos de investigação *a posteriori,* quando então se comunicam os critérios da verdade aos demais atores do sistema de persecução penal.

No processo judicial, como explica Luigi Ferrajoli, temos três condições de caráter epistemológicos (não especificamente jurídicas, embora em geral previstas como princípios do sistema legal) que definem a lógica de pesquisa da investigação judicial. Em síntese, o autor considera que, no processo judicial, devemos ter como garantias de verdade (mais que jurídicas): *necessidade de prova*[236]; *possibilidade*

[236] "A hipótese acusatória deve ser, antes de tudo, confirmada por uma pluralidade de provas ou dados probatórios. A tal fim, deve ser formulada de tal modo que impliquem a verdade de vários dados probatórios e a explicação de todos os dados disponíveis. (...) A presença ou a ausência de provas não permitem, (...), a dedução da culpabilidade ou a dedução contrária da inocência, mas são apenas condições, respectivamente, necessárias e suficientes, para justificar a decisão da indução de uma ou de outra" (2002, p. 121).

de refutação[237]; e *convicção justificada*, nessa última estando presente a regra dirimente, em caso de dúvida, sempre a favor do réu (princípio *in dubio pro reo*). Segundo o autor, "é, portanto, 'lógico' antes que jurídico o valor normativo dos princípios metodológicos da necessidade de várias provas, da possibilidade de contraprova e do valor dirimente das contraprovas ou das contra-hipóteses não desmentidas." (2002, p. 123). Assim, no processo judicial, para além de garantias processuais jurídicas, há certas garantias que têm caráter epistemológico e não especificamente jurídicos, embora previstas nas leis processuais, e que constituem a lógica da investigação judicial dos crimes e devem estar na base do esquema probatório do crime e de sua valoração.

Na investigação criminal, por sua vez, essa lógica de investigação, no que concerne ao esquema probatório e sua valoração, apresenta-se de forma diferente, pois essas três condições, embora presentes, não se expressam com o mesmo rigor e força do processo judicial, vez que pode conduzir a conclusão diversa, sobretudo em virtude do *princípio dirimente* que aqui deve ser outro, segundo entendemos. Assim, na investigação criminal, as condições sugeridas por Ferrajoli se comportam da seguinte maneira:

a) *A necessidade de prova*. Essa condição está presente, sendo suficiente, contudo, *indícios* menos rígidos da autoria, embora, quanto à existência do crime, entendamos que deve haver prova suficiente, tanto quanto no processo; no entanto, a verdade acerca dos fatos é definida aqui em termos de satisfação para a autoridade investigante, sem diálogo com o sujeito investigado.

---

[237] "Ainda mais importante do que a necessidade da prova é a garantia do contraditório, isto é, a possibilidade de refutação ou da contraprova. (...) Enquanto nenhuma prova ou confirmação é suficiente para justificar a livre convicção do juiz sobre a verdade da acusação, uma só contraprova ou refutação é suficiente para justificar o convencimento contrário. (...) Evidentemente, nem sequer as contraprovas, ao serem somente prováveis, garantem a falsidade objetiva da hipótse incompatível com elas. Mas uma só delas, se é aceita como verdadeira, é suficiente para excluir a decisão do juiz sobre a verdade da hipótese e para embasar, conforme o critério da coerência, a decisão sobre sua falsidade" (2002, p. 121).

b) *A possibilidade de contraprova.* Embora possível, essa condição se apresenta de forma mitigada[238], pela possibilidade de a autoridade investigante considerar desnecessária a diligência complementar; no entanto, sendo a prova daquelas que a lei considera obrigatória (como exame de corpo de delito), há para o investigado um direito subjetivo; em todo caso, havendo indeferimento, deve a autoridade justificar apresentando seus motivos, para permitir o controle da legalidade. A razão para a menor força dessa condição é porque, diferentemente do processo judicial, a liberdade aqui na investigação criminal somente estará minimamente restringida, tendo em vista que o ato decisório da investigação não será nunca uma condenação, com restrição absoluta da liberdade, mas somente um indiciamento, com lançamento do nome do investigado no "rol de indiciados" que, embora tenha natureza depreciativa da imagem da pessoa, não tem valor processual de maus antecedentes e somente atinge a liberdade da pessoa em perspectiva. Assim, justifica-se não haver uma "ampla" defesa, mas apenas uma defesa "mitigada", proporcionalmente ao tanto que se avança contra a liberdade da pessoa.

c) *A convicção justificada.* Também essa condição deve estar presente, na medida em que somente se admite o indiciamento na investigação por convicção da autoridade investigante justificadamente motivada com base em fatos devidamente comprovados, pois apenas com isso se torna possível o controle da legalidade da decisão administrativa; entretanto, diferentemente do processo judicial, aqui não deve prevalecer o *in dubio pro reo*, sim o princípio *in dubio pro societate*[239],

---

[238] Nesse sentido, cf. o art. 14 do Código de Processo Penal brasileiro: "O ofendido, ou seu representante legal, e *o indiciado poderão requerer qualquer diligência, que será realizada, ou não, a juízo da autoridade.*"

[239] Nesse sentido, o que se dá é algo parecido com o que ocorre nos procedimentos do tribunal de júri. Os crimes que estão fora do âmbito do Juri, ao terem excluída a fase do sumário de culpa, deixaram à autoridade policial esse papel, o que ainda hoje permanece na noção de instrução preliminar do inquérito policial (nesse sentido, cf. Fernandes, 2010, p. 165).

> seja porque não compete à autoridade investigante dizer em última análise sobre o crime, seja porque lhe é indisponível a investigação, na medida em que não se lhe permite o arquivamento do instrumento de investigação (o inquérito). Aqui, na ponderação de interesses, entre os valores de segurança pública e da liberdade individual, prevalece o interesse social, provisoriamente. Não compete à autoridade investigante concluir em favor do investigado, em caso de dúvida, embora o possa em caso de convicção, segundo entendemos. Isso, portanto, não induz a obrigar a autoridade investigante a indiciar necessariamente, em todo caso, mas apenas nos casos em que há provas e contraprovas em igualdade de condições que permitem a conclusão.

Dessa forma, devemos admitir que, diferentemente do que ocorre no processo judicial, na investigação criminal a verdade se define de forma "intrassubjetiva" (sem acordo prévio acerca dos critérios, sem diálogo acerca das conclusões probatórias, pela falta do contraditório em sentido processual), segundo a convicção unilateral da autoridade investigante, quanto à decisão de indiciamento.

Assim, admite-se que a verdade na investigação criminal (por consequência do método inquisitivo, tal como o entendemos) define-se de forma unilateral, o que representa *um limite a mais à verdade aproximativa*, por confiar a verdade à lógica conclusiva de uma só pessoa, o que se justifica, apesar disso, por ser fundamento apenas para uma restrição mínima à liberdade (consistente no indiciamento com consequência na constituição de antecedente policial, e não em restrição absoluta da liberdade, como é a condenação a pena de prisão).

No entanto, quanto a esse ponto, se estivermos de acordo quanto à afirmação de que a verdade é a finalidade da investigação, e não outro objetivo, como servir de base exclusivamente para a denúncia (por ferir o princípio da igualdade) ou servir de instrumento de antecipação da tutela penal (por ferir o princípio da presunção de inocência), e considerarmos os limites do método que decorre do *princípio inquisitivo* (limitado ao objeto da investigação), bem como as possibilidades de diligências em favor do investigado, poderíamos visualizar uma solução intermediária. Assim, se quisermos atribuir à verdade na investigação criminal uma aproximação maior do ideal de correspondência, e ainda obter uma legitimação para o processo judicial, seria razoável admitir um mínimo de diálogo com a pessoa a respeito de quem se arbitra essa verdade, permitindo-lhe, após o indiciamento e com base nos elementos motivados nele, *não uma ampla defesa, mas uma defesa mínima e preliminar*, que possa ser ponderada no relatório (embora não influencie no indiciamento já configurado) e possa ser considerada pelo órgão de acusação antes de decidir pela propositura da ação penal (e mesmo ao juiz, antes do recebimento e seguimento do processo). Tratar-se-ia apenas de uma defesa proporcional ao ato estatal (indiciamento) que avança no âmbito de liberdade do investigado.

5.4.3. *Conclusão. Que método, afinal?*

Diante dos métodos apresentados em geral, das questões metodológicas do processo penal e dos aspectos observados na investigação criminal, fica-nos a pergunta – afinal, que método usar? Esse é um questionamento que Roland Òmens, em *Filosofia da Ciência Contemporânea*, coloca em relação às ciências em geral e que pretendemos trazer para a investigação criminal.

Colocando em questão a diferença entre contexto de descoberta e contexto de justificação, R. Òmens sustenta, sobretudo, que precisamos de "um método para julgar, não para construir" (p. 217). Segundo ele, "o que vamos buscar, pois, não é um método para construir a ciência, mas antes um método para julgá-la uma vez que esteja construída, sem impor de antemão a forma que essa ciência deve assumir. (...) O método assim entendido pouco tem a ver com os caminhos seguidos pelos pesquisadores para acumularem a informação ou chegarem à descoberta" (p. 272)[240].

---

[240] No entanto, admite o autor que: "Quando Bacon ou Descartes falavam de método, tratava-se do que normalmente se entende por isso, de uma regra de comportamento que pudesse levar infalivelmente a mais conhecimentos: um método para construir" (Òmnes, 1996, p. 271). Assim, subsiste um sentido de método para o contexto de descoberta, tal como L. H. Dutra também sustenta em sua pragmática da investigação científica.

Nesse sentido, o autor sustenta que "não existe método para traçar de antemão um itinerário em terra desconhecida" (ibid. p. 273) e o método a que ele se refere é "o que permite compreender como podemos reconhecer *retrospectivamente* se uma ciência está firmemente estabelecida e se ela chegou a um conhecimento coerente" (p. 274). Com base nessa ideia que R. Òmnes nos fornece o que ele chama de "um método de quatro tempos", a que vamos aderir, não sem antes fazer algumas considerações.

Afinal, embora possamos reconhecer que o sentido atual de método está contido no contexto de justificação, não podemos, no âmbito da investigação criminal, descartar a relevância do contexto de descoberta e da necessidade de apontar certas ações que possam conduzir o investigador por um itinerário razoável, ainda que não se trate de um roteiro, um passo a passo infalível, mas uma estrutura mínima de investigação, tal como sustenta L. H. Dutra em sua pragmática da investigação científica. Assim, ainda que não se confira a essas ações o caráter de método, mas de *técnicas de investigação*, não há como, mesmo tendo em vista uma perspectiva científica da investigação, descartar a relevância dessas ações para o desenvolvimento de uma ciência de investigação criminal. No entanto, devemos admitir a ressalva que faz R. Òmes ao observar que "é importante deixar claro de que ciência se fala e que finalidade se atribui ao método. Uma ciência ainda balbuciante ou, na melhor das hipóteses, empírica [como podemos entender a investigação criminal] não pode contar com o fato de que um método miraculoso seja suficiente para lhe garantir certezas ou para sancionar seus conceitos ainda frágeis" (ibid. p. 273).

i) Um método de quatro tempos (R. Òmnes)

Roland Òmnes (1997, p. 274 e ss) sustenta que existe um método que ressalta a especificidade da ciência, fundado em quatro atividades diferentes da experiência e do pensamento, correspondentes, de certa forma, a estádios da história de uma ciência, ou a estruturas de conhecimento que se completam, e podem ser chamadas de fases de *empirismo, conceptualização, elaboração e verificação*. Admite o autor, contudo, que seria ingenuidade pretender que este método esteja sempre manifesto em todos os campos da ciência, podendo acontecer que, na prática, alguns desses estádios *pareçam* ausentes, seja porque atravessados com demasiada facilidade, pela banalidade de um raciocínio elementar da prática, seja porque, acrescentemos, não devidamente desenvolvido pelo campo de conhecimento.

O *primeiro* tempo (ou estádio, ou etapa) é o da *exploração*, que "passa pela observação dos fatos, por experiências 'para ver', pelo estabelecimento de um catálogo de dados e, eventualmente, pela constatação de regras empíricas" (ibid. p. 275). Segundo o autor, um campo de conhecimento que se mantém nesse estádio de cultura ainda não é realmente uma ciência madura, sujeita a critérios de coerência.

O *segundo* tempo, por sua vez, é o da *concepção* (ou conceptualização). Em síntese, "consiste em elaborar e selecionar conceitos adequados a uma representação do Real, em inventar o princípio ou os princípios que poderiam regê-la" (ibid. p. 275). Observe-se que o autor, aqui, emprega o termo *inventar* (a exemplo de como considera Carnap, *cf. supra*) em lugar de *descobrir*, a enfatizar o dado trabalhado conceitualmente, em lugar dos fatos colhidos em estado bruto.

O *terceiro* tempo é o da *elaboração*, que se situa no âmbito de trabalho regido pela lógica. Essa etapa "consiste em enumerar todas as consequências possíveis dos princípios, o que pode exigir muitos esforços e muita imaginação. No mais das vezes [é importante que se reconheça essa realidade], retemos primeiramente apenas uma parte dessas consequências, e, prioritariamente, as que dizem respeito a fatos já conhecidos" (ibid. p. 276).

O *quarto* tempo, por fim, é o da *verificação*, é quando a hipótese (ou teoria) se oferece ao falseamento (segundo concepção de Popper, *cf. supra*), isto é, quando se expõe a ser refutada. "É a fase", conclui o autor, "em que a teoria, a ideia ou o princípio, que ainda estão apenas no estado de hipóteses, mas já armados de suas predições, vão oferecer-se à refutação".

Com esse esquema metodológico, em quatro tempos, R. Òmnes não apenas nos fornece etapas possíveis de uma investigação cientifica, como sugere os estádios necessários para que certas investigações possam alcançar um estágio científico na medida em que se coloquem em condições de atender a tais requisitos da ciência em geral. Mas, segundo ressalta o autor, esse esquema diz respeito às ciências que tratam com a natureza ou, em expressões suas, ciências cujo tema é o estudo do Real (cf. 1997, p. 277), o que, quanto à investigação criminal, corresponde e se limita ao âmbito da compreensão fática do crime e da determinação da verdade fática. Com base nessa ideia, assim, podemos organizar uma teoria da investigação criminal, visando à dimensão fática do seu objeto, sem excluir, contudo, a necessária compreensão da dimensão jurídica (e valorativa).

ii) Esquema metodológico para uma teoria da investigação criminal

Assim, tendo em conta o chamado "método de quatro tempos", proposto por R. Òmens, e aqueles "contextos metodológicos", suscitados com base na ideia de Carnap, a respeito das três etapas do método – sem desconsiderar a distinção que se faz quanto à descoberta e a justificação –, entendemos ser possível teorizar a respeito da investigação criminal, apresentando o seguinte esquema metodológico fundamental.

O ponto de partida, na investigação criminal, é o contexto de descoberta, que concerne aos fatos e corresponde àquele primeiro estádio do empirismo, em que a investigação precisa estabelecer seu catálogo de dados fáticos. A respeito dessa etapa, ainda que não se possa falar em uma metodologia em sentido estrito, podemos falar em uma *tecnologia* da investigação para tratar das diversas técnicas com que o investigador pode conduzir suas ações, sejam elas originárias da pesquisa em geral, sejam elas mais especificamente próprias dos procedimentos de investigação criminal. Nesse sentido, devemos admitir que o primeiro conhecimento com que a investigação deve lidar corresponde ao campo de *estudo da pesquisa e suas técnicas.* Em síntese, trata-se de estudar e sistematizar a investigação como pesquisa, dando ênfase para a *administração estratégica* dessa pesquisa, visando a subministrar critérios para tomada de decisões, em virtude das particularidades da investigação criminal.

No segundo momento, a investigação criminal deve recorrer à conceitualização dos dados obtidos. Para isso, a *teoria do crime, com ênfase na teoria do tipo penal*, é de fundamental importância, na medida em que cada dado deve ter um significado correspondente em relação a algum elemento do crime, segundo os conceitos jurídicos da teoria analítica. Em complemento, segue-se que cada dado deve ser instrumentalizado com base em uma *teoria das provas criminais*. Nesse ponto, observa-se que teoria do crime e teoria das provas são, para a investigação criminal, as duas faces de um mesmo instrumento metodológico, que trabalham em conjunto para a adequada conceptualização dos dados obtidos. É nesse ponto que podemos situar o que convencionamos chamar de "contexto de *construção*" (segundo aquela divisão do método em etapas do esquema de Carnap, *cf. supra*) A contra-face desse ponto, por sua vez, é a *teoria dos direitos fundamentais*, que atua no sentido de limitar ou condicionar as ações da investigação como pesquisa, nas quais se inserem os *meios de obtenção de provas*, limitados legalmente por regras e princípios, que vinculam a verdade à validade dos procedimentos adotados.

O tempo, ou etapa, que se refere à *elaboração*, como bem pontuado por R. Òmnes, encontra-se no campo da lógica, cujo uso é absolutamente pertinente ao raciocínio desenvolvido na investigação criminal, ainda que não nos demos conta de que a usamos, ou que não levemos às últimas consequências o seu uso, em virtude da facilidade com que fazemos ou banalidade que lhe atribuímos (cf. nesse sentido, R. Òmens, *supra*). No entanto, é razoável que o investigador recorra ao estudo da *lógica aplicada* ao seu trabalho, como suporte teórico para esmero de seus raciocínios conclusivos[241].

Por fim, o esquema metodológico da investigação criminal se completa com uma etapa que se situa fora dos limites de sua própria atividade – no âmbito do processo judicial, onde as hipóteses conclusivas da investigação – se incorporadas pela acusação – serão postas à contraprova da defesa, pelo princípio do contraditório, em autêntica situação de falseamento (segundo critérios científicos propostos por Popper), podendo ou não subsistir como tese final do processo penal para fundamentar uma sentença condenatória. E é salutar que assim seja, pois, sendo as conclusões da investigação tomadas inicialmente de forma unilateral (como em geral são as teorias científicas, que só se legitimam após passar pelo crivo da comunidade científica), somente após passar pelo crivo do contraditório processual é que conclui seu ciclo científico.

---

[241] Nesse sentido, cf. em "Introdução à Lógica", de Irvining M. Copi, capítulo sobre *O detetive como cientista*.

Esse esquema, contudo, diz respeito apenas ao âmbito da investigação criminal que se destina à dimensão fática de compreensão do crime (relativo à verdade fática, segundo distinção que faz L. Ferrajoli), a exigir, portanto, a complementação de um esquema metodológico para a compreensão normativa do crime (que diz respeito ao âmbito da verdade jurídica). Quanto a esse âmbito, contudo, assim como a investigação criminal recorre à lógica formal para lidar com as inferências indutivas, encontrará na metodologia própria da ciência jurídica o necessário para lidar com a verdade jurídica e suas inferências dedutivas. Dessa forma, com nenhuma ou pouca diferença do que ocorre no processo judicial – salvo pelo caráter provisório das conclusões jurídicas da investigação, limitadas que estão a surtir efeito jurídico em seu âmbito apenas – temos igualmente uma interpretação jurídica na investigação criminal[242]. Nesse ponto, poderíamos dizer que temos, por fim, um *"contexto de interpretação"* – tanto no processo judicial como na investigação criminal – que recorre à *hermenêutica* e *lógica jurídica*, que são fontes dos métodos necessários à compreensão normativa do crime.

Todas essas teorias, se não têm um caráter metodológico em um sentido estrito, têm, sem dúvida, um *caráter operativo* essencial ao desenvolvimento da investigação criminal de forma criteriosa e coerente, sobretudo sob uma perspectiva pragmática. É com esse esquema metodológico, em suma, que pretendemos tratar de uma teoria da investigação criminal (na Parte III que se segue), em que trataremos dos seguintes pontos: *investigação como pesquisa* (Capítulo 6), com atenção para a *administração estratégica* (Capítulo 10); *teoria analítica do crime* (Capítulo 7), com ênfase na teoria do tipo penal; *teoria das provas criminais* (Capítulo 8); e *teoria dos direitos fundamentais* (Capítulo 9)[243].

---

[242] Dessa forma, é necessário às conclusões jurídicas da investigação criminal recorrer tanto à *jurisprudência*, quanto à *doutrina jurídica*, e não exclusivamente à interpretação direta da lei.

[243] Nosso esquema teórico, portanto, não vislumbra, nesse trabalho, o estudo da *lógica em geral* e da *lógica jurídica*, embora alguns pontos relativos sejam referidos difusamente. Fica assim para outra oportunidade a possibilidade de outro trabalho com o título de *Lógica da investigação criminal*.

Parte III

TEORIA DA INVESTIGAÇÃO CRIMINAL

A investigação criminal, considerando tudo quanto suscitado, se apresenta sob diversos aspectos que aqui vamos considerar – *lógico, jurídico, técnico e administrativo* – podendo, assim, ser teorizada sob várias perspectivas[244]. Não pretendemos exaurir todas as questões que concernem aos problemas da investigação, mas apenas enfatizar seus aspectos mais salientes e relevantes, a partir de um esquema teórico que abranja aqueles aspectos, segundo perspectivas que se comuniquem e se completem[245]. Com essa ideia, vamos teorizar sobre a investigação criminal a partir de quatro perspectivas – *positiva, estática, negativa e dinâmica* – nas quais pretendemos tratar de certos conceitos e teorias que, embora possam não ter o caráter metodológico (em sentido estrito, considerando o contexto de justificação), têm um *caráter operativo* fundamental para uma teoria.

Dessa forma, nessa parte, trataremos de certos aspectos relevantes, a partir do estudo da *investigação como pesquisa* (Capítulo 6); da *teoria jurídica do crime* (Capítulo 7); das *provas criminais* (Capítulo

---

[244] Quanto à *lógica*, conquanto essencial a uma teoria da investigação criminal, dela não trataremos senão de forma incidente e incipiente em alguns pontos O estudo da lógica é essencial à teoria da investigação, no sentido de ser um pressuposto e um complemento necessário aos raciocínios relativos tanto às hipóteses fáticas (*lógica formal*), quanto às hipóteses de direito (*lógica jurídica*, nesta incluídos os aspectos hermenêuticos e retóricos, para subsidiar a interpretação e argumentação jurídicas). Assim, a teoria da investigação criminal que apresentaremos é um estudo ainda parcial que se complementaria com uma *lógica da investigação criminal*, para a qual, no futuro, pretendemos dedicar um novo capítulo ou um estudo à parte.

[245] O objetivo é apenas trazer à discussão certos aspectos desses conhecimentos que podem concorrer para uma teoria da investigação criminal, sem esgotar o tratamento geral do tema nem mesmo aprofundar certos pontos particularmente importantes para a investigação. Em verdade, cada um dos aspectos e perspectivas aqui suscitados poderiam ser considerados como ramos de estudos em teoria da investigação, abertos ao aprofundamento de pesquisas e monografias que possam evidenciar e potencializar o caráter operativo de tais conhecimentos.

8); dos *limites jurídicos da investigação* (Capítulo 9) e da *administração e estratégia* (Capítulo 10), todos considerados em função de seu *caráter operativo* para uma teoria da investigação criminal, sem contudo esgotar as discussões que serão levantadas. Os temas dos capítulos devem ser compreendidos como uma unidade, segundo as perspectivas referidas e assim dispostas:

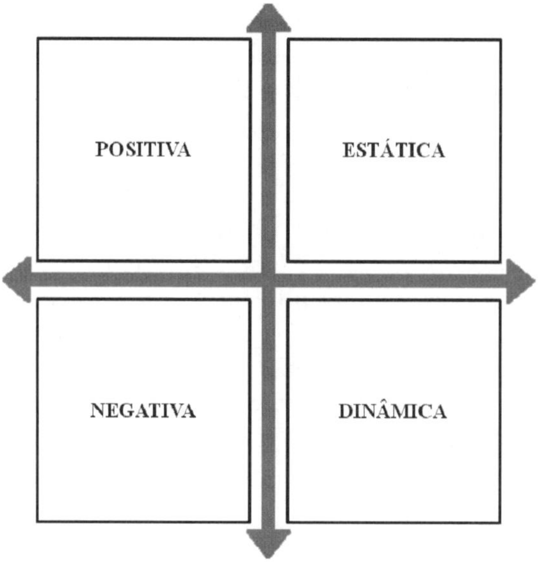

A *perspectiva positiva* concerne ao estudo da *pesquisa* e das *técnicas* que concorrem para a investigação criminal. Nessa perspectiva, partimos da noção de pesquisa como modelo de investigação próprio do conhecimento científico, visando a demonstrar que a investigação pode enquadrar-se nesse modelo como forma de assegurar o conhecimento produzido, potencializando os resultados pretendidos. *Positiva* está no sentido que se colhe da noção originária de *positivismo*[246], como aspecto próprio à ciência, considerando a busca por

[246] *Positivismo*. "Este termo foi empregado pela primeira vez por Saint-Simon, para designar o método exato das ciências e sua extensão para a filosofia (....). Foi adotado por Augusto Comte para a sua filosofia e, graças a ele, passou a designar uma grande corrente

potencializar o conhecimento e torná-lo mais apto e seguro à solução de nossos problemas.

A *perspectiva estática*, por sua vez, concerne à *teoria jurídica do crime* e às *provas criminais*, considerados conhecimentos fundamentais para o raciocínio do problema da investigação criminal, a partir de uma linguagem conceitual que nos permite produzir conhecimento em conformidade com as necessidades do processo judicial. *Estática* porque é um arcabouço teórico que fornece elementos conceituais (teoria do crime) e de classificação de dados (provas criminais), que permitem o raciocínio fundamental na investigação, considerados estaticamente, independentemente de problemas relativos à administração e estratégia que em geral requerem uma dinâmica em virtude de elementos variáveis extra-jurídicos.

A *perspectiva negativa* concerne aos *limites jurídicos da investigação criminal* que decorrem da necessária observância e respeito aos *direitos fundamentais*, que atuam na investigação à maneira de um *método negativo*, porque estabelece critérios que proscrevem alguns meios de obtenção de provas. *Negativa*, assim, está em contraponto à perspectiva positiva, porque, ao estabelecerem limites à investigação criminal, os direitos fundamentais reduzem negativamente o âmbito das possibilidades técnicas da pesquisa, a demonstrar que

---

filosófica que, na segunda metade do séc. XIX, teve numerosíssimas e variadas manifestações em todos os países do mundo ocidental. (...) As teses fundamentais do Positivismo são as seguintes: 1.ª A ciência é o único conhecimento possível, e o método da ciência é o único válido: portanto, o recurso a causa ou princípios não acessíveis ao método da ciência não dá origem a conhecimentos; a metafísica, que recorre a tal método, não tem nenhum valor; 2.ª O método da ciência é puramente descritivo, no sentido de descrever os fatos e mostrar as relações constantes entre os fatos expressos pelas leis, que permitem a previsão dos próprios fatos (Comte); ou no sentido de mostrar a gênese evolutiva dos fatos mais complexos a partir dos mais simples (Spencer); 3.ª O método da ciência, por ser o único válido, deve ser estendido a todos os campos da indagação e da atividade humana; toda a vida humana, individual ou social, deve ser guiada por ele" (Abbagnano, 2003, p. 776-777). Essa concepção do positivismo (considerada romântica), no entanto, é aqui tomada com parcimônia, tanto por se reconhecer a falibilidade do conhecimento científico, quanto em virtude do contraponto da perspectiva negativa, em que o direito lhe impõe limites jurídicos com base em outros valores relevantes à sociedade estatal.

a potencialidade científica (ponto de vista positivo) é reduzida por valores ponderados pelo direito (ponto de vista negativo).

A *perspectiva dinâmica*, por fim, concerne aos problemas de *administração e estratégia* que soem figurar na investigação criminal, exigindo da autoridade investigante *tomada de decisões*, em virtude de certos elementos extra-jurídicos que concorrem com o problema principal da investigação (o crime e sua autoria). *Dinâmica*, assim, está em contraponto à perspectiva estática, porque considera elementos móveis (não estáticos) que exigem a inserção de tomada de decisões, conforme o problema investigado, à vista de certas variáveis não imediatamente conhecidas que somente se apresentam no decorrer da investigação criminal.

CAPÍTULO VI

A INVESTIGAÇÃO COMO PESQUISA

A investigação é uma pesquisa, ou um conjunto de pesquisa, que se desenvolve por uma administração estratégica. A possibilidade de aproximação entre investigação criminal e investigação científica passa pelo tratamento de seu aspecto técnico aplicado à prática da pesquisa. Nesse sentido, o primeiro passo para uma teoria da investigação consiste, necessariamente, em tratá-la como pesquisa, segundo os conceitos da ciência em geral, evidenciando aquilo que se pode aplicar à investigação criminal, com ênfase em suas particularidades. Trata-se, contudo, de um campo aberto para estudos constantes, sobretudo no âmbito das técnicas próprias da investigação criminal, para as quais não vamos mais do que suscitar possibilidades e alguns caminhos possíveis de tratamento.

A investigação como pesquisa se situa no "contexto de descoberta" relativo à técnica (cf. Capítulo 5), destinado a reunir dados necessários para justificar conclusões a respeito de hipóteses fáticas, que serão o suporte real necessário para as conclusões jurídicas.

Sob essa perspectiva, a investigação criminal deve ser encarada, conceitualmente, como uma pesquisa, ou um conjunto de pesquisa (6.1.), que exige um projeto (ou plano) de ações adequado aos fins pretendidos, segundo os meios disponíveis (6.2.), que será posto em prática por técnicas necessárias (6.3.).

6.1. A pesquisa

A pesquisa, em sentido geral, é *busca (do desconhecido) e averiguação (do conhecido)*, a partir de indagações relativas a um problema pressuposto em situação concreta, ou posto pelo pesquisador em formulação abstrata. Tendo por fim obter respostas às questões que se colocam, a pesquisa pode, assim, ser teórica ou prática.

Trata-se, segundo Marina de A. Marconi e Eva M. Lakatos, de um *procedimento sistematizado* que, fundado em conhecimentos teóricos anteriores, visa a uma investigação lógica e objetiva, baseando-se na organização de dados obtidos, registrados e analisados meticulosamente (2009B, p. 3 e ss). É, em síntese, uma perscrutação do problema que se examina com atenção, sondando-o, estudando-o, penetrando-o.

Asti Vera, a respeito do conceito de pesquisa, para a qual adverte haver várias ideias equívocas, enfatiza que seu ponto de partida é "a existência de um problema que se deverá definir, examinar, avaliar e analisar criticamente para, em seguida, ser tentada sua solução" (1983, p. 11-12). Na investigação criminal, *o problema é o crime*, segundo a *notitia crimines*[247], a respeito do qual se deve concluir sobre sua existência e espécie (se há crime, qual foi praticado) e sua autoria (quem o praticou).

6.1.1. *Tipos de pesquisa*

Há vários tipos de pesquisa, conforme a natureza do problema e os objetivos pretendidos. Dentre algumas espécies, classificadas por proposta teórica de Marina de A. Marconi e Eva M. Lakatos (2009B, p. 5 e ss), podemos citar os seguintes tipos de pesquisa: (a) pura ou aplicada; (b) histórica, descritiva ou experimental; (c) individual ou grupal; (d) monodisciplinar ou interdisciplinar; (e) bibliográfica, social, tecnológica ou laboratorial, e, acrescentemos, a pesquisa de campo[248].

A partir dessas espécies, podemos classificar a investigação criminal como pesquisa de tipo *aplicada*, *histórica*, *descritiva*, *grupal* e *interdisciplinar*, em que se podem desenvolver ações de natureza

---

[247] A notícia do crime, ressalte-se, chega à autoridade investigante por conhecimento próprio ou alheio, neste caso por representação da vítima, requisição de outra autoridade ou informação de terceiro.

[248] Para melhor compreensão dos diversos tipos, cf. explicações na obra *Técnicas de Pesquisa*.

bibliográfica, tecnológica, laboratorial e de campo. É *aplicada* pelo seu interesse prático na solução de um problema bem delimitado; *histórica* porque (em geral) se refere a fatos do passado; *descritiva* em virtude da descrição desse passado, podendo eventualmente envolver algum *experimento* em perícia criminal; *grupal*, porque (em geral) vários são os indivíduos que concorrem para elucidar o problema, embora possa eventualmente ser *individual*, nos casos mais simples; *interdisciplinar*, nos casos para que concorrem vários indivíduos, cada um com o seu conhecimento específico em alguma área. A investigação criminal, assim considerada, recorre a estudos e pesquisas de natureza diversas, tanto bibliográfica (na obtenção de conhecimento prévio), quanto de campo (na obtenção de dados reais relativos ao crime), bem como a recursos tecnológicos que permitam o acesso adequado ao conhecimento (aparelhos de interceptação telefônica, p. ex.) e estudos laboratoriais (nos casos de perícias químicas em entorpecentes, p. ex.). Eis a multiplicidade de facetas que se pode conter na investigação criminal, embora não seja assim em todos os casos.

6.1.2. *Etapas da pesquisa*

Em uma visão geral da pesquisa, podemos dividi-la em *três macro-etapas – planejamento, execução e relatório* –, sendo possível subdividir cada uma delas, visando a melhor orientar uma pesquisa, embora a etapa da execução se revele infensa a determinismos que pré-fixem o caminho necessário da pesquisa. O que se pode, em relação à execução, é oferecer modelos que auxiliem na prática da pesquisa, em condições de sempre permitir inovações, com fugas e reorganizações, aptas a responder aos problemas que podem surgir no curso da investigação. A ideia de *roteiros de investigação*, dessa forma, não se pode estabelecer como modelos normativos que impliquem limitação na capacidade do investigador de inovar o curso de sua pesquisa. Não obstante, alguns aspectos da execução da pesquisa devem ser considerados na investigação criminal, visando a garantir alguns resultados.

No âmbito da investigação criminal, podemos observar certas ações investigativas que, embora não se possam estabelecer de forma cronológica, são etapas que se distinguem e se comunicam em sua execução. Nesse sentido, considerando que toda investigação como pesquisa se desenvolve em torno de dados reais, devem-se distinguir as ações de *obtenção*, *formalização*, *análise* e *manutenção* desses dados. Dessa forma, na investigação criminal temos etapas de:

a) *Obtenção de dados* que corresponde à coleta por meio de técnicas de pesquisa, sejam as usadas pela ciência em geral (p. ex. coleta documental, observação, entrevista etc.), sejam as especificamente usadas pela investigação criminal (p. ex. vigilância, busca domiciliar, interceptação telefônica etc);
b) *Formalização de dados*, nos termos normativos que determinam a forma jurídica da prova, segundo algumas regras de instrumentalização (p. ex. laudo pericial, auto de apreensão, termo de depoimento, interrogatório)[249];
c) *Análise de dados* que consiste no estudo dos elementos reunidos, visando a lhes conferir um *sentido probatório* em relação ao problema investigado (p. ex. análise documental, perícia etc.);
d) *Manutenção de dados*, orientada a sustentar a prova obtida, seja por meio de procedimentos de segurança, que assegurem a originalidade da prova sem inovação fraudulenta (a exemplo de documentos, instrumentos do crime etc.), seja por meio de procedimentos técnicos que permitam manter amostras de perícias em condições de serem submetidas a contraprova (a exemplo de materiais biológicos e químicos).

Uma investigação criminal como pesquisa, portanto, não se pode limitar ao *estágio empírico*, ou de exploração, como o adverte Roland Òmnes em seu *método de quatro tempos* (1996, p. 274). É necessário que avance ao estágio de *conceptualização*, nos termos de uma teoria jurídica do crime (Capítulo 7), atentando para o *aspecto lógico* da

[249] Observe-se que, na investigação criminal, a perícia (que é uma técnica de pesquisa) não se presta à utilização como prova senão quando formalizada em laudo técnico, assim como a confissão do investigado exige que esteja registrada em seu interrogatório, preferencialmente feito na presença de um advogado, se lhe queremos conferir maior credibilidade.

investigação e tendo em conta a necessidade de instrumentalização probatória (Capítulo 8) para permitir o estágio de *verificação* (cf. Capítulo 5)

É importante, ainda, na execução da pesquisa, que se distingam *etapas práticas da pesquisa* e *etapas lógicas do raciocínio*. Essas duas perspectivas de execução são faces de uma mesma atividade que se desenvolve simultaneamente na pesquisa de forma interdependente, não se podendo considerar como formas alternativas de pesquisa. Ressalvadas certas particularidades, todas essas etapas estão presentes na investigação criminal. Trata-se, em síntese, de etapas relativas a "*o que se faz*" e a "*o que se pensa, enquanto se faz*", na execução de uma pesquisa[250].

Sob uma perspectiva prática, a pesquisa se executa por ações materiais e externas, *etapas de atividade* que se desdobram em "coleta de dados, elaboração dos dados, análise e interpretação dos dados, representação dos dados e conclusões" (Marconi; Lakatos, 2009B, p. 9 e ss.):

a) A *coleta* se destina a reunir dados reais sobre o problema, desenvolvendo-se por meio das diversas técnicas disponíveis de pesquisa;
b) A *elaboração dos dados* consiste em organizá-los e classificá-los, às vezes até selecioná-los, para permitir a etapa seguinte de análise e interpretação; na investigação criminal essa etapa pode exigir certas formalizações segundo padrões legais, tendo em conta as espécies de provas e sua forma jurídica de apresentação (autos, termos, laudos etc);
c) A *análise*, por sua vez, consiste na "tentativa de evidenciar as relações existentes entre o fenômeno estudado e outros fatores", seguida da *interpretação*, "atividade intelectual que procura dar significado às respostas, vinculando-as a outros conhecimentos", em geral uma teoria em que se sustenta a pesquisa;
d) A *representação dos dados* implica demonstrações por tabelas e gráficos, quando os dados o permitem ou exigem para

---

[250] A reunião dessas faces da pesquisa pode ser observada em modelos como o proposto por L. H. Dutra, em sua pragmática da investigação científica (cf. Capítulo 5).

uma melhor compreensão que leve à conclusão; na investigação criminal essa representação pode ser feita com referência à teoria jurídica do crime, relacionando *dados como provas* dos elementos constitutivos do tipo.

Sob uma perspectiva lógica, a pesquisa se executa por *etapas de raciocínio* que constituem o "padrão geral de todo inquérito científico", dividido em sete passos, segundo proposta de Irving M. Copi, nos seguintes termos (1978, p. 391 e ss)[251]:

a) *Problema.* Como primeiro passo, devemos admitir que "todo pensamento reflexivo – e este termo inclui tanto a investigação criminal como a pesquisa científica – é uma atividade de resolução de problemas, como John Dewey e outros pragmáticos muito bem afirmaram com insistência. Antes que o detetive ou o cientista metam ombros a uma tarefa, têm que sentir primeiro a presença de um problema" (p. 392).

b) *Hipóteses preliminares.* Considerando que "existem demasiados fatos particulares, demasiados dados no mundo, para que seja possível alguém registrá-los todos", no início de uma investigação, deve-se ter alguma hipótese preliminar de trabalho, a partir da qual são colhidos dados relevantes, para assim ser possível decidir sobre que fatos selecionar, visando a uma análise da totalidade do problema. "Algumas dessas hipóteses são sempre requeridas para orientar o investigador na sua busca de dados relevantes, pois na ausência de toda hipótese preliminar, há, simplesmente, fatos demais, neste mundo, para examinar", mas, a respeito dessa hipótese preliminar, deve-se enfatizar que "não necessita ser uma solução completa do problema". Em síntese, "a hipótese preliminar

---

[251] Ainda, segundo ele, "o método científico não está limitado aos cientistas profissionais; pode-se dizer que procede cientificamente toda pessoa que obedece ao padrão geral de raciocínio, depois de provas evidentes, para chegar a conclusões suscetíveis de testes experimentais. Nesse sentido, o detetive hábil é um cientista, como o somos a maioria das vezes, – pelo menos, em nossos momentos mais racionais." (1970, p. 400). Essas etapas são apresentadas pelo autor através de exemplos colhidos de histórias de Sherlock Holmes, cuja leitura na fonte se recomenda.

deve ser sumamente provisória e deve basear-se em conhecimentos prévios. Mas, para iniciar uma investigação séria, a hipótese preliminar é tão necessária quanto a própria existência do problema" (p. 394-395).

c) *A compilação de fatos adicionais.* A respeito desse passo, deve-se compreender que "toda investigação séria principia com algum fato ou grupo de fatos que fere a atenção do investigador, como problemáticos, e que desencadeia todo o processo do inquérito. Os fatos iniciais que constituem o problema são, usualmente, demasiado escassos para que proporcionem, por si só, uma explicação totalmente satisfatória, mas poderão sugerir – ao investigador competente – alguma hipótese preliminar que o leve a procurar fatos adicionais. Espera-se que esses fatos adicionais sejam pistas importantes para a solução final" (p. 395), para o que devem concorrer aquelas etapas práticas de execução da pesquisa. Embora seja certo que precisamos de uma hipótese preliminar, é igualmente certo que novos fatos podem sugerir novas hipóteses que conduzem a busca de novos fatos, e assim por diante. Nesse sentido, observamos que os passos "b" e "c" são interdependentes e podem ser repetidos diversas vezes.

d) *Formulação de hipóteses.* Segundo I. M. Copi, "numa ou noutra fase de sua investigação, qualquer homem quer seja ele detetive, cientista ou um mortal comum – terá a sensação de possuir todos os fatos de que necessita para a solução. Tem o seu '2+2', por assim dizer, mas ainda falta realizar a tarefa de articulá-los." O resultado ou produto final das reflexões do investigador, se tiver êxito, é considerada como uma hipótese se explica todos os dados do conjunto inicial de fatos que constituíram o problema, como os fatos adicionais para os quais as hipóteses preliminares apontavam. Assim considerada, a descoberta concreta de uma tal hipótese explicativa é um processo criador em que estão envolvidos tanto imaginação como conhecimento (ibid. p. 397)[252].

---

[252] A avaliação dessa hipótese, segundo I. M. Copi, é feita segundo alguns critérios por ele expostos (cf. 1978, p. 385 e ss).

e) *Dedução de consequências adicionais.* Considerando a hipótese levantada, deve o investigador entender que "uma hipótese, realmente frutuosa, explicará não só os fatos que originalmente a inspiram, mas ainda muitos fatos adicionais. Uma boa hipótese apontará mais além dos fatos inicias, na direção de outros novos, de cuja existência não se suspeitaria sem ela. E, evidentemente, a verificação dessa consequências adicionais tenderá a confirmar a hipótese que conduziu a essa prova". É o que se daria com uma investigação concluída, em que mesmo havendo alegações e provas do investigado em sua defesa, ainda assim seria possível aceitá-las em conformidade com a hipótese conclusiva inicial, sem que essa fosse falsificada[253].

f) *Verificação das consequências.* "Para testar as consequências de uma hipótese, isto é, as predições feitas com base nessa hipótese, vários meios podem ser requeridos. Alguns exigem apenas observação." (p. 398). Outras podem exigir uma experiência, a exemplo do que ocorre em pesquisas laboratoriais da perícia. Em todo caso, observação ou experimento podem se tornar uma prova complementar. Em geral, na falta de verificação, fica sempre a possibilidade de refutação por contraditório processual, em que o réu no processo penal irá contrapor-se à hipótese acusatória.

g) *Aplicação.* Como, em última análise, o interesse da investigação gira em torno de uma questão prática, diante de um crime a resolver, não apenas se exige explicar os fatos, como indicar o seu autor. É necessário não apenas dizer *que* crime e *como* ele foi cometido, mas *quem* o cometeu e *onde* encontrá-lo, sendo assim exigível "deduzir ainda mais consequências da hipótese, não pelo mero interesse numa confirmação adicional, mas para fins práticos" (p. 399).

---

253 Se uma investigação criminal se conclui com determinada hipótese, havendo indiciamento do investigado, mas depois, ante alegações igualmente plausíveis e provas contrárias, observa-se que a hipótese não se mantém, ou renova-se um ciclo de investigação, em sendo ainda conciliável a hipótese com uma nova versão a ser confirmada, ou arquiva-se a investigação, em sendo inconciliável.

Consideradas essas etapas da investigação (tanto as práticas como as de raciocínio), deve-se aceitar como possível, e por vezes necessário, que elas sejam executadas em um único *ciclo de investigação* (considerado aqui o conjunto de etapas), ou repetidas em ciclos *sucessivos* ou *simultâneos*, que permitam assegurar uma conclusão satisfatória para o problema e a hipótese postos. Uma *sequência sucessiva* de etapas se mostra necessária quando, ao final da investigação, não se fecharam os *vazios do problema*[254] identificados e estipulados pela proposta inicial, renovando-se assim um novo ciclo com todas, ou apenas alguma(s) etapa(s). Uma *sequência simultânea*, por sua vez, mostra-se necessária a título estratégico, nas situações em que a própria sucessividade de etapas poderia conduzir ao insucesso da investigação[255].

6.2. O projeto de pesquisa

O grau de sucesso de uma investigação, considerada como pesquisa, é proporcional à capacidade projetiva da autoridade investigante. O planejamento deve ocupar um lugar fundamental na investigação como pesquisa, pois com ele se permite equilibrar meios materiais disponíveis e objetivos pretendidos[256].

Asti Vera, referindo-se a um plano de investigação (1983, p. 106 e ss), adverte-nos que ele "deve ser preparado com o critério de que

---

[254] Sobre "vazios do problema", cf. 6.2.1. *infra.*

[255] A simultaneidade de ciclos, ou mesmo de etapas de um ciclo, pode ser mais comum nas investigações de crimes que se encontram ainda em curso, nos casos de criminalidade continuada ou organizada. Trata-se, em síntese, de recurso de administração estratégica da investigação, melhor explicada no Capítulo 10, para o qual deixamos maiores discussões. Em todo o caso, que fique registrada a sua compreensão sob o aspecto da pesquisa.

[256] O efetivo equilíbrio, contudo, se realiza na dinâmica da administração da investigação (cf. Capítulo 10), desde que tenha tido um projeto mínimo. A respeito dessa *gerência da pesquisa*, que na investigação criminal se mostra mais evidente do que na pesquisa acadêmica, cf. *A prática da pesquisa* de Cláudio de Moura Castro, que pondera as várias questões relativas à administração do tempo e do dinheiro, problemas com pessoal etc.

não é imutável, mas, pelo contrário, provisório e perfectível. Sua finalidade é proporcionar apoio e ajuda, não coerção". Ainda, segundo o autor, "o plano deve ser, pois, o produto da reflexão e do conhecimento do tema da pesquisa. Construí-lo equivale a introduzir um princípio de ordem nos conceitos, isto é, estabelecer a hierarquia lógica das questões. Para consegui-lo, deve-se começar por saber distinguir o fundamental do secundário e, em seguida, cuidar que as ideias subsidiárias ou os desenvolvimentos laterais não cresçam desmensuradamente, porque isto romperia o equilíbrio do trabalho e incidiria negativamente no tratamento do tema central da pesquisa". Na investigação criminal, essa *compreensão prévia* de que nos fala Asti Vera passa necessariamente pelo conhecimento teórico e jurídico do crime, segundo a lei e sua interpretação doutrinária e jurisprudencial, sem o que não é possível sequer perceber as provas pré-existentes disponíveis desde o início da investigação. Por vezes, pode envolver a necessidade de um estudo bibliográfico prévio, incluindo leituras que estão fora do âmbito da compreensão jurídica do crime, mas sempre tendo em conta a compreensão do bem jurídico protegido[257]. Em síntese, antes mesmo de organizar um projeto de investigação, pode ser necessário realizar algumas pesquisas preliminares, como em geral ocorre em trabalhos de pesquisa acadêmica.

O projeto de pesquisa, de certa forma, antecipa um *roteiro de investigação*, levando em conta as características próprias do problema e uma hipótese preliminar. Na pesquisa em geral, os manuais costumam estabelecer uma "estrutura mínima" que, embora não se aplique por completo à investigação criminal, pode nos servir de orientação para um projeto nesse campo. Marina de A. Marconi e Eva M. Lakatos (2009A, p. 218 e ss) nos sugerem uma estrutura de projeto dividida

---

[257] Imagine-se o caso de uma investigação de evasão de divisas por manutenção de depósito não declarado (Lei n. 7.492/86, art. 22, parágrafo único). Nesse caso, não somente se exige conhecer detalhes do tipo penal, como se pode exigir da autoridade investigante conhecer algo sobre comércio internacional e mercado de câmbio. Somente assim poderá compreender o bem jurídico protegido, segundo as regras proibitivas, permissivas e obrigatórias de condutas com relação a este. A falta dessa compreensão prévia pode levar a ignorar provas pré-existentes, ou impedir qualquer hipótese razoável de solução do problema.

em *apresentação, justificativa, objeto, metodologia, embasamento teórico, cronograma, orçamento, instrumentos de pesquisa e bibliografia*. Embora seja um modelo comum aos trabalhos acadêmicos, é possível com êxito aplicá-lo na investigação criminal, ressalvadas suas particularidades que podem dispensar alguns pontos. Em todo caso, há partes que, em geral desconsideradas pela prática da investigação criminal, têm grande relevância para o seu aperfeiçoamento e, sobretudo, para o seu gerenciamento, por levar em consideração certas questões importantes para qualquer pesquisa.

Nesse sentido, embora possam não ser expressos todos em um projeto formal, podemos observar o seguinte, em relação à investigação criminal:

a) A *apresentação* permite expor a compreensão do problema investigado, estabelecendo os dados existentes;
b) A *justificativa* se encontra na observação, em tese, de que os fatos conhecidos e os dados prévios podem enquadrar-se possivelmente em algum tipo penal, o que justifica uma investigação criminal;
c) O *objeto* tende a especificar o problema, apresentando uma delimitação com hipóteses preliminares, estabelecendo os *vazios do problema*[258] que precisam ser preenchidos para uma conclusão acerca da existência de um crime, podendo haver conjecturas sobre outras possíveis hipóteses; em geral, nesse ponto o projeto pode especular, com base na experiência do investigador, o *modus operandi* do autor do crime, visando a suscitar ideias sobre diligências investigativas que podem ser realizadas para obtenção de novos dados;
d) A *metodologia* envolve tanto o estabelecimento das técnicas a serem utilizadas, quanto a lógica do raciocínio de certas conclusões prévias que são tiradas para justificar o caminho estabelecido para a solução do problema;

[258] Os *vazios do problema* podem ser estabelecidos com base nos elementos do tipo penal, considerando os que já se encontram presentes segundo dados prévios disponíveis e os que ainda precisam ser obtidos; no entanto, os vazios decorrem também da impossibilidade de apresentar uma explicação de como o crime foi realizado (*modus operandi*) e, sobretudo, por quem (*autoria*).

e) O *embasamento teórico* pode consistir na fonte consultada previamente naquele estudo bibliográfico, sendo certo que toda investigação se baseia em alguma ideia teórica, ainda que apenas fundada em "máximas de experiência"[259] da autoridade investigante, ou mesmo no senso comum de certas concepções a respeito das coisas;

f) O *orçamento*, embora não se exija que a autoridade investigante calcule numericamente o custo de sua investigação, é relevante para que se tenha conhecimento e se pondere sobre as disponibilidades da instituição, sobre a maior ou menor dificuldade no uso de certas técnicas mais especiais, sobretudo tendo em conta a relação entre fins pretendidos e meios adequados;

g) *Bibliografia*, embora sempre possa haver recurso ao estudo bibliográfico, tende a ser um dado dispensável para um projeto de investigação.

6.2.1. *Projeto de investigação criminal*

Um projeto de investigação criminal, assim entendido como caderno à parte da instrução jurídica formalizada, tem uma dupla função relevante: (a) como conjunto de elementos que estabelecem a hipótese da investigação, suas técnicas e estratégia de execução; (b) como memória da investigação, contendo elementos que permitem estabelecer a conexão entre as diversas diligências realizadas, o sentido probatório dos dados reunidos e a indicação implícita do que falta realizar. Quanto à primeira função, de um ponto de vista jurídico, um projeto permite distinguir entre *o que se pode* e *o que não se pode* levar ao conhecimento do investigado, considerando seu direito de vista aos autos, embora limitado a conhecer o que já foi produzido,

[259] Essas *máximas de experiências* são colhidas do conhecimento acumulado em várias investigações anteriores, nas quais se observam o modo de operar dos criminosos, o que e como de ordinário acontece em certas espécies de crime. Sendo a autoridade investigante um novato na profissão, o ideal é que tenha manuais técnicos desenvolvidos pelas instituições de apoio, ou pelo menos que se acerque de profissionais experientes que lhe possam ministrar algumas ideias preliminares sobre o crime em questão.

nunca o que será feito pela autoridade investigante de um ponto de vista da estratégia da investigação. Não fosse assim, seria impossível investigar efetivamente, dando ao investigado conhecer sempre cada passo da investigação[260]. Quanto à segunda função, de um ponto de vista administrativo, ela nos permite manter a continuidade da investigação, mesmo nos casos em que a autoridade investigante é sucedida ou substituída, impedindo uma cessação constante da marcha da investigação, ou renovação de diligências em sentido diverso[261].

Sem entrar a estabelecer o formato de um projeto, tendo em conta as funções acima referidas e o padrão comum dos trabalhos acadêmicos, segundo uma proposta, o essencial em um projeto de investigação criminal é que ele contenha:

a) *A pré-compreensão do problema*, exposta sucintamente e em termos simples, englobando apresentação, justificativa e objeto da investigação;
b) *Hipótese legal do crime,* com qualificação preliminar do tipo penal, em tese, segundo noticiado inicialmente, devendo haver uma clara exposição de seus elementos essenciais, baseado na teoria jurídica do crime;
c) *Indicação dos dados existentes*, tendo em conta sua natureza probatória em relação à hipótese legal do crime exposto preliminarmente, seguida da *indicação de dados faltantes*, considerando os *vazios do problema*, ainda com referência à hipótese legal, bem como de uma hipótese especulativa sobre o *modus operandi* e a autoria;
d) *Técnicas a serem utilizadas*, dentro de um esquema preliminar de diligências necessárias à obtenção dos dados essenciais

[260] É nesse sentido, tendo em conta essas considerações, que podemos compreender e aplicar a *Súmula Vinculante n. 14 do STF*: "É direito do defensor, no interesse do representado, ter acesso amplo aos elementos de prova que, já documentados em procedimento investigatório realizado por órgão com competência de polícia judiciária, digam respeito ao exercício de defesa". Outra interpretação seria inviabilizante da investigação criminal.

[261] Isso não impede, contudo, que a nova autoridade investigante estabeleça hipóteses diversas e queira dar à investigação um sentido novo, mas em todo caso, compreendendo o caminho até então traçado e seguido, ser-lhe-á possível aderir ao caminho, aproveitando as conclusões preliminares já obtidas.

ao preenchimento dos vazios do problema identificado, tendo em conta as hipóteses suscitadas;

e) *Arbitramento dos custos*, ainda que não calculados numericamente, mas desde já considerando a necessidade de envidar esforços no sentido de obter recursos juntamente à administração da entidade a que se encontra subordinado.

Com esses pontos, dispensados os demais embora por vezes implícitos, estabelece-se um projeto mínimo de investigação, não obstante esteja sujeito a inovações que, em todo caso, devem ser registrados visando a assegurar a memória da investigação e justificar as mudanças de rumo na marcha investigativa. Certo, contudo, é que não é todo crime que exige um projeto de investigação, nem se justifica, em toda investigação, um projeto com todos os elementos aqui sugeridos. Entretanto, embora não declarados formalmente, certamente estarão presentes[262].

6.3. As técnicas de pesquisa

Em um sentido geral, segundo Nicola Abbagnano (2003, p. 939 e ss), as técnicas racionais (em oposição às técnicas religiosas) podem ser distinguidas em: *a*) *cognitivas*, ou simbólicas, que consistem essencialmente no uso de signos, e servem para explicação, previsão ou comunicação; *b*) *comportamentais*, sejam morais, políticas, jurídicas, econômicas; nessas se incluindo as técnicas *organizativas* que "visam a encontrar condições para obter o rendimento máximo com o mínimo de esforço em todos os domínios da atividade humana"; *c*) *produtivas*, tendo em conta o comportamento do homem em relação à natureza, visando à produção de bens.

---

[262] Visando a facilitar o projeto de investigação, pode-se pensar em formulários, incluindo perguntas sugestivas para motivar respostas adequadas; contudo, fica sempre a possibilidade de alguma situação não se enquadrar no modelo proposto, exigindo da autoridade investigante estabelecer um outro formato para seu plano. Em todo caso, deve-se ter em mente que o projeto é sempre um esboço, um roteiro em aberto para a investigação, em que se consideram as várias questões relevantes ao desenvolvimento da pesquisa.

A técnica, em um sentido mais restrito à pesquisa, é "um conjunto de preceitos ou processos de que se serve uma ciência ou arte; é a habilidade para usar esses preceitos ou normas, a parte prática. Toda ciência utiliza inúmeras técnicas na obtenção de seus propósitos" (Marconi; Lakatos, 2009B, p. 48).

O estudo da técnica, na investigação criminal, nos permite desenvolver uma verdadeira *tecnologia da investigação* orientada aos seus problemas e dificuldades de solução. A tecnologia, segundo G. F. Kneller (1980, p. 245 e ss), "é essencialmente uma atividade prática, a qual consiste mais em alterar do que em compreender o mundo. Onde a Ciência persegue a verdade, a tecnologia prega a eficiência. (...) O principal objetivo da tecnologia é aumentar a eficiência da atividade humana em todas as esferas, incluindo a da produção. A tecnologia produz os mais variados objetos para satisfazer uma gama ainda mais ampla de necessidades, e aperfeiçoa determinados tipos de objetos para satisfazer mais completamente necessidades específicas. A tecnologia aperfeiçoa os objetos tornando-os, por exemplo, mais duradouros, ou mais confiáveis, ou mais sensíveis, ou mais rápidos em seu desempenho, ou uma combinação de tudo isso, dependendo da função do objeto".

A técnica, na pesquisa, deve estar orientada a obter dados informativos a respeito do problema investigado. Na investigação criminal, as técnicas devem ser desenvolvidas ou aperfeiçoadas, tendo por orientação a *busca do aumento da capacidade de conhecimento, incluindo o alcance de maior fidedignidade possível em relação à informação, mas sempre ponderada com a diminuição da necessidade do uso da força física.* Essa ponderação é necessária, tanto na investigação criminal, quanto na ciência em geral, tendo em conta outros valores diversos da verdade[263]. É preciso ter em conta que, na investigação criminal, a justificação com base na busca da verdade não legitima toda e qualquer técnica (p. ex. a tortura, dantes aceita, hoje repudiada), e quando aceita certa técnica, há casos em que não se

[263] Na ciência em geral os preceitos éticos são levantados toda vez que se tende a desconsiderar o respeito ao ser humano em algum de seus valores fundamentais, geralmente suscitando uma grande movimentação da opinião pública.

prescinde de certas formalidades essenciais (p. ex. autorização judicial para interceptação telefônica)[264]. É com essa orientação que devemos estudar e aplicar as diversas técnicas de pesquisa, tanto as decorrentes da ciência em geral, como as específicas da investigação criminal (6.3.1).

No âmbito da pesquisa em geral, há certas técnicas que podem ser aplicadas à investigação criminal. O ideal é que os investigadores se dediquem a estudar essas técnicas de forma aplicada à investigação criminal, visando a uma maior eficácia da potencialidade para a solução de seus problemas. Nas pesquisas periciais, em geral, já são aplicadas técnicas desenvolvidas na ciência, com essa perspectiva, a exemplo de experimentos laboratoriais aplicados a identificação de substâncias químicas entorpecentes. Mas os estudos podem se dirigir a técnicas ordinárias que são comuns a pesquisas acadêmicas científicas, em geral.

Marina de A. Marconi e Eva M. Lakatos (2009B, p. 48 e ss.) apresentam-nos uma variedade de formas de obtenção de dados relativos a um problema, dentre as quais podemos citar os seguintes:

a) *Pesquisa documental (técnica de documentação indireta)*, que consiste em obter, organizar, classificar e catalogar dados escritos relacionados ao problema, conferindo-lhes uma capacidade de informação adequada e segura, apta a transmissão do conhecimento necessário à solução do caso; trata-se de técnica que, com grande proveito, interessa aos serviços cartorários do escrivão incumbido de secretariar os atos da autoridade investigante, sendo responsável por documentar todos os dados que podem servir de prova do crime;

b) *Pesquisa de campo (técnica de documentação direta)* implica em levantamento de dados diretamente no local onde ocorreu o fato pesquisado; "consiste na observação de fatos e fenômenos tal como ocorrem espontaneamente, na coleta de dados a eles referentes e no registro de variáveis que se presumem relevantes, para analisá-los" (p. 69); trata-se de técnica

[264] Essa é uma questão que concerne aos limites da investigação criminal, estando relacionada aos direitos e garantias fundamentais (cf. Capítulo 9).

que deve ser usada e aperfeiçoada por agentes e detetives, desenvolvendo técnicas conexas de formas de registros fidedignos de tudo quanto levantaram; os peritos criminais, igualmente, tendem a usar essa técnica na fase prévia de estudo do local do crime, em que observam o ambiente, colhem dados e registram impressões relativas ao problema investigado;

c) *Entrevista (técnica de observação direta intensiva)* que, conjuntamente com a técnica de observação (que pode ser participante ou não participante, entre outras espécies)[265], consiste em "encontro entre duas pessoas, a fim de que uma delas obtenha informações a respeito de determinado assunto, mediante uma conversação de natureza profissional" (p. 80); tem por objetivos, entre outros, averiguação de fatos, determinação de opiniões sobre fatos, descoberta de planos de ação, conduta atual ou do passado; pode ser do tipo padronizada (ou estruturada) ou não (com liberdade sobre perguntas); na investigação criminal, se bem preparada com diretrizes mínimas[266], a entrevista pelos agentes e detetives pode alcançar grande êxito na solução dos problemas investigados, desde que se adotem formas adequadas de registro das informações obtidas, seja por meio de *informes escritos*[267], seja por meio de *gravação da conversa.*

---

[265] Cf. *Técnicas de pesquisa*, de Marina de A. Marconi e Eva M. Lakatos Marconi, em que as autoras apresentam as diversas *espécies de observação.* Quanto à observação participante (p. 81), é uma técnica que se encontra implícita na técnica policial de infiltração, o que nos reafirma a relação entre investigação e pesquisa, e a necessidade de estudos e aperfeiçoamento das técnicas de pesquisa aplicadas à investigação. Sobre particularidades da técnica de observação, na investigação criminal, cf. "Manual de técnicas del investigador policiaco", de William Dienstein, Ed. Limusa-Wiley, p. 19 e ss.

[266] Para uma noção das diretrizes de entrevista, cf. Marconi e Lakatos, 2009B, p. 84 e ss, em que as autoras explicam sobre "contato inicial, formulação de perguntas, registro de respostas, término da entrevista, requisitos importantes"

[267] Sobre *redação de informes*, na investigação criminal, cf. Dienstein, *op. cit.*, p. 159 e ss.

6.3.1. *As técnicas da investigação criminal*

Além das técnicas adotadas na pesquisa em geral, que podem e devem ser usadas na investigação criminal, nesta se devem desenvolver e/ou aperfeiçoar técnicas próprias, tendo sempre em conta a ponderação entre o objetivo de maior eficácia da técnica e os limites que se encontram nas normas legais. Sob essa perspectiva, podemos observar que, entre as técnicas de investigação, há algumas que se encontram reguladas legalmente, com limites jurídicos de atuação ou certos requisitos essenciais à sua utilização. Considerando essas observações, bem como aquela distinção inicialmente feita (6.1.2.) sobre obtenção, análise, formalização e manutenção de dados, podemos classificar as diversas e principais técnicas de investigação criminal[268], nos seguintes termos.

1. *Técnicas policiais ordinárias.* Nessa espécie, encontram-se as técnicas em geral utilizadas pelos agentes e detetives em sua rotina diária de atividade de investigação, a exemplo da *vigilância*[269], *entrevista e interrogatório*[270], entre outras; quanto a certos crimes que exigem pesquisas em documentos e outros dados, pode-se incluir a *técnica de análise*, comum em crimes tributários, previdenciários e financeiros, bem como nos casos de crimes que deixam vestígio a exemplo das perícias em geral, realizadas sobre elementos colhidos em pesquisa de campo.

2. *Técnicas juridicamente condicionadas.* São técnicas que estão previstas na legislação processual penal, com previsão expressa e certos requisitos mínimos, dentre os quais o principal, em algumas, é a autorização judicial prévia para a utilização da técnica. São dessa espécie a *busca domiciliar, quebra de sigilo bancário e fiscal, inter-*

---

[268] As técnicas de investigação criminal são, em geral, referidas na doutrina processual penal sobre provas, como "meio de obtenção de prova", a exemplo da interceptação telefônica e da busca e apreensão, em distinção com os "meios de prova".

[269] Sobre a *técnica de vigilância*, na investigação criminal, cf. Dienstein, *op. cit.*, p. 117 e ss. Sobre a *videovigilância*, inclusive considerando aspectos jurídicos, cf. "Teoria geral do direito policial", de Manuel Monteiro Guedes Valente, Ed. Almedina, p. 449 e ss.

[270] Sobre o *interrogatório*, cf. "A técnica do interrogatório", de Eudes Oliveira (Ed. RT).

cepção telefônica. As demais buscas, pessoal e em veículo[271], embora não exijam autorização judicial, estão limitadas juridicamente pelos direitos fundamentais, assim como todas as técnicas, em geral.

3. *Técnicas destinadas ao crime organizado.* Embora igualmente reguladas legalmente, são técnicas previstas expressamente para investigação de crimes praticados por quadrilha ou organizações criminosas[272]. Encontram-se nessa espécie a *ação controlada*[273], a *captação ambiental* e o *agente infiltrado*[274], técnicas previstas na Lei n. 9.034/ /95, art. 2.º, inc. I a IV. Todas as demais técnicas, utilizadas nas investigações em geral, são evidentemente aplicadas às hipóteses de crime praticado por organização criminosa.

Quanto a essas espécies, pode-se sustentar que as técnicas previstas na Lei n. 9.034/85 estão limitadas à investigação de crimes praticados por organizações criminosas, à exceção das técnicas do inc. II, que têm previsão na legislação em geral, cumprindo, assim, ponderar se é justificável o uso das demais em qualquer investigação. Em todo caso, ressalte-se que as técnicas de investigação, como meios de obtenção de prova, tendem a ter uma ponderação legal, considerando a gravidade do crime investigado. Um exemplo típico dessa ponderação é a interceptação telefônica que, no direito brasileiro, só pode ser utilizada para crimes punidos com reclusão. Nesse sentido é que podemos interpretar a Lei n. 9.034/95, porque "dispõe sobre a utilização de meios operacionais para a prevenção e repressão de ações praticadas por organizações criminosas". Sendo assim, tratando-se de uma lei especial, certas técnicas estão limitadas a delitos praticados por organizações criminosas, se não previstos igualmente na legislação em geral. É um princípio de interpretação que se conjuga com o caráter restritivo de direito da técnica de investigação.

---

[271] Sobre *revistas e buscas preventivas* e de segurança, cf. Valente, op. cit., p. 434 e ss; cf. também "Investigação Criminal", de José Braz, Ed. Almedina, p. 233.

[272] A respeito da Lei n. 9.034/95, cf. "Crime Organizado – Aspectos Processuais", de Antonio Scarence Fernandes, Ed. RT, 2009.

[273] Sobre *ações encobertas e entrega controlada*, cf. Braz, *op. cit.*, p. 319 e 327.

[274] Sobre *agente infiltrado,* cf. Valente, op. cit., p. 396 e ss.

4. *Técnicas periciais*. Também há certas regras legais aplicáveis às perícias em geral, mas essas técnicas se especificam pelo seu caráter científico fundamentado em conhecimentos prévios de outras ciências. Nessa espécie, podemos distinguir técnicas destinadas à *determinação de objetos* e as destinadas à *identificação humana*. Entre essas, temos perícias que auxiliam na identificação das pessoas envolvidas no problema investigado (vítima, autor do crime, testemunhas), a exemplo da identificação datiloscópica, facial, odontológica e genética; entre aquelas, temos todas as demais perícias (*químicas, contábeis, de engenharia*), bem como a *documentoscopia*, *balística* etc, nas quais se encontram embutidas várias técnicas de observação, registro e análise de dados, incluindo técnicas laboratoriais[275].

Com essa exposição sucinta, não pretendemos, evidentemente, exaurir o rol de técnicas disponíveis, nem mesmo, sequer, tratar de cada uma delas, embora seja exigível que uma teoria da investigação estabeleça os parâmetros mínimos de utilização de cada um técnica. Um estudo de cada técnica, assim, segundo entendemos, deve dar-se no sentido de explicar seu uso adequado, demonstrando seu potencial para obtenção de dados relativos ao problema posto, considerando os instrumentos auxiliares, bem como seus limites e requisitos jurídicos de utilização.

6.3.2. *A prisão como técnica*

Considerando o critério de orientação aqui propugnado em relação à técnica ("*busca do aumento da capacidade de conhecimento, incluindo o alcance de maior fidedignidade possível em relação à informação, mas sempre ponderada com a diminuição da necessidade do uso da força física*"), é impossível legitimar-se qualquer prisão cautelar como forma de pesquisa. Sendo a investigação criminal uma forma de saber-poder em que o conhecimento deve prevalecer sobre o recurso à força (cf. Introdução), não se entende como, ainda atual-

---

[275] Para uma visão geral de várias dessas técnicas, cf. "Tratado de perícias criminalísticas", de Domigos Tochetto (Coordenação), Ed. Sagra-Luzzatto.

mente, no Estado Democrático de Direito, a prisão pode ser utilizada como forma de conhecimento, ante, sobretudo, sua ineficácia cognitiva para a investigação.

Advirta-se, contudo, que a prisão cautelar (preventiva ou temporária), possui outras funções legais às quais não estamos nos referindo, embora possam ser igualmente reprováveis sob outras perspectivas, não, contudo, do ponto de vista gnosiológico como o fazemos aqui, exclusivamente em relação à hipótese de imprescindibilidade para a investigação (Lei n. 7.960/89, art. 1.º, I) e conveniência da instrução criminal (CPP, art. 312). A prisão cautelar, em geral, pode, assim, ser questionada sob uma perspectiva dos valores que delineiam o Estado brasileiro, tendo em conta que, ontologicamente, a prisão antes da sentença tem o mesmo resultado prático que é a restrição da liberdade do acusado, antes de ser considerado culpado. O uso da prisão, como meio para outros fins que não a retribuição ao final do processo, tem sempre o condão de *transformar o ser humano em meio* para fins diversos dos poucos que ainda legitimam o direito penal moderno (a proteção dos bens jurídicos).

Considerada como forma de cognição, enquanto for mantida e utilizada na investigação criminal, a prisão, em última análise, representa o reconhecimento da incapacidade do Estado de desenvolver técnicas mais racionais (cognitivas) de obtenção da verdade, optando-se por recorrer ao uso da força como técnica (coativa) ineficaz ao fim a que se destina, deixando sempre implícito outros motivos que não se declaram expressamente na lei, nem na prática das investigações[276].

---

[276] A respeito da ilegitimidade da prisão temporária na investigação, cf. artigo nosso: "Investigação e crime organizado: funções ilegítimas da prisão temporária", Boletim IBCCRIM n. 157.

Capítulo VII

FUNÇÃO E ASPECTOS DA TEORIA DO CRIME

7.1. Introdução

A teoria do crime (ou teoria do delito)[277], segundo Santiago Mir Puig, "reúne em um sistema os elementos que, com base no Direito positivo, podem ser considerados *comuns a todo delito ou a certos grupos de delitos*". Trata-se de obra da doutrina jurídico-penal, o que se costuma chamar de *dogmática* do Direito penal (2007, p. 112)[278]. E. R. Zaffaroni (2009, p. 333), a respeito da teoria do crime, explica que ela é uma parte da ciência do direito penal que se ocupa do delito em geral, buscando explicá-lo a partir das características que deve ter todo e qualquer delito[279]. Em síntese, sustenta ele, "*...a teoria do delito é uma construção dogmática (...), que nos proporciona*

---

[277] No Brasil, assim como na Itália e na Espanha, diferentemente de alguns países, como na França p.ex., crime e delito não se distinguem (cf. nesse sentido, Gomes, 2007, p. 164). Assim, para nós é indiferente falar em teoria do crime ou teoria do delito. A distinção que existe entre nós é apenas entre crime e contravenção.

[278] A teoria do crime, assim, "possui como objetivo teórico mais elevado a busca dos *princípios básicos* do Direito penal positivo e sua articulação em um *sistema* unitário. A teoria do delito constitui uma tentativa de oferecer um sistema com estas características. Portanto, não é, fundamentalmente, uma proposta incondicionada sobre o que o delito *deveria ser* – não é uma construção *iusnaturalista* –, mas uma *elaboração sistemática das características gerais que o Direito positivo permite atribuir ao delito, com base na regulação que aquele efetua deste*" (Mir Puig, ibid, p. 112).

[279] Segundo o autor, "esta explicação não é um mero discorrer sobre o delito com interesse de pura especulação; contrariamente atende ao cumprimento de um propósito essencialmente prático, consistente *em tornar mais fácil a averiguação da presença, ou ausência, do delito em cada caso concreto*" (id. ibid.).

o caminho lógico para averiguar se há delito em cada caso concreto" (ibid. p. 334). Enrique Bacigalupo (2005, p. 177), por sua vez, observa que, em primeiro lugar, a teoria do crime é "...o meio técnico-jurídico para estabelecer a quem se deve imputar certos fatos e quem deve responder por eles pessoalmente". Trata-se, segundo adequada observação do autor, de "um *instrumento conceitual* que tem a finalidade de permitir uma aplicação racional da lei a um caso" (ibid. p. 180, com itálico nosso)[280].

A teoria do crime, assim, propõe um esquema estratificado que permite apreender o fato punível (dados da realidade) em comparação com o tipo penal (hipótese legal), em níveis distintos de compreensão (tipicidade, antijuridicidade e culpabilidade). Sob essa perspectiva, deve-se entender que "os diferentes conceitos ou categorias que compõem a teoria do delito provêm de uma seleção ou generalização dos elementos que se repetem na aplicação de cada disposição legal que estabelece um delito" (Bacigalupo, ibid. p. 181). Quando falamos em teoria do crime, no entanto, devemos estar cientes de que há várias teorias que se distinguem pela forma como estruturam os elementos constitutivos do conceito em níveis distintos de compreensão teórica do objeto[281].

---

[280] Nesse sentido, "...a teoria do delito cumpre com uma dupla função mediadora. Por um lado, medeia entre a lei e a solução do caso concreto, ou seja, entre a norma geral, que expressa a valoração do legislador, e a concreção desta em uma norma particular que decide sobre o caso concreto. Por outro lado, existe também uma mediação entre a lei e os fatos objeto do julgamento pois cada uma das categorias da teoria do delito faz referência a determinados aspectos factuais que constituem o material objetivo ao qual se deve aplicar a lei" (p. 180-181).

[281] Segundo Claus Roxin, em *Política criminal e Sistema jurídico-penal* (2002, p. 85-8), "quase todas as teorias do delito até hoje construídas são sistemas de elementos, isto é, elas dissecam o comportamento delitivo em um número de diferentes elementos (objetivos, subjetivos, normativos, descritivos etc.), que são posicionados nos diversos estratos da construção do crime, constituindo algo como um mosaico do quadro legislativo do fato punível. Essa forma de proceder acaba levando a que se votem grandes esforços à questão sobre que posicionamento no sistema do delito deve ocupar esta ou aquela elementar do crime; pode-se descrever a história da teoria do delito nas últimas décadas como uma migração de elementares dos delitos entre os diferentes andares do sistema". Para uma "evolução da teoria do delito" e os diversos conceitos teóricos, cf. Zaffaroni, 2009, p. 343 e ss; Bitencourt, 2000, p. 15 e ss; Gomes, 2007, p. 173 e ss.

Entre as principais teorias, encontram-se na história os esquemas teóricos causal-naturalista, clássico[282] e neoclássico[283], o finalista e o funcionalista[284]. Iremos, aqui, trabalhar essencialmente com o esquema

---

[282] O *esquema teórico de Liszt* distinguia no crime um aspecto objetivo (o injusto) e um subjetivo (a culpabilidade), em virtude dos quais o crime se configurava por uma causação física de um resultado socialmente danoso e uma causação psíquica deste mesmo resultado, na forma dolosa ou culposa. Segundo E. R. Zaffaroni (2009, p. 343), a respeito desse esquema (injusto objetivo – culpabilidade psicológica), "o que, em definitivo, se devia investigar para saber se havia delito eram dois nexos causais: um físico (a conduta causou o resultado?) e outro psíquico (há uma relação psicológica entre a conduta e o resultado?)". Nesse esquema, o crime era conceituado como conduta (entendida como vontade exteriorizada que inicia a marcha causal) antijurídica (não se distinguindo tipicidade da antijuridicidade), culpável (decorrente de uma relação psicológica entre conduta e resultado) e punível (submetida a uma pena pela lei). *Ernest von Beling*, embora tenha mantido a estrutura fundamental objetivo-subjetiva de Lizst, introduz no esquema a *teoria do tipo* (distinguindo tipicidade e antijuridicidade), de tal forma que o crime passa a ser conceituado como conduta (ainda vontade exteriorizada que movimenta o fluxo causal), típica (como proibição de causação do resultado), antijurídica (como contradição entre causação do resultado e ordem jurídica) e culpável (ainda uma relação psicológica entre conduta e resultado, nas formas dolosa ou culposa).

[283] A *ruptura do esquema objetivo-subjetivo* (Lizst-Beling) se inicia com a crítica neokantista de G. Radbruch ao conceito de conduta voluntária sem conteúdo, porque este (dolo ou culpa) estava localizado apenas na culpabilidade. A partir daí, passou-se a admitir que em certas situações não havia relação psicológica, v.g. os chamados "delitos de esquecimento", e Frank (1907) propôs um *novo conceito de culpabilidade* (misto, porque normativo, quando não houvesse relação psicológica, ou psicológico, quando houvesse). Em acréscimo, passou-se a sustentar que, para precisar a tipicidade, seria necessário recorrer à observação de certos aspectos subjetivos do tipo (os chamados *elementos subjetivos do injusto*). Assim, rompe-se o esquema objetivo-subjetivo, e o crime passa a ser conceituado como conduta (ainda uma vontade exteriorizada que põe em marcha a causalidade), típica (como proibição de causação de resultado, mas já admitindo elementos subjetivos), antijurídica (como contradição entre causação do resultado e ordem jurídica) e culpável (como reprovabilidade, embora com conteúdo doloso ou culposo).

[284] Quanto às *teorias funcionalistas*, o que importa essencialmente é a função do Direito penal. Luiz Flávio Gomes, sintetizando as diversas correntes, explica que: "Para Roxin sua função consiste na proteção de bens jurídicos, de modo fragmentário e subsidiário (contam com grande relevância no Direito penal os princípios de Polícia criminal). De acordo com Jakobs a função do Direito penal consistiria na proteção da norma penal.

finalista, considerando que, desde a nova parte geral do Código Penal brasileiro de 1984, essa teoria se encontra estabelecida na doutrina nacional[285], sem prejuízo de algumas poucas considerações acerca da imputação objetiva (referida pela doutrina funcionalista).

O *esquema* finalista, em síntese, parte essencialmente da ideia fundamental de que "a ação humana é o exercício da atividade finalista. A ação é, portanto, um acontecer 'finalista' e não somente 'causal'. A 'finalidade' ou atividade finalista da ação se baseia em que o homem, sobre a base de seu conhecimento causal, pode prever em determinada escala as consequências possíveis de uma atividade com vistas ao futuro, propor-se a objetivos de índole diversa e dirigir sua atividade segundo um plano tendente à obtenção desses objetivos" (Welzel, 2004, p. 79). Daí, sendo a conduta uma ação voluntária final, o dolo e a culpa passam a compor a tipicidade, no esquema finalista, ficando a culpabilidade como pura reprovabilidade (teoria normativa pura).

Hassemer defende a função garantista do Direito penal. Zaffaroni, por fim, defende seu papel de contenção (função redutora) do Estado de polícia" (2007, p. 183). A par dessa questão em que se discutem os fins das penas, mas ainda em conexão com elas, insere-se no esquema funcionalista uma renovada discussão em torno da teoria da imputação, nesta enfatizada a imputação objetiva, "que trata da determinação das propriedades objetivas de uma conduta imputável", um "aspecto da imputação" que estabelece limites à causalidade a partir de bases normativas. Nesse sentido, a teoria do crime é encarada como uma teoria da imputação. Para alguns doutrinadores (v.g. A. Kaufmann apud Bacigalupo, 2005, p. 180), a imputação objetiva não passa de um conjunto de critérios interpretativos de aplicação da lei. Segundo E. R. Zaffaroni, a partir da *sistemática funcional-sistêmica*, sustenta-se que os conceitos de crime não são científicos, pois dependem de suas finalidades penais, político-criminais, não estando sujeitos a dados impostos pela natureza. Assim, Roxin, p. ex., "propôs um projeto de sistematização, que se volta para o neokantismo dos anos 1930, mas que substitui a orientação das normas de cultura, que estima pouco clara, pela orientação político-criminal de conformidade com os fins da pena. (...) Sustenta duas características para o seu sistema: talvez a que maior atenção está por merecer, seja a sua teoria da imputação ao tipo objetivo" (2009, p. 348).

[285] Nesse sentido, cf. Zaffaroni, 2009, p. 346, "a teoria do delito no Brasil". Há na doutrina nacional, no entanto, algumas divergências sobre a culpabilidade ser mero pressuposto da pena ou elemento do crime, bem como sobre a punibilidade se incluir ou não no conceito analítico de crime (nesse sentido, cf. Bitencourt, 2000, p. 24). Ainda, a respeito do tema, cf. Gomes, 2007, p. 173 e ss. Para "uma visão panorâmica da dogmática penal brasileira", cf. *Teoria Geral do Delito*, de Cezar Roberto Bitencourt, Ed. Almedina, 2007.

Na investigação criminal, a teoria do crime, entre suas diversas funções, cumpre uma *função operativa*, em virtude de seu *caráter metodológico*, ao fazer a mediação entre o fato punível (como objeto da realidade) e o tipo penal (como hipótese legal normativa), permitindo uma interpretação adequada da lei penal. Em síntese, com a teoria do crime, podemos (a) distinguir aspectos e níveis de observação do delito (tipicidade, ilicitude e culpabilidade)[286], estabelecendo uma sequência racional de compreensão gradativa; (b) evidenciar *o que* e *qual a natureza* do objeto de prova[287], orientando adequadamente a atividade probatória na busca de fontes e constituição de meios; e (c) estabelecer uma *linguagem conceitual*[288], a partir da qual é possível qualificar dados obtidos na investigação, em conformidade com uma referência linguística que pode ser comunicada aos demais sujeitos da persecução penal, no processo judicial.

7.1.1. *Esquema analítico-formal*

Crime, segundo conceito analítico de Luiz Flávio Gomes (2007, p. 207), "é o fato formal e materialmente típico e antijurídico" (tipici-

---

[286] Cada elemento teórico focaliza os fatos da realidade sob uma perspectiva, evidenciando aspectos de um mesmo objeto. Assim, não se trata de investigar tipicidade, ilicitude e culpabilidade, mas de investigar uma unidade fática (embora, por vezes, complexa) e analisá-la (teoria analítica) sob perspectivas diversas (típica, antijurídica e culpável); daí sua natureza de método de trabalho, ou, melhor dizendo, segundo E. Bacigalupo, de *meio técnico-jurídico* (cf. 2005, p. 177).

[287] Sob esse aspecto, segundo entendemos, a teoria do crime funciona à maneira de uma *ontologia particular*, na medida em que estabelece a natureza dos elementos do crime (a essência das categorias, a propriedade dos objetos), permitindo com isso orientar o conhecimento adequado de cada elemento. A respeito da teoria especial do conhecimento e sua relação com a ontologia, cf. Johannes Hessen, *Teoria do conhecimento*, 2003, p. 133 e ss. Para uma compreensão do tema, sob a perspectiva da teoria do crime, cf. Jorge Frías Caballero, *Teoria del delito*, 1993, p. 78 e ss, em que o autor trata de "la ontologia regional, la evolucion de las escuelas penales y la elaboracion de la teoria dogmática del delito".

[288] Na verdade, uma *metalinguagem* como condição necessária para estabelecer a verdade relativa às hipóteses legais. A respeito da relevância de uma metaliguagem, na concepção semântica da verdade, cf. L. H. Dutra, *Verdade e Investigação*, 2001, p. 39 e ss.

dade + antijuridicidade), ameaçado legalmente por uma pena (punibilidade)[289]. A uma teoria da investigação criminal, tendo como pressuposto uma previsão legal (cominando pena a uma conduta típica), interessa-nos essencialmente as categorias tipicidade e antijuridicidade da teoria do crime.

Quanto à culpabilidade, conforme adequada observação de Luiz Flávio Gomes, "embora seja uma categoria muito relevante dentro do Direito penal, não compõe o conceito de crime nem integra o conceito de fato punível. Não pertence ao injusto penal nem tampouco ao fato punível. Ela é um dos fundamentos indeclináveis da pena e, desse modo, faz o elo entre o crime e a pena concreta. (...) Ocupa posição sistemática autônoma, independente, mas ao mesmo tempo intermediária, entre a teoria do delito e a teoria da pena" (ibid. p. 544). Ademais disso, segundo entendemos, seja ou não considerada elemento do crime, tendo em conta o conceito de culpabilidade segundo a teoria normativa pura, bem como a forma de tratamento no sistema jurídico nacional, não se justifica trabalhar com essa categoria na investigação criminal.

Segundo a teoria normativa pura, "a culpabilidade, no finalismo, (...), pode ser resumida como a reprovação pessoal que se faz contra o autor pela realização de um fato contrário ao Direito, embora houvesse podido atuar de modo diferente de como o fez" (Bitencourt, 2000, p. 323)[290]. Em síntese, "os elementos que integram a culpabilidade, segundo a concepção finalista, são: a) imputabilidade; b) possibilidade de conhecimento da ilicitude do fato; c) exigibilidade de obediência ao Direito" (ibid. p. 328). Dessa forma, seja ou não considerada a culpabilidade elemento do crime, não se justifica que a

[289] Noutro sentido, contudo, segundo Mir Puig (p. 115): "Admite-se geralmente – deixando-se de lado pequenas divergências – que 'o delito é um comportamento humano tipicamente antijurídico e culpável', acrescentando-se, frequentemente, a exigência de que seja 'punível" (Mir Puig, p. 115).

[290] A respeito da questão, cf. Welzel, 2001, em que o autor trata da "posição da culpabilidade na estrutura do delito" (Capítulo 5) e mais especificamente sobre "o desenvolvimento da concepção normativa de culpabilidade na dogmática moderna" (p. 90 e ss). Cf. também, Assis Toledo, 2001, p. 224-233: "concepção da culpabilidade na doutrina finalista".

autoridade investigante faça esse *juízo de reprovabilidade* porque em nada aproveita à conclusão da investigação, já que é indiferente ser ou não culpável para o indiciamento. Ademais disso, o Código penal brasileiro, ao tratar das causas excludentes da culpabilidade (dirimentes), não considera haver exclusão do crime, mas apenas que o agente é *isento de pena* (v.g. CP, art. 20, § 1.º; art. 26; art. 28, §1.º)[291].

Assim, podemos trabalhar com a teoria do crime, segundo um *conceito bipartido*[292], considerando *C (crime) = T (tipicidade) + I (ilicitude)*, em que *T* se decompõe em *TO (tipo objetivo)* e *TS (tipo subjetivo)*, e *I* se configura pela *inexistência de justificação*: *EN (estado de necessidade), LD (legítima defesa), CD/ED (estrito cumprimento do dever legal ou exercício regular de direito)*. Assim, temos, com os conceitos que apresentamos adiante, o seguinte resumo:

$$C = T\ (TO+TS) + I\ (\sim EN + \sim LD + \sim CD/ED)$$

Tipicidade "é a característica que tem uma conduta em razão de estar adequada a um tipo penal, ou seja, individualizada como proibida por um tipo penal" (Zaffaroni, 2009, p. 384). A respeito dela fala-se em um *juízo de tipicidade* que consiste em comparar os dados da realidade (demonstrados por provas) com o esquema hipotético legal (o tipo penal). É considerada a categoria mais relevante da análise jurídico-penal do crime, sendo um juízo de adequação entre fato e

---

291 Assim, considerando essa irrelevância, podemos concluir que, mesmo nos casos de inimputablidade (em que se admite processo judicial com medida de segurança ao final), é possível indiciamento formal do investigado. Segundo entendemos, dessa forma, em todos os casos legais ou doutrinários de exclusão da culpabilidade, deve-se deixar ao juiz a decisão. Isso, contudo, não significa que os fatos, que dão suporte ao juízo de culpabilidade (porque indissociáveis do fato investigado), não devam ser investigados. Dessa forma, não apenas nas hipóteses que podem conduzir à exclusão da culpabilidade, como também os fatos que concorrem para a fixação da pena (CP, art. 59) devem ser objeto de investigação criminal, embora a autoridade investigante não emita a respeito deles juízo de reprovação.

292 Cumpre observar que, mesmo dentro do esquema finalista, encontram-se conceitos bipartido, tripartido e quadripartido. Cf. a respeito, "sistemas de delito", em Gomes, 2007, p. 206 e ss.

descrição legal[293]. Segundo observação de C. R. Bitencourt (2000, p. 137), "a tipicidade é uma decorrência natural do princípio da reserva legal..." que se estabelece por uma conformidade (ou correspondência, segundo alguns)[294] entre fato e lei. Por ser uma relação de correspondência entre hipótese legal e dados reais, a teoria do crime fornece a base conceitual para qualificar tais dados em conformidade com a hipótese.

Na análise da tipicidade, em síntese, deve-se averiguar a existência de dados em correspondência com os elementos do tipo penal, que são de naturezas diversas (materiais, normativos, subjetivos) e estão relacionados entre si por vínculos de naturezas várias (causal, objetiva, subjetiva). A tipicidade pode ser decomposta em tipicidade objetiva, em que interessam elementos reais (conduta, resultado e nexo), e tipicidade subjetiva, em que interessa averiguar o ânimo do autor da conduta.

De um ponto de vista puramente formal, a tipicidade se estabelece pela simples correspondência entre dados reais e hipótese legal, mas não se pode desconsiderar a necessidade de uma tipicidade em sentido material, em conformidade com alguns princípios que tendem a afastar a tipicidade, embora formalmente típica a conduta[295].

Na investigação criminal, embora provisório relativamente ao processo judicial, é essencial à autoridade investigante o juízo de tipicidade, sem o qual não poderá concluir acerca da existência do crime e indícios de sua autoria. O estudo adequado da teoria do crime, com ênfase no tipo penal, consiste no arcabouço teórico fundamental de uma investigação criminal, merecendo atenção para as várias espécies de tipo, suas particularidades, bem como o estudo dos vínculos possíveis entre conduta e resultado, e entre conduta e autor.

---

[293] Segundo F. M. Conde, 2000, p. 117 e ss, "de estas tres categorías [tipicidad, antijuridicidad y culpabilidad] la primera y más relevante desde el punto de vista jurídico-penal, es la tipicidade."

[294] Nesse ponto, lembrem-se as teorias da verdade (Capítulo 4, Seção 4.2.)

[295] Nesse sentido, encontram-se os princípios da adequação social e da insignificância, considerando a falta de lesão ao bem jurídico que se busca proteger. A respeito do tema, cf. Welzel, 2004, p. 106 e ss; Bitencourt, 2000, 162 e ss.

A ilicitude (ou antijuridicidade), por sua vez, se define como "a relação de antagonismo que se estabelece entre uma conduta humana voluntária e o ordenamento jurídico, de modo a causar a lesão ou expor a perigo de lesão um bem jurídico tutelado" (Assis Toledo, 2001, p. 163), sendo a *contrariedade ao direito* a essência do conceito. Em princípio, decorre do fato de uma conduta estar tipificada no direito, mas somente se estabelece se estiver em desacordo com o sistema normativo como um todo, lesando a um bem jurídico tutelado, desde que não exista um "tipo permissivo de conduta" que a justifique, excluindo a ilicitude[296]. Entre essas causas excludentes, no direito brasileiro, encontram-se a legítima defesa[297], o estado de necessidade[298], o exercício regular do direito e o estrito cumprimento do dever legal[299]. Além dessas causas, a doutrina jurídica considera ainda como causa excludente as *offendiculas*[300].

---

[296] A respeito da Ilicitude, a *teoria dos elementos negativos do tipo* considera que "o tipo penal contém já toda matéria proibida e antijurídica, compondo-se, por isso, de duas partes: a) uma parte *positiva* (tipo positivo), que corresponde à completa realização dos elementos (objetivos, subjetivos e normativos) do tipo (tipo no sentido tradicional); b) uma parte *negativa* (tipo negativo), que corresponde à ausência de causas de justificação. Ou seja, na formulação do tipo penal estaria implícita a ausência de causas de justificação" (Queiroz, 2009, p. 162).

[297] Segundo o conceito legal no Direito penal brasileiro, "entende-se em legítima defesa quem, usando moderadamente dos meios necessários, repele injusta agressão, atual ou iminente, a direito seu ou de outrem" (CP, art. 25)

[298] Segundo o conceito legal no Direito penal brasileiro, "considera-se em estado de necessidade quem pratica o fato para salvar de perigo atual, que não provocou por sua vontade, nem podia de outro modo evitar, direito próprio ou alheio, cujo sacrifício, nas circunstâncias, não era razoável exigir-se" (CP, art. 24).

[299] A respeito do cumprimento de um dever legal, a partir de uma *concepção conglobante da tipicidade*, E. R. Zaffaroni sustenta que seria uma causa de atipicidade penal, em virtude de sua conformidade com a ordem normativa (cf. 2009, p. 474 e ss). Assim, segundo essa teoria, "o que está permitido ou fomentado ou determinado por uma norma não pode estar proibido por outra" (Gomes, 2007, p. 360)

[300] Segundo C. R. Bitencourt (2000, p. 298), "são defesas predispostas que, de regra, constituem-se de dispositivos ou instrumentos objetivando impedir ou dificultar a ofensa ao bem protegido, seja patrimônio, domicílio ou qualquer outro bem jurídico". Para alguns, essa causa se inclui na excludente do exercício regular de direito (Aníbal Bruno), para outros na legítima defesa (Hungria).

7.1.2. *Elementos constitutivos do crime*

Não obstante a relevância da teoria jurídica do crime para orientar os trabalhos da investigação criminal, ao fornecer um esquema de compreensão dos fatos e de qualificação dos dados, tendo em vista a hipótese legal, não raro é impossível estabelecer previamente o tipo penal que nos sirva de orientação investigativa. Esse é um problema que nos exige um esquema alternativo, ou mesmo complementar nos casos em que, em virtude de sua complexidade estrutural, precisamos de elementos mínimos essenciais que nos permitam uma compreensão mais imediata do crime investigado. Para tanto, entendemos que se pode recorrer à compreensão dos *elementos constitutivos do crime*, segundo expressão utilizada por Luigi Ferrajoli, para referir-se às garantias penais substanciais que devem orientar o legislador na constituição típica dos crimes, levando em conta a necessária referência a dados materiais relativos à ação, ao resultado e à culpabilidade[301]. Na investigação criminal, como elementos de orientação alternativa ou complementar da teoria do crime, interessam-nos o princípio da materialidade da ação e o da lesividade do bem jurídico, que podem ser compreendidos como conteúdo substancial da tipicidade e ilicitude.

O *princípio da lesividade* "impõe à ciência e à prática jurídica precisamente o *ônus da demonstração*. A necessária lesividade do resultado, qualquer que seja a concepção que dela tenhamos, condiciona toda justificação utilitarista do direito penal como instrumento de tutela e constitui seu principal limite axiológico externo" (Ferrajoli, 2002, p. 373). Nesse sentido, esse princípio impõe a qualquer investigação criminal a necessária identificação do bem jurídico lesado

[301] Cf. nesse sentido, Ferrajoli, 2002, p. 371 e ss. A respeito desses elementos, o autor sustenta que "o garantismo não prescinde dos valores substanciais; antes, configura-se como uma técnica destinada a satisfazê-los, selecionando-os, explicitando-os e incorporando-os normativamente na forma positiva de lei, como condições de legitimação jurídica das proibições e das penas e, com isso, como fatores de minimização do poder punitivo legítimo" (2002, p. 371). A partir desses dados, o autor sustenta a exigência de certos princípios fundamentais – os princípios da necessidade e da lesividade, relativos aos bens jurídicos; o princípio da materialidade da ação; e o princípio da culpabilidade, fundado na ideia de exigibilidade da conduta.

com a demonstração de sua lesão, seja ela real ou potencial. Ainda que não se tenha o tipo penal previamente estabelecido na investigação, é fundamental que a investigação tenha em vista identificar o bem jurídico lesado e especificar que espécie de lesão foi sofrida. A partir daí, será possível estabelecer qual tipo penal *possivelmente* classificará o fato punível. Nesse ponto, contudo, a autoridade investigante deve ponderar que vários tipos penais não exigem que certas condutas produzam um resultado fático lesivo, porque impossível, ou mesmo que possível, antecipam a consumação para um estágio prévio de lesão.

Quanto ao *princípio da materialidade da ação*, deve-se entender que "nenhum dano, por mais grave que seja, pode-se estimar penalmente relevante, senão como efeito de uma ação. Em consequência, os delitos, como pressupostos da pena, não podem consistir em atitudes ou estados de ânimo interiores, nem sequer, genericamente, em fatos, senão que devem se concretizar em ações humanas, materiais, física ou externas, quer dizer, empiricamente observáveis – passíveis de serem descritas, enquanto tais, pela lei penal." (Ferrajoli, 2002, p. 384). No entanto, em certos casos, a autoridade investigante deverá ponderar a possibilidade de lesão ao bem jurídico pela omissão de ação a que estava obrigado o sujeito ativo do crime. Essa, entre outras, é uma questão que se analisará no estudo das diversas espécies de tipo penal.

7.2. O tipo penal

O estudo do tipo penal em geral, bem como dos tipos penais em espécie, é base fundamental para uma investigação criminal adequadamente conduzida segundo critérios não apenas científicos, mas sobretudo jurídicos, considerando que somente se pode considerar concluída a investigação se reunidos dados probatórios que correspondam a cada elemento típico, antes que se possa atribuir a um sujeito sua autoria.

No estudo do tipo em geral, a teoria do crime costuma partir de um *tipo padrão completo*, considerando o *crime comissivo, doloso e consumado*, embora existam vários tipos penais que fogem a esse padrão em algum ponto (*omissivo, culposo ou tentado*), além de existirem outros tantos tipos que, sem incorrer nessas variantes, estruturam-se em torno de certas particularidades que influenciam substancialmente na investigação criminal, seja porque excluem algum elemento presente no tipo padrão, seja porque incluem circunstância especialmente caracterizadora daquele tipo em específico.

Ademais, a investigação criminal deve atentar para o fato de que certos tipos penais têm um *núcleo comum mínimo* (em geral, tipos que se referem a lesões gradativas do mesmo bem jurídico), que somente se diferenciam por algum elemento particular para o qual se deve dar a máxima atenção.

Para a investigação criminal, o estudo do tipo penal consiste no meio pelo qual a autoridade pode extrair a *natureza* do que se pretende pesquisar, a partir da qual pode estipular atos investigativos adequados a encontrar a prova em conexão com os elementos essenciais do crime.

7.2.1. *Os elementos do tipo*

O tipo penal, em geral, é estruturado a partir de uma *ação* (conduta comissiva) representada por um *verbo* (p.ex. matar, subtrair, obter etc.) de que resulta um *resultado* (naturalístico) em *conexão causal* com a conduta. Além desses elementos, o tipo pode estabelecer o objeto e o sujeito da conduta, além do ânimo específico deste, embora subentenda-se existir sempre um elemento subjetivo geral implícito. Esse é nosso tipo padrão, mas há vários tipos que, em lugar da ação, temos uma omissão; em lugar do resultado naturalístico, nada temos; e em lugar do nexo causal, temos uma outra espécie de imputação. Mas, antes, é importante que cuidemos de dominar a estrutura padrão.

O estudo do tipo é dividido em *tipo subjetivo* (aspecto interno) e *tipo objetivo* (aspecto externo) que concretiza o aspecto interno do crime. Entre os elementos do tipo objetivo temos a ação e o resultado, vinculados por um nexo, e eventualmente o sujeito da conduta, se essencial alguma particularidade deste; não sendo, em geral não consta no tipo. O tipo subjetivo, por sua vez, é representado pelo elemento subjetivo geral (o dolo, implícito sempre em qualquer tipo), podendo haver elementos subjetivos especiais (especiais motivos ou fins de agir, exigidos em alguns tipos penais).

Sob uma visão sistemática de estudo dos tipos penais, podem-se distinguir elementos descritivos, normativos, objetivos e subjetivos. Segundo Johannes Wessels (1976, p. 33 e ss), *descritivos* "são aqueles elementos que através de simples descrição expressam concretamente o que pertence à proibição ou ao comando típicos" (ex. "coisa"; "móvel"); *normativos*, por sua vez, são os que carecem de complemento de valor, de tal forma que, "nas circunstâncias do fato, só podem ser pesados sob o lógico pressuposto de uma norma e determinados pelo juiz por via de um juízo de valor supletivo" (ex. "alheio"); *objetivos* (ou externos) são "circunstâncias que determinam o quadro externo de aparecimento do fato", podendo ser descritivos ou normativos, "relacionados com o fato ou com o autor"; *subjetivos* (internos), por fim, "são circunstâncias que pertencem ao campo psíquico-espiritual e ao mundo de representação do autor".

A distinção da natureza dos elementos que compõem o tipo possui função operativa para a investigação criminal, na medida em que estabelece o *objeto de conhecimento*, o *meio adequado para conhecê-lo* e a *necessidade de prova*, em conformidade com aquela natureza. A respeito do meio de conhecer, por exemplo, E. Bacigalupo (2005, p. 201 e ss.) explica que os elementos descritivos "são aqueles que o autor pode *conhecer e compreender* predominantemente através de seus sentidos", ao passo que, quanto aos normativos, "predomina uma valoração", não podendo ser percebidos somente pelos sentidos. Nesse caso, deve-se valorar e expressar a valoração.

7.2.2. *Exceções ao tipo padrão*

Não obstante a relevância do estudo acerca do tipo padrão, devemos reconhecer que o maior problema das investigações criminais está fora desse âmbito, nos diversos tipos penais que inflacionam a legislação penal, na tentativa de dar respostas jurídico-penais a novos problemas sociais, em atenção à necessária proteção de novos direitos. Daí surgirem "tipos imperfeitos", do ponto de vista da técnica legislativa, que vão repercutir na dificuldade de investigar crimes com pouca ou nenhuma referência a dados reais, ou com referências imprecisas a termos que exigem uma integração do conceito legal.

Em geral, em virtude da exclusão de referência a dados reais, o tipo penal imperfeito obriga a investigação criminal a recorrer a juízos subjetivos e/ou valorativos para a conclusão acerca da tipicidade dos fatos investigados, sobretudo em relação ao estabelecimento do vínculo entre o crime e seu autor. O importante, contudo, é observar que mesmo havendo a exclusão de certos elementos materiais (ação e resultado, p. ex), o tipo penal imperfeito tende a criar circunstâncias essenciais em torno do fato, que são caracterizadoras do crime e para as quais em geral se exige a evidência de algum dado real em que se possam apoiar os juízos subjetivo e/ou valorativo. Assim, se por um lado o tipo penal imperfeito exclui certos elementos materiais, exigindo da investigação uma menor evidenciação de dados diretamente relacionados ao tipo, por outro tende a exigir de forma indireta a evidenciação de dados outros que permitam a configuração do tipo. Em suma, assim, podemos observar que, pela exclusão de algum elemento material essencial do tipo penal, este tende a abranger certas circunstâncias materiais, a partir das quais a investigação poderá concluir com juízos subjetivo e/ou valorativo, o que tende a afastar conclusões mediante puro juízo de elucubração.

i) Crimes de resultado (lesão ou de perigo) e de atividade

Um problema que surge para a investigação criminal decorre da exclusão do elemento relativo à lesão do bem jurídico, materialmente constatável e representável por dados reais, sem o qual a pesquisa dos fatos exige estabelecer outro elemento sobre que se possa concluir pela existência do crime. Em princípio, devemos distinguir entre crimes de atividade, em que se suprime o resultado do tipo, por impossível ou desnecessário, e crimes de resultado, em que além da ação se exige um resultado que pode ser de lesão ao bem jurídico ou de perigo apenas. Nesse caso, há que se distinguir a lesão ao objeto material da lesão ao bem jurídico, pois neste não se exige um resultado material, mas apenas uma possibilidade desse resultado, representado por um perigo. Não obstante, o perigo de lesão deve estar evidenciado por algum dado real para que possamos concluir acerca de um risco concreto. Em sentido inverso, contudo, tem-se admitido tipo penal cujo resultado é de perigo abstrato, que dispensa a necessidade de verificar o perigo (presumindo-o, portanto)[302]. Nesse caso, entretanto, parece mais se tratar de um crime de atividade[303].

Sob a perspectiva de outra classificação dos crimes em *material, formal e de mera conduta*[304], podemos observar que o tipo de crime material é crime de resultado, a exigir evidência de uma lesão material, ao passo que o tipo de crime formal se aproxima de um crime de atividade, com certas particularidades, pois embora se admita um resultado material, a consumação do crime ocorre por antecipação, sendo o resultado mero exaurimento do crime que não se exige demonstrar. Diversa, contudo, é a caracterização do crime de mera conduta, que são crimes sem resultado, cujo tipo somente descreve a ação, dispensando evidenciação de qualquer dado relativo ao resultado.

Tendo em vista certos tipos penais "imperfeitos", é importante que a investigação criminal trabalhe fundamentalmente com os elementos do tipo, tentando identificar em qual estágio de ação do autor do crime o legislador situou a consumação delitiva, devendo sempre ter em mente que, em geral, não se trata apenas de uma impossibilidade lesiva material do bem jurídico, mas de uma questão de política criminal em que se antecipa a lesão jurídica em função de sua maior relevância[305]. Essa compreensão adequada dos objetivos do tipo penal permite uma melhor compreensão dos elementos que o compõem e do que é suficiente para considerar-se consumado, delimitando o âmbito do objeto de prova[306].

---

[302] Segundo Bitencourt, 2000, p. 27, "o perigo abstrato é presumido *juris et de jure*. Não precisa ser provado, pois a lei contenta-se com a simples prática da ação que pressupõe perigosa."

[303] Nesse sentido, cf. Bacigalupo, 2005, p. 207, para quem "a distinção entre os crimes de atividade e os de perigo abstrato é difícil. A classificação dos tipos penais em crimes de resultado e atividade (segundo a existência ou não de um resultado ou perigo sobre um objeto material) e em crimes de lesão ou de perigo (conforme o grau de intensidade do resultado sobre o objeto) é questionável, já que há crimes de perigo (abstratos) que, na verdade, dificilmente podem se diferenciar dos de atividade".

[304] Comum na doutrina nacional, a exemplo de Bitencourt, 2005, p. 27; Gomes, 2007, p. 524; Queiroz, 2009, p. 1 73.

[305] A respeito dessas questões de política criminal, cf. Queiroz, 2009, p. 174.

[306] Essa compreensão, por sua vez, permite à investigação criminal racionalizar os trabalhos de pesquisa, evitando busca de dados relativos a elementos que não interessam à configuração típica.

ii) Crimes omissivo, culposo e tentado

Crime omissivo. A omissão, como forma de conduta penalmente relevante, instaura um problema na investigação criminal em relação à inexistência de ação material. Afastado o elemento material da ação, como pesquisar a "causa" do resultado? Como vincular um resultado lesivo (ou menos que isso, um perigo de resultado lesivo, em certos casos) a um sujeito que não agiu? Somente por meio da verificação de uma obrigação legal atribuída ao sujeito é que podemos compreender e "investigar" os dados reais relevantes à configuração típica.

Nesse sentido, há que se distinguir os crimes omissivos em que o sujeito está obrigado a agir por determinação expressa da lei (omissivos próprios, a exemplo dos arts. 135, 168-A e 297, §4.º do CP) dos omissivos em que o sujeito está obrigado a evitar um resultado, presente em um crime comissivo (omissivo impróprio, nos casos do §2.º do art. 13, do CP, que estabelece quais omissões são penalmente relevantes)[307]. No caso da omissão imprópria, temos um crime comissivo por omissão que depende de um resultado lesivo ao bem jurídico, sendo este o ponto de apoio da investigação criminal que deverá orientar-se na obtenção de dados reais que configuram a lesão, vinculando-a ao sujeito mediante esclarecimento da obrigação legal. Contudo, no caso do omissivo próprio, não obstante a inexistência ou desnecessidade de resultado, a investigação há que buscar a evidência material a partir dos demais elementos do tipo penal, identificando o elemento específico caracterizador da essência do crime que o legislador buscou evitar. Assim, no crime de omissão de socorro (CP, art. 135), considerando que emerge da norma que se visa a proteger uma pessoa de perigo iminente, há que se evidenciar por dados reais a existência do perigo; no crime de apropriação indébita previdenciária (CP, art. 168-A), a investigação deve orientar-se na busca de evidência de que a contribuição foi recolhida previa-

---

[307] "A omissão é penalmente relevante quando o omitente devia e podia agir para evitar o resultado. O dever de agir incumbe a quem: a) tenha por lei obrigação de cuidado, proteção ou vigilância; b) de outra forma, assumiu a responsabilidade de impedir o resultado; c) com seu comportamento anterior, criou o risco da ocorrência do resultado."

mente e não repassada "no prazo e forma legal ou convencional"; e no crime de omissão de assinatura de Carteira de Trabalho e Previdência Social (CP, art. 297, § 4.º), basta a demonstração de que, em processo de trabalho anterior, o sujeito responsável foi condenado a assinar a CTPS (o que em geral é um dado certo e anterior à investigação).

Com isso, observa-se que, conquanto a omissão não se revele como um ato externo e real, sempre há que se reunirem dados reais que possam conduzir à conclusão de que houve a omissão penalmente relevante. No mais, o vínculo que relaciona o sujeito à conduta omissiva encontra-se em uma averiguação puramente legal, que requer uma interpretação jurídica por parte da autoridade investigante para concluir acerca do indiciamento.

Quanto ao omissivo impróprio, o resultado é da essência do tipo penal que nesse caso se configura pelo concurso de normas (um tipo penal comissivo combinado com o §2.º do art. 13 do CP). Mas, evidenciado o resultado lesivo por dados reais, também o vínculo entre o sujeito e a conduta omissiva se estabelece por uma interpretação jurídica que atribui a ele a obrigação de agir.

Crime culposo. O problema da investigação da culpa, que afasta o elemento subjetivo implícito nos tipos penais, deve ser enfrentado a partir de uma averiguação prévia da possibilidade de punição por culpa, vez que somente quando expressamente o admita a lei, é possível falar-se em crime culposo (segundo parágrafo único do art. 18 do CP). Presente esse requisito legal prévio, deve-se seguir a pesquisa das causas do resultado, que consistem basicamente na imprudência, negligência ou imperícia. Antes, contudo, há que se evidenciar o resultado lesivo por dados reais, para depois seguir-se a investigação dessas causas. Não havendo que evidenciar o elemento subjetivo doloso, a investigação deve evidenciar a infração a um dever de cuidado, não necessariamente extraída de uma norma legal. Observa-se que também aqui a pesquisa deve orientar-se no sentido de evidenciar a imprudência, negligência ou imperícia em confronto com um dever de ser prudente, negligente ou perito. Em certos casos, a investigação pode deparar-se com uma norma oriunda da atividade profissional em que o sujeito atua, próprias de suas atribuições (v.g. médicos, dentistas etc), em outros com normas dirigidas genericamente a qualquer um (v.g. leis de trânsito), mas há possibilidade de que a investigação não identifique norma formalmente posta ao sujeito, salvo pelo que de ordinário se entende por razoável exigir das pessoas segundo regras gerais de convivência (v.g. a mãe que esquece o filho recém-nascido no veículo sob o sol do meio-dia)[308].

Crime tentado. A tentativa, para os tipos penais que a admitem, deve ser investigada a partir do tipo penal completo, excluindo a necessidade de averiguar e evidenciar o elemento resultado, mas em todo caso se deve averiguar o início da execução representado por um dado real que evidencie uma ação do sujeito. Sob esse aspecto, observa-se que a investigação criminal estaria reduzida a evidenciar a ação sem resultado, o que representa apenas uma diminuição dos dados reais, mas a fim de configurar-se o crime tentado, há que se evidenciar em complemento a existência de circunstâncias alheias à vontade do agente, em virtude das quais ele não pôde continuar na execução do crime. Nesse ponto, acresce-se a necessidade de um novo dado real, a partir do qual se possa concluir pela existência da vontade de um crime consumado. No mais, a tentativa em nada difere do crime consumado, inclusive no que se refere ao tipo subjetivo que deve ser o mesmo do crime completo, cuja evidenciação se fará exatamente por aqueles dados reais que demonstram as circunstâncias alheias à vontade do agente.

7.3. A imputação do crime

Enrique Bacigalupo, a respeito de uma teoria da imputação, explica que "a teoria do delito é, em primeiro lugar, o meio técnico-jurídico para estabelecer a quem se deve *imputar* certos fatos e quem deve responder por eles pessoalmente"[309]. Em um conceito preliminar

---

[308] Nesses casos, parece-nos razoável e exigível que a pessoa se encontre em uma das situações do §2.º do art. 13 do CP, que estabelecem as fontes do dever de agir, embora não digam *como* agir, o que pode estar especificado em outras normas (ainda que geral de convivência). Sobre essa regra, cf. Nucci, 2007, p. 147-148.

[309] Segundo o autor, "esse ponto de vista não é novo, mas tem sido desenvolvido em diversas formas que se convém esclarecer"

e geral de imputação, pode-se dizer que imputar significa, em síntese, "por nas costas de um sujeito algo objetivo" (Berner apud Bacigalupo, p. 177)[310].

Deve-se, contudo, distinguir da teoria da imputação em sentido amplo (que abrande toda a teoria do delito) a teoria da imputação objetiva, que "trata da determinação das propriedades objetivas de uma conduta imputável", um aspecto da imputação que vincula conduta e resultado, estando relacionado com a limitação da causalidade natural, a partir de bases normativas (nesse sentido, cf. Bacigalupo, ibid. p. 179)

Na investigação criminal, o ato de indiciamento é o momento em que a autoridade investigante, após concluir pelos elementos do tipo penal, imputa à conduta o resultado típico, segundo certos critérios, bem como ao sujeito a conduta típica. Tendo em vista esse objetivo, há que se distinguirem critérios de imputação segundo a espécie de tipo penal, conforme tenha ou não resultado, e seja este de lesão ou de perigo[311].

---

[310] Segundo E. Bacigalupo, "Na concepção de Berner e de outros hegelianos, a imputação esgotava-se na determinação de uma ação, ou seja, na comprovação de que o ocorrido era *querido* pelo sujeito (...). A raiz kantiana dessas noções é inegável. (...) O conceito de imputação tomou um novo contorno quando, em 1911, Kelsen afirmou: 'A *imputação* é a conexão, realizada com base em uma norma, entre um fato (obejto da norma) e uma pessoa (o sujeito da norma). É de suma importância esclarecer que essa conexão realizada com base em uma norma, a qual chamamos de imputação, não é de natureza causal nem teleológica, mas sim uma conexão específica, que podemos chamar de normativa, dado que tem lugar com fulcro em uma norma (...)'. A concepção hegeliana, no entanto, foi retomada por Larenz em 1927. Sob tal ótica sustentou Larenz que 'a imputação não significava outra coisa senão o intento de diferenciar o *próprio* fato dos eventos *causais*. Quando afirmo que alguém é o autor de um evento, quero dizer que esse evento é seu próprio fato, como o que quero dizer que ele não é obra da causalidade, mas de sua própria vontade' (...) Na mesma linha de argumentação de Larenz levou-se a cabo o primeiro intento de introduzir a teoria da imputação objetiva no sistema conceitual de direito penal realizado por Honig: 'Dado que a intervenção final nos eventos naturais constitui a essência da conduta humana, a *finalidade objetiva* é o critério para a imputação de um resultado e, por vezes, para sua delimitação a respeito dos eventos causais. *Imputável, de acordo com ele, é aquele resultado que pode ser pensado como finalmente realizado*" (p. 177-179)

[311] A respeito dessa forma distinta de tratamento da realização do tipo objetivo, segundo as espécies típicas, cf. Bacigalupo, p. 228, 288 e 289.

7.3.1. *Causação natural e imputação jurídica*

Johannes Wessels (1976, p. 40), a respeito da imputação, sustenta que, "no setor da realização do tipo é de se diferenciar, em consequência, entre a empírica questão da *causação do resultado e a imputação objetiva* do resultado, a ser julgada normativamente. A determinação do nexo de causalidade se apresenta apenas como um meio auxiliar para a questão da imputação do resultado dirigida sobre a finalidade da norma". Enrique Bacigalupo, por sua vez, ao tratar da realização do tipo objetivo, distingue o tratamento dos crimes de resultado lesivo (em que se situa a questão da causalidade e da imputação objetiva), dos crimes de perigo e os de mera conduta (em que não temos causalidade nem imputação), mas apenas prova da ação, seguida de um *juízo* sobre o perigo quando for o caso[312].

Havendo resultado típico, deve-se averiguar a existência de nexo entre este e o resultado, que consiste em um vínculo de natureza causal, segundo certos critérios de conhecimento a respeito dos eventos naturais[313]. Na doutrina, encontram-se várias teorias a respeito dessa relação[314], tendo o direito penal brasileiro optado por estabelecer

---

[312] "Em tal juízo, devem ser levados em consideração os conhecimentos do agente, já que no momento da ação há uma parte das condições que não são conhecidas pelo autor (toda vez que o resultado não chega a ser produzido, ou seja, se o perigo não se concretiza em uma lesão, não houve risco, pois o conhecimento *ex post* de todas as circunstâncias demonstra, nestes casos, que o bem jurídico não correu perigo)" (id. ibid. p. 289)

[313] Este vínculo, em geral, é aferido segundo o estágio de nosso conhecimento científico a respeito das relações entre causa e efeito dos fenômenos naturais. Nesse sentido, tende a ser considerado em função de uma ciência particular ou do conhecimento comum já absorvido pela sociedade, segundo regras de experiência das práticas sociais. O direito, segundo entendemos, pode interferir para limitar essa relação causal afastando certas imputações, mas não a desconsiderar a ponto de admitir uma imputação jurídica em confronto com o que se conhece a respeito dos fenômenos causais. Não se trata de submeter o direito ao império do discurso científico, mas de dialogar com as diversas instituições sociais, visando a alcançar um critério razoável de verdade.

[314] Entre as teorias da causalidade, segundo J. Wessels (1976, p. 39 e ss), temos a teoria da condição (=teoria da equivalência) e a teoria da adequação. Segundo o autor, "opondo-se à teoria da adequação, a *teoria da relevância (Mezger-Blei)*, que lhe é semelhante

expressamente um critério de imputação causal, nos termos da teoria da equivalência das condições[315]. E. Bacigalupo (2005, p. 230 e ss) explica-nos que "essa teoria abre mão da determinação de uma causa do resultado e afirma que todas as suas condições têm idêntica e equivalente qualidade causal (...) Partindo dessa concepção de causalidade foi elaborada a chamada teoria da condição, cuja finalidade é a de permitir uma aplicação prática e simples dos princípios causais da teoria da equivalência dos antecedentes. (...) A teoria da condição ou da equivalência dos antecedentes encontra dificuldades para separar, como irrelevantes, as contribuições ao fato que estão muito distantes do momento da ação (...) a fórmula da teoria da condição, isto é, a fórmula da supressão hipotética da ação, é na realidade enganosa (...). Por essa razão, na atualidade as preferências inclinam-se para a chamada teoria da lei da causalidade natural. Segundo ela, a causalidade de uma ação com relação ao resultado depende de que a conexão entre ambos esteja respaldada pela existência de uma lei causal natural geral, da qual o caso concreto seja uma expressão particular"[316].

---

na conseqüência final, diferencia incisivamente entre a questão de causação e o problema da imputabilidade objetiva do resultado: ao determinar o nexo causal, baseia-se, com a doutrina dominante, na teoria da condição (teoria da equivalência). No que toca à *imputação do resultado* orienta-se, ao contrário, pela *relevância jurídico-penal* da corrente causal, onde (semelhante à teoria da adequação) só reconhece as *condições adequadas ao tipo*, dentro do decorrer causal, como fundamentadoras de responsabilidade, deixando em aberto, contudo, mais além, a vista para o atendimento da *finalidade da norma* e as particularidades dos tipos penais em espécies" (p. 44)

[315] Segundo o art. 13 do CP: "O resultado, de que depende a existência do crime, somente é imputável a quem lhe deu causa. Considera-se causa a ação ou omissão sem a qual o resultado não teria ocorrido", havendo, contudo, uma *exclusão jurídica* no caso de superveniência de causa relativamente independente.

[316] Nesse caso, portanto, observa-se que na questão da relação causal se insere o problema da indução científica, o que fica evidenciado pelo autor em citada decisão jurisprudencial, na qual se conclui que "a simples repetição experimental, por outra parte, não pode proporcionar todos os casos possíveis e ao mesmo tempo e, fundamentalmente, somente é capaz de proporcionar uma 'repetição aproximativa' ou 'mais ou menos similar', como notaram os autores de grande importância na matéria" (id. ibid., p. 244).

A imputação objetiva, em virtude da amplitude da causalidade e da necessidade de estabelecer limites a teoria causais[317], instaura parâmetros jurídicos de responsabilização por condutas lesivas, em conformidade com as necessidades do direito[318]. J. Wessels (1976, p. 45), a respeito da imputação objetiva, no sistema de delito, sustenta haver três estágios de imputação: "*a*) no setor da ação questionamos o que os homens, comparativamente com outras formas de vida, poderiam realizar. Medida de imputação é aqui o 'humanamente possível'; *b*) dentro do tipo de injusto objetivo é de se perguntar (estritamente) o que *alguém* é capaz de realizar no *papel social do autor* (como, por exemplo, médico, motorista etc.) e que exigências o Direito pode nisso apresentar. Medida de imputação é aqui o 'possível de alguém'; *c*) no campo da culpa a imputabilidade se orienta finalmente segundo o *poder individual-concreto do autor particular*, com seus dados e capacidades pessoais. Aqui se refere ainda só ao 'propriamente possível', portanto em torno do que este homem pode realizar e evitar na lesão ao bem jurídico". Quanto aos critérios de imputação, encontramos na doutrina jurídico-penal referência à necessidade de verificar se (a) a ação criou um perigo proibido para a produção do resultado; e (b) o resultado produzido pela ação corresponde à realização do perigo (proibido juridicamente) criado pela ação[319].

---

[317] A respeito disso, J. Wessels (1976, p. 44-45) nos explica que "o reconhecimento de que a amplitude sem limites da teoria da condição necessita de uma correção limitadora de responsabilidade, pertence hoje à característica asseguradora da dogmática do Direito penal. As opiniões só se separam ao determinarem o caminho que deve seguir a exigida limitação da responsabilidade (antes de tudo sistematicamente)".

[318] "A tentativa de corrigir a causalidade natural com o fim de adaptá-la às necessidades do direito penal deu-se com a chamada teoria da relevância. De acordo com ela, uma vez comprovada a causalidade natural seria preciso verificar a relevância típica de tal nexo causal a partir de 'uma correta interpretação do tipo penal". A teoria da imputação, segundo E. Bacigalupo, com origens nessa teoria da relevância, tem como ponto de partida "a substituição da relação de causalidade, como único fundamento da relação entre a ação e o resultado, por outra relação elaborada com base em considerações jurídicas e não naturais" (2005, p. 246). Em suma, a causalidade vem a ser necessária, mas não suficiente para uma imputação jurídica.

[319] Nesse sentido, cf. Bacigalupo, 2005, p. 246 e ss, em que o autor sustenta que "os princípios da imputação objetiva surgem (...) primeiramente da *finalidade do direito*

7.3.2. *A imputação subjetiva*

Além da imputação que se realiza no âmbito do tipo objetivo, também no tipo subjetivo há que se fazer uma imputação igualmente. Fala-se, nesse caso, em *imputação subjetiva*. Segundo J. Wessels (1976, p. 49 e ss), "nos delitos dolosos, o *dolo do tipo* determina a direção e o fim do atuar. Como núcleo do injusto pessoal da ação, constitui o *elemento geral* do tipo de injusto subjetivo e o fundamento para a *imputação subjetiva* do resultado típico", salvo nos casos em que a lei permite imputação por culpa.

O dolo se define como conhecimento (elemento cognitivo) e vontade (elemento volitivo, no caso de dolo direto, segundo teoria da vontade) de realização da conduta que se encontra descrita no tipo penal[320], admitindo-se a forma de dolo eventual (pela teoria do consentimento). É elemento subjetivo que se configura como conhecimento e vontade/consentimento atual a respeito dos elementos inte-

---

penal, de garantir expectativas normativas. Pode-se concluir, então, que as *condutas socialmente adequadas,* ou seja, que se desenvolvem dentro da ordem social, não serão típicas. Do fim do direito penal se deduzem especialmente os critérios do risco permitido, o princípio da confiança, a proibição de regresso e a ação na posição de garante. A outra fonte de princípios da imputação objetiva concerne à realização do risco criado pela ação no resultado e provém da *estrutura dos crimes materiais,* que exigem que somente o resultado que seja a concreção do perigo criado pela ação dê lugar à consumação do delito". J. Wessels, 1976, p. 45 e ss, por sua vez, sustenta que "*a teoria dos pressupostos da imputação objetiva* limita a responsabilidade jurídico-penal, em caso de corrente causal anormal e consequências danosas atípicas, já no setor do tipo de injusto objetivo. Ela busca delimitar as fronteiras onde termina a imputabilidade, como base na *finalidade protetiva da norma* e sob o ângulo de visão da *previsibilidade objetiva e evitabilidade* do resultado típico, da *dominabilidade do acontecer e da realização do risco de uma ocorrência de dano criada ou aumentada pelo agente*. Para maiores detalhes sobre a teoria da imputação objetiva, cf. "Um panorama da teoria da imputação objetiva", de Luis Greco, Ed. Lumen Juris.

[320] Segundo Welzel (2004, p. 120), "dolo é conhecimento e querer a concretização do tipo". "O dolo como vontade de fato significa, portanto, vontade de realizar. 'Querer' não quer dizer, em direito penal, querer 'ter' ou 'alcançar' (no sentido do aspirado), mas *querer* 'realizar".

gradores do tipo[321], não sua ilicitude, que se encontra (em potencial) na culpabilidade[322]. Não há elemento normativo no dolo, portanto, sendo puramente natural – vontade de praticar a conduta do tipo, evidenciado pelos elementos materiais do crime e demais circunstâncias do fato.

Em síntese, segundo E. Bacigalupo (2005, p. 292), "o dolo caracteriza-se basicamente pelo *conhecimento dos elementos do tipo objetivo,* é dizer, *dos elementos que caracterizam a ação como geradora de um perigo juridicamente proibido que afeta de maneira concreta um determinado objeto protegido*".

---

[321] Situação diversa se observa quanto ao tipo subjetivo do crime culposo, em que "o autor ignora descuidadamente que realiza o tipo". No entanto, segundo E. Bacigalupo, "a mais moderna estrutura do delito culposo corresponde perfeitamente com a estrutura geral que atualmente tem a *teoria da imputação objetiva*, uma vez que a conduta culposa deveria ser aquela que constitui um perigo juridicamente proibido, e o resultado *somente* seria imputável a ela se fosse a realização de dito perigo" (2005, p. 316).

[322] "Disso se deduz que *o dolo não exige conhecimento da punibilidade.* O autor não precisa ter agido com consciência da punibilidade da ação que realiza, isto é, não é necessário que soubesse que a ação realizada é repreendida com uma pena por lei" (Bacigalupo, 2005, p. 295). Assim, a compreensão adequada da noção de dolo natural, sem elemento normativo, é essencial à investigação criminal, na medida em que permite o indiciamento conclusivo, independentemente de considerações acerca do juízo de culpabilidade.

Capítulo VIII

JUSTIFICAÇÃO E ADEQUAÇÃO PROBATÓRIA

8.1. Introdução

A prova está relacionada intimamente à verdade. Jordi Ferrer Beltrán, a respeito dessa relação, entre verdade dos enunciados sobre fatos e provas dos mesmos, sustenta que existem pelo menos duas formas habituais de considerá-la, uma conceitual e outra teleológica. Segundo a concepção conceitual[323], "a verdade de uma proposição é condição necessária, porém não suficiente, para que se possa decidir que essa preposição está provada. Trata-se de uma tese acerca do conceito de prova e que, de forma geral, sustenta que uma proposição está provada se é verdadeira e há elementos de juízo suficientes a seu favor" (2006, p. 2, tradução nossa). Segundo a concepção teleológica, "a relação existente entre prova e verdade é bem mais teleológica; isto é, não atribui à verdade nenhum papel conceitual da prova, mas apenas a considera o objetivo último da finalidade da atividade probatória". Nesse sentido, em síntese, "a finalidade principal da atividade probatória é alcançar o conhecimento da verdade acerca dos fatos ocorridos e cuja descrição se converterá em premissa do raciocínio decisório" (id. ibid. p. 3)[324].

Nicolás Guzmán, referindo-se a essa relação, sustenta haver uma "função cognoscitiva da prova", no sentido de que "através dela se pode determinar a verdade de uma hipótese dada" (2006, p. 99).

---

[323] Segundo o autor, trata-se de concepção clássica em declínio.

[324] Nesse sentido, cf. Maier, 2004, p. 852, "*la verdad como objetivo del procedimiento*".

Acrescenta, assim, que, ao se falar em função "demonstrativa" da prova, o termo não significa rigorosamente uma demonstração em sentido lógico, mas em um sentido mais vago e comum, querendo dizer apenas que existem elementos ou razões suficientes para assumir uma asserção como fundada. Dessa forma, em termos mais apropriados, segundo o autor, melhor seria falar em uma *função confirmatória da hipótese fática*. Em complemento, sustenta que "a prova opera ademais como elemento de *justificação*, quando serve para justificar racionalmente o juízo de fato, é dizer, a concatenação e a combinação das inferências em função das quais a asserção do fato é assumida como verdadeira" (id. ibid. p. 100, tradução nossa)[325]. É sob essa perspectiva que vamos considerar a prova na investigação criminal.

8.1.1. *Conceito e distinções. Fato, vestígio e prova*

A *prova*, em sentido geral, segundo N. Abbagnano (2003, p. 8050) é todo "procedimento apto a estabelecer um saber, isto é, um conhecimento válido. Constitui prova todo procedimento desse gênero, qualquer que seja sua natureza: mostrar uma coisa ou um fato, exibir um documento, dar testemunho, efetuar uma indução são provas tanto quanto as demonstrações da matemática e da lógica. Portanto, esse termo é mais extenso que *demonstração*: as demonstrações são prova, mas nem todas as provas são demonstrações". Segundo o autor, referindo-se a esse conceito, explica que ele foi estabelecido em sentido restrito por Aristóteles, para quem a *prova* é o que produz saber, diversamente do *indício* que proporciona apenas um conhecimento provável[326].

---

[325] Sob essa perspectiva, o autor defende, ainda, que "hay que darle razón a esta corriente cuando sostiene que no es cierto que la racionalidad tenga siempre y solamente las formas de la demonstración matemática o deductiva pues, al contrario, puede hablarse de una racionalidad menos rígida que, aun así, sigue cánones de coherencia e validez lógica y que, por lo tanto, configura modos de razonamiento controlables y no reducibles a la mera argumentación persuasiva" (idi. ibid. p. 100).

[326] Locke, contudo, viria a admitir a possibilidade de *provas prováveis*, de tal forma que "a possibilidade não passa de aparência da concordância ou discordância entre duas

Em sentido aproximado, segundo Eugenio Florian, considerando uma acepção mais geral e puramente lógica, "prova quer dizer, a um mesmo tempo, todo meio que produz um conhecimento certo ou provável acerca de qualquer coisa, e, em sentido mais amplo e fazendo abstração das fontes, significa o conjunto de motivos que nos subministram esse conhecimento". E conclui o autor dizendo que "provar significa subministrar no processo de conhecimento de qualquer fato, de maneira que se adquira para si ou se engendre em outros a convicção da existência ou verdade desse fato" (1968, p. 3, tradução nossa).

Na investigação criminal, tendo em conta essas definições, a prova vem a ser um *veículo intermediário para cognição* do crime, porque este é fato passado que não pode ser experimentado no presente. Contudo, não se trata de *prova do fato*, mas de *prova acerca do que se diz dos fatos*, ou rigorosamente falando, de prova das hipóteses fáticas que são sustentadas para justificação das conclusões de indiciamento, denúncia ou sentença.

De início, quanto ao *fato*, como ocorrência do passado, há que se distinguir a *vivência* do fato, se dele participamos ou apenas o presenciamos, da *evidência* de que ele ocorreu, através de vestígios ou registros. A *vivência* é "a experiência viva ou vivida" (Abbagnano, 2003, p. 1006), que nos coloca em relação experiencial com os fatos (no sentido de experiência presente, não de experimento), somente sendo possível em relação ao crime quando, como testemunha, o presenciamos ou dele participamos de alguma forma. A *evidência*, por sua vez, é "apresentação ou manifestação de um objeto qualquer como tal". Nesse sentido, "a evidência não é um fato subjetivo, é objetivo; não está ligado à clareza e distinção das ideias, mas ao apresentar-se e manifestar-se do objeto...." (id. ibid. p. 392)[327].

---

ideias medida a intervenção de prova, cuja ligação não é constante nem imutável, ou pelo menos, não é percebido como tal, mas é ou parece ser na maioria das vezes, sendo suficiente para induzir o espírito a julgar que a proposição é verdadeira ou falsa, e não o contrário" (Abbagnano, 2003, p. 805).

327 Segundo N. Abbagnano, a evidência em caráter objetivo é um conceito oriundo dos estóicos, mas há, na filosofia, quem tenha conferido à evidência um caráter subjetivo, a exemplo de Descartes. No entanto, "...em toda filosofia contemporânea que se inspira na

A *prova*, assim, não se confunde com os *fatos* nem com os *vestígios*. Os *fatos*, na investigação criminal, são sempre históricos (passado), mas por vezes deixam *rastos* (fatos passados que permanecem no presente sob certas condições) que permitem conhecer o fato, *por decorrerem dele* (vestígios) ou *a ele se referirem* (registros)[328]. O fato sempre existe para a investigação criminal, mas o vestígio depende da natureza do crime que se investiga, pois há crimes cujos elementos formais constitutivos não deixam qualquer *vestígio* no mundo material (v.g. crime de calúnia por expressão verbal). Independente da existência de vestígio, contudo, por vezes é possível conhecer o fato a partir de algum *registro* de sua ocorrência, considerado documento em sentido amplo, que se constitui em uma prova por antecipação (v.g. crime de calúnia por expressão escrita, ou registro de som e imagem de qualquer ato, embora nesse caso, não exista propriamente *vestígio* da fala). Fala-se, por vezes, em "indícios" do fato como prova por via indireta, a respeito do que trataremos melhor oportunamente[329].

---

fenomenologia, a evidência readquiriu caráter objetivo, voltando a designar a apresentação ou manifestação de um objeto como tal, qualquer que seja o objeto e quaisquer que sejam os métodos com os quais se pretende certificar ou garantir sua presença ou manifestação" (id. ibid.)

[328] *Vestígios* (coisas) e *registros* (documentos, em sentido amplo), juntamente com *pessoas*, são *fonte de prova*. Esta, segundo Gustavo Badaró, "é tudo aquilo que é idôneo a fornecer resultado apreciável para a decisão do juiz, como por exemplo *uma pessoa, um documento ou uma coisa*. As fontes de provas são anteriores ao processo (p. ex. alguém que viu um acidente é testemunha do acidente, mas o meio de prova consistente no testemunho judicial somente ocorrerá se houver um depoimento judicial dessa testemunha)" (2008, p. 198).

[329] Por ora, registre-se que, a respeito dos indícios, há duas compreensões correntes. Habitualmente se costuma referir que são *fatos probatórios naturais*, em oposição à prova, como *fato probatório artificial*. Noutro sentido, contudo, os *indícios* se entendem como fato conhecido de que se extrai o desconhecido, sendo este o sentido mais corrente que se lhe atribui. A respeito dessas noções, cf. críticas que faz L. Ferrajoli, 2002, p. 106 (nota 23).

8.1.2. *Aspectos da prova. Objeto, elementos e meios*

Com relação à prova no processo penal, assim como na investigação criminal, é necessário distinguir certos aspectos do fenômeno probatório, para bem compreender o estudo da matéria sem confusões terminológicas. Eugenio Florian (1968, p. 3), a respeito disso, explica que "o conceito de prova é a síntese de diversos aspectos, pois a figura da prova é poliédrica", já que a palavra *prova* expressa os diferentes sentidos e a um mesmo tempo os diversos momentos que tem[330].

Julio B. Maier (2004, p. 859), no mesmo sentido, explica-nos que "sob o conceito de prova se oculta uma série de conceitos derivados ou acessórios que ajudam a compreender seu sentido", dentre os quais são relevantes os significados de *elementos de prova, objeto de prova, meio de prova,* entre outros como atividade probatória e valoração da prova.

Objeto de prova, segundo J. B. Maier (ibid.), é "o tema probatório, a matéria sobre a qual recai a prova..."(p. 859); em síntese, são os fatos, ou mais especificamente o que se alega sobre os fatos. Os fatos são sempre passados, não se podendo experimentá-los no presente. A prova se apresenta, assim, como meio de demonstrar a alegação dos fatos, sendo essa alegação o objeto da prova.

E. Florian (ibid. p. 52), a respeito do objeto da prova, explica que "o objeto compreende a determinação das coisas que podem provar-se, é dizer, a determinação do requisito da idoneidade da comprovação processual, da aptidão processual da prova". Mais especificamente, "em primeiro lugar, o objeto da prova pode iden-

---

[330] "De esta suerte ella puede indicar: 1.º) la materia que debe probarse y propriamente el objeto de la prueba; 2.º) la actvidade de los sujetos procesales e de los terceros que la verdad de los hechos averiguan y establecen; 3.º) los médios que se emprean para esta investigación; 4.º) el procedimiento em que se desarolla la prueba; 5.º) el resultado, ya sea específico de un médio especial de prueba, ya sea total del conjunto de las pruebas tomadas, esto es, el sentido de que la comprobación de determinado objeto de prueba sea obtenida o no lo sea. Por ello, cuando se habla de prueba unas veces se hace referencia a sua contenido sustancial, otras a su manifestación formal, y otras, en fin, al resultado que de ella surge" (p. 5)

tificar-se com os fatos que constituem o conteúdo próprio da imputação; por exemplo, o fato do homicídio, o do furto etc."[331].

Elemento de prova, segundo J. B. Maier (ibid. p. 859), é "o dado, o rastro, o sinal, contido em um meio de prova já realizado, que conduz, direta ou indiretamente, a um conhecimento certo ou provável do objeto do procedimento". Há quem considere, contudo, elemento de prova como o dado ainda não incorporado ao processo mediante um meio de prova ou, melhor especificado, mediante sua realização formal conforme as regras do direito[332]. Na jurisprudência em geral, ainda, elementos de prova aparecem como o conjunto probatório contido nos autos, sem referência ou distinção com os meios de prova, mas ao todo que se encontra no processo como prova em sentido estrito, que autoriza uma conclusão condenatória[333].

Meio de prova, por sua vez, segundo Paolo Tonini, é "o instrumento que permite a aquisição de um elemento de prova" (2002, p. 108). Segundo J.B. Maier (ibid. p. 859), é "o ato processual, regulado pela lei, por intermédio do qual se introduz no processo um elemento de prova, seu conteúdo eventual (a declaração testemunhal, o laudo pericial, o documento)." São, em síntese, as formas legalmente estabelecidas pelo Código de Processo Penal, formas como as provas se revelam no processo.

E. Florian (ibid. p. 123), a respeito dos meios de prova, explica que uma vez descrito o objeto sobre o qual pode e deve desenvolver-se a prova, é necessário saber a maneira como ela se faz, os meios

---

[331] "Por lo tanto, posible objeto de prueba llega a ser aquí cualquier parte o momento o modalidad de la realidad material, cualquier aspecto o manifestación de la vida humana, sea individual, sea colectiva, física o inmaterial, con tal que pueda obternerse su percepción y esta pueda hacerse valer en el proceso penal" (p. 56)

[332] Assim, o elemento de prova (vestígios, documentos etc) seria a prova enquanto não incorporado ao procedimento, segundo as regras jurídicas dos meios de provas admitidos. Isso não quer dizer, no entanto, que *prova* seja apenas o elemento de prova após incorporado pelos meios legais, embora seja certo que a submissão ao contraditório, como um dos requisitos de formação dos meios de prova, possa conferir à prova mais aceitabilidade. Em todo caso, há que se entender que alguns meios de provas (periciais, p. ex.), em geral, são antecipadamente constituídos antes do processo e sem contraditório, que fica assegurado em momento posterior.

[333] Nesse sentido, cf. p. ex. STF, HC 95.489; HC 95.725; HC 94.160.

que servem para esse fim, as formalidade que se observam e a pessoa a quem cumpre essa tarefa, em síntese, como se verifica a introdução do objeto de prova no processo. Sob essa perspectiva, há que se reconhecer a necessária exigência de certas formalidades de instrumentalização da prova, mesmo antes do processo, mas tendo em conta suas regras, naquilo que possa aproveitar à investigação criminal. Não obstante, observa o autor que "ordinariamente se considera meio de prova tudo que serve para estabelecer a verdade de um fato que tem importância para a sentença, é dizer, tudo que se apresenta razoável à convicção do juiz; em suma, o meio de prova é um meio de conhecimento" (p. 123)[334]. Essa compreensão ampla e aberta pode ser aceita em virtude de não haver tipicidade taxativa das provas criminais, na medida em que, sendo possível transmitir conhecimento acerca dos fatos, e considerando a livre convicção motivada do juiz (valoração da prova), todo elemento, embora não tipificado normativamente como meio de prova, não estando proibido, deve ser admitido como prova em sentido amplo.

Além dos meios de prova, podemos ainda distinguir *os meios (ou formas) de obtenção de prova* que são as técnicas materiais que levam aos elementos de prova. Assim, uma interceptação telefônica, como meio de obtenção, pode levar a uma espécie de "prova testemunhal" (equiparada a "confissão") registrada em gravação, que é o meio de prova.

---

[334] Entretanto, reconhece o autor que: "Con todo eso, tales conceptos son a um mismo tiempo insuficientes y sobremanera vagos (p. 124). "Los órganos de prueba pueden trasmitir el conocimiento de objeto directa o indirectamente, y en esta forma las personas que representan dichos órganos pueden aun no estar presentes en el proceso (mediante informes, cartas, etc.). Empero, aqui se presenta con natural evidencia el concepto de los *medios de prueba*. En efecto, tanto la actividad del juez en la percepción del objeto de prueba, como la atestación de los órganos de prueba se concretan en manifestaciones, en las cuales precisamente consiste el resultado y la contribución que en concreto se deduce de esse objeto. Y aí aparecen por ejemplo, la llamada inspección (del juez), el testimonio, el dictamen pericial, etc. Resumiendo, en este caso se realiza un acto mediante el cual el objeto de prueba se revela y se consigna en el proceso por obra del juez o de los órganos de prueba, y por ello el contenido de este acto, en el cual se recoge el aporte probatório, puede en verdade llamarse *médio de prueba* (inspección del juez, testimonio, dictamen pericial, etc.)" (p. 129).

8.2. Classificação e espécies

8.2.1. *A prova segundo Nicola F. Dei Malatesta*

Nicola Framarino Dei Malatesta (1996, p. 19) sustenta que, "sendo a prova o meio objetivo pelo qual o espírito humano se apodera da verdade, sua eficácia será tanto maior, quanto mais clara, mais plena e mais seguramente ela induzir no espírito a crença de estarmos de posse da verdade".

Segundo o sistema proposto por N. Malatesta (ibid. p. 109 e ss), é possível fazer uma classificação fundamental das provas, baseada em seus elementos essenciais, e uma classificação acessória, baseada nos fins da prova. Buscando uma classificação fundamental, quanto à sua natureza e produção, o autor propõe sejam as provas consideradas segundo três aspectos essenciais: *objetivo, subjetivo e formal.*

Quanto ao objeto ou conteúdo, admitem-se a *prova direta* e a *prova indireta*. A prova, sob esse aspecto, "pode referir-se tanto à coisa que se quer verificar como a uma coisa diversa, de que se deduz a primeira. Quanto ao juízo penal em particular, pode respeitar ao *delito* ou a uma *coisa diversa dele*, do qual, pois, por um trabalho racional, o espírito do juiz o deduz (ibid. p. 112).

N. Malatesta adverte que "a prova direta e indireta requerem, de certo modo, a arte da lógica, para sua avaliação subjetiva" (p. 148). Assim, é do ponto de vista da avaliação objetiva, no exame do conteúdo da prova, que existe a diferença entre prova direta e indireta, pois, enquanto a conclusão a partir da prova direta pode ser obtida por uma afirmação pura e simples, sem aventar outras hipóteses excludentes, na prova indireta há sempre a necessidade de excluir hipóteses que possam explicar o fato de outra forma (cf. p. 148-150). Em síntese, conclui o autor que, "se do ponto de vista da avaliação subjetiva das provas não existe diferença entre prova direta e prova indireta, pois a razão explica sua atividade do mesmo modo para ambas, do ponto de vista da avaliação objetiva, ao contrário, existe uma enorme diferença entre prova direta e indireta. Com a simples percepção da prova direta, firma-se a conclusão objetiva; não se pode afirmar a conclusão da prova indireta, senão passando pelo trabalho de raciocínio, da sua percepção à do crime" (p. 150).

São espécies de provas indiretas a *presunção* e o *indício,* que consistem em formas de raciocínio, o *presuntivo*, que deduz o conhecido do desconhecido por via do princípio da identidade, e o *indicativo*, por via do princípio da causalidade (p. 178). Segundo N. Malatesta, "o raciocínio indicativo reduz-se ordinariamente a um entimema, em que a premissa maior é omitida; costuma-se dizer, por exemplo, Tício fugiu, portanto é réu. O raciocínio presuntivo, ao contrário, reduz-se ordinariamente a uma simples conclusão, suprimindo-se as duas premissas, maior e menor; por exemplo, costuma-se dizer simplesmente: o acusado presume-se inocente" (p. 179). Mas, tanto em uma como na outra forma de raciocínio, a premissa maior é retirada da experiência comum. É na premissa menor que se estabelece a diferença. Assim, "no raciocínio *presuntivo*, a premissa menor afirma senão a compreensão da pessoa ou coisa particular no sujeito da *maior*, para poder, por isso, atribuir à pessoa ou coisa particular aquilo que se atribui ao sujeito da premissa *maior*"[335]. No raciocínio indicativo, por sua vez, a premissa menor "afirma, antes de mais nada, a verificação de um particular efeito, para atribuir-lhe, portanto, a causa atribuída na maior ao efeito específico, no qual, por intuição, compreende-se o efeito particular" (p. 180)[336]

Quanto ao sujeito, por sua vez, considerando a origem de que emana, admitem-se a *prova real* e a *prova pessoal*. A respeito desse critério, N. Malatesta nos explica que "o *sujeito* da prova não pode em concreto apresentar-se diante do juiz, como diante de qualquer

---

[335] Assim, exemplifica o autor, "depois de ter afirmado na *maior* do raciocínio, que *os homens são ordinariamente inocentes*, passa-se, na *menor*, a afirmar que *o acusado é um homem*, para poder, por isso, concluir que o acusado é considerado inocente até que se prove o contrário. Ora, tanto neste caso, como no de qualquer outro raciocínio presuntivo, a compreensão do particular no geral, a continência do indivíduo na espécie, é percepção de senso comum; é percebido por todos intuitivamente e eis por que se julga também completamente inútil enunciar a proposição que afirma tal continência, suprimindo-se as premissas menor e maior" (p. 179-180).

[336] Assim, exemplifica o autor, "depois de termos enunciado na premissa maior do raciocínio que *a fuga, à primeira suspeita, é ordinariamente causada pela consciência do crime*, passa-se, na menor, a afirmar *a fuga do acusado*, para poder, então, concluir que ele tem consciência da sua culpa e, portanto, é réu" (p. 180).

outra pessoa, senão de uma forma particular, a *forma* da prova. Embora se trate de afirmação de pessoa ou coisa, não poderá nunca, em concreto, apresentar-se diante do juiz um *sujeito* da afirmação, destituído de uma determinada *forma* de afirmação: a pessoa que afirma nunca poderá apresentar-se à consciência do juiz, senão enquanto exterioriza sua afirmação pela forma do *testemunho* ou do *documento*, que são as duas únicas espécies formais de afirmação pessoal. A *coisa* que afirma não poderá, mesmo como tal, apresentar-se diante do juiz, senão quando exteriorize sua afirmação na forma de *prova material*, a única espécie formal da afirmação da coisa" (ibid. p. 275).

N. Malatesta explica que, uma vez ocorrido um fato, este pode deixar vestígios reais ou morais. São reais os que se apresentam aderentes à "realidade inconsciente da coisa", dando lugar ao que se chama de prova real; os morais, por sua vez, consistem nas impressões mnemônicas do espírito humano, que se distinguem em inconscientes e conscientemente reveladas. Essas últimas dão lugar à prova denominada pessoal. Assim, do ponto de vista do sujeito, a prova consiste em uma "afirmação da coisa", prova real, ou "afirmação de pessoa", prova pessoal.

Conclusivo em relação a esse critério, contudo, é compreender que "a distinção subjetiva das provas, em pessoais e reais, é considerada em relação à consciência do juízo dos debates. Se assim não se fizesse, se se atendesse às provas relativamente à sua fonte originária, teríamos somente provas reais" (p. 286). Assim, deve-se entender ainda que "não existe, (...), afirmação original de uma pessoa, que não inclua uma prova (em sentido genérico) real, relativamente à própria pessoa que faz a afirmação original, sob o ponto de vista do sujeito que se lhe apresentou como fazendo prova. Temos sempre uma prova real, relativamente ao que se faz a afirmação, que teve a percepção direta das coisas a que se refere (...). Toda prova, neste sentido, começa por ser real. Divide-se, depois, em pessoal e real, segundo o sujeito que, afinal, apresenta-se perante o juiz produzindo a certeza em seu espírito. É este o momento em que se estuda a natureza subjetiva das provas, distinguindo suas classes" (p. 287). Em síntese, nesse sentido, a prova é real somente quando, entre a coisa e o sujeito que se convence dela, não exista outra pessoa para intermediar o conhecimento segundo suas impressões pessoais. Daí N. Malatesta dizer que, "por isso, sempre que o escrito é uma manifestação consciente pessoal, destinada a fazer fé dos fatos nele afirmados, é sempre uma prova pessoal...."[337].

Segundo uma divisão formal, por fim, admitem-se a *prova testemunhal*, a *prova documental* e a *prova material*. Na espécie testemunhal, N. Malatesta arrola todas as hipóteses de conhecimento oriundo de testemunho, seja da testemunha imparcial, terceiro em relação ao processo, seja do ofendido ou do acusado, tratando apenas de distinguir a credibilidade de cada um (cf. ibid. p 319 e ss), bem como o conteúdo possível do testemunho, nele se incluindo a hipótese de *confissão*. Ainda, entre as provas testemunhais, o autor inclui o que ele chama de "testemunho pericial" (p. 534 e ss), que "é prestado por testemunhas escolhidas *post factum*; testemunhas que procuramos para deporem sobre certas condições e certas relações particulares do fato, não-perceptíveis ao comum dos homens, mas somente a quem é dotado de uma perícia especial"[338].

---

[337] Assim, são reais todas as provas que decorrem de coisas, quando sejam estas diretamente averiguadas pelo julgador, ou pessoa a quem interessa conhecer e concluir sobre os fatos; e pessoais as que decorrem de pessoas, sendo por elas intermediado o conhecimento em relação ao julgador. Nesse sentido, uma prova pericial, por ser expressão de peritos (pessoas), embora se refira a elementos materiais, não seria prova real; somente seria real se o conhecimento decorre de incursão imediata pelo juiz na coisa, objeto da perícia. Assim, entende-se porque N. Malatesta adverte que essa divisão considera a prova em relação à consciência do juiz (p. 275). Dessa forma, o que pode constituir uma prova real para a autoridade investigante, durante o inquérito, será para o juiz uma prova pessoal, salvo se essa última autoridade proceder à inspeção diretamente, sendo isso possível. Ou seja, somente a prova realizada pela autoridade a quem compete decidir, seja sobre a condenação (no processo), seja sobre o indiciamento (na investigação), de forma direta, sem intermediação do conhecimento de outra pessoa, é que seria uma prova real, deixando de o ser quando a outra autoridade se transferir a decisão.

[338] Ainda a respeito do testemunho pericial, N. Malatesta esclarece que: "desde que, portanto, é necessário recorrer à perícia sempre que se trate de verificações de coisas que não sejam bem perceptíveis pelo comum dos homens, segue-se que a necessidade da perícia é mais ou menos freqüente, não só segundo a maior ou menor popularidade dos conhecimentos, mas também segundo a natureza particular dos crimes a serem julgados" (p. 540). Na seqüência, o autor apresenta critérios de avaliação do testemunho pericial que merecem atenção, em especial ao considerar que "o testemunho do perito, como o da testemunha comum, tem tanto de valor probatório quanto de exatidão têm sua percepções.

Quanto à prova documental, N. Malatesta (p. 553 e ss) chama atenção para o sentido de documento como registro em geral, de forma permanente, não limitado ao escrito em papel como de ordinário tendemos a relacionar, embora este seja o mais comum dos documentos. Em todo caso, adverte o autor que "o documento é essencialmente prova pessoal", porque revela a expressão de uma pessoa a respeito de um fato[339].

Em relação à prova material, N. Malatesta explica que ela consiste em "uma materialidade que, apresentada à direta percepção do juiz, serve-lhe de prova", embora não seja uma noção completa, segundo ele. O autor admite duas espécies de provas materiais, *transitórias*, quando praticada na presença do juiz, mas que logo depois se esvai; e *permanente*, quando permanece apta ao conhecimento posterior (ibid. p. 603). Além dessas espécies, distingue-se entre prova material própria e imprópria. Nesse sentido, é material propriamente dita apenas a constatação judicial imediata, porque "tudo que se apura materialmente fora do juízo, será prova material para quem o percebe, não o será no entanto para o juiz de debates, ao qual o fato é simplesmente afirmado por uma pessoa" (p. 621)[340].

É preciso aqui saber como se verificam suas percepções, para se poder ter fé na sua exatidão, isto é, que o perito *dê causa da sua ciência*, como dizem os práticos a propósito do testemunho comum. (...) Quanto aos laudos científicos, enfim, o dar a razão da ciência se resolve, para o perito, na exposição dos motivos racionais das suas afirmações" (p. 543).

[339] Daí porque a prova pericial, seja porque decorre de pessoas, seja porque materializada em um laudo, é sempre uma prova pessoal, no duplo sentido, nunca uma prova material em sentido estrito. Assim, deve ser submetida a dupla avaliação, segundo os critérios aplicados aos testemunhos e os critérios de avaliação dos documentos (cf. Malatesta, p. 585 e ss). A questão é que, sendo os peritos atualmente oficiais em sua maioria, alguns critérios são presumidos como cumpridos, embora nada impeça que se os considere no caso concreto.

[340] Em virtude dessas dificuldades que tornam quase todas as provas não reais ou imateriais, é que se criou a ficção jurídica de aceitar certas provas como material, embora não o sejam propriamente. É daí que decorre considerar-se a perícia por peritos oficiais como prova material, embora não o seja senão por ficção jurídica, como explica N. Malatesta (cf. p. 622).

8.2.2. *Provas históricas e críticas*

Francesco Carnelutti considera a prova como "objetos mediante os quais o juiz obtém as experiências que lhe servem para julgar" (2005, p. 16-17), ou, dito de outra forma, como "instrumentos, indispensáveis e perigosos, que conduzem ao conhecimento", embora não sejam suficientes para esgotar dito conhecimento, sendo necessário, segundo ele, "para tal fim, penetrar mais profundamente o dado, o que não se pode obter sem uma classificação", que ele sugere a partir de dois critérios, segundo a função da prova e segundo sua estrutura (p. 29).

Considerando a função, segundo F. Carnelutti, "algumas provas têm e outras não têm eficácia representativa do fato a prova; as primeiras se chamam provas históricas, as segundas provas críticas. A diferença entre uma e outra está fundada sobre o conceito de *representação*, uma mais entre aqueles conceitos que não pertencem à ciência do Direito, mas que são indispensáveis a esta...". Tendo em conta a noção de representação, o autor sustenta que "...o que distingue as provas históricas das provas críticas é sua idoneidade para suscitar na mente do juiz, direta ou indiretamente, mediante a *figura* ou o *discurso*, que são as duas espécies de *conceito*, a *imagem* do fato a provar, o que precisamente se diz *representar* no sentido de *fazer presente o que é passado ou distante*" (p. 30).

Considerando a estrutura da prova, por sua vez, F. Carnelutti sustenta que "quem observa como se desenvolva um processo, se dá conta facilmente de que os julgadores obtêm as razões já de *homens*, já de *coisas* (...)". Segundo esse outro critério, de compreensão mais fácil que o precedente, as provas se distinguem em provas pessoais e provas reais. Entre as provas pessoais, o autor situa as que decorrem das partes, imputado ou parte prejudicada, e de terceiros. Entre as reais, as históricas e as críticas.

A prova histórica é "*um fato representativo de outro fato*, mas isso não bata para esgotar seu conceito" (ibid. p. 33)[341]. Assim, segundo

[341] Mais especificamente, o autor explica que "...a fim de que a representação de um fato seja uma prova histórica é necessário que o objeto da representação seja não tanto um

o autor, "histórica se chama precisamente a esta prova porque, representando uma experiência, ou seja um fato ocorrido, afirma a historicidade do fato representado, ou seja que o inclui na história" (p. 34). Nesse sentido, são provas históricas, segundo o autor, a testemunha e o documento, porque "...tanto a testemunha como o documento serve para *expressar uma impressão* do fato, mas a expressão da testemunha está dirigida a quem o escuta, pelo que ele pode ser uma maneira tosca, assimilado a um tubo pelo qual a impressão se *transmite*; em troca, a expressão do documento não está dirigida a nada e, por isso, o documento se assemelha, pelo contrário, a uma vaso, no qual a impressão *se conserva*" (ibid. p. 35).

Na prova crítica, em contraposição à função representativa das históricas, há uma função denominada indicativa, pelo autor. Segundo ele, "a diferença entre *representação* e *indicação* está em que o fato indicativo não é, como o fato representativo, um equivalente sensível do fato a provar, no sentido de que não determina sua imagem na mente do observador, quando menos imediatamente..." (p. 53). Entre essas provas, o autor situa os indícios, como *prova crítica natural*[342]. Como indício, F. Carnelutti considera tanto o *corpo de delito*, que é "uma entre as 'coisas pertinentes ao delito' e, por isso, tem o primeiro posto entre os indícios deste" (p. 60).

---

fato quanto uma *experiência de que o representa*, ou seja, um fato tal de que *por havêlo percebido* ele tem experiência; por isso, a prova histórica é *não tanto um fato representativo de outro fato quanto de uma experiência*" (p. 34-35)

[342] Em oposição ao que chama de *contra-senha* (segundo tradução de Vera Lúcia Bison), prova crítica artificial. "*Senha* é uma palavra usada, ..., para denotar um aspecto conhecido da coisa, da qual se argüi um aspecto desconhecido; *contra-senha* se diz de uma *senha* que se põe sobre a coisa e que de alguma maneira vai unida à coisa; uma *senha*, em suma, é *artificial*" (p. 54). A senha é indicativa de algo (uma marca, um selo) que remete a uma conclusão. Seriam indícios artificiais, em oposição aos vestígios que seriam indícios naturais.

8.2.3. *Prova por concurso de circunstâncias, composta e imperfeita*

C. J. A. Mittermaier, em *Tratado das provas em matéria criminal*, após tratar das espécies de provas ordinariamente referidas em geral (prova por verificação judicial, por peritos, confissão, prova testemunhal, prova documental) apresenta conceitos sobre *prova por concurso de circunstâncias*; *prova composta, ou por concurso das diversas provas;* e *prova imperfeita*. Inicialmente, contudo, o autor se refere à divisão das provas em natural e artificial, ou circunstancial, sendo dessa natureza, segundo ele, os indícios, que não dão ao juiz uma segurança muito grande sobre os fatos, ao passo que as naturais repousam em evidências materiais, embora igualmente exijam uma série de conclusões do raciocínio, de tal forma que não seria relevante essa distinção (1997, p. 116 e ss)[343].

Referindo-se à prova circunstancial, ou por concurso de circunstâncias, Mittermaier sustenta haver, além das provas naturais (evidências materiais), certas circunstâncias que são "testemunhas mudas" do crime, a partir das quais, por via de inferência se pode concluir de fatos conhecidos outros fatos necessários, sendo absolutamente indispensável para a investigação do crime (ibid. p. 315 e ss). Segundo o autor, são os meios de prova artificial, ou circunstancial, os indícios e as presunções, considerados, em essências, expressões sinônimas (p. 323). Um indício é, dessa forma, "um fato em relação tão precisa com um outro fato que de um o juiz chega ao outro por uma conclusão toda natural. É pois, preciso que haja na causa dois fatos, um verificado, outro não estabelecido, e que se trata de demonstrar, racioci-

---

[343] Nesse sentido, explica o autor que "a maior parte dos meios de prova não repousam, como se supõe, na evidência material, e é sem razão atribuir a esta suposição a confiança que eles podem inspirar; é preciso, antes de tudo, que o espírito os examine, os analise, e nunca é sem terem passado por uma série inteira de conclusões do raciocínio, que o mesmo espírito presta fé à sua veracidade, e que se convence da realidade dos fatos em demonstração. Desde, pois, que, como o esperamos, estabeleceremos que os indícios também fazem prova plena, sendo seu mecanismo igual ao de todos os outros meios, chegar-se-á a concluir que a divisão em prova natural e artificial não tem objeto prático" (ibid. p. 118-119).

nando do conhecido para o desconhecido; aplicado ao processo criminal, o indício é o fato, circunstância acessória que se prende ao principal, e por isso faz concluir ou que o crime foi praticado, ou que um indivíduo determinado tomou parte nele, ou que teve lugar por esta ou aquela forma. Em uma palavra, os indícios têm relação ou com o fato, ou com o agente, ou com o modo do fato" (id. ibid.). Nesse sentido é que se fala em prova por concurso de circunstâncias, sendo necessário, portanto, "pesquisar primeiro os fatos que servem de base aos indícios, e depois todos aqueles, cuja existência verificada permite determinar o valor dos primeiros" (p. 329).

Considerando que uma condenação penal requer a demonstração completa dos fatos arguidos, até que seja plena e inteira a prova, não se pode considerar culpado o acusado. Assim, faltando alguma prova relativamente a algum elemento do crime, ainda que existam partes demonstradas pelas provas, não se tem prova perfeita suficiente para concluir acerca do crime, ou da autoria (ibid. p. 365 e ss).

Quanto à prova composta, Mittermaier explica que ela consiste no conjunto de todas as provas, naturais e artificiais, sendo raro o caso em que um processo judicial não se conclua pelo concurso de diversas provas que devem ser contrastadas entre si (ibid. p. 359 e ss).

8.2.4. *Prova e indícios (Luigi Ferrajoli)*

Luigi Ferrajoli, afastando-se da forma habitual de definir a prova e distingui-la dos indícios, propõe chamar de "*prova* o fato probatório experimentado no presente, do qual se infere o delito ou outro fato do passado, e de *indício* o fato provado do passado, do qual se infere o delito ou outro fato do passado que, por sua vez, tenha valor de um indício" (2002, p. 106). Essa definição do autor parte de uma distinção prévia entre *fatos* e *dados probatórios*, "segundo sejam experimentados direta ou indiretamente, isto é segundo permitam mais ou menos indiretamente a indução do fato-delito".

Assim, considerando que a noção de verdade aproximada, que não se define nunca em termos de certeza, mas apenas em termos de probabilidade, pode-se falar tanto em *probabilidade das provas* quanto em *probabilidade dos indícios*. Segundo o autor, tanto na prova, quanto no indício, há inferências que conduzem o raciocínio a conclusões probatórias, só que um a partir de um dado probatório presente, outro por um fato provado do passado.

Sob essa perspectiva, admite-se que uma *prova*, em que a testemunha afirma ter visto o investigado portando uma arma logo após a ocorrência do crime, seria *prova* apenas de que ela afirma ter visto o fato narrado, e seria um *indício*, mais ou menos provável, de que o fato ocorreu tal como narrado, a depender da sinceridade e confiabilidade no testemunho, o que somente se alcança por uma inferência. A essa inferência, pode-se acrescer outra relativa à fidedignidade da redação do depoimento, se somente por este tomamos conhecimento do testemunho, como ocorre em certos casos. Daí a ser prova de que o investigado seria o autor do crime, teríamos mais uma inferência acrescida, o que mais aprofunda o caráter de indício dessa *prova*. Não se pode, assim, descartar a possibilidade de que a testemunha tenha mentido, tenha se equivocado no que viu, ou mesmo que não se tenha traduzido bem seu testemunho para o depoimento (cf. Ferrajoli, p. 106). Nesse sentido, segundo o autor, considerando que nenhuma dessas inferências pode ser considerada verdadeira indubitavelmente, "está claro que quanto maior seja o número de inferências necessárias para induzir da prova a conclusão da responsabilidade pelo delito de que é causa, tanto menor o grau de probabilidade de indução probatória" (p. 106-107). Diverso, contudo, é o caso em que há várias inferências que decorrem de provas diversas e independentes, mas concordantes entre si. Em todo caso, sustenta o autor que "acerca do delito, as provas coletadas em um processo não são quase nunca provas *diretas,* mas quase sempre *indiretas*, quer dizer, provas de indícios, por sua vez, diretos ou indiretos; 'probabilidades de probabilidades...'"[344]

---

[344] Mais rigidamente, o autor explica que, considerando a diferença entre prova direta e indireta, em que somente as provas diretamente ligadas ao fato seriam diretas, apenas nos casos em que o delito é cometido em audiência, teríamos provas diretas, relativamente ao juiz que o presencia (cf. nota 25, p. 145); em uma investigação criminal, somente a hipótese de flagrante delito presenciado pela autoridade investigante, já não o sendo em relação ao juiz que decidirá o processo. Nesse ponto, observe-se, L. Ferrajoli confirma a idéia que N. F. Dei Malatesta tem sobre a prova real.

L. Ferrajoli, assim, sustenta que a diferença entre prova e indícios se deve fazer a partir da "diversa natureza da probabilidade" de um e outro, na medida em que "os indícios são, em suma, mais diretos que as provas no que toca à hipótese explicativa final, mas as provas são mais diretas do que os indícios no que toca à experiência probatória inicial". Ou seja, segundo o autor, "a probabilidade ou *força indutiva* das provas afeta a *confiabilidade* ou *crédito subjetivo* da fonte ou do meio de prova: a sinceridade, a espontaneidade, o desinteresse e, mais em geral, a confiabilidade dos testemunhos, das confissões (...); o caráter não apócrifo dos documentos; a solidez das perícias; o rigor das inspeções (...); a autenticidade e não falsificação das pegadas e das peças de convicção. A probabilidade ou força indutiva dos indícios, por sua vez, afeta sua *relevância* ou *gravidade objetiva*, quer dizer, a sua idoneidade para gerar explicações plausíveis ou verossímeis de todo o material probatório em conjunto" (p. 107).

8.3. O sistema probatório jurídico-processual penal

O Código de Processo Penal brasileiro, Decreto-Lei n. 3.689, de 1941, em seu Título VII, do Livro I, após disposições gerais (capítulo I), trata das provas, dispondo sobre exame de corpo de delito e perícias em geral; interrogatório do acusado; confissão; o ofendido; testemunhas; reconhecimento de pessoas e coisas; acareação; documentos; indícios; e busca e apreensão. As disposições da lei não estão organizadas segundo uma classificação racional, pois se trata da prova sem distinção entre objeto, fonte e meios de prova, e meios de obtenção de prova, cabendo, assim, ao intérprete fazê-lo.

Não obstante as disposições legais, prevendo os diversos meios de prova, deve-se entender que o sistema jurídico-processual está orientado pelos princípios da liberdade de produção e de valoração da prova, embora juridicamente limitado pela proibição de provas ilícitas. Ademais, há que se considerar como fundamental a obrigatoriedade do *contraditório como essência do conceito jurídico de prova*. O contraditório, sob essa perspectiva, projeta-se nas provas como elemento essencial de sua produção, sem o qual a verdade obtida não adquire a validade necessária para fundamentar as decisões judiciais. Assim sendo, a prova produzida na investigação criminal, por ser obtida de forma unilateral, exige sua submissão ao contraditório diferido, em momento posterior, sob pena de não se poder considerar na decisão final do processo judicial[345].

8.3.1. *Liberdade de produção probatória*

Quanto à *produção probatória*, são admitidas todas as provas possíveis no processo penal, com ampla liberdade, desde que não existam restrições legais. Essa liberdade abrange as fontes, os meios e os métodos de obtenção. Quanto ao objeto de prova, embora o CPP não o diga, pode-se recorrer ao CPC, art. 334, para limitar o objeto de prova aos fatos pertinentes, relevantes e controversos, ou sobre os quais não haja presunção legal (cf. Badaró, 2008, p. 203)[346]. Não se trata nesse caso propriamente de uma restrição à liberdade de prova, mas de uma racionalização ao que é essencial ao processo. A mais importante restrição encontra-se na proibição de provas obtidas por meios ilícitos, tratada à parte devido à sua relevância. Há outras res-

---

[345] Essa compreensão, aliás, está evidenciada no art. 155, *caput*, CPP, ao se estabelecer que "o juiz formará sua convicção pela livre apreciação da prova *produzida em contraditório...*", limitando a livre convicção do julgador para não permitir motivações fundadas exclusivamente em elementos colhidos unilateralmente. No entanto, o mesmo dispositivo aceita motivação com base em provas não submetidas a contraditório, quando forem provas cautelares, não repetíveis e antecipadas. Nesse caso, contudo, embora não dito expressamente, parece-nos evidente que não há aí um afastamento do contraditório garantido constitucionalmente, pois implicitamente impõe-se ao juiz, para uma decisão final, sobretudo se condenatória, que mesmo essas provas sejam submetidas a contraditório diferido, ou estaríamos admitindo um processo sem contraditório. Dessa forma, mesmo nas provas cautelares, não repetíveis e antecipadas, deve-se em algum momento do processo abrir ao réu a oportunidade de manifestar-se, opor-se ou contrariar as referidas provas, antes da decisão final. Assim, com tais considerações, reafirmamos que o princípio do contraditório se projeta no campo das provas, sem exceção.

[346] Gustavo Badaró adverte, contudo, que em relação aos fatos incontroversos, no processo penal, não se pode admitir uma confissão como suficiente à condenação, podendo ainda assim ser objeto de prova o fato alegado (2008, p. 204).

trições, ainda, relativas ao estado das pessoas, à quantidade de testemunhas e ao momento para apresentação de provas[347].

O sistema de liberdade das provas contrapõe-se ao o sistema de taxatividade das provas, ou de provas legais limitadas ao que a lei preveja. Não é esse o sistema vigente no processo penal brasileiro. Admitem-se no sistema do CPP provas típicas, previstas expressamente na lei, e provas atípicas, consideradas essas tudo quanto possa produzir conhecimento relativo aos fatos discutidos no processo. Esse sistema de liberdade se conecta com o *sistema de valoração das provas*, no qual o juiz também tem liberdade para apreciá-las segundo sua convicção. Permitidas as provas atípicas, os limites se encontram na proibição de provas obtidas por meios ilícitos, princípio fundamental que orienta toda a produção probatória, ficando ao juiz a livre apreciação do conhecimento produzido, segundo uma avaliação criteriosa da credibilidade da prova, o que se exige mesmo nas provas típicas. Entre as *provas atípicas*, podemos citar a prova emprestada em geral[348] e as provas obtidas fora do processo sem ofensa à lei[349].

---

[347] Assim, "somente quanto ao estado das pessoas serão observadas as restrições estabelecidas na lei civil" (CPP, art. 155, parágrafo único), impondo-se ao juiz recorrer aos meios estabelecidos por lei. Em relação a essa restrição, a *Súmula 74 do STJ* estabelece que "para efeitos penais, o reconhecimento da menoridade do réu requer prova por documento hábil". Em relação à prova testemunhal, o CPP restringe seu número, admitindo, por exemplo, apenas 8 testemunhas, no procedimento comum ordinário e no do tribunal do júri (arts. 401 e 406, § 2.º), e 5 testemunhas, no procedimento comum sumário (art. 531). No que se refere à apresentação de provas, além dos limites decorrentes da preclusão em geral, não se admite no tribunal do júri, durante o julgamento, a leitura de documento ou a exibição de objeto que não tiver sido juntado aos autos com antecedência mínima de 3 dias úteis, com ciência à outra parte (CPP, art. 479). São essas as restrições expressas. No mais, vige um sistema de liberdade de provas, com os limites gerais decorrentes da proibição de provas obtidas por meios ilícitos.

[348] A *prova emprestada*, produzida em outro processo, tem sido admitida através de produção documental, devendo o juiz analisar se foi ela produzida com respeito ao devido processo legal, o que exige a identidade das partes nos dois processos (cf. nesse sentido, Nucci, 2007, p. 348). Assim, não se tem admitido a prova emprestada que foi produzida em outro processo, no qual a parte atual não participou em contraditório. Não tendo participado, deve-se repetir a prova com participação do réu. E, em todo caso, essa prova não pode ser o fundamento exclusivo da condenação, como já entendeu o STF (cf. HC 67.064-4/RS).

8.3.2. *Sistema de valoração probatória*

Quanto à *valoração da prova,* admitem-se, historicamente, três sistemas distintos: 1) o sistema de provas legais, ou tarifado pelo

[349] Entre as provas obtidas fora do processo, sem ofensa à lei, tem-se admitido como prova lícita a gravação de conversa telefônica por um dos interlocutores, ou a escuta com ciência e autorização de um deles (cf. Nucci, 2007, p. 340 e ss). Nesse sentido, já o STF (RE 402.035-SP, 06/02/2004) e o STJ (HC 33.110-SP, 25/05/2004; HC 23.891-PA, 28/10/2003) se pronunciaram considerando lícitas as duas formas. Também a gravação feita em espaço público, tem sido admitida como lícita. Nesse sentido, STJ, MS 12429/DF, d.j. 29/06/2007: "Não configura prova ilícita gravação feita em espaço público, no caso, rodovia federal, tendo em vista a inexistência de 'situação de intimidade' (HC n. 87341-3, Min. Sepúlveda Pertence, Julgamento: 07.02.2006)". Assim também, qualquer filmagem feita por ofendido, sem ofensa à intimidade e vida privada do filmado. A questão aqui, assim como na hipótese anterior, está na credibilidade da prova que deve ser avaliada pelo juiz, ou se necessário até submetida a perícia para analisar a veracidade dos dados e inexistência de manipulação, mas a prova em si não é ilícita, estando dentro do âmbito de liberdade de produção de provas. Na jurisprudência do STJ, admite-se também como lícita a prova obtida por 'acidente', durante interceptação telefônica de investigação de outro crime. Nesse sentido: "É lítica a prova de crime diverso, obtida por meio de interceptação de ligações telefônicas de terceiro não mencionado na autorização judicial de escuta, *desde que relacionada com o fato criminoso objeto da investigação*" (HC 33.553-CE, 5.ª T., rel. Min. Laurita Vaz, 17.03.2005 – com grifo nosso). Mais recentemente, contudo, o STJ se pronunciou de forma diversa sobre a ressalva contida no julgado, decidindo da seguinte forma: "I – Em princípio, havendo o encontro fortuito de notícia da prática futura de conduta delituosa, durante a realização de interceptação telefônica devidamente autorizada pela autoridade competente, não se deve exigir a demonstração da conexão entre o fato investigado e aquele descoberto, a uma, porque a própria Lei n.º 9.296/96 não a exige, a duas, pois o Estado não pode se quedar inerte diante da ciência de que um crime vai ser praticado e, a três, tendo em vista que se por um lado o Estado, por seus órgãos investigatórios, violou a intimidade de alguém, o fez com respaldo constitucional e legal, motivo pelo qual a prova se consolidou lícita. II – A discussão a respeito da conexão entre o fato investigado e o fato encontrado fortuitamente só se coloca em se tratando de infração penal pretérita, porquanto no que concerne as infrações futuras o cerne da controvérsia se dará quanto a licitude ou não do meio de prova utilizado e a partir do qual se tomou conhecimento de tal conduta criminosa. Habeas corpus denegado." (STJ – HC 69552/PR, d.d. 06/02/2007 – Rel. Felix Fischer)

legislador[350]; 2) o sistema de livre e íntima convicção do julgador[351]; e 3) o sistema do livre convencimento motivado, ou da persuasão racional.

O *sistema do livre convencimento motivado* se fundamenta na ideia de que o Judiciário[352] deve justificar suas decisões com argumentos racionais capazes de persuadir o cidadão sobre seus motivos de decisão, sendo tal requisito elemento legitimador do exercício do poder. É o sistema do processo penal brasileiro, por disposição constitucional que estabelece expressamente: "todos os julgamentos dos órgãos do Poder Judiciário serão públicos, *e fundamentadas todas suas decisões*, sob pena de nulidade..." (CF, art. 93, inc. IX).

O CPP, em seu art. 155, adota expressamente a determinação constitucional, ao estabelecer que "o juiz formará sua convicção pela livre apreciação da prova, produzida em contraditório judicial...", mas na sequência estabelece uma limitação ao livre convencimento (não à necessidade de motivação), para determinar que não pode o juiz "fundamentar sua decisão exclusivamente nos elementos informativos colhidos na investigação, ressalvadas as provas cautelares, não repetíveis e antecipadas". Trata-se de inovação legislativa que,

---

[350] Pelo *sistema de provas tarifadas*, o legislador estabelecia *a priori* o que poderia ser admitido como prova para determinado crime, em hipótese, independente da realidade concreta de cada processo. Há, ainda, nos sistemas atuais, certos resquícios dessa limitação valorativa, ao se estabelecer como ocorre no CPP que o estado da pessoa somente se prova segundo a lei civil (art. 155). Trata-se de um sistema que confia na infalibilidade do legislador em antecipar racionalmente todas as hipóteses fáticas, podendo incorrer muito facilmente em conflitos entre lei e realidade. Além disso, representa ideologicamente certa preeminência do legislador em relação ao Poder Judiciário, que se resumiria a ser "a boca da lei".

[351] Segundo o *sistema da íntima convicção pura*, a ideologia se inverte para por nas mãos do judiciário a discricionariedade não controlada sobre a valoração das provas, admitindo-se ao julgador decidir sobre a prova segundo sua exclusiva consciência. É o sistema que ainda subsiste no Tribunal do Júri, por disposição constitucional que lhe reconhece "a soberania dos veredictos" (art. 5.º, XXXVIII, "c").

[352] E também o Legislativo e o Executivo, ao exercerem atividades que impliquem restrição de direitos fundamentais. Assim, esse sistema deve, segundo entendemos, ser o usado nas decisões de indiciamento da investigação criminal, justificando a autoridade investigante suas conclusões acerca do crime e do investigado.

embora limite consideravelmente a discricionariedade judiciária, não parece entrar em conflito direto com a garantia da motivação, pois a exige até com maior rigor, na medida em que não se a admite com base em elementos colhidos fora do processo, sem contraditório. O que se restringiu, sim, foi a liberdade de convicção do julgador, que poderia sentir-se convencido com base em elementos da investigação, mas não poderá fundamentar sua decisão final nelas.

Nesse caso, observa-se que essa limitação se aplica somente à decisão final, em sentença condenatória, sobretudo, não a qualquer outra decisão tomada no curso do processo, ou mesmo ainda na fase de investigação criminal, ou estariam assim impossibilitadas todas as medidas cautelares *inaudita altera pars*, ante a necessidade de submeter a contraditório.

8.3.3. *Proibição de provas ilícitas*

A proibição de prova ilícita, dentre os princípios jurídicos da prova – que deve ser lido em conexão com o capítulo relativo aos limites da investigação –, *se insere no conceito de prova como elemento constitutivo de sua definição jurídica*, na medida em que no processo penal somente o conhecimento produzido com respeito à Constituição e às leis pode ser consideradas provas em sentido jurídico e admitidas como base de fundamentação de uma decisão judicial. Nesse sentido, o princípio da proibição de prova ilícita decorre diretamente da noção de um devido processo penal, com respeito a certos limites fundamentais do Estado Democrático de Direito, tendo por consequência impor limites à liberdade de produção das provas, mesmo antes de o processo judicial estar instaurado[353].

---

[353] O Supremo Tribunal Federal, a respeito desse princípio, entende que: "A ação persecutória do Estado, qualquer que seja a instância de poder perante a qual se instaure, para revestir-se de legitimidade, não pode apoiar-se em elementos probatórios ilicitamente obtidos, sob pena de ofensa à garantia constitucional do '*due process of law*', que tem, no dogma da inadmissibilidade das provas ilícitas, uma de suas mais expressivas projeções concretizadoras no plano do nosso sistema de direito positivo. A Constituição da República,

A doutrina tem feito a distinção entre prova ilícita, quando viola direito material, e prova ilegítima, quando viola direito processual, concluindo que para essa última se aplica o regime das nulidades, ao passo que para aquela deve haver o desentranhamento (cf. a respeito, Feitoza, 2008, p. 606 e ss). Com a Lei n.º 11.690, de 9 de junho de 2008, contudo, essa medida foi estendida às duas espécies, sobretudo porque não houve a referida diferenciação. Nesse sentido, o art. 157 do CPP (com a redação dada pela referida lei) estabelece que são inadmissíveis "as *provas ilícitas, assim entendidas as obtidas em violação a normas constitucionais ou legais*", não havendo distinção entre direito material e direito processual, desde logo estabelecendo que devem ser desentranhadas mediante incidente (§ 3.º).

i) Origem, sentido e extensão. Prova ilícita por derivação

Segundo Denilson Feitoza, o princípio da proibição de provas ilícitas tem origem no processo penal dos Estados Unidos, onde é conhecido como princípio da exclusão (*exclusionary rule*), por excluir da apreciação do Judiciário a prova assim obtida (cf. 2008, p. 607 e ss).

Dentre os vários fundamentos, que justificaram o princípio da exclusão, o que mais se impôs nessa doutrina como primordial foi o sentido de prevenção na atividade da polícia, visando a dissuadir condutas policiais ilícitas com violação a direitos fundamentais. Considerando que a prova assim obtida não pode ser utilizada no processo judicial, espera-se que os policiais não trabalhem com violação de

---

em norma revestida de conteúdo vedatório (CF, art. 5.º, LVI), desautoriza, por incompatível com os postulados que regem uma sociedade fundada em bases democráticas (CF, art. 1.º), qualquer prova cuja obtenção, pelo Poder Público, derive de transgressão a cláusulas de ordem constitucional, repelindo, por isso mesmo, quaisquer elementos probatórios que resultem de violação do direito material (ou, até mesmo, do direito processual), não prevalecendo, em conseqüência, no ordenamento normativo brasileiro, em matéria de atividade probatória, a fórmula autoritária do '*male captum, bene retentum*'" (RHC 90376/RJ, D.J. 18/05/2007, Rel. Celso de Mello).

direitos. Por esse motivo, há assim uma tendência crescente a aceitar certos casos em que a função de prevenção não estaria presente, justificando a aceitação de provas ilícitas orientada por outros critérios de exceção.

A partir do princípio da proibição de provas ilícitas surge a "doutrina dos frutos da árvore envenenada" (*fruits of the poisonous tree doctrine*), pela qual se pretende a inadmissibilidade das provas derivadas daquelas originariamente ilícitas. São provas ilícitas por derivação[354]. O art. 157, §1.º do CPP (com a redação dada pela Lei n.º 11.6890, de 9/6/2008) agora expressamente estabelece que "são também inadmissíveis as provas derivadas das ilícitas, salvo quando não evidenciado o nexo de causalidade entre umas e outras, ou quando as derivadas puderem ser obtidas por uma fonte independente

---

[354] Na jurisprudência do Supremo Tribunal Federal já se considerou a questão da ilicitude por derivação como extensão do princípio originário, nos seguintes termos: "Ninguém pode ser investigado, denunciado ou condenado com base, unicamente, em provas ilícitas, quer se trate de ilicitude originária, quer se cuide de ilicitude por derivação. Qualquer novo dado probatório, ainda que produzido, de modo válido, em momento subseqüente, não pode apoiar-se, não pode ter fundamento causal nem derivar de prova comprometida pela mácula da ilicitude originária. A exclusão da prova originariamente ilícita – ou daquela afetada pelo vício da ilicitude por derivação – representa um dos meios mais expressivos destinados a conferir efetividade à garantia do '*due process of law*' e a tornar mais intensa, pelo banimento da prova ilicitamente obtida, a tutela constitucional que preserva os direitos e prerrogativas que assistem a qualquer acusado em sede processual penal. (...) A doutrina da ilicitude por derivação (teoria dos "frutos da árvore envenenada") repudia, por constitucionalmente inadmissíveis, os meios probatórios, que, não obstante produzidos, validamente, em momento ulterior, acham-se afetados, no entanto, pelo vício (gravíssimo) da ilicitude originária, que a eles se transmite, contaminando-os, por efeito de repercussão causal. Hipótese em que os novos dados probatórios somente foram conhecidos, pelo Poder Público, em razão de anterior transgressão praticada, originariamente, pelos agentes da persecução penal, que desrespeitaram a garantia constitucional da inviolabilidade domiciliar. Revelam-se inadmissíveis, desse modo, em decorrência da ilicitude por derivação, os elementos probatórios a que os órgãos da persecução penal somente tiveram acesso em razão da prova originariamente ilícita, obtida como resultado da transgressão, por agentes estatais, de direitos e garantias constitucionais e legais, cuja eficácia condicionante, no plano do ordenamento positivo brasileiro, traduz significativa limitação de ordem jurídica ao poder do Estado em face dos cidadãos." (RHC 90376/RJ, D.J. 18/05/2007 – Rel. Celso de Mello).

das primeiras". Com essa disposição, a lei não somente acolhe a doutrina do fruto da árvore envenenada, como já estabelece as exceções admitidas ao princípio da proibição da prova ilícita, que já vinham sendo consideradas pela jurisprudência segundo entendemos.

ii) Exceções à inadmissibilidade de provas ilícitas

Na doutrina dos Estados Unidos, segundo Denilson Feitoza (2008, p. 609 e ss), encontram-se várias hipóteses de limitação do princípio da proibição de prova ilícita (originárias ou por derivação), havendo exceções que são suscitadas na jurisprudência daquele país, entre as quais temos a *exceção da boa-fé* (a); a *fonte independente* (b); e a *descoberta inevitável* (c)[355].

a) ***Exceção da boa-fé (good faith exception).*** Essa exceção é dirigida à proibição da prova ilícita originária, com base no seguinte argumento: considerando que o objeto do princípio da proibição é de prevenir provas obtidas por meio ilícito, se elas forem obtidas com boa-fé, não se justificaria sua exclusão do processo. Um exemplo de boa-fé poderia ser o cumprimento de mandado de busca expedido por juiz que se sabia incompetente, mas o policial cumpre na crença de que se tratava de uma ordem legítima. Em uma situação dessas, no direito brasileiro, considerando a definição legal atual de provas ilícitas (segundo a disciplina do art. 157, caput, CPP, com a redação dada pela Lei n. 11.690, de 9/6/2008), "assim entendidas as obtidas em violação a normas constitucionais ou legais", acreditamos ser difícil sustentar o aproveitamento de uma prova nesse caso, sobretudo no caso de incompetência decorrente de norma constitucional, embora a questão permaneça em aberto para o entendimento jurisprudencial a partir da nova disciplina.

---

[355] Além dessas, Denilson Feitoza (ibid. p. 613) apresenta outras hipóteses de exceção à doutrina dos frutos da árvore envenenada, como a limitação da contaminação expurgada (*purged tanit limitation*) ou da conexão atenuada (*attenuated connection limitation*).

b) ***Fonte independente (independent source limitation).*** Essa exceção, assim como a seguinte, tem sido oposta à proibição da prova ilícita por derivação, com fundamento no argumento de que, se a prova ilícita por derivação puder ser obtida por uma fonte diversa da primeira, ela se desvincula do vício originário. O art. 157 do CPP (com a redação dada pela Lei n. 11.690, de 9/6/2008) admite expressamente que são admissíveis as provas derivadas das ilícitas quando "puderem ser obtidas por uma fonte independente da primeira" (§1.º), "considerando-se fonte independente aquela que por si só, seguindo os trâmites típicos e de praxe, próprios da investigação ou instrução criminal, seria capaz de conduzir ao fato objeto da prova" (§ 2.º)[356].

c) ***Descoberta inevitável (inevitable discovery).*** Também suscitada como exceção à proibição da prova ilícita por derivação, segundo essa tese, não se impede a admissão de prova derivada de uma violação constitucional, se tal prova teria sido descoberta "inevitavelmente" por meio de atividades

---

[356] Na jurisprudência do STF e STJ, antes mesmo da inovação legislativa, já se podia encontrar referência a essa exceção, sob a denominação de *prova autônoma, ou independência da prova*, afastando-se assim o reconhecimento da teoria do fruto da árvore envenenada. Nesse sentido, confiram-se os julgados: "Habeas corpus. Constitucional. Penal e processual penal. Sentença condenatória fundada em provas ilícitas. Inocorrência da aplicação da teoria dos 'frutos da árvore envenenada'. *Provas autônomas.* Desnecessidade de desentranhamento da prova ilícita. Impossibilidade de aplicação do art. 580 do CPP à espécie. Inocorrência de ofensa aos artigos 59 e 68 do Código Penal. Habeas corpus indeferido. Liminar cassada. 1. A prova tida como ilícita não contaminou os demais elementos do acervo probatório, que são autônomos, não havendo motivo para a anulação da sentença. 2. Desnecessário o desentranhamento dos autos da prova declarada ilícita, diante da ausência de qualquer resultado prático em tal providência, considerado, ademais que a ação penal transitou em julgado" (STF, HC 89032/SP, D.J. 23/11/2007, Rel. Menezes Direito). "Não há como acolher a pretensão do recorrente de aplicação da teoria dos frutos da árvore envenenada (*the fruits of the poisonous tree*), haja vista que o vergastado acórdão reconheceu a *independência* entre a prova tida como ilícita e as demais, razão pela qual entender de forma contrária demandaria o exame acurado do material cognitivo, o que, à toda evidência, se mostra inviável no âmbito restrito e expedito do writ. Recurso desprovido." (STJ, AGRHC 40089/MG, D.J. 29/08/2005, Rel. Felix Fischer).

investigatórias lícitas sem qualquer relação com a violação. Para além de se tratar de uma situação dificilmente provável, não estamos certos sobre sua aplicabilidade no direito brasileiro, a não ser que a descoberta da nova prova rompa com o nexo causal em relação à prova originariamente ilícita, e nesse caso outra será a fonte da prova, não mais o conhecimento oriundo da ilicitude inicial. Nesse sentido, segundo nos parece, é que se apresenta a segunda exceção legal à inadmissibilidade da prova derivada da ilícita, ao admitir nos casos em que "não evidenciado o nexo de causalidade entre umas e outras" (CPP, art. 157, §1.º, com a redação dada pela Lei n. 11.690, de 9/6/2008)[357].

8.4. A prova na investigação

A atividade probatória constitui a essência da investigação criminal, considerando que todo ato investigativo deve estar orientado a obter provas relativas ao crime e sua autoria. Nesse sentido, considerando a liberdade da produção probatória e o sistema de livre valoração motivada, parece não ter sentido estabelecer distinções entre os meios formais de prova admitidos pela lei. Desse ponto de vista, qualquer meio de prova formalmente previsto na lei, sendo apto a transmitir um conhecimento acerca do que se investiga, deverá ser aceito no processo. Essa conclusão, contudo, à vista da liberdade da produção probatória (tendo em conta, sobretudo, a possibilidade de provas

---

[357] Dessa forma, bem interpretado o dispositivo, parece que a lei admite a prova pela simples falta de evidência do nexo de causalidade, não exigindo uma demonstração dessa falta de nexo. Esse sentido, aliás, de certa forma já vinha sendo atribuído pela jurisprudência do STJ: "Na presente hipótese, como bem ressaltado pelo e. Tribunal a *quo* ao denegar a ordem, não há como estender reconhecida ilicitude da quebra do sigilo bancário levado a efeito sem a devida autorização legal exigida pelo art. 1.º, caput, da Lei n.º 9.296/96 às demais provas produzidas, haja vista que não se sabe, até mesmo porque o próprio impetrante não procurou demonstrar, se, de fato, o material probatório produzido decorre necessariamente daquela prova tida como ilícita, cujo desentranhamento já foi inclusive determinado" (HC 67433/RJ, d.d. 07/05/2007).

atípicas), permite-nos concluir que qualquer *dado probatório*, seja ele típico ou não, estando apto a oferecer um conhecimento sobre o objeto de investigação, pode ser considerado prova em algum sentido.

Essa extensão da noção de prova se justifica, ademais, em virtude daquelas considerações que N. Malatesta faz a respeito da prova real e pessoal, em que a distinção é feita a partir do sujeito a quem compete decidir sobre o valor da prova. Assim, considerando que a prova é real ou pessoal, segundo a autoridade que conclui acerca da probabilidade dos fatos, podemos entender que a prova direta ou indireta se define não em função de sua natureza própria, mas em função de quantas inferências são necessárias para se concluir acerca do crime ou de sua autoria; e toda vez que, entre a autoridade que decide e o objeto de prova, se interpõe alguém, haverá pelo menos um inferência que a torna indireta, a de acreditar em quem concluiu antes a respeito dos fatos. E mesmo quem conhece o dado probatório diretamente (p. ex. um perito em relações ao corpo do delito), não o conhece senão por alguma inferência que decorre do conjunto de conhecimentos prévios de que se vale para compreender o objeto. A única exceção a isso parece ser a hipótese em que o sujeito cognoscitivo conhece o crime ou sua autoria a partir da experiência atual do fato, sendo ele o próprio autor ou testemunha, mas esta, se não for ela a própria autoridade a quem compete decidir, tornar-se-á igualmente um *veículo intermediário*, o que implicará na necessidade de uma inferência para se chegar ao conhecimento.

Assim, é razoável aceitar a distinção que faz L. Ferrajoli a respeito de provas e indícios, para admitir que eles apenas se distinguem em graus de probabilidades, por estarem mais ou menos próximas do objeto de prova, sejam dados, sejam fatos probatórios. Em todo caso, como adverte o autor, "as provas coletadas em um processo [assim como na investigação criminal] não são quase nunca provas *diretas*, mas quase sempre *indiretas*, quer dizer, provas de indícios, por sua vez, diretos ou indiretos" (ibid. p. 107). Dessa forma, a prova pode ser considerada o dado probatório que conclui sobre o objeto, segundo o que sabemos dele no momento em que concluímos, sendo, contudo, sob certo aspecto, um indício, na medida em que fazemos alguma inferência para concluir acerca do objeto de conhecimento e, sobretudo, porque, sendo esse conhecimento adquirido em conformidade com o estágio de nossa ciência, não está nunca descartada a possibilidade de que estejamos errados sobre nossas conclusões, sendo nesse ponto, portanto, apenas um indício de que estamos certos[358]. Em conclusão, acreditamos poder falar em prova no sentido lato (fatos e dados probatórios), que abrange a prova em sentido estrito (diretamente relacionada ao crime e sua autoria diretamente) e indício (indiretamente relacionada)[359].

Consciente desse caráter limitado da prova para produzir conclusões absolutamente verdadeiras acerca do crime, seja qual for sua natureza, probatória ou indiciária, bem como a espécie probatória de que se reveste formalmente, o importante é que toda prova *seja considerada em relação ao crime, segundo uma linguagem referencial*; e *esteja em condições de ser verificada em processo contraditório, em conformidade com essa linguagem.*

i) Força probante dos elementos da investigação

Com essas considerações, podemos sustentar que a *força probante* dos elementos reunidos na investigação, além da relevância do *conjunto quantitativo* (quanto mais provas melhor, na medida em que conferem maior probabilidade, embora não se exijam provas supér-

---

[358] Essa conclusão se impõe com base na ideia de K. Popper, segundo o qual nossas hipóteses são conjecturas que se mantêm até que sejam refutadas por outra explicação melhor. No processo judicial, esse postulado epistemológico está garantido pela possibilidade imprescritível de revisão *pro reo*, não contudo em favor da acusação.

[359] Para um estudo mais detalhado sobre indícios, cf. "A prova por indícios no processo penal", de Maria Thereza Rocha de Assis Moura, Ed. LumenJuris, em que a autora o define como "todo rastro, vestígio, sinal e, em geral *todo fato conhecido, devidamente provado*, suscetível de conduzir ao conhecimento de um fato desconhecido, a ele relacionado, por meio de um raciocínio indutivo-dedutivo. É imperativo que o *factum probans* esteja completamente provado, conhecido, induvidoso, para poder revelar o *factum probandum*. Caso contrário, a inerência não poderá ser estabelecida. A relação do indício com o fato que se quer provar é outra exigência. Há de existir uma conexão lógica entre os dois fatos e uma relação de causalidade, a permitir o conhecimento do fato ignorado. O raciocínio faz-se pelas regras da experiência e da lógica, resultando no conhecimento provável acerca da existência de outro fato" (p. 41). Referindo-se à inferência, a autora explica que ela pode ser por indução, dedução ou raciocínio analógico (cf. p. 39).

fluas), deve-se observar o *conjunto qualitativo* (coerência das diversas provas, referidas especificamente aos elementos do tipo penal, em condições de ser verificada em processo contraditório). A questão, contudo, tem se colocado de forma diversa, sobretudo após a Lei n.º 11.690, de 9 de junho de 2008, conforme se trate de uma prova repetível ou não, pois o art. 155 do CPP estabelece essa distinção ao dizer que: "O juiz formará sua convicção pela livre apreciação da prova produzida em contraditório judicial, não podendo fundamentar sua decisão exclusivamente nos elementos informativos colhidos na investigação, *ressalvadas as provas cautelares, não repetíveis e antecipadas*" (itálico nosso). Assim sendo, tratando-se de prova produzida na investigação criminal, não sendo repetível (como é o caso de certas perícias realizadas ainda durante o inquérito), deve nesse caso ser analisada pelo juiz, segundo as circunstâncias em que foi produzida, mas será considerada prova em sentido técnico. No entanto, entendemos que mesmo os demais elementos de prova produzidos na investigação criminal, ainda que sem contraditório, devem ser ponderados pelo juiz e aceitos no conjunto probatório, desde que não seja a base exclusiva de sentença condenatória[360]. Em todo caso, embora produzida na investigação com seu valor limitado a esta, desde que se transfira ao processo como elementos de prova, com submissão ao contraditório, deve e pode ser valorada segundo a convicção motivada pelo juiz[361].

---

[360] Não sendo repetível, a norma está a admitir que com base nela, ainda que exclusivamente, possa haver condenação. Nesse caso, contudo, reafirmamos que o contraditório deve ser diferido, permitindo-se ao acusado sempre uma manifestação acerca da prova, ainda que posterior. Não há, assim, um afastamento do direito ao contraditório. Em síntese, nesse ponto, não difere essencialmente das demais provas produzidas na investigação criminal que devem ser submetidas ao contraditório diferido.

[361] Não sendo, portanto, contestadas as provas oriundas da investigação, não vemos como negar em absoluto qualquer validade probatória aos elementos reunidos na investigação. Nesse ponto, urge observar que o inquérito tem natureza de instrução preliminar (cf. Exposição de Motivos do CPP) e, sendo instrumento de natureza administrativa, seus atos deveriam ser analisados segundo critérios do direito administrativo, sob uma presunção relativa de veracidade, que admite ser afastada por alegação da parte contrária. Não se exige, aqui, contudo, prova absoluta de certeza pelo acusado, mas apenas que suscite dúvida fundada e razoável capaz de infirmar os elementos probatórios da investigação.

ii) Adequação probatória segundo os elementos do tipo

Considerando a teoria jurídica do crime como linguagem conceitual de interpretação da tipologia legal, a partir da qual nos referimos aos fatos e dados probatórios, é princípio fundamental da atividade probatória na investigação criminal que seja dirigida em conformidade com esse pressuposto conceitual. Nesse sentido, a teoria do crime é não apenas o ponto de partida para a obtenção das provas, na medida em que determina *o que provar (objeto da prova) e qual sua natureza*, como igualmente o ponto de chegada, pois somente se conclui uma investigação criminal quando estiverem presentes provas que se refiram a cada elemento do crime que seja passível de prova. Em síntese, há que se ter uma adequação probatória segundo a natureza dos elementos do tipo.

Em princípio, devemos ter em mente que a prova de que falamos se destina a alcançar certeza sobre a existência de fatos, não do direito nem da teoria do crime. Assim, quando dizemos, do ponto de vista da teoria, que há crime se presentes tipicidade, ilicitude e culpabilidade, estes elementos são constatados por *juízos* de tipicidade, de ilicitude e de culpabilidade, mas sobre os fatos demonstrados por provas. E tais fatos essenciais aos referidos juízos, em suma, estão delimitados pelo tipo penal.

Dessa forma, é a partir do tipo penal – como estrutura hipotética legal que deve ser "preenchida" por provas – que a atividade probatória deve realizar-se. Em outros termos, o tipo penal, devidamente *decomposto* em seus elementos, é o ponto de partida e de chegada da investigação criminal. Somente quando todos seus elementos estiverem devidamente demonstrados por provas adequadas é que podemos concluir pela existência do crime. Tais provas, não raramente, são obtidas pelo concurso de circunstâncias que configuram uma prova composta (segundo terminologia de Mittermaier), mas é fundamental que a investigação esteja orientada por *responder* a cada elemento do tipo penal, visto à forma de um vazio a ser preenchido, com uma *prova adequada à natureza do elemento do tipo*.

De início, portanto, a investigação criminal deve distinguir entre os elementos materiais (objetivos-descritivos), normativos e subjetivos do tipo, pois somente aqueles primeiros, em virtude de sua natureza ontológica, são passíveis de investigação e prova em sentido estrito.

Quanto aos elementos normativos, o conhecimento deles se basta em uma atividade puramente valorativa (um juízo de valor), para a qual não se exige investigação propriamente dita, embora se deva concluir a respeito deles, ainda que provisoriamente, mas já na própria investigação. Quanto aos elementos subjetivos (seja ele geral, o dolo, seja um especial fim de agir), somente de forma indireta são conhecidos, a partir da investigação dos elementos materiais (elementares ou circunstanciais do tipo), que constituem indícios da subjetividade do investigado, ou quando este mesmo admite sua intenção.

Isso limita substancialmente o campo de investigação criminal e torna proporcionalmente complexa a atividade, vez que, não obstante, ao se falar em investigação e prova do crime, é exigível que todos os elementos estejam referidos na conclusão. Assim, somente falando em prova em um sentido muito amplo é que poderíamos dizer que o crime está provado, segundo os elementos do tipo. Em todo caso, entendemos que, seja por prova propriamente dita, seja por juízo de valor sobre elementos normativos, seja por indício a respeito de elementos subjetivos, a investigação criminal deve referir-se conclusivamente a cada um dos elementos do tipo, indicando em que se fundamenta para o indiciamento. Nesse sentido, seria adequado que, para cada fato ou dado probatório, considerado especificamente na conclusão, se atribuísse um símbolo de valor probatório a um determinado fato ou dado (*p*, v.g.) em função de determinado elemento do tipo penal (*e*, v.g.). Assim, ainda que não conste no ato formal de indiciamento, em sua análise pessoal, valendo-se dos símbolos, a autoridade investigante poderá relacionar provas (*p*) a elementos (*e*) de maneira racional e segura, que lhe conduza no discurso de fundamentação do ato.

Trata-se de simples técnica de trabalho em que, considerando o *conjunto probatório completo* (*P*, v.g.), podemos catalogar os fatos e dados probatórios (*p', p", p'"...*), a partir dos quais cada elemento do tipo poderia ser considerado como provado (*p'→e'; p"→e"...*), em uma argumentação lógica formalmente demonstrada, permitindo uma melhor visualização dos resultados da investigação, naquilo que interesse mais imediatamente à conclusão – os fatos e dados probatórios com relação aos elementos do tipo penal.

iii) Verificabilidade da prova e prova preferencial

Essa organização do trabalho probatório, para além de permitir uma conclusão da atividade investigativa, com relação precisa sobre os elementos do crime demonstrados, permite, no processo judicial, a verificabilidade dos fatos e dados que são referidos como fundamento para a conclusão provisória acerca do crime e sua autoria. Além disso, uma vez especificado o elemento do tipo e a prova a ele relacionado, podemos observar mais seguramente a aptidão da prova para demonstrar o objeto de prova. Não que isso possa nos levar à sustentação de *provas necessárias* segundo a natureza do elemento do crime, mas pode nos chamar a atenção para a *possibilidade* de outras provas mais adequadas para sustentar uma maior aceitação das hipóteses fáticas, segundo sua força de convencimento no processo judicial. Falemos, assim, em lugar de prova necessária, de *provas preferenciais*.

Nesse sentido, podemos sustentar que certas provas estão mais aptas a demonstrar o crime, em virtude de certas qualidades de que dispõem para produzir um conhecimento mais aceitável, seja porque traduzem maior credibilidade, seja porque reduzem as inferências necessárias para uma conclusão. Assim, podemos sustentar que, havendo várias provas possíveis de se realizar na investigação, e considerando que não basta um conjunto quantitativo, a autoridade investigante, racionalizando sua atividade, deveria optar por certas provas em detrimento de outras, preferindo:

a) Dados *objetivos*, em vez de *subjetivos*, em virtude do interesse subjacente que toda testemunha tem em relação aos fatos;
b) Registros *originários* (ocorridos ao tempo do fato), em vez de *derivados* (no presente), em virtude da artificialidade dos registros *a posteriori*, a exemplo da preferência expressa na hipótese do art. 174, III do CPP;
c) Conhecimento subjetivo *imediato* (inspeção pessoal), em vez de conhecimento *mediato* (determinado a terceiro).

8.4.1. *A questão do corpo de delito e a "necessidade" de exame*

Embora não possamos falar em prova necessária, mas apenas de prova possível, considerando a liberdade de produção das provas e o sistema de valoração, é importante que se reconheça, no caso do exame de corpo de delito, que o CPP estabelece uma *obrigatoriedade legal* que implica uma *preferência*, *desde que* seja possível a prova segundo esse meio. Não o sendo, o próprio CPP admite o exame indireto, que pode ser constituído até por testemunhas do fato[362]. Essa preferência, portanto, deve ser bem compreendida, para que não se estabeleça a falsa ideia de uma prova necessária, sob pena de estarmos retrocedendo a um sistema medieval de provas legais.

A perícia em geral. Perícia é todo exame técnico, realizado em pessoas ou em coisas, para demonstração de fatos que dependem de conhecimento especializado, sem o qual os vestígios não se revelam imediatamente ao juiz, no processo judicial, ou à autoridade investigante, na investigação criminal. Nesse sentido, trata-se sempre de uma exposição técnica, segundo o estágio de determinada ciência, mas necessariamente nutrida da subjetividade do perito, segundo o estágio de sua especialização[363].

As perícias, nesse sentido, são *exames* (técnicas de pesquisa) realizados por peritos[364], pessoas qualificadas em conhecimentos especializados (no que se aproximam de um testemunho técnico)[365], e se

---

[362] O exame indireto, em princípio, deve ser feito a partir de dados circundantes ao fato, que se tornou impossível conhecer diretamente. Somente em não sendo até isso possível, é que se deve recorrer à constituição por testemunhas.

[363] Assim, embora possa se considerar uma prova direta (em relação a quem pesquisa o objeto), nos casos em que a perícia se realizada diretamente no objeto de conhecimento, não é nunca uma prova real (segundo entendimento de Malatesta), pois que não representa o conhecimento imediato do juiz, ou da autoridade investigante, porque intermediada pelo conhecimento do perito. Por esse motivo, sobretudo, é que o art. 182 do CPP assegura ao juiz (e à autoridade investigante, por analogia) a possibilidade de aceitar o laudo ou rejeitá-lo, não ficando a ele adstrito, podendo ainda ordenar novo exame por outros peritos (CPP, art. 181). Seguindo essa compreensão, o art. 180, por sua vez, admite inclusive que pode haver divergência entre peritos, dando motivo a realização de nova perícia.

[364] O perito, mesmo quando não oficial, se submete à disciplina judiciária, sendo considerado auxiliar da justiça, segundo disposições contidas nos arts. 275 a 281.

[365] O testemunho técnico se qualifica por conter uma avaliação (perícia *deducendi*), além de declarações (perícia *percipiendi*), diferentemente da testemunha que deve se limitar a declarações. Nesse sentido, cf. Badaró, 2008, p. 226.

consubstanciam em *laudos periciais* (documentos técnicos), nos quais se registram descrições e respostas aos quesitos feitos pela autoridade a que se destina. Nesse sentido, as perícias são provas que participam da natureza tanto das provas testemunhais como das documentais, e como tais devem ser valoradas pela autoridade a quem compete concluir sobre o crime, seja para indiciamento em investigação criminal, seja para condenação em processo judicial.

No entanto, a perícia se caracteriza especialmente por ser um exame sobre elementos reais denominados vestígios, cuja natureza material é de sua essência, permitindo-se sua constatação sensível por qualquer pessoa, a qualquer tempo, ainda que seja necessário o uso de instrumentos tecnológicos para verificá-los, bem como conhecimento específico para localizá-los e compreendê-los. Em síntese, destinam-se às infrações penais que se constituem de elementos materiais, ou cuja realização implica modificações fáticas, ainda que estas não constituam elementos típicos[366].

Classificação de perícias e tratamento diferenciado. As perícias, em geral, podem ser divididas, segundo sua imprescindibilidade, em: *(a) obrigatórias*, quando destinadas a crimes que deixam vestígios (*delicta facti permanentes*); e *(b) facultativas*, quando destinadas a crimes que não deixam vestígios (*delicta facti transeuntes*). A primeira, prevista no art. 158 do CPP, é o exame de corpo de delito. Sua obrigatoriedade deve ser aferida em função do conceito de "corpo de delito"[367]. As demais são referidas apenas como "outras perícias" pelo art. 159 do CPP.

Com relação à obrigatoriedade, contudo, sabe-se que a perícia se impõe por dois motivos preliminares: primeiro, porque há elementos materiais a serem submetidos a exame pericial; segundo, porque o

[366] Em tais casos, o art. 6.º, inc. I, do CPP determina, desde o primeiro momento, na fase de inquérito policial, que a autoridade policial deverá assegurar que não se alterem o estado e conservação das coisas, até a chegada dos peritos, reafirmando a necessidade dessa providência no art. 169. Essa providência, contudo, limita-se aos casos em que há um local de crime a ser resguardado, mas se deve estender, por analogia, a todos os demais casos em que, mesmo não havendo local de crime, há vestígios do crime a serem preservados.

[367] Sobre o conceito de corpo de delito, cf. Capítulo 3.

juiz, ou autoridade investigante, não dispõe de conhecimento específico à compreensão dos elementos. Daqui surgem duas questões iniciais, antes de se considerar a obrigatoriedade do exame de corpo de delito: se é possível perícia independente de vestígios; e se é possível dispensar perícia, quando o juiz, ou autoridade investigante, possui conhecimento suficiente para compreensão dos elementos materiais.

Quanto à perícia sem vestígio, o CPP parece reservar tal possibilidade para as "outras perícias", haja vista que, quando há vestígios, temos corpo de delito e o exame é obrigatório (art. 158). Por outro lado, contudo, admite que não sendo possível o exame de corpo delito, por desaparecimento dos vestígios, a prova testemunhal pode supri-lo (CPP, art. 167). Por sua vez, à luz do CPP, a falta de vestígio não impediria "outras perícias", mas o código não diz sobre que objeto se deve realizar tais perícias[368]. O problema, aqui, parece estar em torno do conceito de corpo de delito e sua equivalência integral ou não a todo e qualquer vestígio. Segundo entendemos, o art. 158, ao dizer que o exame de corpo delito será indispensável quando a infração deixar vestígios, aplica-se somente quando estes forem elementos materiais do tipo penal (corpo de delito); ao passo que o art. 184 diz respeito às demais perícias, sobre vestígios que não constituem elementos do tipo[369]. Na base dessa distinção está um determinado conceito de corpo de delito, que o limita aos elementos materiais do tipo. Somente se fazendo essa distinção, é possível entender os casos em que é indispensável o exame (de corpo de delito nesse caso), segundo o art.

---

[368] Denilson Feitoza adverte, contudo, que: "Há vários exames periciais que não são exame de corpo de delito. Por exemplo, os exames de identificação de pessoas não o são, pois a identidade de alguém não é vestígio deixado pela infração penal; tampouco os exames para constatação da idade do acusado, pois a idade de alguém também não é vestígio da prática da infração penal." (2008, p. 637).

[369] Em sentido aproximado, distinguindo entre perícia intrínseca (sobre o corpo de delito) e perícia extrínseca (sobre pessoas e coisas que conduzem à prova do crime), cf. Badaró, 2008, p. 226. Outra interpretação possível, mas inadequada segundo entendemos, seria considerar que o exame de corpo de delito se aplica em todos os vestígios, sejam estes componentes do tipo penal, sejam apenas resultados da ação típica sem relação com os elementos do tipo.

158 do CPP, e separar dos casos em que o juiz ou a autoridade investigante pode negar realização de perícia requerida pela parte (ou interessado na investigação), segundo o art. 184.

No entanto, posto dessa forma, deve-se observar que há certos vestígios que, mesmo não constituindo componente do crime, a este se relacionam de tal forma que seu conhecimento mesmo somente se completa com o conhecimento daqueles, mas, embora não imprescindível, por ser necessário ao esclarecimento da verdade, exigem perícia. Daí porque o art. 184, ao possibilitar ao juiz e à autoridade policial negar realização de perícia, ressalva o seguinte ao final: "quando não for necessário ao esclarecimento da verdade". E quando o será? Quando a compreensão de tais vestígios (secundários, circundantes) exigirem um conhecimento especializado que somente se alcança por perícia. Com essa conclusão, pode-se observar que o CPP, ao utilizar do termo "vestígios" o fez em sentido restrito e equivalente a um determinado conceito de "corpo de delito".

Assim, em relação ao segundo questionamento (sobre se é possível dispensar perícia), pode-se aceitar que, quando o juiz, ou autoridade investigante, possuir conhecimento suficiente para compreensão dos elementos materiais, poderá dispensar a perícia. Nesse caso, contudo, somente seria possível dispensar a perícia, na hipótese de "outras perícias" referidas pelo art. 184, haja vista o que este artigo excepciona ("salvo o caso de exame de corpo delito..."), deixando claro que aqui não pode o juiz, ou a autoridade investigante, negar a perícia, porque se trata de uma questão de direito à prova, direito ao seu esclarecimento para conhecimento e defesa em contraditório.

8.4.2. *O problema da prova da autoria*

Em uma investigação criminal, é necessário que se distinga entre prova do crime e prova da autoria. Assim, ao passo que podemos falar em prova mais ou menos segura da existência do crime, em relação à sua autoria os dados probatórios não têm mais que um caráter indiciário. Mesmo quando temos a confissão do investigado, essa não passa de um indício muito forte de que ele é o autor do crime, desde que não tenhamos nenhum motivo para duvidar de sua sinceridade. Fora dessa hipótese, considerando que a prova direta se estabelece em função da autoridade a quem cabe concluir, somente quando esta tenha presenciado o cometimento do crime é que podemos ter uma prova mais ou menos segura[370]. Assim, nem mesmo a testemunha presencial, uma vez tendo que transmitir à autoridade competente seu conhecimento, poder-se-ia considerar uma prova absoluta e definitiva. Nesse sentido, podemos dizer que, em geral, a autoria se estabelece por indícios, seja na investigação, seja mesmo no processo judicial[371].

A questão da autoria do crime é um dos problemas probatórios mais complexos da investigação. Uma vez demonstrado o crime (que em geral, segundo o estágio de nossa ciência, pode-se dizer devidamente provado)[372], cumpre à investigação concluir e explicar porque determinado sujeito, e não outro, é seu autor. É importante compreender que certos fatos e dados probatórios que indicam o investigado como autor são aptos a indicar outros tantos sujeitos, sem maiores distinções, e nesse caso a conclusão indiciária é tão frágil que não se pode sustentar.

Durante a investigação fática do crime, há certos fatos e dados probatórios que direcionam para um sujeito genericamente considerado (que detém certas características em comum com outros), e em conjunto com outros dados adicionais podem auxiliar na individualização do sujeito. C. J. A. Mittermaier, a respeito desse problema, explica que "...o fato, que atrai para uma pessoa a atenção do juiz, serve de base, de ponto de partida para o indício; porém, para que daí resulte um estado real de suspeita, é preciso descobrir uma série inteira de

---

[370] Mais ou menos segura, porque ainda assim subsiste a possibilidade de a autoridade não ter *representado* adequadamente a compreensão do fato, em virtude de vários fatores psicológicos que interferem na cognição.

[371] É um equívoco acreditar que *o indiciamento* do investigado se dá apenas por ser a investigação criminal um estágio prévio de conhecimento probatório, pois mesmo no processo judicial, ao aprofundar-se a persecução cognitiva do crime e sua autoria, a conclusão a respeito desta permanece sempre como um indício mais ou menos provável, em regra.

[372] Pense-se nos casos de homicídio, de nota falsa e de todos os crimes que deixam vestígios, cuja conclusão acerca de sua existência é seguramente obtida, sempre é claro de acordo com o que entendemos por morte, falsidade etc.

circunstâncias acessórias, cujas coincidências fixam as convicções do juiz [e da autoridade investigante]...." (p. 332). Nesse sentido, não basta concluir a partir dos elementos materiais do crime a autoria, pois há que se observarem certas circunstâncias externas ao tipo penal, que indicam o autor dos fatos. Mas isso ainda não será conclusivo a respeito da autoria, é preciso que se reconheça.

Tanto que se reúnam todos os fatos e dados que conduzem a determinado investigado, é importante que se ouça ele a respeito desses elementos, porque ele pode fornecer outra hipótese explicativa dos mesmos fatos e dados de forma igualmente adequada sem que, no entanto, impliquem-no ao caso investigado. Sendo sua hipótese explicativa razoável, igualmente aceitável relativamente à hipótese acusatória, a dúvida pode conduzir, no processo judicial à absolvição; não o sendo, contudo, justificada estará uma condenação, ou teríamos que, levando ao pé da letra o princípio *in dubio pro reo*[373], nunca admitir uma condenação. Na investigação criminal, por sua vez, pode--se manter o indiciamento do investigado, remetendo a decisão ao órgão de acusação, caso não queria sustentar uma denúncia temerária, ou ao órgão judiciário, caso, ao final do processo, não tenha outros elementos de convicção[374].

---

[373] Cf. a respeito disso o que diz L. Ferrajoli, 2002, p. 119 e ss.

[374] É nisso apenas, em síntese, que diferem as conclusões indiciárias acerca da autoria, na investigação criminal e no processo judicial.

Capítulo IX

LIMITES JURÍDICOS DA INVESTIGAÇÃO

Os direitos fundamentais são os lindes jurídicos da investigação criminal. Embora a lei não diga *o que fazer* na investigação, estabelecendo o caminho necessário de pesquisa do crime (um método positivo), acaba o delimitando sob certos aspectos na medida em que estabelece limites legais que dizem *o que não se pode fazer* (um método negativo), ou o que se pode fazer sob certas condições, tendo por balizas os direitos fundamentais. Daí a importância do estudo de tais direitos para a investigação criminal, em virtude de sua *função negativa* que condiciona as ações investigativas à validade dos meios de obtenção de provas[375].

Quando nos referimos a *direitos fundamentais*, estamos a distingui-los, segundo o entendimento geral, dos *direitos humanos*, considerando apenas a origem de sua previsão normativa, de tal forma que direitos humanos se referem a direitos previstos em tratados internacionais que, ao serem absorvidos pela positivação da Constituição política de um Estado, tornam-se fundamentais (direitos humanos fundamentais)[376]. Nesse sentido, referindo-se à distinção, J. J.

---

[375] Essa *função negativa*, ou *limitativa*, atinge todas as ações estatais (legislativa, executiva e judiciária) sob a perspectiva de normas de direito constitucional (regras e princípios), entre as quais têm preeminência os direitos fundamentais, cuja compreensão exige um raciocínio de equilíbrio entre os diversos direitos existentes, assegurando-se uns e limitando-se outros. Jorge Miranda, nesse sentido, adverte que "se a Constituição é o fundamento da ordem jurídica, o fundamento de validade de todos os actos do Estado (...), direitos fundamentais são os direitos que, por isso mesmo, se impõem a todas as entidades públicas e privadas (...) e que incorporam os valores básicos da sociedade" (2000, p. 52)

[376] A respeito da distinção, cf. Sarlet, 2004, p. 33; Dimoulius, Martins, 2006, 52; Perez Luño, 2007, p. 47.

Gomes Canotilho (2002, p. 393) explica que "as expressões 'direitos do homem' e 'direitos fundamentais' são frequentemente utilizadas como sinônimas. Segundo a sua origem e significado poderíamos distingui-las da seguinte maneira: **direitos do homem** são direitos válidos para todos os povos e em todos os tempos (dimensão jusnaturalista-universal); **direitos fundamentais** são os direitos do homem, jurídico-institucionalmente garantidos e limitados espacio-temporalmente. Os direitos do homem arrancariam da própria natureza humana e daí o seu caráter inviolável, intemporal e universal; os direitos fundamentais seriam os direitos objectivametne vigentes numa ordem jurídica concrecta". Jorge Miranda, com essa mesma concepção, sintetiza a ideia de direito fundamental como "toda a posição jurídica subjectiva das pessoas enquanto consagradas na Lei Fundamental" (2000, p. 9). Uma melhor compreensão nos exige adentrar certos aspectos da teoria dos direitos fundamentais.

9.1. Teoria dos direitos fundamentais

i) Significados objetivo e subjetivo

Os direitos fundamentais, na ordem normativa constitucional, se apresentam com duplo aspecto, tanto como um conjunto de valores objetivos básico, quanto como garantias de proteção de situações jurídicas subjetivas (cf. Perez Luño, 2007, p. 20)[377].

Segundo Antonio E. Perez Luño (2007, p. 20 e ss), em seu *significado subjetivo*, os direitos fundamentais determinam o *estatuto jurídico dos cidadãos*, tanto em suas relações com o Estado como nas relações entre si; em seu *significado axiológico objetivo*, os direitos

[377] No mesmo sentido, cf. Dimoulius e Martins, 2007, p. 116 e ss, tratando da questão sob a denominação de "dimensões subjetiva e objetiva dos direitos fundamentais". Considerando que o termo "dimensão" tem sido utilizado também como substitutivo de "geração" (em virtude da crítica à compreensão geracional dos direitos), optamos por utilizar o termo "significado" (nesse sentido, cf. Perez Luño, 2007, p. 19, que fala também em "significado" ao lado de "dimensão").

fundamentais representam o resultado do acordo básico das diferentes forças sociais, obtido a partir de relações de tensão e consequente esforço de cooperação dirigidas à obtenção de metas comuns[378].

Dimitri Dimoulius e Leonardo Martins (2007, p. 118) explicam que, "como 'dimensão objetiva' [ou significado] define-se a dimensão dos direitos fundamentais cuja percepção independe de seus titulares, vale dizer, dos sujeitos de direito", a partir da qual podem ser extraídos critérios de controle da ação estatal[379]. Nesse sentido, segundo os autores, pode-se extrair dessa dimensão objetiva o seguinte (ibid. p. 119):

a) Os direitos fundamentais apresentam caráter de *norma de competência negativa*, de tal forma que aquilo que é outorgado ao indivíduo está sendo objetivamente retirado do Estado, o que se apresenta como critério relevante para controle abstrato de constitucionalidade de normas;

b) Os direitos fundamentais funcionam como *critério de interpretação e configuração do direito infraconstitucional*, dando-se o "efeito de irradiação" dos direitos fundamentais para toda ordem jurídica (incluindo-se normas relativas à investigação criminal) que se deve interpretar conforme a Constituição;

c) O dever estatal de tutela, pelo qual há dever de o Estado proteger ativamente o direito fundamental contra ameaças de

---

378 Segundo o autor, "por ser expresión del conjunto de valores o decisiones axiológicas básicas de una sociedad consagrado en su normativa constitucional, los derechos fundamentales contribuen con la mayor amplitud y profundidad a conformar el orden jurídico infraconstitucional" (p. 21-22). "En el horizonte del constitucionalismo actual los derechos fundamentales desempeñan, por tanto, una doble función: en el plano *subjetivo* siguen actuando como garantias de la libertad individual, si bien a este papel clásico se aúna ahora la defensa de los aspectos sociales y colectivos de la subjetividad, mientras que en el *objetivo* há asumido una dimensión institucional a partir de la cual su contenido debe funcionalizarse para la consecución de los fines y valores constitucionalmente proclamados" (p. 25).

379 J.J. Gomes Canotilho observa que não há um paralelismo obrigatório entre *dimensão subjetiva-regra* e *dimensão objetiva-princípios*, pois é possível encontrar normas das duas espécies em relação às duas dimensões (cf. 2003, p. 1255).

violação inclusive entre os próprios particulares, havendo distinção entre mera observância dos direitos (passiva) e efetiva proteção dos direitos (ativa).

ii) Categorias e funções

Em seu significado subjetivo, os direitos fundamentais conferem ao indivíduo diversas posições jurídicas em relação ao Estado, podendo-se observar que há direitos de categorias diversas, conforme a função exercida por ele.

J. J. Gomes Canotilho observa que, ao passo que a fundamentação objetiva de um direito fundamental tem em vista seu significado para a coletividade, para o interesse público e para a vida comunitária, a fundamentação subjetiva se refere ao significado ou relevância da norma consagradora de um direito fundamental em função do indivíduo, de seus interesses, para a sua situação da vida, para sua liberdade (2003, p. 1256)[380]. Assim, como direitos subjetivos, a norma constitucional garante ao indivíduo posições e relações jurídicas de diversas categorias conforme uma função jurídica.

A teoria dos status de Jellinek. Segundo Georg Jellinek (apud Dimoulius e Martins, 2007, p. 63 e ss)[381], cada direito constitui-se em um direito público subjetivo que confere ao indivíduo uma posição jurídica em relação ao Estado, cumprindo frente a esse uma função própria. Nessa perspectiva, admitem-se direitos de status negativo, positivo e ativo[382].

---

[380] Cf. Gomes Canotilho (2003, p. 1257) sobre uma "presunção a favor da dimensão subjetiva". Segundo ele, "esta tese – a da subjectivação dos direitos fundamentais – considera, por conseguinte, que os direitos são, em primeira linha, direitos individuais. Daqui resulta um segundo corolário: se um direito fundamental está constitucionalmente protegido como direito individual, então esta protecção efectua-se sob a forma de *direito subjectivo*" (p. 1257).

[381] Para maiores detalhes sobre a *Teoria de Jellinek*, cf. "Capítulo 5 – Direitos Fundamentais e Status", em *Teoria dos Direitos Fundamentais*, de Robert Alexy, Ed. Malheiros.

[382] Há, ainda, o *status passivo* que se configura mais como um dever do indivíduo. Segundo Dimoulius e Martins: "esta última categoria de relacionamento entre o Estado e

a) Direitos de *status negativus* – também chamados "direitos de defesa", conferem ao indivíduo uma pretensão de resistência à intervenção estatal. "Esses direitos *protegem* a liberdade do indivíduo contra uma possível atuação do Estado e, logicamente, *limitam* as possibilidades de atuação do Estado"; "a essência do direito está na *proibição imediata de interferência imposta ao Estado*" (id. ibid. p. 65); tais direitos podem ser identificados dentre os direitos civis de primeira geração, originados no âmbito do Estado liberal[383];

b) Direitos de *status positivus* – têm caráter social e consiste em direito a prestações perante o Estado; são "direitos que permitem ao indivíduo exigir determinada atuação do Estado no intuito de melhorar condições de vida, garantindo os pressupostos materiais necessários para o exercício da liberdade, incluindo as liberdades de *status negativus*"; podem ser de duas espécies: *prestações materiais* (ou ações fáticas positivas) que consistem no oferecimento de bens ou serviços destinados individualmente, bem como oferecimento universal de serviços públicos, como segurança pública; ou *prestações normativas*, mediante criação de normas necessárias ao exercício jurisdicional do direito (id., ibid. p. 67); tais direitos podem ser identificados dentre os direitos sociais e econômicos de segunda geração, originados no âmbito do Estado social[384];

c) Direitos de *status activus* – conferem ao indivíduo o direito de participação na política estatal de forma ativa; "trata-se de

---

indivíduo era designada por *Jellinek* com os termos 'sujeição' e 'status passivo'. A sujeição do indivíduo não aparece na tripartição porque não corresponde a direitos dos indivíduos e sim a seus deveres. Mas é fundamental para entender a perfeição lógica da classificação que apresenta as quatro possíveis relações entre Estado e indivíduo, duas positivas e duas negativas" (2007, p. 69).

[383] Estão nessa espécie os principais direitos que limitam a investigação criminal, embora essa atividade estatal não se restrinja a tais normas com referência aos direitos fundamentais

[384] A investigação criminal pode ser compreendida sob essa perspectiva também, vez que é uma obrigação do Estado investigar para permitir um processo penal punitivo, na medida em que retirou da esfera privada da vítima, ou de sua família, o direito de persecução e punição pelos crimes sofridos.

direitos ativos porque possibilitam uma 'intromissão' do indivíduo na esfera da política decidida pelas autoridades do Estado" (id. ibid. p. 68); tais direitos podem ser identificados dentre os direitos políticos de primeira geração, que dão corpo ao princípio democrático.

Na investigação criminal, em síntese, deve-se equilibrar o direito de *status negativus* do autor do crime, considerando os limites das ações, com o direito de *status positivus* da vítima, considerando o dever estatal de punir.

iii) "Dimensões" dos direitos

Considerando o aspecto objetivo dos direitos fundamentais, é possível observar que os direitos adquirem contornos jurídicos, levando em consideração a estrutura de sua instituição normativa, que se modifica ao longo do tempo, segundo os valores éticos objetivos da sociedade. Contudo, não obstante certas mudanças, é possível observar que os direitos surgidos geração por geração[385] não implicam exclusão de uma pelas outras, necessariamente, nem se revelam como mera sucessão sem relação com as demais gerações.

Há, assim, uma sobreposição de dimensões, de tal forma que um direito de primeira geração, após a segunda geração de direitos, não pode ser compreendido sem ponderação dos valores dessa última, bem assim em relação aos direitos de terceira geração. Um exemplo disso é a configuração atual do direito de propriedade, segundo sua função socioambiental.

---

[385] Para compreender os direitos fundamentais, segundo as gerações, cf. Paulo Bonavides, Curso de Direito Constitucional. A perspectiva geracional de análise dos direitos conflita com os princípios da indivisibilidade e da interdependência que existe entre os direitos de todas as gerações (primeira, segunda, terceira e quarta), razão por que se tem feito críticas a essa compreensão, sob o argumento de que ela sugere uma sucessão de direitos, na qual os anteriores são substituídos pelos seguintes; em virtude disso, tem-se proposto usar o termo "dimensão" de direitos, pelo que a dimensão posterior abarca a anterior, sem excluí-la.

O direito de propriedade, típico direito de primeira geração, concebido sob os valores liberais individuais, após os direitos sociais de segunda geração, deve ser compreendido em razão de sua função social, de tal forma que o próprio conceito de propriedade passa a ter uma perspectiva coletiva, sem exclusão da perspectiva individual, contudo. Com os direitos de terceira geração, em continuidade, especificamente o direito ao meio ambiente sadio, ao direito de propriedade se agrega outra função, passando a ser compreendido em razão de sua função *socioambiental*. O mesmo se pode dizer em relação a outros direitos, como a liberdade do indivíduo, em sua relação com os interesses sociais da coletividade, segurança pública, direito ao desenvolvimento e à paz.

iv) Eficácia vertical e horizontal

Em seu sentido originário, os direitos fundamentais se apresentam como direitos em oposição ao Estado, sendo a este destinada a norma, cujos efeitos operam em uma *relação de estrutura vertical*, em virtude da sobreposição do Estado quanto ao indivíduo. Nesse sentido, admite-se que "a história dos direitos fundamentais indica que sua principal finalidade foi a de limitar o poder do Estado a favor dos indivíduos a este submetidos. Essa finalidade continua sendo, até hoje, primordial. O destinatário principal do dever de respeitar os direitos dos indivíduos é o Estado no sentido mais amplo do termo, isto é, toda e qualquer autoridade ou órgão que exerça competências estatais [a exemplo da autoridade policial no exercício da investigação criminal]..." (Dimoulius, Martins, 2007, p. 106).

No entanto, além dessa eficácia vertical, tem-se entendido atualmente que *os direitos fundamentais cumprem também uma eficácia horizontal*, em relação aos conflitos existentes entre particulares, aos quais cumpre igualmente respeitar os direitos fundamentais; em virtude disso, "o Estado tem o dever de proteger os direitos contra agressões oriundas de particulares. Esse é o espírito que norteia a teoria e dogmática do *efeito horizontal* e do dever estatal de tutela" (ibid. p. 107). Em síntese, "o reconhecimento do efeito horizontal parece ser necessário quando encontramos, entre os particulares em conflito, uma *evidente desproporção de poder social*" (ibid. p. 109). Sob essa perspectiva, podemos compreender a investigação criminal, em que o Estado atua para reprimir a criminalidade, como meio de reprimir ofensas a direitos fundamentais nas relações entre particulares.

v) Direitos fundamentais na Constituição

Na Constituição de 1988, os direitos fundamentais estão em parte concentrados no Título I (arts. 5.º a 17), em parte distribuídos por todo corpo constitucional, no que concerne a aspectos jurídicos particulares do indivíduo em relação à administração pública e à tributação do Estado, bem como à ordem econômica e social.

O art. 5.º, caput, contém uma cláusula geral, prevendo em gênero todos os direitos e, segundo entendimento corrente, em ordem de hierarquia de valor: vida, liberdade, igualdade, segurança e propriedade. A partir deles, é possível estruturar o estudo dos direitos em espécie, tendo em vista sua matriz fundamental (nesse sentido, cf. Silva, 2007, p. 190 e ss).

O catálogo de direitos da Constituição de 1988. Segundo José Afonso da Silva (2007, p. 193), "a Constituição dá-nos um critério para a classificação dos direitos que ela enuncia no art. 5.º, quando assegura a inviolabilidade do direito *à vida, à igualdade, à liberdade, à segurança e à propriedade*. O critério é do objeto imediato do direito assegurado." Com esse esclarecimento, o autor propõe o seguinte catálogo de direitos por ele tratado:

a) Direito à vida, nesta incluída existência, integridade física e integridade moral;
b) Direito à privacidade, envolvendo intimidade, vida privada, honra e imagem da pessoa;
c) Direito à igualdade, sob ótica formal e material, bem como as diversas distinções proibidas e possíveis;
d) Direito à liberdade, abrangendo liberdade da pessoa física (locomoção e circulação), liberdade de pensamento, de ação profissional, bem como liberdades com expressão coletiva;
e) Direito de propriedade, incluindo o regime geral da propriedade, as propriedades especiais, suas limitações e função social;

f) Direitos sociais, relativos aos trabalhadores, individual e coletivamente, bem com direitos sociais relativos à seguridade, educação e cultura, à moradia, ao meio ambiente, às crianças e aos idosos;

g) Direitos de nacionalidade, dos nacionais e direitos do estrangeiro;

h) Direitos de cidadania, incluindo direitos políticos positivos e negativos, bem como os relativos aos partidos políticos.

i) Garantias constitucionais, dos direitos individuais (legalidade, proteção judiciária, estabilidade de direitos, segurança e remédios constitucionais) e dos direitos coletivos, sociais e políticos.

As garantias constitucionais. Ao lado dos direitos fundamentais, a Constituição prevê garantias destinadas a assegurá-los. Tais garantias podem ser de três naturezas: institucional, material ou processual.

A *garantia institucional* é norma que se destina a proteger instituição (pública ou privada), muitas vezes associada a normas de direitos fundamentais, visando a proteger formas de vida e de organização social indispensáveis à própria proteção de direitos fundamentais. Segundo Gomes Canotilho (2003, p. 397), "a protecção das garantias institucionais aproxima-se da protecção dos direitos fundamentais quando se exige, em face das intervenções limitativas do legislador, a salvaguarda do 'mínimo essencial' (núcleo essencial) das instituições".

A *garantia material*, por sua vez, confere ao direito individual uma proteção imediata, podendo encontrar-se imbricada na própria norma que confere o direito, ou em norma diversa; é uma *disposição assecuratória* em relação à *disposição declaratória* do direito. Assim, por exemplo, o direito de crença previsto no art. 5.º, VI (disposição declaratória) é assegurado na mesma norma pela garantia da liberdade de culto (disposição assecuratória). São garantias que vedam o abuso de poder em geral, daí serem chamadas de garantias fundamentais gerais (cf. Bulos, 2007, p. 405).

A *garantia instrumental*, por fim, instrumentaliza o direito do indivíduo, conferindo-lhe a possibilidade de exigir proteção, a exemplo das ações constitucionais que permitem buscar tutela jurisdicional ao direito violado, ou em vias de o ser.

9.1.1. *Limites dos direitos*

Não há direito fundamental absoluto e ilimitado, pois todos admitem relativização pela necessidade de convivência prática dos direitos. Em virtude da previsão normativa dos direitos de forma geral e da sua multiplicidade por vezes contraditória entre si, admite-se que um direito possa ser restringido, desde que o objetivo seja a proteção de outro direito. Nesse sentido, encontra-se o artigo 29, item II, da Declaração Universal, cuja disposição estabelece a possibilidade de limitação, sua justificação e parâmetro formal, da seguinte forma: "No exercício de seus direitos e liberdades, todo o homem estará sujeito apenas às limitações determinadas pela lei, exclusivamente com o fim de assegurar o devido reconhecimento e respeito dos direitos e liberdades de outrem e de satisfazer as justas exigências da moral, da ordem pública e do bem-estar de uma sociedade democrática"[386]. Assim sendo, por disposição da lei, e visando à proteção de outro direito, admite-se a restrição – eis o fundamento e a forma admitidos em regra.

i) Âmbito de proteção. Princípio da proteção do núcleo essencial

O direito fundamental, ao ser declarado na Constituição, não possui em geral o contorno necessário ao seu exercício, ou quando o possui, por vezes pode ser restringido, desde que assim o admita expressamente a Constituição. Assim, a correta compreensão do direito depende de uma análise do seu *âmbito de proteção*, considerando sua configuração constitucional, as restrições admitidas na Constituição e as reservas legais feitas por essa.

O âmbito de proteção do direito corresponde assim ao seu contorno jurídico, segundo sua disciplina constitucional e as conformações normativas ordinárias feitas pelo legislador. Mas esse não tem um

[386] Também a Declaração dos Direitos do Homem e do Cidadão, de 1789, em seu art. 4.º, já previa disciplina similar ao estabelecer que: "A liberdade consiste em poder fazer tudo aquilo que não prejudique outrem: assim, o exercício dos direitos naturais de cada homem não tem por limites senão os que assegurem aos outros membros da sociedade o gozo dos mesmos direitos. Estes limites apenas podem ser determinados pela lei".

poder de limitação irrestrito. Há, assim, para o legislador, limites que são exigidos pela proteção do *núcleo essencial do direito*, sem o qual este seria aniquilado juridicamente. Ou seja, não pode o legislador limitar o direito a tal ponto de anulá-lo – há, dessa forma, um limite da limitação.

ii) Espécies de limitações. Direitos sem expressa ressalva de lei

Algumas limitações aos direitos estão previstas originariamente na própria Constituição, na mesma norma que constitui o direito, dando-lhe um contorno já bem definido (ex. direito de reunião, "sem armas", cf. art. 5.º, XVI).

Noutros casos, a Constituição remete à lei a limitação, deixando em aberto ao legislador a possibilidade de conformá-lo, em diversas hipóteses que expressamente usa fórmulas como "na forma lei", "nos termos da lei", "a lei regulará" etc. Trata-se de hipótese remetida à reserva legal, que pode, em alguns casos, contudo, estar condicionada a requisitos previamente estabelecidos pela Constituição, como ocorre no caso de interceptação telefônica (art. 5.º, XIII), condicionada a autorização judicial e persecução penal, p. ex.

Para todas essas hipóteses, não há nenhum problema em especial sobre a possibilidade de restrições; o problema se encontra, contudo, nos casos em que a Constituição não prevê expressamente a ressalva de lei. Em tais casos, a doutrina entende que a restrição é possível, sob os seguintes argumentos: a) há a reserva legal genérica disponível ao legislador (art. 5.º, II); b) não havendo direito absoluto, e sendo identificada uma situação de conflito, justifica-se a restrição. Sob essa perspectiva, Gilmar Mendes admite que "a configuração de uma colisão poderia legitimar, assim, o estabelecimento de restrição a um direito não submetido a reserva legal expressa. (...) Entre nós, a atividade legislativa, nessas hipóteses, estaria aparentemente facilitada pela cláusula de reserva legal subsidiária contida no art. 5.º, II, da Constituição. É bem verdade que a ação limitadora – de índole legislativa, judicial ou administrativa – há de ser imantada por todo tipo de cautela, tendo em vista a possibilidade de abusos no estabelecimento de restrições a direitos fundamentais não submetidos a reserva legal expressa" (2007, p. 303-304)

iii) Conflitos que justificam restrições

Os conflitos que justificam restrições a direito fundamental podem se apresentar de formas variadas. Na forma direta, aparece como colisão de direitos de titulares diferentes. Mas pode aparecer como conflito entre um direito fundamental e um interesse geral constitucionalmente tutelado. Há ainda, por fim, a possibilidade de conflito entre um direito e um interesse estatal em geral. Estes, somente de forma indireta, remetem à proteção de outros direitos fundamentais, mas se deve admiti-los como suficientes para justificar uma limitação. A título de exemplo, Dimitri Dimoulius e Leonardo Martins (2007, p. 134-135) explicam que "a segurança pública é um conceito coletivo (...) que inclui direitos fundamentais (segurança, vida, propriedade etc) de cada pessoa. A tributação se justifica porque permite o funcionamento dos aparelhos estatais que possibilitam o exercício dos direitos fundamentais e a redistribuição do produto nacional (implementando direitos sociais). Disso resulta que a limitação de um direito se justifica pela necessidade de preservar outros direitos, pelo menos de forma indireta".

Ainda a respeito dos conflitos que justificam uma restrição, pode-se observar que pode ser levantando em abstrato, para justificar ações preventivas, ou em concreto, diante de um conflito que exige uma decisão da Administração ou do Judiciário (id. ibid. p. 135)[387].

iv) Restrições excepcionais. Estados de crises

Todas as restrições referidas podem ser consideradas como ordinárias, porque admissíveis em situação de regularidade da sociedade, quando apenas é necessário estabelecer limites de convivência prática dos direitos fundamentais. Havendo situações de crise, admitem-se certas restrições excepcionais, temporariamente, configuradas a partir do Estado de Defesa e Estado de Sítio.

---

[387] Não estando os direitos fundamentais devidamente tratados no âmbito da investigação criminal, em abstrato pela legislação, a tendência é que, em concreto, sejam analisados diante de situações de conflito. Em todo caso, deve-se ter em mente que a restrição não deve aniquilar o direito.

Em relação ao Estado de Defesa, admitem-se as restrições previstas nos incisos do §1.º do art. 136 da Constituição[388]. No caso de Estado de Sítio, por sua vez, as previstas no art. 139[389]. Ressalte-se que tais restrições são reconhecidas como legítimas internacionalmente, a exemplo de sua previsão em tratados de direitos humanos, como no caso do *Pacto de San Jose*[390].

9.1.2. *Balizamento e critérios de atuação*

Diante da existência de limites às limitações dos direitos fundamentais, necessário haver critérios de orientação, tanto à legislação como à administração, pelos quais o Judiciário pode não apenas exercer o controle dos atos normativos e materiais do Estado, mas também o de seus próprios atos[391].

---

[388] "I – restrições aos direitos de: a) reunião, ainda que exercida no seio das associações; b) sigilo de correspondência; c) sigilo de comunicação telegráfica e telefônica; II – ocupação e uso temporário de bens e serviços públicos, na hipótese de calamidade pública, respondendo a União pelos danos e custos decorrentes."

[389] "Na vigência do estado de sítio decretado com fundamento no art. 137, I, só poderão ser tomadas contra as pessoas as seguintes medidas: I – obrigação de permanência em localidade determinada; II – detenção em edifício não destinado a acusados ou condenados por crimes comuns; III – restrições relativas à inviolabilidade da correspondência, ao sigilo das comunicações, à prestação de informações e à liberdade de imprensa, radiodifusão e televisão, na forma da lei; IV – suspensão da liberdade de reunião; V – busca e apreensão em domicílio; VI – intervenção nas empresas de serviços públicos; VII – requisição de bens. Parágrafo único. Não se inclui nas restrições do inciso III a difusão de pronunciamentos de parlamentares efetuados em suas Casas Legislativas, desde que liberada pela respectiva Mesa."

[390] "Art. 27. 1. Em caso de guerra, de perigo público, ou de outra emergência que ameace a independência ou segurança do Estado Parte, este poderá adotar disposições que, na medida e pelo tempo estritamente limitados às exigências da situação, suspendam as obrigações contraídas em virtude desta Convenção, desde que tais disposições não sejam incompatíveis com as demais obrigações que lhe impõe o Direito Internacional e não encerrem discriminação alguma fundada em motivos de raça, cor, sexo, idioma, religião ou origem social..."

[391] Sob esse aspecto, entende-se o duplo grau de jurisdição como uma garantia fundamental frente a possíveis lesões a direitos praticadas por atos judiciais.

Não obstante, é com ações concretas da Administração pública, pelo uso de seu poder de polícia, em especial, que os direitos fundamentais entram em conflito mais evidente com o Estado. Sob essa perspectiva, devemos admitir que o exercício do poder de polícia implica, sempre e necessariamente, uma limitação a direitos fundamentais, sendo, portanto, de sua essência instaurar um conflito que pode ser absorvido pelo cumprimento do estrito dever legal, dentro dos limites admitidos pelo uso do poder, ou levado a juízo para controle do abuso ou excesso do poder.

O Judiciário, assim, exsurge como uma instância de proteção e tutela dos direitos fundamentais para os quais representa verdadeira garantia institucional, imprescindível à realização de tais direitos, no Estado democrático de direito. Para tanto, recorre o Judiciário a critérios de orientação que, por sua vez, podem e devem servir à própria Administração na consecução de suas atividades, antecipando-se aos conflitos e estabelecendo balizamento para suas ações, com respeito aos direitos fundamentais.

Tais critérios não se enquadram como regras nem como princípios dentro do sistema normativo, sim como *postulados*, segundo teoria de Humberto Ávila (2006, p. 121), para quem eles representam "normas imediatamente metódicas, que estruturam a interpretação e aplicação de princípio e regras mediante a exigência, mais ou menos específica, de relações entre elementos com base em critérios" (2006, p. 168). Ainda, segundo Humberto Ávila, alguns *postulados* se aplicam sem pressupor a existência de elementos e de critérios específicos, como ocorre com a *proibição de excesso, a ponderação de bens e a concordância prática*; outros postulados, por sua vez, dependem de determinadas condições para aplicarem-se, como são a *igualdade, a razoabilidade e a proporcionalidade.* Em todos os casos, os postulados, como critérios de balizamento de ações, podem servir tanto à criação, como à interpretação e aplicação das leis. Nesse sentido, considerando não apenas a função legislativa e jurisdicional, mas também a administrativa, são critérios que servem igualmente à atividade de investigação criminal, sob a perspectiva dos limites que deve ter, levando em consideração os direitos fundamentais.

i) Proibição de excesso e de defeito de proteção

Considerando que a promoção de uma finalidade sempre deve ter um limite, devem-se proibir restrições excessivas a qualquer direito fundamental. Segundo Humberto Ávila (2006, p. 133), "a proibição de excesso está presente em qualquer contexto em que um direito fundamental esteja sendo restringido. (...) sua aplicação não pressupõe a existência de uma relação de causalidade entre um meio e um fim. O postulado da proibição de excesso depende, unicamente, de estar um direito fundamental sendo excessivamente restringindo"[392].

Para Gomes Canotilho, o sentido mais geral da proibição de excesso é evitar a carga coativa excessiva ou atos de ingerência desmedidos na esfera jurídica dos particulares; mas há, segundo ele, um outro lado da proteção em que se salienta não o excesso, sim a falta ou omissão, ao que se chama de "proibição de defeito de proteção". Assim, segundo o autor "existe um **defeito de protecção** quando as entidades sobre quem recai um *dever de protecção (Schutzpflicht)* adoptam medidas insuficientes para garantir uma protecção constitucionalmente adequada dos direitos fundamentais. Podemos formular esta ideia usando uma formulação positiva: o estado deve adoptar medidas suficientes, de natureza normativa ou de natureza material, conducente a uma protecção adequada e eficaz dos direitos fundamentais" (2003, p. 273)[393].

---

[392] A proibição de excesso é, por vezes, equiparada ao princípio da proporcionalidade, como se observa na doutrina de J. J. Gomes Canotilho (2003, p. 268), para quem se trata de um princípio de controle exercido pelos tribunais sobre a adequação dos meios administrativos (sobretudos os coativos). É um critério típico de limitação da ação estatal, podendo ser utilizado com proveito nas ações da Administração, incluindo as investigativas.

[393] Esse critério, no âmbito da investigação criminal, pode ser lido em conformidade com aqueles direitos de *status positivus*, que obrigam o Estado a agir, geralmente em proteção de um outro direito que concorre com o que se encontra sendo limitado e para o qual há a proibição de excesso.

ii) Colisões de direitos. Concordância e ponderação

No contexto da colisão de direitos[394], surge a necessidade de opção por um ou outro direito, para uma ponderação de bens que se apresenta como "método destinado a atribuir pesos a elementos que se entrelaçam..." (Ávila, 2006, p. 130). Em princípio, "há colisão de direitos fundamentais quando, *in concreto*, o exercício de um direito fundamental por um titular obstaculiza, afeta ou restringe o exercício de um direito fundamental de um outro titular" (Dimoulius, Martins, 2007, p. 170), o que pode surgir mesmo diante de uma legislação existente para o caso em que há duas normas protegendo os bens em conflito. Para tais problemas, a doutrina e a jurisprudência têm adotado certos critérios de solução, geralmente concluindo por um juízo de ponderação, baseado na prevalência de um direito, seguido do mínimo sacrifício necessário do outro, o que implica uma concordância prática, que se pode definir como "dever de realização máxima de valores que se imbricam" (Ávila, 2006, 133); é o dever de harmonizar os valores e bens, visando à proteção máxima dos direitos envolvidos. Deve-se, assim, realizar uma *síntese dialética.*

Segundo Gilmar Mendes (2007, p. 331 e ss), a colisão tanto pode decorrer do exercício de direitos individuais por titulares diferentes, como do conflito entre direitos individuais do titular e bens jurídicos de interesse coletivo, envolvendo aí fundamentos e outros princípios ou valores que tenham por escopo a proteção de interesses da comunidade. Apresentando alguns critérios específicos, para solução de conflitos, o autor se refere à "fórmula de Dürig", segundo a qual "valores relativos às pessoas têm precedência sobre valores de índole material" (ibid. p. 334), o que se legitima sob a perspectiva dos direitos humanos, com prevalência da dignidade da pessoa humana, como valor fundamental de um sistema jurídico. Essa fórmula tem nítida natureza de ponderação. O autor ainda se refere a uma

---

[394] Na doutrina, há referência a bens, interesses, valores ou princípios. Bens jurídicos são situações, estados ou propriedades; interesses são os bens na vinculação com algum sujeito; valores são os aspectos axiológicos das normas que indicam que algo é bom; princípios representam o aspecto deontológico dos valores, que determinam os fins a serem promovidos (nesse sentido, cf. Ávila, 2006, p. 131).

"restrição imanente" para os casos de colisão entre direitos individuais, ou entre estes e bens tutelados constitucionalmente, pontuando que o recurso à concordância prática tem sempre a vantagem de não impor uma limitação *a priori*, o que sempre submeteria um direito a outro, devendo a questão se resolver no âmbito de uma interpretação sistemática do ordenamento, permitindo-se ao Legislador impor restrições a direitos ainda quando não submetidos a reserva legal[395].

iii) A igualdade como postulado de ação não-discriminatória

A igualdade, segundo Humberto Ávila (2006, p. 137), pode funcionar como postulado "estruturando a aplicação do direito em função de elementos (critérios de diferenciação e finalidade de distinção) e da relação entre eles (congruência do critério em razão do fim)"[396]. Como postulado, a violação da igualdade conduz a violação de uma norma. Os sujeitos devem ser considerados iguais em dignidade, liberdade e propriedade. Toda diferenciação depende de uma critério de medida, apto a permitir a diferenciação com vistas a um fim a ser alcançado (id. ibid. p. 138).

Para a Administração pública, em suas atividades, cumpre distinguir apenas naquilo que a lei distinguiu, identificando o critério de diferenciação e a finalidade desse critério para que não faça da lei um instrumento de injustiça. No âmbito da investigação criminal, há diversas normas referentes a certos sujeitos investigados, com prerrogativas funcionais, a autorizar tratamento diferenciado, com maiores limites às ações investigativas, bem como nos casos de identificação criminal, que somente se admite em certos casos, ou investigação de crimes praticados por organizações criminosas. Em síntese, tais hipó-

---

[395] Na doutrina, fica em aberto, contudo, "se tais restrições podem ser identificadas apenas pelo legislador ou se também pela Administração e pelo Judiciário", mas em todo caso, "isso não significa que, constatado o conflito, deva a questão permanecer irresolvida" (Mendes, 2007, 335).

[396] Além de postulado, a igualdade pode se apresentar como regra, prevendo a proibição de tratamento discriminatório, e como princípio, instituindo um estado igualitário como fim a ser promovido (id. ibid. p. 137)

teses são orientadas por uma discriminação legal que afasta a aplicação do tratamento igualitário; mas onde a lei não distingue, a investigação se conduz segundo o postulado da igualdade.

iv) A aplicação da lei geral ao caso específico. A razoabilidade

A razoabilidade, em primeiro lugar, "é utilizada como diretriz que exige a relação das normas gerais com as individualidades do caso concreto, quer mostrando sob qual perspectiva a norma deve ser aplicada, quer mostrando em quais hipóteses o caso individual, em virtude de suas especificidades, deixa de se enquadrar na norma geral" (Ávila, 2006, p. 139). Além disso, a razoabilidade se apresenta como "diretriz que exige uma vinculação das normas jurídicas com o mundo ao qual elas fazem referência, seja reclamando a existência de um suporte empírico e adequado a qualquer ato jurídico, seja demandando uma relação congruente entre a medida adotada e o fim que ela pretende atingir" (id., ibid.). Nesse segundo sentido, a razoabilidade pode ser observada na investigação criminal nos casos em que, para um meio de obtenção de prova mais grave, apresentam-se dados fáticos que justificam a autorização judicial consistente em uma restrição a direitos fundamentais (v.g. quebra de sigilo bancário, busca e apreensão etc.)

A razoabilidade, em síntese, pode ser entendida como *congruência, equidade ou equivalência*. Há congruência quando se exige referência a fatos concretos, como fundamento de uma decisão. Há equidade, por sua vez, quando embora aplicável uma lei a certo caso, observa-se que se aplicada efetivamente a um caso em concreto, haveria uma injustiça. Por fim, há equivalência quando uma medida se apresenta como correspondente para um fato segundo admitido em lei (cf. p. 139 e ss).

v) A relação entre fins e meios. A proporcionalidade

A proporcionalidade, como critério de controle substancial dos atos estatais pelo Judiciário, pode ser utilizada para orientar a ação de agentes estatais responsáveis pela aplicação da lei, tanto para a compreensão do seu conteúdo, como para solução de conflitos não completamente previstos na lei, diante da necessidade de decidir no caso concreto. A proporcionalidade, assim, "aplica-se nos casos em que exista uma relação de casualidade entre um meio e um fim concretamente perceptível. A exigência de vários fins, todos constitucionalmente legitimados, implica a adoção de medidas adequadas, necessárias e proporcionais em sentido estrito" (Ávila, 2006, p. 169).

Essa relação entre fins e meios, que constitui a base da proporcionalidade, apresenta-se na investigação criminal, em vários momentos. Sempre, em certa medida ou situação, haverá uma relação entre fins e meios na investigação, sobretudo considerando os meios de obtenção de prova. É da essência da investigação criminal esse relacionamento, ainda que de forma geral, eis que todos os fins a que está preordenada a investigação devem ser orientados por meios admissíveis. Deve-se atentar, contudo, para que não se ponham em evidência apenas os fins, em detrimento dos meios[397]. Nas ações do Estado democrático de direito, orientadas por princípios dentre os quais a dignidade da pessoa tem um valor fundamental, são os meios que, estando conforme as normas legais (como limites da ação estatal), tendem a justificar o fim perseguido, sobretudo na investigação criminal em que a verdade somente se legitima sob certas condições de validade. Na atividade investigativa, pela relevância que têm os principais interesses em jogo (segurança pública da coletividade e as garantias de liberdade dos indivíduos, em síntese), sem desconsiderar a importância dos fins pretendidos, são os meios que justificam os fins, na medida em que se justificam recíproca e proporcionalmente; dito de forma diversa, são os meios dispostos e bem utilizados que irão legitimar os fins pretendidos, pois nestes fins de segurança e manutenção da ordem em favor dos direitos humanos, também se incluem a menor lesão necessária de outros interesses, já que nestes também se encontram iguais direitos humanos dos indivíduos.

Assim, havendo uma relação entre fins e meios, o que é pressuposto para a aplicação da proporcionalidade, deve-se então se proceder

---

[397] Sob pena de, com isso, cair-se naquele lugar comum de que "os fins justificam os meios", cujo argumento vulgar nada mais é que fonte de um discurso político (autoritário) e eticamente utilitarista.

à análise de outros requisitos, quais sejam: a adequação, a necessidade e a proporcionalidade estrito senso.

A adequação exige uma relação empírica entre o fim e o meio, devendo este contribuir efetivamente para alcançar o objetivo propugnado. O problema que se coloca é que há sempre outros meios possíveis que concorrem com o meio utilizado, menos, mais ou igualmente adequado; mas a administração deve escolher pelo menos um meio que promova o fim, porque nem sempre é possível saber qual o melhor meio no momento da escolha; em face da multiplicidade de possibilidades, a medida mais adequada deve ser analisada sempre à luz das circunstâncias existentes (o problema em concreto) e conhecidas no momento da decisão, e não posteriormente quando a medida é avaliada em abstrato pelo julgador. Nesse sentido, sustenta Humberto Ávila que "a adequação do meio escolhido pelo Poder Público deve ser julgada mediante a consideração das circunstâncias existentes no momento da escolha e de acordo com o modo como contribuiu para a promoção do fim" (2006, p. 156).

A necessidade, por sua vez, exige verificação de meios alternativos que possam promover o fim pretendido, com a mesma intensidade, mas afetando o menos possível os direitos fundamentais; ou seja, exige-se a utilização do melhor meio. O melhor meio, contudo, somente pode ser designado a partir de um outro critério material, a depender da circunstância, podendo ser o mais barato, o mais rápido, o mais seguro etc, ou todos juntos; sobretudo, deve-se respeitar a escolha da autoridade competente, somente se considerando desnecessário quando ele for manifestamente menos adequado que outro, tendo em conta sempre a menor ofensa aos direitos fundamentais.

A proporcionalidade em sentido estrito, por fim, "exige a comparação entre a importância da realização do fim e a intensidade da restrição aos direitos fundamentais" (Ávila, 2006, 160); em síntese, deve-se observar se as vantagens, obtidas pelo meio eleito, são proporcionais às desvantagens causadas aos direitos ofendidos. Daí porque se costuma recorrer à proibição de excesso ou à razoabilidade para compor o sentido da proporcionalidade em sentido estrito, segundo algumas doutrinas.

Tendo em conta esses elementos da proporcionalidade, de forma geral, importa considerar que a sua análise pode se adequar às mais variadas atividades da investigação criminal, desde o tratamento com pessoas, como no tratamento de técnicas de investigação. Assim, não somente na relação direta, em que os agentes de polícia recorrem ao uso da força física (algemas, arma de fogo etc), mas também naquelas atividades em que, na busca de provas para uma investigação criminal, os meios não podem ser "desproporcionais" aos fins pretendidos.

9.2. Direitos fundamentais na investigação

Dimitri Dimoulius e Leonardo Martins, a respeito da compreensão dos direitos fundamentais, apresentam uma "sistematização do estudo metodologicamente rigoroso das matérias relativas aos direitos fundamentais", dividindo o estudo em (a) teoria geral (ou dogmática geral); (b) dogmática especial; (c) visão jusfilosófica ou teoria dos direitos fundamentais. Consideram os autores que, a partir de uma teoria geral (cuja síntese foi exposta na seção 9.1), podemos fazer "análise das dimensões de cada direito constitucionalmente garantido, considerando e avaliando sua concretização legislativa e jurisprudencial", a fim de perscrutar "em face de cada direito fundamental, sobretudo, a natureza e alcance específico de sua proteção, além dos limites constitucionais desta" (2007, p. 22). A essa consideração dos autores, acrescemos que também no âmbito da concretização se pode incluir a atividade da administração (não apenas legislação e jurisdição), nessa se inserindo a atividade investigativa dos crimes, de tal forma que possamos ter uma dogmática especial dos direitos fundamentais aplicada aos problemas da investigação criminal.

A perspectiva de estudo nesse campo, de aplicação da teoria geral dos direitos fundamentais às especificidades da investigação criminal, segundo entendemos, tanto pode ser a partir da *identificação dos direitos fundamentais* (a) com que a investigação criminal lida na prática, como pode ser a partir do *estabelecimento das ações de investigação* (b) que podem conflitar com direitos fundamentais. Sob a primeira perspectiva, é possível antecipar que o estudo se concentre nos direitos fundamentais de primeira geração (civis, sobretudo, com ênfase na liberdade). Essa perspectiva tende a ser mais sistemática, devendo anteceder a segunda, mas esta pode oferecer respostas mais imediatas e diretas a problemas pontuais da investigação criminal.

Sob a segunda perspectiva, para a qual apenas pretendemos suscitar pontos relevantes de discussão, podemos estabelecer algumas fases investigativas nas quais podem surgir os problemas mais comuns, tendo em conta, sobretudo, questões jurisprudenciais constantemente discutidas. Nesse sentido, podemos observar a necessidade de considerar certos limites, segundo os direitos fundamentais, nas fases de da investigação, nas quais nos deparamos com algumas questões:

a) *Na abertura de procedimento*: quais limites para abertura de inquéritos com base em "denúncia anônima"; quais hipóteses que permitem trancamento do inquérito, mediante *habeas corpus* (v.g. casos de atipicidade, extinção de punibilidade);
b) *Nos atos de investigação*: quais limites das diligências ordinárias (v.g. limites da condução coercitiva de testemunhas); quais demais requisitos das diligências que exigem autorização judicial (v.g. busca e apreensão, quebra de sigilos, bancário e fiscal, interceptação telefônica etc.);
c) *Na prisão e outras medidas cautelares*: como se realiza o direito de defesa, nas situações de restrição absoluta de direitos de liberdade e propriedade, antes de uma decisão definitiva de mérito, e como a investigação se desenvolve depois de tais atos extremos;
d) *No indiciamento*: quais requisitos e limites da imputação indiciária, considerando as implicações no âmbito de direitos relativos à imagem do investigado;
e) *Na identificação criminal*: quais critérios e limites da identificação criminal na fase de investigação criminal.

Em todas essas fases, há direitos fundamentais que são limitados pela ação investigativa do Estado, podendo haver estudos dirigidos a identificar: *a*) que direito fundamental pode estar suscetível à ação; *b*) seu âmbito de proteção garantido pela norma; *c*) as restrições possíveis admitidas na lei e seu limite; *d*) problemas pontuais identificados na prática, para o qual se exige aplicação da razoabilidade; *e*) possibilidade de concordância prática, entre ação investigativa e direito fundamental, visando a minimizar a restrição e evitar a anulação total do direito, quando cabível no caso; *f*) constatação de situações em que há relação entre fins e meios, com recurso à proporcionalidade como critério.

Fauzi Hassan Choukr, em *Garantias Constitucionais na Investigação Criminal,* a respeito dos direitos fundamentais nesse âmbito, apresenta-nos alguns "fundamentos para a compreensão da matéria" (Título I), antes de tratar de certas questões pontuais[398]. Em síntese, partindo de uma equação entre *liberdade versus segurança*, o autor sustenta existir uma *solução possível* que é assegurar o "justo processo" já na investigação[399]. Segundo ele, "a investigação criminal encerra, talvez, o dilema fundamental do processo penal, que é o equacionamento e balanceamento dos valores segurança e liberdade" (2006, p. 8), sendo necessário, por isso, segundo entendemos, relevar o conceito de processo, para considerar que, onde há poder do Estado em face do indivíduo, este deve ter direitos (fundamentais) oponíveis ao Estado.

A situação jurídica do investigado. A par das diversas formas de estudar os direitos fundamentais na investigação criminal, o ponto essencial do tema, que nos permite melhor compreendê-lo, segundo entendemos, passa pela questão de estabelecer qual a *situação jurídica* do investigado na investigação. Somente assim, a partir de um entendimento sobre o *conjunto de direitos, faculdades, ônus e sujeição,*

---

[398] Entre as questões mais relevantes, encontram-se as relativas aos *direitos fundamentais do suspeito/investigado*, o *status jurídico do investigado (indiciamento e identificação criminal)* e *defesa na investigação criminal*, dentro das quais o autor trabalha com a equação entre liberdade versus segurança.

[399] Essa idéia pode ser sustentada a partir da distinção entre *devido processo* em sentido processual (*procedural due process*) e em sentido material (*substantive due process*). Para melhor compreender, cf. "O devido processo legal em seu sentido material: breves considerações" (disponível em www.senado.gov.br), em que o autor, Gil Ferreira de Mesquita, ressalta o seguinte: "A necessidade de intervenção judicial nas atividades estatais – especialmente no campo legislativo [mas não apenas nesse campo] – fez nascer uma bipartição ideológica a pairar sobre o devido processo legal, principalmente no direito norte-americano com os julgados da Suprema Corte. Entendeu-se que não somente em sentido processual deveria o princípio garantir o *trinômio vida-liberdade-propriedade*, porque de tão amplo deveria cuidar de corrigir eventuais abusos do poder soberano ao legislar. Em outras palavras, criou-se a ideia de que o devido processo legal – concebido como cláusula antiarbítrio – seria também responsável por vincular a produção legislativa à idéia de *razoabilidade* ou *proporcionalidade*."

podemos estabelecer a condição de *sujeito* na relação jurídica existente da investigação, embora não tipicamente processual.

Aury Lopes Jr. (2003, p. 279 e ss), a respeito dessa questão, após discutir o problema da "situação jurídica do sujeito passivo na investigação preliminar" (Capítulo IX), chama a atenção para a relevância do ato de indiciamento como ato formal da investigação (Capítulo X). O autor observa que, na persecução penal, há uma relação entre diminuição do *status libertatis* do investigado, na medida em que ele vai adquirindo *status jurídico-processual* em graus (de suspeito a indiciado, passando por acusado ou réu, até chegar a condenado). O problema é que, não sendo o ato de indiciamento devidamente regulado pela lei, como critério formal ele se torna insuficiente para estabelecer a situação jurídica do sujeito investigado em todos os casos[400]. Segundo entendemos, o problema requer desvincular-se do ato formal de indiciamento, para concentrar-se em uma compreensão substancial da questão, a partir da limitação de direitos (não apenas de liberdade). Nesse sentido, apresentamos como proposta o esquema adiante.

9.2.1. *Esquema para compreensão de direitos na investigação*

Considerando, na investigação criminal, os direitos do investigado em particular, entendemos ser possível traçar um esquema geral de análise da sua situação jurídica, tendo em conta o mais fundamental dos direitos em tal circunstância – *o direito de defesa.* Como ponto de partida para a construção e interpretação do problema, consideremos o gráfico abaixo em que temos: *(A) direitos materiais* (liberdade,

---

[400] Cf. 2003, p. 295 e ss. Para enfrentar esse problema, o autor apresenta uma distinção de tratamento do indiciado entre os casos em que existe ou não prisão cautelar. Em conclusão, contudo, o autor admite que "de qualquer forma, o tema não está devidamente regulamentado e existe uma nuvem de incertezas sobre o indiciamento, gerando insegurança e permitindo abusos e injustiças. Faz falta um dispositivo que claramente disponha sobre o nascimento e forma do indiciamento, especialmente no que se refere à sua comunicação ao sujeito passivo e direitos que dele emerge" (p. 302).

sobretudo, além da vida privada, propriedade etc); *(B) direitos processuais* (de defesa, sobretudo, independente do contraditório); *(x) intensidade da investigação*; *(y) intensidade dos direitos.*

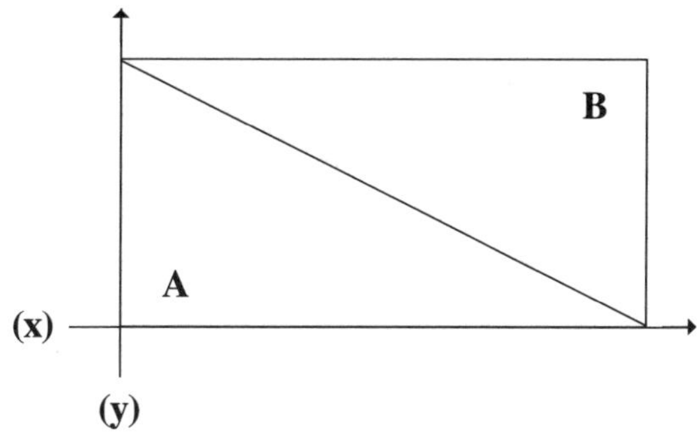

A partir desse esquema, imaginando uma linha vertical representativa de ação investigativa do Estado que se situe no meio de "x" e paralela a "y", podemos extrair a ideia e critério seguintes:

1. *Ideia fundamental.* Quanto mais a investigação avançar, reduzindo os direitos materiais do investigado, tanto maior será seu direito de defesa. Disso decorrem certas premissas:

   a) *O direito de defesa só se justifica no momento em que um direito fundamental passa a ser restringido (necessidade da defesa)*, embora se possa antecipar a defesa em hipóteses preventivas justificadas;

   b) *A defesa deve ser proporcional à restrição do âmbito de proteção do direito do investigado (proporcionalidade da defesa).* Assim, seja no processo judicial, seja na investigação preliminar, *a defesa deve ser progressiva,* até alcançar seu grau máximo (ampla defesa), que deve anteceder a uma sentença penal condenatória. Em outros termos, *antes de o direito ser limitado integralmente, deve ter havido oportunidade para o exercício da ampla defesa (amplitude da defesa),* sem prejuízo de, a cada passo em direção à restrição da liberdade, poder ocorrer defesas paralelas e proporcionais à intensidade da limitação do direito;

c) *A defesa pode ser diferida por imperativo de interesse processual (adequação da defesa)*, como nos casos de cautelares judiciais, embora em todo caso deva existir oportunidade de defesa, tão-logo o motivo que justificou a medida esteja superado.

2. *Critério material.* A defesa no inquérito, assim, não deve depender exclusivamente da existência de indiciamento formal do investigado, desde que sobre ele, mesmo antes do processo, existam limitações no âmbito de proteção dos direitos fundamentais. Havendo restrição a direito do investigado (p. ex. medidas cautelares sobre sua liberdade, ou mesmo propriedade), há limitação material a ensejar direito "processual" de defesa, mesmo antes do processo. Com tal critério, preponderante e independente de indiciamento formal, este se torna apenas subsidiário, a permitir sempre a partir dele alguma defesa.

A ação estatal de investigação, sob essa perspectiva, pode ser observada tanto do inquérito como do processo, em pontos fundamentais que representam alguma limitação de direitos, em condições de admitir uma defesa proporcional, como na abertura de inquérito (a); no indiciamento (b); na denúncia e seu recebimento (c); na prisão e demais medidas cautelares (d); na sentença (e), além de todos os momentos em que há alguma restrição em concreto. Para cada ato de restrição de direitos deve existir oportunidade de defesa proporcional à intensidade da restrição. Em síntese, a cada ação do Estado (na investigação criminal) deve corresponder uma defesa apropriada, independentemente de a medida ser processual ou não, ainda que em momento diferido (como no caso das cautelares).

Com esse esquema, entendemos ser possível estabelecer parâmetros para uma compreensão adequada da investigação criminal, no sistema processual penal brasileiro, independentemente do instrumento jurídico utilizado (inquérito, procedimento administrativo, ou instrução judicial), ressaltando a necessidade de pensar a investigação criminal juridicamente, independentemente do contraditório, sob pena de excluir-se do jogo jurídico-processual a pessoa a respeito de quem se discute toda a atividade estatal, sob o argumento de ainda não haver denúncia formal e processo judicial instaurado. Não seja assim, à título de negar à investigação criminal uma natureza jurídico-processual, acabamos por alienar o investigado do procedimento, negando-lhe a devida condição de sujeito de direito, por não haver uma situação jurídica definida legalmente. Essa é uma situação que está em confronto com as bases do Estado democrático de Direito.

9.2.2. *A proporcionalidade nos meios de obtenção das provas*

Os meios de obtenção das provas são um caso típico de problema observado na investigação criminal, para o qual se pode fazer uma análise à luz dos direitos fundamentais. A proporcionalidade se impõe, de forma geral e abrangente, como já referido, sempre que exista uma relação entre um fim pretendido e os meios utilizados, com possibilidade de limitação de direitos fundamentais, mas é talvez nos meios de obtenção de provas que o postulado se mostra com maior relevância, sobretudo nos casos em que, não sendo ilícitos os meios utilizados, deve-se recorrer a certos critérios que orientem a persecução penal, desde a fase preliminar de investigação até o processo judicial. Dessa forma, o postulado se apresenta na matéria das provas como um instrumento balizador das ações investigativas, de tal forma que a instrução encontre um equilíbrio levando em contas todos os valores fundamentais em jogo.

A aplicação do postulado em relação às provas foi evidenciada expressamente no CPP, art. 157, I (com a redação dada pela Lei n.º 11.690, de 9/6/2008), no âmbito da disciplina dos poderes do juiz para ordenar produção antecipada de provas consideradas urgentes e relevantes, mas sem dúvida se trata de princípio abrangente de toda e qualquer atividade probatória, não limitado evidentemente aos casos em que o juiz atua de ofício. Uma interpretação assim seria ilógica, com a qual não se pode concordar. Enrique Bacigalupo, a respeito dessa aplicação, já havia observado a relevância da aplicação da proporcionalidade na fase de instrução em geral, para explicar que: "O *princípio da proporcionalidade* tem uma especial significação no âmbito da instrução de um processo garantidor de limites derivados dos direitos fundamentais. (...) Na medida em que, durante a instrução não são poucos os direitos fundamentais que podem ser limitador pelas diligências processuais, o princípio da proporcionalidade ocupar durante a mesma uma posição fundamental, dado que em cada caso se deverá ponderar até que ponto é compatível a intervenção nos direitos fundamentais com os interesses na persecução do delito. (...) é dizer: em todo caso se deve ponderar a gravidade da intervenção com o benefício que dela se pode obter" (2005, p. 65-66, tradução nossa). Essa mesma compreensão se aplica, sem ressalvas, aos meios de obtenção de provas durante a investigação criminal.

Assim, com relação à atividade probatória em geral, seja no processo judicial, seja antes na investigação criminal, sempre que exista uma limitação a direitos fundamentais, mesmo considerando-se possível a medida por permissão legal, ainda assim se deve atentar para os seguintes elementos:

a) *Adequação* da medida para alcançar o fim pretendido, não devendo se admitir meios de obtenção de prova que não tragam qualquer proveito ao conhecimento dos fatos. Exemplo de medida inadequada seria uma interceptação telefônica para conhecimento de crime completamente consumado no passado, sem que exista qualquer notícia de continuidade delitiva a justificar a medida;

b) *Necessidade* da medida, apenas quando o fim pretendido não possa ser alcançado por outro meio menos grave. Ainda, usando como exemplo a interceptação telefônica, a própria lei se antecipa em dizer que somente se admite a medida quando não puder a prova ser obtida por outro meio (Lei n. 9.296/99, art. 2.º, inc. II). Trata-se, contudo, de raciocínio que deve se estender a todo meio de obtenção que implica intervenção em direito fundamental;

c) *Proporcionalidade em sentido estrito*, que a medida deve, por fim, guardar com a gravidade do crime (cf. nesse sentido Bacigalupo, 2005, p. 67), de tal forma que não se deve admitir medida cuja intervenção em direito fundamental represente maior gravidade que o próprio crime perseguido, ou no caso em que a pena cominada ao crime seja menos grave que a medida de investigação (v.g. uma prisão temporária para investigar crime punido apenas com multa). Essa noção de proporcionalidade, igualmente, se encontra implicitamente na Lei n. 9.296/99, art. 2.º, inc. III, ao não se admitir a interceptação telefônica para investigar crimes punidos com detenção.

Capítulo X

ASPECTOS GERENCIAIS DA INVESTIGAÇÃO

A investigação criminal, assim como qualquer pesquisa em geral[401], exige o gerenciamento de vários fatores que concorrem para a realização de seus objetivos pretendidos. Embora não se encontre de forma complexa em toda e qualquer investigação, há sempre que se resolverem questões relativas a bens, pessoas e finanças, como instrumentos necessários à consecução de um projeto mínimo. E à medida que a criminalidade se vai tornando mais complexa, em virtude da organicidade e da transnacionalidade, a investigação tende a exigir uma cognição igualmente mais complexa, seja para entender a dinâmica da criminalidade, seja para imprimir à atividade investigativa uma ordenação mais racional e compatível com o que dela se espera[402].

---

401 Claudio de Moura Castro (1997, p. 121 e ss), referindo-se à prática da pesquisa em geral, trata de várias questões relativas à *gerência da pesquisa* (Capítulo IV), como problemas de pessoal, administração do tempo e do dinheiro.

402 Antes disso, contudo, mesmo nos casos de investigação criminal mais simples, pode-se vislumbrar a importância da ciência administrativa para o gerenciamento de grandes números de investigações. Assim, por exemplo, podem-se considerar as delegacias de polícia como pequenas *organizações* (ou célula de uma organização maior) que exigem a administração dos diversos recursos predispostos a um fim. *Organização*, segundo Idalberto Chiavenato (2001, p. 29), "é uma entidade social composta de pessoas e de recursos, deliberadamente estruturada e orientada para alcançar um objetivo comum". *Administração*, por sua vez, "significa a maneira de governar organizações ou parte delas. É o processo de *planejar, organizar, dirigir e controlar* o uso de recursos organizacionais para alcançar determinados objetivos de maneira eficiente e eficaz" (ibid. p. 28, com itálico nosso). Nesse sentido, podemos encontrar estudos como a monografia "Gestão de Delegacia Descentralizada", (Brasília Academia Nacional de Polícia, 2009), cujo autor trata, entre outras

É sob esse aspecto da investigação que todos aqueles conhecimentos essenciais (pesquisa e técnicas, teorias do crime, das provas e dos direitos fundamentais) são dispostos em relação, visando à solução do problema posto à autoridade investigante que, para além de simplesmente administrar os diversos recursos que de ordinário requerem gestão (bens, pessoas e finanças)[403], deve fazê-lo de forma planejada e estratégica, visando à tomada de decisões sobre quais atos de investigação, o modo como fazê-los e em que ordem de execução.

Na gestão da atividade investigativa, pode-se, com grande proveito, recorrer ao conhecimento geral de administração para questões relativas a pessoas, bens e finanças. No entanto há outras várias questões, relativas mais especificamente a problemas típicos de investigação criminal, que requerem o desenvolvimento de conhecimentos particulares, ainda que orientados por preceitos da administração em geral[404]. Dentre as questões que dizem respeito a problemas da investigação criminal, podemos distinguir entre os que concernem ao tempo e os relativos ao espaço. Trata-se de problemas que surgem anexos ao problema fundamental da investigação – a constatação do crime e a descoberta de sua autoria.

---

questões, de liderança e trabalho de equipe; de gestão predial, de recursos financeiros, de material, de depósito e veículos, de sistemas; documentos e de processos, de pessoal.

[403] Há quem distinga *administração* e *gestão*. Nesse sentido, cf. Emerson de Paulo Dias, "Conceitos de Gestão e Administração: uma revisão crítica" (Revista Eletrônica de Administração, Facef, vol. 01, Ed. 01, jul-dez. 2002)

[404] As particularidades que concernem à investigação criminal decorrem do fato de ser ela desenvolvida por órgãos de caráter público que estão vinculados a certos preceitos jurídicos limitadores de certas decisões. A isso, ainda, agrega-se o fato de que as organizações incumbidas da investigação criminal (no caso do Brasil, organizações policiais em sua maioria) têm outras tantas particularidades que fazem da gestão da atividade investigativa um campo de conhecimento extremamente especial, a exigir pesquisas mais dirigidas para responder aos problemas típicos dessa atividade, sem incorrer no equívoco de apenas transportar conceitos e esquemas da administração de empresas privadas, focadas na idéia de produção, competição e clientela. Sob essa perspectiva, podemos encontrar a obra de Adriano Mendes Barbosa, "Metodologia da Investigação Criminal: Uma abordagem pragmática", cujo autor trabalha com conceitos de administração estratégica aplicadas à investigação criminal, demonstrando as várias questões gerenciais que interessam à investigação como pesquisa, desde a necessidade de projeto de investigação, passando pelo plano de ação estratégica, sem descuidar do rigor metodológico.

Quanto ao conhecimento geral, é possível observar que as *funções da administração* estão presentes da investigação criminal. Administração, em síntese, "é o processo de trabalhar com pessoas e bens para realizar objetivos organizacionais" (Bateman; Snell, 1998, p. 27). Esse processo envolve as atividades de planejar, organizar, liderar e controlar. Segundo Thomas S. Bateman e Scott A. Snell (ibid. p. 28 e ss), *planejar* "é especificar os objetivos a serem atingidos e decidir antecipadamente as ações apropriadas que devem ser executadas para atingir esses objetivos"[405]; *organizar* "é reunir e coordenar recursos humanos, financeiros, físicos, de informação e outros necessários ao atingimento dos objetivos"[406]; *liderar* "é estimular as pessoas a serem grandes executores. É dirigir, motivar e comunicar-se com os funcionários, individualmente e em grupo"[407]; *controlar*, por sua vez, implica "assegurar que os objetivos seja atingidos"[408].

---

405 "As atividades de planejamento incluem a análise da situação atual, a antecipação do futuro, a determinação de objetivos, a decisão sobre em que tipos de atividades a organização deverá se engajar, a escolha de estratégicas corporativas e de negócios, e a determinação dos recursos necessários para atingir as metas da organização" (id. ibid.). Sob essa perspectiva ampla, a investigação criminal deve não apenas resolver o problema específico do crime investigado em particular, mas contribuir para outras investigações em geral, considerando a criminalidade em determinado lugar e tempo, mediante a obtenção de informações que possam constituir banco de dados para tomada de decisões futuras.

406 "As atividades incluem atrair pessoas para a organização, especificar responsabilidades por tarefas, agrupar em unidades de trabalho, ordenar e alocar recursos e criar condições tais que as pessoas e as coisas trabalhem juntas para alcançar o máximo de sucesso" (id. ibid.). Algumas ações, é certo, somente podem ser vislumbradas em um plano mais acima da investigação criminal (em particular), por órgãos centrais de coordenação das diversas autoridades investigantes, visando a subsidiar o desenvolvimento do trabalho no caso concreto.

407 "Liderar envolve o contato diário e próximo com as pessoas, ajudando a guiá-las e a inspirá-las em direção ao atingimento dos objetivos de equipe e organizacionais. Liderar ocorre em equipes, departamentos, divisões e no topo da totalidade das organizações" (id. ibid.). O mesmo se pode dizer quanto à investigação criminal, considerada com um conjunto de pesquisas realizadas por vários profissionais (agentes, escrivães e peritos, p. ex., no caso dos inquéritos policiais).

408 O controle abrange atividades como "estabelecer padrões de desempenho que indiquem o progresso rumo aos objetivos de longo prazo; monitorar o desempenho de pessoas e unidades pela coleta de dados de desempenho; fornecer às pessoas *feedback* ou

Quanto ao *problema do tempo*, na investigação criminal, exige-se que não apenas a atividade investigativa resolva o problema de forma eficiente, mas que o faça antes que a prescrição da pretensão punitiva torne imprestável qualquer resultado positivo. Com efeito, a autoridade investigante, no desenvolver os atos necessários à solução do problema, deverá estar atenta ao dia em que o prazo prescricional estará vencido (*dies ad quem*). Nesse ponto, embora seja comum, do ponto de vista jurídico, calcular-se a prescrição pela pena em abstrato do crime perseguido, de um ponto de vista gerencial (que busca a eficácia da investigação), adequado seria calcular-se o prazo sempre levando em conta a pena mínima, por ser esta em geral a pena em concreto na maioria dos casos, considerando nesse caso a prescrição retroativa[409].

Quanto ao *problema do espaço*, os órgãos de investigação (no Brasil, policiais em geral) se deparam constantemente com a dificuldade de cumprir certos atos de investigação, seja em virtude da dimensão do território coberto pela sua competência (administrativa), seja mesmo por causa da amplitude do crime investigado[410]. Sabe-se que os instrumentos práticos e jurídicos[411] disponíveis para a solução desse

informações sobre seu progresso; identificar problemas pela comparação entre dados de desempenho e os padrões; e executar ações para corrigir problemas" (id. ibid.). Na investigação criminal, o controle de legalidade pela autoridade investigante visa, sobretudo, a proteção de direitos fundamentais, bem como assegurar que o resultado produzido tenha validade jurídica para o processo penal.

[409] O melhor, na verdade, seria considerar um prazo menor (20% a menos do total, p. ex), levando em conta os prazos de tramitação burocrática dos procedimentos entre os órgãos de persecução penal. Veja-se que aqui não estamos considerando o prazo legal de conclusão das investigações que, como tem demonstrado a prática em geral, são impossíveis de cumprirem-se (por vários motivos, alguns legítimos outros nem tanto, mas que não pretendemos discutir aqui). Contudo, tratando-se de investigado preso, há sempre que se cumprir o prazo legal.

[410] Mesmo no caso da Polícia Federal que possui representação em todos os Estados brasileiros, além de representações em alguns países (através de adidâncias policiais), a cobertura não é suficiente para abranger todos os pontos em que se observam os problemas, sendo comum recorrer às policiais civis dos Estados que estão mais interiorizadas.

[411] Entre os instrumentos jurídicos, citam-se a carta precatória, os convênios entre instituições e os acordos internacionais que visam a facilitar o relacionamento dos diversos

problema anexo não costumam ser eficientes, sobretudo se contrastado com o problema anterior (relativo ao tempo), mas é pela organização e especialização deles que o problema tende a ser enfrentado e resolvido[412].

10.1. A questão estratégica

A estratégia é um termo das ciências militares que foi apropriado pela administração de empresas como modelo de planejamento e ações competitivas no mercado de consumo[413], podendo ser, com muito mais razão, utilizada na investigação criminal, sobretudo nos casos de pesquisas complexas que envolvem a criminalidade continuada, organizações criminosas e transnacionais[414]. Sob essa perspectiva,

---

órgãos de persecução penal com a cooperação mútua. Entre os práticos, podemos citar as missões policiais em viagens ao local, o que demanda recursos nem sempre disponíveis para todo e qualquer ato de investigação.

[412] Exemplo dessa organização e especialização pode ser encontrado na Interpol. Segundo o site oficial, "a Interpol é a maior organização policial do mundo internacional, com 188 membros. Criado em 1923, facilita a cooperação policial transfronteiriça, apóia e auxilia todas as organizações, autoridades e serviços cuja missão é prevenir ou combater o crime internacional. (...)" (cf. www.interpol.int). No âmbito nacional, por exemplo, as cartas precatórias deveriam ter um canal de transmissão por intranet com acesso de todas as delegacias (de polícia federal e civil), entre outras formas de melhorar a cooperação.

[413] Segundo Antonio S. Ribeiro (2009, p. 21), "apesar do esforço intelectual realizado por eminentes pensadores, a estratégia continua a ser uma das ciências humanas menos desenvolvidas, e o seu significado permite bastante controvérsias e múltiplas interpretações, em resultado de estar associado a inúmeras situações em relação às quais, como notou Couto, a guerra constitui o modelo original". Segundo Abel Couto (apud Ribeiro, ibid. p. 21), "o termo estratégia entrou na linguagem dos negócios após a II Guerra Mundial quando os militares começaram a discutir se alguns dos elementos que tinham permitido alcançar o sucesso na guerra podiam ser aplicados à actividade empresarial, de forma a reconstruir e reanimar a economia mundial. Neste contexto, destaca-se o emprego da estratégia como disciplina de gestão a partir da década de 1960, em resultado dos trabalhos de Ansoff na área do planeamento estratégico empresarial"

[414] Com isso, contudo, não estamos a sugerir o tratamento da criminalidade interna como inimigo externo; ressaltamos, assim, que o propósito aqui não é aderir à doutrina do direito penal do inimigo.

o clássico *A arte da guerra*, de Sun Tzu, sobre estratégia militar, tão utilizado em diversos âmbitos de conhecimento, pode com proveito ser lido tropologicamente para aplicação na investigação criminal[415], em conexão com a ideia de planejamento da pesquisa investigativa, de tal forma a admitirem-se seus preceitos como um bom ponto de partida do estudo estratégico.

Inicialmente, Sun Tzu (2002, p. 23 e ss) sustenta que, ao estabelecer-se um plano, alguns fatores fundamentais devem ser avaliados e certos elementos analisados com acuidade. Entre os fatores, Sun Tzu arrola a influência moral, o clima, o terreno, o comando e a doutrina. Noutro ponto, Sun Tzu chama a atenção para o problema dos fatores variáveis (Capítulo VIII), que podem desviar-se do plano inicial e exigir medidas outras não previstas. Transpondo para a investigação criminal, podemos dizer que a influência moral significa a aptidão que tem a autoridade investigante de dirigir seus agentes no objetivo da investigação; o clima e o terreno dizem respeito ao conhecimento das condições naturais que podem influenciar em certas ações investigativas de campo; o comando se refere a atributos da autoridade investigante, como sabedoria, sinceridade, humanidade, coragem e exigência; a doutrina, por fim, "resume a organização, o controle, a distribuição correta dos postos de comando, a ordenação das vias de abastecimento e o fornecimento do necessário às suas tropas" (ibid. p. 26). Na sequência, Sun Tzu se refere à *simulação* como técnica estratégica. Segundo ele, "todo guerreiro se baseia em simulação. Assim, o capaz se fingirá incapaz e o ativo aparentará inatividade. Quando próximo, finja estar longe; quando longe, finja estar próximo. Ofereçam-se ciladas ao inimigo e, simulando desordem, invistam sobre ele"[416].

---

[415] Na obra, por exemplo, se encontram questões sobre *plano de ataque*, autoridade, pontos fracos e fortes, movimentos estratégicos, ações, natureza do terreno, método de ataque com fogo, uso de espiões etc., que podem ser lidas com vistas a uma compreensão aplicada à investigação criminal.

[416] Tais ensinamentos podem, por exemplo, servir de base para investigação criminal na qual, mesmo se utilizando de interceptação telefônica combinada com ação controlada, intimam-se suspeitos e investigados para depoimento, dando a entender que nada se sabe ainda a respeito do crime, visando a obter a maior quantidade de informações necessárias à conclusão do caso.

Na administração de empresas, Thomas S. Bateman e Scott A. Sneel (1998, p. 124 e ss), referindo-se a níveis de planejamento (que, segundo eles, refletem os subsistemas que compõem as organizações), distinguem-nos em três: o estratégico, o tático e o operacional. Quanto a tais níveis, explicam que eles "têm uma orientação externa forte e envolvem as partes principais da organização. Os altos executivos são responsáveis pelo desenvolvimento e execução do plano estratégico, embora eles não formulem ou implementem pessoalmente o plano todo". Uma estratégia, nesse sentido, "é um padrão de ações e de alocações de recursos destinados a atingir os objetivos da organização. (...) As ações, ou estratégias, que a organização implementa, devem ser direcionadas à construção de pontos fortes em áreas que satisfaçam às necessidades e aos desejos dos consumidores e a outros atores-chaves do ambiente externo" (ibid. p. 124). Nesse sentido, considerando a investigação criminal, pode-se dizer que a estratégia está em um nível anterior e acima da investigação de casos particulares, a envolver questões relativas ao estudo de cenários da criminalidade e prospectiva de ações investigativas[417]. O plano tático "traduz os objetivos e planos estratégicos mais amplos em objetivos e planos específicos que são relevantes para uma parte definida da organização...", ao passo que o plano operacional "identifica os procedimentos e processos específicos requeridos nos níveis inferiores da organização" (ibid. p. 125). Assim, na linha dos autores referidos, no âmbito da investigação criminal de casos concretos, adequado seria falar-se em plano tático e operacional, embora não seja de todo incorreto falar-se de plano estratégico de investigações criminais sob certos aspectos como pretendemos discutir adiante (cf. 10.1.2).

Carlos Alberto Júlio (2005, p. 18), contudo, embora se referindo à gestão empresarial, simplifica a idéia de estratégia como "caminho mais rápido para alcançar seus objetivos", estabelecendo algumas

---

[417] Nesse caso, os planos estratégicos deveriam estar a cargo de órgãos centrais e regionais de orientação e suporte dos órgãos de execução, mediante o estudo de casos, pesquisa, coleta e classificação de dados, entre outras ações gerenciais, visando a criar banco de informações necessárias à tomada de decisões em casos concretos de investigações criminais particulares.

regras práticas que podem orientar uma ação estratégica, dentre as quais podemos vislumbrar as seguintes na investigação criminal de casos concretos:

(1) "Tenha um norte para suas ações". Nesse ponto, o autor sustenta que "estratégia depende basicamente de saber escolher aonde se quer ir", ressaltando que, "quando o assunto é estratégia, o que vale no âmbito dos negócios vale para as pessoas individualmente";
(2) "Descubra onde sua empresa está hoje". Na investigação, é preciso saber qual a situação do caso investigado, quais informações já estão disponíveis, o que falta para ser concluída; em síntese, estar ciente do estado da investigação;
(3) "Amarre a estratégia com ações práticas". Nesse ponto, é preciso ter um plano de ação para materializar o planejamento estratégico da investigação;
(4) "Parte vital de uma estratégia são as pessoas que irão executá-las e, neste caso, só existe uma regra: a pessoa certa no lugar certo", o que é igualmente certo para a investigação criminal.

10.1.1. *A estratégia como processo*

Antonio Silva Ribeiro, em *Teoria geral da estratégia: O essencial ao processo estratégico*, referindo-se à estratégia estatal, sustenta uma noção de estratégia como processo e a define como "a ciência e a arte de edificar, dispor e empregar meios de coação num dado meio e tempo, para se materializarem objectivos fixados pela política, superando problemas e explorando eventualidades em ambiente de desacordo" (2009, p. 22)[418]. Com base nesse conceito, o autor nos apresenta

---

[418] A partir dessa definição, o autor nos explica seus componentes conceptuais da seguinte forma: (a) *quanto a sua natureza,* "a estratégia é uma ciência, porque se compõe de um objecto preciso, susceptível de investigação e análise, com recurso a ferramentas teóricas e a práticas independentes, ciclicamente transformadas pela actividade intelectual" (ibid. p. 22-23); (b) *quanto às ações de edificar, dispor e empregar meios*, a estratégia "obriga à elaboração de planos de acção, onde é definida a vontade consciente, directora

o que ele considera os elementos essenciais do processo estratégico, organizados a partir de *fatores de decisão* (objetivo, meios e meios de coação, tempo e o contrário), aos quais se relacionam *princípios* de que decorre uma variedade de *regras estratégicas* que serão adiantes descritas sucintamente[419].

---

e coordenadora dos esforços estratégicos, através de orientações que, ao proporcionarem a um Estado as melhores condições para poder superar os problemas antepostos pelos contrários, ou explorar as eventualidades proporcionadas pelas circunstâncias em ambientes de desacordo, permitem a acção estratégica" (p. 32); (c) *quanto aos meios de coacção*, "a estratégia conceptualiza e avalia os recursos próprios e contrários, como meios para apoiar as respectivas políticas. Ou seja, os recursos de cada actor só são meios de coacção quando a modalidade de acção fornece alguma compreensão sobre a forma como serão edificados, dispostos e empregues. Na realidade, os orçamentos, os equipamentos e as pessoas são recursos que a modalidade de acção dispõe e emprega" (p. 35); (d) *quanto aos objetivos fixados pela política*, "a estratégia não se destina a lucubrações intelectuais destinadas a tomar opções para alcançar metas. Isso é a arte da decisão. A estratégia implica materializar (alcançar ou obter e preservar ou garantir), com recurso ao poder nacional, finalidades colectivas identificadas com precisão e designadas por objetivos nacionais" (p. 37-38); (e) *quanto à superação dos problemas e exploração de eventualidades*, esse componente conceptual "evidencia que, por um lado, a doutrina contribui para a formulação estratégica, proporcionando métodos estudados e julgados adequados à obtenção de conhecimentos relacionados com as actividades abrangidas pela arte da guerra. Nesse sentido, a doutrina indica soluções fundamentadas para problemas táticos ou técnicos repetitivos, sobre os quais exista experiência acumulada" (p. 45); (f) *quanto ao ambiente de desacordo,* esse componente conceptual "torna evidente a necessidade da existência de entidades estratégicas, que Charnay considera serem 'todo o conjunto humano individualizável, da pessoa à constelação de povos ou de nações, que podem ser sujeito ou objecto no resultado histórico, jogadores de um jogo, pólos de decisão por si ou pólos de suscitação para outros" (p. 45).

[419] No âmbito da investigação, advirta-se, a compreensão dessa noção de estratégia depende da adaptação de certas expressões, substituindo, por exemplo, *poder nacional* por *potencial investigativo*; *política* por *orientação da autoridade investigante*; *interesse nacional* por *interesse da investigação*, entre outras que dizem respeito mais especificamente à estratégia como ciência aplicada à defesa nacional. O próprio autor, contudo, estende sua aplicação à segurança nacional, mas ainda assim em um nível de compreensão global. A descida ao nível de aplicação às particularidades de investigação de casos concretos somente é feita com um grande esforço de abstração dos conceitos, estando a depender de estudos mais dirigidos a responder questões próprias de estratégia investigativa. Por ora, portanto, ficamos com uma explanação genérica, visando a fomentar algumas discussões ainda difusas.

Antes, contudo, o autor explica que "todo o processo estratégico tem uma estrutura lógica ou esquema dialéctico, designado por modalidades de ação estratégica ou manobra estratégica. Nela, são previstas as reacções do outro a cada uma das acções próprias consideradas, de natureza política, econômica, psicossocial e militar, destinadas a evitar ou ultrapassar cada uma delas" (ibid. p. 97). Quanto à modalidade de ação, adverte Antonio S. Ribeiro que se trata de fator determinante da ação estratégica, sendo necessário conceber tanto a própria ação como a reação contrária[420].

Nesse sentido, segue o autor explicando que: "Nestas circunstâncias, a formulação e operacionalização de uma modalidade de acção, implicam a resolução de inúmeras questões relativas à preparação e ao emprego do poder nacional[421], que nem sempre podem ser enunciadas com antecipação ou precisão, em virtude de surgirem, por si mesmas, da necessidade de manter ou alterar certas situações[422], ou da perplexidade provocada pela exigência de resposta a questões quanto aos objectivos a alcançar (o que?), e à forma de os conseguir (como?), que inclui considerações relativas ao tempo (quando?), ao local (onde?) e aos meios (com que forças?) a empregar"[423]. Segundo

---

[420] Esse aspecto é especialmente adequado à estratégia de investigação, na medida em que, a cada modalidade de ação investigativa, deve-se ponderar a reação contrária (do investigado, visando a dificultar ou impedir a solução do problema da investigação), no sentido de obter elementos probatórios suficientes para a configuração do crime e identificação do seu autor.

[421] Leia-se, no caso da investigação, como *poder investigativo*, representado pelo conjunto de instrumentos, materiais e jurídicos, de que dispõe a autoridade investigante para executar suas modalidades de ação.

[422] Com efeito, também na investigação, algumas modalidades de ação somente podem ser escolhidas no decorrer da atividade, na medida em que alguns requisitos (por vezes, legais) vão surgindo, ou certas necessidades materiais se mostram imprescindíveis para a solução do problema. Pensemos, por exemplo, na modalidade de ação interceptação telefônica, cuja legislação exige diligências prévias que demonstrem a impossibilidade de obtenção de provas por outros meios.

[423] Todas essas questões surgem ordinariamente na investigação criminal, sendo exigível decidir sobre a partir de *qual hipótese legal* (o que?) investigar, quais *meios de obtenção de prova* (como?) ou mesmo pela necessidade de "prisão instrumental" (com que força?).

António S. Ribeiro, é a partir de *fatores de decisão* (objetivo, meio, meio de coação, tempo e contrário), que podemos enfrentar tais questões[424].

Com base nessa estrutura fundamental do processo estratégico, António S. Ribeiro expõe *quinze regras da estratégia* (preceitos secundários)[425], decorrentes dos *três princípios fundamentais* (preceitos primários)[426], que ele considera serem "*normas* que permitem orientar a articulação dos factores de decisão no quadro da formulação e operacionalização de uma modalidade de acção". Essas normas (princípios e regras) podem ter uma aceitável aplicabilidade na investigação criminal, desde que se ponderem outras normas de caráter jurídico que devem incidir necessariamente na sistematização de um processo estratégico investigativo[427].

---

[424] Segundo o autor (ibid. p. 106 e ss), em síntese, o *objetivo* indica o fim estratégico (o que?); o *meio* indica as condições do ambiente de realização da ação estratégica (onde?); os *meios de coação* traduzem o potencial estratégico dos contendores a ser empregado na ação estratégica (com que?); o *tempo* (ou prazos) representa o momento, a duração e o ritmo da ação estratégica (quando?); e o *contrário* se refere ao contendor a que se dirige a ação estratégica. Na investigação criminal, esses fatores estão presentes, podendo ser especificados segundo as particularidades do problema típico investigativo, de tal forma a servir como orientação na escolha das modalidades de ação. Assim, tendo por bem definido o *objetivo* (localização de provas do crime e identificação do seu autor), com o conhecimento do *ambiente* em que a investigação se desenvolve e das *técnicas de investigação* disponíveis, a autoridade investigante deve orientar-se segundo o *tempo disponível* (prazo legal da investigação e prescrição), levando em conta as características do possível autor do crime. Embora esses fatores de decisão possam não estar devidamente claros desde o início da investigação, à medida que se tornem mais evidentes, as modalidades de ação tendem a ser mais acertadas.

[425] Regras do equilíbrio, da comunicabilidade, da seletividade, da flexibilidade, do valor, da compatibilidade, da coordenação, da concentração, da orquestração, da clareza, da surpresa, da iniciativa, da segurança, do ponto conveniente e da administração do tempo.

[426] Princípios da importância do objetivo, da economia de esforço e da liberdade de ação.

[427] Essas normas, que possuem enunciados claros e podem ser especificadas para situações de investigação criminal, servem assim de suporte para estudos mais pontuais no desenvolvimento de uma teoria estratégica da investigação criminal. Não é esse, contudo, o objetivo desse trabalho introdutório. No entanto, ponderamos que, em havendo uma estruturação nesse sentido, deve-se considerar o princípio da *legalidade*, com regras

10.1.2. *Aspectos estratégicos na investigação*

À vista do que suscitamos genérica e preliminarmente, podemos constatar que, na investigação criminal, há vários aspectos que exigem uma abordagem estratégica. A variedade de elementos com que se lida e a complexidade de como eles se relacionam fazem da investigação criminal um campo propício para questões que concernem ao plano estratégico. Pensemos, por exemplo, em questões pontuais como as relativas a com que ação investigativa iniciar a atividade; entre decidir por ações ostensivas ou sigilosas; entre um flagrante ou uma ação controlada (monitorada); entre o uso de técnicas singulares ou a multiplicidade de ações (em operações)[428].

Adriano Mendes Barbosa, em uma abordagem pragmática, tratando da metodologia de investigação, dedica um capítulo especialmente à *condução estratégica da investigação criminal*, cuja leitura nos permite uma compreensão mais adequada dessas questões. O autor sustenta a "imprescindibilidade de uma abordagem estratégica em prol da investigação criminal", com base em um projeto gerencial a que se pode assemelhar uma investigação (2010, p. 100)[429]. Segundo o autor, "devido à investigação criminal ser um Projeto, uma questão essencial a ser enfrentada para o seu sucesso é a sua condução pragmática (gestão), vale dizer o seu gerenciamento, além das questões de natureza jurídica, que implica no emprego de técnicas, habilidades e conhecimentos para

---

relativas aos limites que decorrem dos direitos fundamentais, além de princípios relativos à *instrumentalidade* da investigação em relação ao objetivo do sistema jurídico-penal e *operacionalidade* das técnicas, em relação às modalidades de ação investigativa.

[428] Nesse rol, podemos acrescer todas as demais questões que concernem a uso de agente infiltrado, quebra de sigilos bancário e fiscal, interceptação telefônica e gravação ambiental, entre outras que, além da análise jurídica, exigem uma ponderação estratégica sobre o momento adequado para sua realização, considerando o conjunto das ações de investigação.

[429] O autor, sob essa perspectiva, considera que "projeto é um conjunto não repetitivo de atividades correlacionadas que, mediante a combinação temporária de recursos, têm por finalidade alcançar um objetivo pré-determinado num prazo definido e com recursos limitados" (ibid, p. 102).

iniciar, planejar, executar, controlar e concluir os trabalhos que visa atingir os objetivos da investigação e suprir as necessidades das partes envolvidas no Projeto" (ibid. p. 102).

Quanto à abordagem estratégica da gestão do projeto investigação criminal, Adriano M. Barbosa recorre explicitamente a uma teoria estratégica baseada no modelo de Arthur F. Lykke Jr. que, a partir da tríade *fins, modos e meios*, sustenta a necessidade de estabelecer-se um equilíbrio entre os elementos de uma ação. Esse modelo é representado, didaticamente, por um banco com três pés, relativos aos elementos referidos, ficando sobre o assento um bloco representativo a que o autor chama de *esforço investigativo*[430]. A partir dessa figura-modelo, o autor propõe o estabelecimento de um *Plano de Ação Investigativa*, baseado no instrumento de gestão conhecido como 5W2H[431], pelo qual se definem os tópicos mínimos que devem constar no plano.

Ao estabelecer a relação equilibrada entre fins, modos e meios, na investigação criminal, Adriano M. Barbosa trabalha com o que ele chama de *Ciclo do Esforço Investigativo Criminal* (CEIC)[432], baseado em quatro fases (demanda, reunião de evidências, análise e conclusão), dentro das quais se realizam ações investigativas próprias. Por fim, o autor pondera sobre questões gerenciais relativas a aspectos financeiro, humano, tecnológico e suporte logístico, como meios necessários para o alcance do objetivo da investigação (cf. p. 112 e ss).

---

[430] Cf. op. cit., figura didático-ilustrativa, p. 107.

[431] "O significado do 5W2H é o seguinte, inserido num plano de ação: "WHAT – Qual ação vai ser desenvolvida? WHEN – Quando a ação será realizada? WHY – Por que foi definida esta solução (resultado esperado)? WHERE – onde a ação será desenvolvida (abrangência)? WHO – Quem será o responsável pela sua implantação? HOW – Como a ação vai ser implementada (passos da ação)? HOW MUCH – quanto será gasto?" (id. ibid. p. 108)

[432] Cf. op. cit., p. 111, Figura didático-ilustrativa n. 06. Nessa figura, observam-se várias possibilidades de caminhos tomados pelo investigador, a partir da demanda (fase 1), antes de chegar à conclusão da investigação (fase 4), pela repetição das fases 2 (reunião de evidências) e 3 (análise). Essa figura demonstra efetivamente como uma investigação criminal, gerenciada estrategicamente, pode conduzir-se antes de ser concluída, segundo a dinâmica comum de casos concretos.

10.2. A tomada de decisões

Assim como ocorre em vários campos das relações humanas, é fundamental na gestão estratégica da investigação a tomada de decisões[433]. Decisão é o processo que, direta ou indiretamente, leva à melhor escolha de uma dentre diferentes alternativas igualmente aptas a resolver um problema proposto. A decisão pode ser avaliada sob várias perspectivas, como a partir da sua importância, em termos de satisfação de valores, ou a partir da velocidade exigida para a solução do problema (cf. nesse sentido, Monteiro Gomes, 2007, p. 1).

Alison Hardingham (1988, p. 7), a respeito dessa questão, explica que "a habilidade para tomar decisões eficazes é uma necessidade fundamental para o sucesso profissional e a felicidade pessoal. Uma decisão eficaz é aquela que gera, mais ou menos, o estado de coisas que você esperava"[434]. Dessa necessidade surgiu o campo de conhecimento denominado *Teoria da Decisão* visando a subsidiar toda atividade humana que depende da tomada de boas decisões.

Segundo Luiz Flávio Autran Monteiro Gomes (2007), "denomina-se Teoria da Decisão o estudo dos paradigmas subjacentes à decisão e seus fundamentos analíticos" (p. 1), havendo um razoável consenso entre seus estudiosos, de que, para uma boa decisão, há um caminho normalmente abrangido por certas etapas (p. 5): "1. Ter certeza de que está tentando resolver o problema verdadeiro que se tem à nossa frente...; 2. Pensar suficientemente sobre o problema, procurando manter distanciamento de eventuais envolvimentos emocionais...; 3. Obter todas as

[433] Antonio S. Ribeiro, contudo, sustenta que "a estratégica não se destina a lucubrações intelectuais destinadas a tomar opções para alcançar metas. Isso é a arte da decisão. A estratégica implica materializar (alcançar ou obter e preservar ou garantir), com recurso ao poder nacional, finalidade colectivas identificadas com precisão e designadas por objectivos nacionais" (2009, p. 37-38). Em todo caso, ainda que não a consideremos como parte do processo estratégica, trata-se de elemento essencial à estratégia.

[434] E nos adverte o autor que, "embora a decisão eficaz seja tão essencial a todas as áreas de nossas vidas, desde a escolha da carreira até o casamento, educação e crescimento de nossos filhos, nós gastamos relativamente pouco tempo considerando como tomá-las e de fato pouco tempo realmente para efetuá-las". Essa é uma afirmação igualmente acertada no campo da investigação criminal.

informações relevantes; 4. Identificar de forma clara o que efetivamente importa, ..., o 'núcleo duro' da decisão; 5. Considerar explicitamente os comprometimentos de natureza moral e ética; 6. Gerar o conjunto mais amplo possível de alternativas viáveis; 7. Listar os objetivos da tomada de decisão, tanto quantitativos, ..., como qualitativos ...; 8. Para cada um dos objetivos listados, explicitar os critérios de decisão; 9. Explicitar as consequências de cada alternativa com relação a cada um dos critérios de decisão...; 10. Partindo-se das nove etapas anteriores, ..., utilizar um dos vários métodos analíticos disponíveis na literatura de Teoria da Decisão – os 'métodos multicritério' – para selecionar, classificar ou descrever detalhadamente as alternativas a partir das quais se tomará a decisão"[435].

No âmbito de uma teoria da decisão, em síntese, a questão fundamental é "como tomar uma boa decisão?", para a qual há vários métodos, em geral baseados em critérios múltiplos (os chamados *métodos multicritério*)[436], que partem de um dos dois paradigmas dominantes nesse campo de conhecimento, a *teoria da utilidade esperada* e a *teoria dos prospectos*[437]. Quanto aos critérios múltiplos, Luiz F. A. Monteiro Gomes, após descrever sucintamente os principais, observa que existe um conjunto de métodos baseados na descrição e análise verbal de decisões, que se destingem dos demais em geral

---

[435] A esses, o autor ainda acresce "efetuar crítica dos resultados obtidos..." e "produzir recomendações bem objetivas para quem tomará a decisão", no caso em que vários atores (tomador, agente e analista de decisão) atuam na solução do problema.

[436] Dentre os vários critérios, o autor apresenta-nos, sucintamente, alguns dos mais utilizados, a exemplo dos métodos ELECTRE, PROMÉTHÉE, TODIM, MACBETH, entre outros que podem ser conferidos na obra referida.

[437] Cf. nesse sentido, Gomes, 2007, p. 18. "Enquanto a Teoria da utilidade esperada reflete a visão normativa da decisão, a Teoria dos Prospectos descreve como se tomam decisões em meio ao risco. Como toda e qualquer decisão implica incorrer em algum risco – ao menos o risco de não se atender, em um nível minimamente adequado, aos objetivos do problema –, pode-se dizer que tanto uma como outra teoria são paradigmas decisionais em competição entre si: ao passo que o primeiro estabelece a norma de acordo com a qual o ser racional procura, quando decide, maximizar a medida da utilidade por ele esperada, o segundo, calcado em observações empíricas, reza que a racionalidade do tomador de decisão, confrontando com o risco, passa por uma ponderação relativa de ganhos e perdas, sempre definidos com relação a um ponto de referência".

baseados em muitos cálculos, análise técnicas e simulações. Entre esses métodos de análise verbal, o autor sustenta que o mais utilizado é o ZAPROS LM[438], a respeito do qual explica que (ibid. p. 50 e ss): "Ele foi desenvolvido para ordenar alternativas na presença de múltiplos critérios (...). Deve-se geralmente escolher o método ZAPROS LM em situações e em ambientes nos quais se possa mais facilmente compreender a descrição de cada problema e aplicar as eventuais regras para sua resolução, com base em critérios de decisão verbais e quando existem muitas alternativas a se considerar. Sua aplicação compreende a elaboração de regras mediante um exaustivo processo de entrevistas e desenvolvimento lógico, nos quais se pretende definir claramente as preferências do tomador de decisão, identificando-se cada etapa do processo de resolução do problema."[439]

Luiz F. A. Monteiro Gomes, ainda a respeito do processo decisório, nos explica que, apesar da existência de teorias e métodos dirigidos a propor modelos de tomada da decisão, "não se deve ingenuamente acreditar que é um processo puramente racional, uma vez que a intuição sempre se faz presente no seu exercício" (ibid. p. 8), devendo-se ainda atentar que "a tomada de decisão geralmente ocorre em um cenário dinâmico, isto é, evolui com o transcorrer do tempo" (p. 14), de tal forma que uma boa decisão não permanece inalterada diante da mudança do cenário em que se decidiu inicial-

---

438 Segundo o autor, "...sua denominação advém da abreviatura de diversas palavras russas que, em tradução livre, significam 'procedimentos fechados para situações em referência' (..) As letras L e M são as iniciais dos nomes do autores do método, Larichev e Moshkovich" (p. 50).

439 Em acréscimo, o autor explica ainda que: "Quando se usa o método ZAPROS LM, considerando-se duas quaisquer alternativas X e Y, as regras para a formulação das relações de preferências resumem-se a: a) X é preferível a Y; b) X e Y são igualmente preferíveis; e c) Y é preferível a X. Pela lógica do método, devem-se ainda desenvolver os critérios para comparação entre as alternativas a partir de uma lista de preferências estabelecidas pelo tomador de decisão. (...) Constrói-se, então, uma escala ordinal a partir da elaboração de critérios e preferências, estabelecidos para cada etapa da resolução do problema. Como os demais métodos multicritério da análise verbal de decisões, o método ZAPROS LM trabalha essencialmente com a criatividade e a possibilidade de se estabelecer alternativas a partir de regras determinadas para a escolha".

mente. Assim, é possível distinguir entre dois enfoques: o *construtivo*, em que o problema avança de forma interativa com a tomada de decisões, e o *prescritivo*, em que, reunidos todos os elementos relativos ao problema, toma-se a decisão (p. 16)[440].

10.2.1. *O jogo como modelo estratégico*

Um jogo é um modelo racional de *interações estratégicas*, em que as partes (sejam indivíduos, grupos ou organizações) reconhecem a interdependência mútua de suas decisões. Nesse sentido, segundo Ronaldo Fiani, "sempre que um conjunto de indivíduos, empresas, partidos políticos etc., estiver envolvido em uma situação de interdependência recíproca, em que as decisões tomadas influenciam-se reciprocamente, pode-se dizer que eles se encontram em um 'jogo" (2009, p. 2)[441]. O xadrez é um bom exemplo de jogo cujo modelo de desenvolvimento facilmente pode ser vislumbrado nas diversas relações humanas[442], inclusive na investigação criminal[443], embora o modelo

---

[440] Por mais que nos esforcemos para estabelecer critérios de decisão na investigação criminal, entendemos que, em virtude de sua dinâmica no transcorrer do tempo, o enfoque deve ser construtivo de forma preponderante e prescritivo apenas como orientação preliminar.

[441] Em outros termos: "O elemento básico em um jogo é o conjunto de *jogadores* que dele participam. Cada jogador tem um conjunto de *estratégias*. Quando cada jogador escolhe sua estratégia, temos então uma *situação* ou *perfil* no espaço de todas as situações (perfis) possíveis. Cada jogador tem interesse ou preferências para cada situação no jogo. Em termos matemáticos, cada jogador tem uma *função utilidade* que atribui um número real (o ganho ou *payoff* do jogador) a cada situação do jogo" (Sartini et al, 2004, p. 4 e ss).

[442] Sob essa perspectiva, podemos encontrar o livro "Xadrez e a estratégia no dia--a-dia", em que os autores sustentam que "o xadrez é muito mais que um jogo, pois faz com que as pessoas desenvolvam a capacidade de enxergar, prever, escolher entre diversas possibilidades qual a melhor, e buscar soluções em situações adversas". Referindo-se ao xadrez na tomada de decisões, os autores explicam que "um jogo de xadrez pode ser entendido como um sistema no qual existem pessoas, peças, tabuleiros, relógio e regras (...) o jogo de xadrez é dinâmico, pois a cada lance feito por um jogador, criam-se novas possibilidades diferentes, ou seja, à medida que uma partida evolui altera-se a configuração do tabuleiro e peças" (p. 6). Guardadas suas particularidades, podemos vislumbrar a investigação criminal como um jogo, sob certos aspectos assemelhado ao xadrez.

de jogo nesse caso seja de uma espécie diferente daquele, especialmente pelo fato de que no xadrez cada jogador vê a jogada do oponente e somente faz uma jogada por vez, em ordem predeterminada, o que não ocorre na investigação criminal.

Na *teoria dos jogos*[444] admite-se uma diferença fundamental entre jogos sequenciais e jogos simultâneos. Segundo Ronaldo Fiani, "*jogos simultâneos* são aqueles em que cada jogador ignora as decisões dos demais no momento em que toma a sua própria decisão, e os jogadores não se preocupam com as consequencias futuras de suas decisões" (ibid. p. 50), ao passo que "um *jogo sequencial* é aquele em que os jogadores realizam seus movimentos em uma ordem predeterminada" (p. 53). Nesse sentido, poderíamos dizer que a investigação criminal seria, inicialmente, um jogo do tipo simultâneo, desde que não aceitemos a ideia de que os jogadores não se preocupam com as consequências futuras de suas decisões. Sob esse aspecto, seria sequencial, embora não tenhamos "movimentos em ordem preor-

---

[443] Pense-se, por exemplo, nos *peões* como técnicas ordinárias e iniciais da investigação (obtenção de documentos, vigilância, entrevistas etc.), ao passo que as *torres, bispos e cavalos* seriam técnicas especiais (quebra de sigilo, busca e apreensão, interceptação telefônica), destinadas a objetivos mais específicos. Sob essa perspectiva, podemos observar que cada peça tem uma regra de utilização (movimentação), e no conjunto todo o jogo se desenvolve segundo parâmetros rígidos (limitações legais), havendo um objetivo muito específico (a derrubada do rei).

[444] A *teoria dos jogos* é a uma ferramenta importante para compreensão e estabelecimento de soluções controladas, sendo a sede de onde se extrai boa parte das teorias da decisão, sobretudo as que possuem base em cálculos complexos, diversamente dos métodos de *análise verbal de decisões.* Nesse sentido, podemos observar que Luiz F. A. Monteiro Gomes, ao falar dos dois paradigmas fundamentais das teorias das decisões, refere-se à obra de Von Neumann e Morgenstter (*Theory of games and economic behavior*) como base da *teoria da utilidade esperada* (2007, p. 18). Em síntese, "a *teoria dos jogos* é uma teoria matemática criada para se modelar fenômenos que podem ser observados quando dois ou mais 'agentes de decisão' interagem entre si. Ela fornece a linguagem para a descrição de processos de decisão conscientes e objetivos envolvendo mais do que um indivíduo" (Sartini et al. 2004, p. 1). "A teoria dos jogos pode ser definida como a teoria dos modelos matemáticos que estuda a escolha de decisões ótimas sob condições de conflito" (ibid. p. 4). No entanto, podemos extrair da teoria matemática apenas seus modelos pragmáticos de ação.

denada"[445]. No jogo simultâneo, em especial, "é importante levar em consideração o que os outros pretendem, e algumas vezes também o que eles pensam que nós achamos que eles pretendem e assim por diante. Em outras palavras, precisamos começar a entender como os agentes envolvidos em situações de interação estratégica analisam a situação e tomam suas decisões, para descobrirmos as melhores respostas em um jogo" (Fiani, ibid. p. 79). Essa é uma característica comum à investigação criminal, mas parte da ideia de que não se conhece as decisões do outro agente, o que não é correto afirmar em toda e qualquer situação da investigação criminal (imagine-se, por exemplo, a informação obtida por interceptação telefônica). No jogo sequencial, contudo, "os jogadores efetivamente tomam suas decisões conhecendo antecipadamente as escolhas dos demais jogadores (...). Desse modo, a informação de que um jogador dispõe acerca das decisões dos demais jogadores pode alterar de forma bastante significativa as opções do jogador que tem de tomar suas decisões em uma dada etapa do jogo" (id. ibid. p. 215-216).

Em síntese, a título de introdução preliminar, o que importa é entender que um jogo é um modelo formal que envolve técnicas de descrição e análise relativas a interações estratégicas entre agentes de que se esperam ações racionais, segundo seus objetivos (Fiani, 2009, p. 12-13), sendo a teoria dos jogos, por sua vez, uma ferramenta fundamental que busca compreender o processo de decisão desses agentes, a partir de uma compreensão lógica, ajudando a desenvolver a capacidade de raciocinar estrategicamente (ibid. p. 9-10). Sob essa

---

[445] A respeito desse problema, Ronaldo Fiani explica que os modelos de "jogos simultâneos não nos fornecem informações sobre eventuais desdobramentos futuros das escolhas dos jogadores. Contudo, muitas vezes, o processo de interação estratégica se desenvolve em etapas sucessivas. Desse modo, muitas vezes os jogadores fazem escolhas a partir do que os outros jogadores decidiram no passado e, portanto, nem sempre as decisões são tomadas ignorando as decisões dos demais jogadores [é o que se passa na investigação]. Da mesma forma, nesse tipo de interação, as escolhas presentes exigem considerar as conseqüências futuras, uma vez que os demais jogadores poderão retaliar em etapas posteriores do jogo. Isso exige um modelo para representar e analisar um jogo diferente dos jogos simultâneos, um jogo mais adequado para dar conta do desdobramento sucessivo das interações estratégicas: o jogo sequencial" (p. 50)

perspectiva, em suma, podemos observar que a compreensão estratégica da investigação criminal pode ser aperfeiçoada por estudos que recorram à utilização da teoria dos jogos, especificando o modelo de jogo apropriado ao caso, ou para uma etapa específica da investigação, com vistas a subsidiar a tomada de decisões pela autoridade investigante em situações complexas de problema.

10.2.2. *Um roteiro mínimo de trabalho*

Luiz F. A. Monteiro Gomes, a respeito dos métodos de tomada de decisão, admite que não se deve pretender necessariamente uma solução ótima (considerada idealmente a melhor), mas sim, pelo menos, uma solução que represente o compromisso satisfatório entre vários pontos de vistas que costumam surgir em um processo de tomada de decisões (2007, p. 25). Segundo ele, hoje é consenso que "os métodos multicritério são heurísticas[446] concebidas a fim de abordar problemas decisórios que apresentem número finito (ou enumerável) de possíveis soluções alternativas" (ibid. p. 26). Com base nessa perspectiva de abordagem do problema decisório, o autor apresenta um roteiro mínimo de trabalho baseado em sete fases, não sequenciais, sim interativas (ibid. p. 8 e ss.), para uma análise de decisão, nos seguintes termos, que podemos aceitar como aplicável à investigação criminal:

"1. *Identificação dos agentes e do tomador de decisão"*. É fundamental que na investigação criminal se tenha uma perfeita distinção entre autoridade investigante (tomador de decisão)

[446] Segundo o autor, "por heurística compreende-se a metodologia ou o algorismo empregado na resolução de problemas (seleção, ordenação, classificação ou descrição) por métodos que, mesmo não sendo rigorosos, normalmente refletem o conhecimento humano e permitem a obtenção de uma solução satisfatória" (ibid. p. 26). Essa perspectiva de abordagem do problema nos remete a buscar na prática de situações reais com tomadas de decisão, no âmbito próprio de investigações criminais bem sucedidas, os parâmetros de decisão que estiveram subjacentes no caso concreto, com vistas a fundamentar estudos mais aprofundados nesse campo dirigido à tomada de decisões em investigação criminal.

e agentes investigantes (indivíduo ou grupo de indivíduos que podem gerar informações para análise e tomada de decisão). Nesse grupo, em uma investigação criminal se inserem todos os agentes da autoridade (sejam agentes de campo ou de análise de dados, peritos, escrivães, administrativos etc).

"2. *Listagem das alternativas*". Toda alternativa que seja, em tese, apta a resolver o problema deve ser listada, embora às vezes seja necessário reduzi-las a um número menor, segundo alguns critérios preliminares. Imagine-se um caso em que o objeto da investigação exija, no primeiro momento, ações de caráter sigiloso, de tal forma que todas as alternativas ostensivas podem ser inicialmente excluídas. Em um segundo momento, pode-se avançar para a exclusão das alternativas cuja *operacionalidade* seja extremamente custosa ou tecnologicamente impraticável.

"3. *Definição dos critérios efetivamente relevantes*". Há um processo interativo entre alternativas e critérios, mas estes devem ter relação com o âmbito do problema em que se insere a tomada de decisão, sendo possível surgir novas alternativas e novos critérios à medida em que a decisão é especificada para o problema posto. Sugere-se, nesse caso, o estabelecimento de uma hierarquia de critérios, embora se admita em geral que não existem procedimentos formais para sua estruturação, o que acaba por depender da habilidade adquirida na prática. Na investigação criminal, um critério efetivamente relevante está baseado na *legalidade da ação*, considerando os direitos fundamentais em jogo (limitação), além da *operacionalidade da ação*, considerando as técnicas de investigação disponíveis (materialização), e da *instrumentalidade da ação*, considerando o objetivo da investigação e a aptidão para reunir provas a respeito do crime e identificar seu autor (adequação e eficácia). Outros critérios, igualmente relevantes, decorrem do *custo* da ação investigativa e do *tempo* disponível para executá-la.

"4. *Avaliação das alternativas com relação aos critérios*". É nessa fase que incide o método multicritério escolhido, que deve ser adequado ao problema da investigação criminal. Nesse ponto, embora se possa fazer uso de algum método disponível, há sempre a possibilidade de ele não atender às expectativas do problema específico em sua totalidade. O método ZAPROS LM, p. ex., tem a vantagem de que, "em contextos decisionais complexos, considerando-se a interação e a constante evolução dos cenários propostos, pode-se renegociar um número relativamente grande de parâmetros em cada uma das etapas, fazendo que uma decisão nunca seja igual a outra, por mais que os processos analisados sejam semelhantes" (Monteiro Gomes, ibid. p. 52)[447]. Ainda que não se trate de um método totalmente aplicável, é sempre possível, a partir de seus modelos, podermos especificar métodos mais apropriados. Em todo caso, nessa fase podemos estabelecer escalas com atribuição de valores quantitativos ou qualitativos de avaliação das alternativas possíveis. Assim, sucintamente, podemos dizer que pelo critério de legalidade da ação (qualititativo), exclui-se (valor 0) ou inclui-se (valor 1) uma alternativa de ação; pelo critério da operacionalidade (quantitativo), por sua vez, uma alternativa de ação pode ser, em uma escala de 0 a 5, mais ou menos operacionalizada; o mesmo se podendo dizer quanto à instrumentalidade da ação. A partir dessa avaliação, pode-se chegar a uma escala de preferências por ações, atribuindo-se pesos diferentes a cada critério[448].

---

[447] Pelas suas características gerais, parece-nos que esse método tem viabilidade de aplicação da investigação criminal, estando a merecer maiores estudos e aprofundamento, visando a especificar suas regras e efetiva adequabilidade às situações do problema investigativo, considerado como um problema típico de pesquisa. Ainda a respeito dele, admite-se que: "Especialmente em ambientes de pequenas e médias empresas, organizações não-governamentais, instituições de ensino e pesquisa ou quaisquer outras em que se considere relevante a avaliação das alternativas por parte de seus membros e onde se façam naturalmente as necessárias negociação para a fixação de parâmetros do problema, constata-se que o método ZAPROS LM, assim como outros métodos multicritério da análise verbal de decisões, tendem a ser particularmente recomendáveis como os principais elementos potencialmente facilitadores do processo decisório" (id. ibid. p. 52)

[448] Esse exemplo, é preciso que se advirta, é uma forma rudimentar demonstrativa de um problema, não se tratando de uma aplicação rigorosa de algum método multicritério em específico que, como já referimos, está a depender de estudos e aprofundamento no campo da investigação criminal.

"5. *Determinação da importância relativa"*. Nessa fase, deve-se ponderar os critérios eleitos, o que depende em geral do método multicritério escolhido. Segundo Luiz F. A. Monteiro Gomes (ibid. p. 11), contudo, "o importante é que as medidas de ponderações relativas dos critérios são expressões das relações de troca (....) entre os critérios: pode-se, por exemplo, considerar um critério duas vezes mais importantes do que outro, o que trará consequências para os cálculos a serem realizados (por um método multicritério)". Na investigação criminal, por exemplo, o critério da legalidade pode ser considerado decididamente mais importante para uma alternativa de ação, sobretudo porque sua observância é decisiva na validade do resultado de todo trabalho investigativo.

"6. *Determinação das soluções satisfatórias"*. Essa fase decorre do resultado do procedimento de seleção, ordenação, classificação ou, apenas, de descrição detalhada das alternativas (cf. Monteiro Gomes, p. 11). Na investigação criminal, decorrerá de uma ponderação de todos os fatores que concorrem para a decisão, incluindo questões de ordem legal, técnica, operacional e financeira.

"7. *Análise de sensibilidade"*. Nessa fase, por fim, busca-se "introduzir modificações realistas (isto é, passíveis de se materializarem) nas variáveis e nos parâmetros usados pelo método multicritério empregado, de modo a se testar até que ponto são sólidos os resultados obtidos" (id. ibid. p. 11).

Na investigação criminal, na utilização de critérios de tomada de decisão, é importante identificar que fase de decisão merece uma detida avaliação de alternativas, pois nem todas as fases exigem um tratamento de igual relevância. Em geral, boa parte das decisões pode ser tomada com base em parâmetros de preferência, segundo um método de trabalho já definido pela autoridade investigante, que simplifica o processo de escolha das diversas alternativas[449].

---

[449] Assim, uma autoridade investigante legalista, terá uma preferência por ações investigativas menos invasivas no âmbito de direitos fundamentais, ao passo que a autoridade mais operacional optará por medidas que ponham os agentes em contato mais próximo com

10.3. O problema da informação

O grande problema da gestão estratégica da investigação, aliada à questão da tomada de decisões, está na informação, na sua obtenção, qualificação adequada, disponibilização, análise, relacionamento de fontes diversas etc. Em síntese, a capacidade gerencial estratégica e a tomada acertada de decisões estão intimamente relacionadas à informação, sobretudo a como ela é gerenciada. A respeito disso, Celso Moreira Ferro Júnior observa que "as organizações policiais, especialmente aquelas votadas à atividade investigativa, começam a perceber que a administração da informação é uma *condição estratégica*. A necessidade de gerar informação e conhecimento de forma mais rápida, em razão da complexidade e velocidade que ocorrem os fenômenos criminais, vem impulsionando o trabalho policial para pôr em execução novos processos e criar infraestrutura tecnológica edificados em um modelo de gestão policial com suporte na inteligência da organização" (2008, p. 216, com itálico nosso).

A informação, segundo Yves-François Le Coadic (2004, p. 4), "é um conhecimento inscrito (registrado) em forma escrita (impressa ou digital), oral ou audiovisual, em um suporte"[450]. Em torno dela tem-se delineado uma *ciência da informação*, visando à construção,

---

os fatos investigados; por sua vez, uma autoridade investigante instrumentalista, poderá pautar-se pela utilidade das ações para a solução do caso. Assim, cada perfil somado ao conjunto de seus parâmetros de preferência, pode reduzir os problemas que lhe parecem exigir método de tomada decisão, levando às várias possibilidades de formas de investigar estrategicamente.

[450] A informação se distingue do conhecimento. "A informação comporta um elemento de sentido. É um significado transmitido a um ser consciente por meio de uma mensagem inscrita em um suporte espacial-temporal: impresso, sinal elétrico, onda sonora etc" (Le Coadic, 2004, p. 4). "Nosso estado (ou nossos estados) de conhecimento a respeito de determinado assunto, em determinado momento, é representado por uma estrutura de conceitos ligados por suas relações: nossa imagem do mundo. Quando constatamos uma deficiência ou anomalia desse(s) estado(s) de conhecimento, encontramo-nos em um estado anômalo de conhecimento. Tentamos obter uma informação ou informações que corrigirão essa anomalia. Disso resultará um novo estado de conhecimento" (ibid. p. 8).

comunicação e uso da informação, e uma *tecnologia* adequada às necessidades da sociedade complexa e seus problemas[451].

A investigação criminal, como pesquisa (ou conjunto de pesquisa) administrada estrategicamente, com tomada de decisões sobre questões gerenciais, está a depender de estudos e ações que, a partir de uma ciência da informação e sua gestão, assegurem às autoridades investigantes elementos que lhes permitam conduzir adequadamente as atividades dirigidas a solucionar seus problemas[452]. Em termos mais abrangentes, para além da gestão pontual que a autoridade investigante possa fazer em favor de sua investigação particular, há que se compreender o problema sob uma perspectiva macro da criminalidade[453].

---

[451] "De prática de organização, a ciência da informação tornou-se, portanto, uma ciência social rigorosa que se apóia em uma tecnologia também rigorosa. Tem por objeto o estudo das propriedades gerais da informação (natureza, gênese, efeito), e a análise de seus processos de construção, comunicação e uso. A tecnologia da informação, por sua vez, tem por objeto a concepção de produtos, sistemas e serviços que permitam a construção, comunicação, armazenamento e uso da informação" (Le Coadic, 2004, p. 25)

[452] Um exemplo de gestão dessa natureza pode ser encontrado no caso em que um órgão de coordenação de delegacias reúne informações oriundas de investigações anteriores sobre o *modo de agir* de quadrilhas especializadas em fraudes previdenciárias, incluindo características típicas, técnicas de ação etc., além das informações relativas aos antecedentes de pessoas já envolvidas em casos similares. Um banco de dados dessa natureza facilita excessivamente o trabalho investigativo, permitindo uma gestão estratégica da investigação e a tomada de decisões acertadas, com maior grau de certeza sob o êxito da atividade e celeridade para a conclusão. Em tal hipótese, as investigações anteriores podem inclusive servir de fonte de estudo criminológico, visando a estabelecer o perfil comum da criminalidade em determinado campo de atuação, permitindo, embora a longo prazo, não apenas a especialização dos órgãos de investigação, mas a tomada de decisões políticas sobre o sistema previdenciário, suas falhas de segurança e de condução, de forma de assegurar a viabilidade do sistema sem perdas excessivas que possam por em risco a manutenção da previdência social. Em um exemplo como esse é que podemos compreender a relação entre estratégia e decisões políticas mais gerais, que extrapolam o âmbito da investigação criminal.

[453] Não havendo uma gestão geral e prévia das informações relevantes, cada autoridade investigante, em seu caso concreto, deverá reunir as informações necessárias à tomada de decisão e solução do problema, na medida em que investiga e a quadrilha continua a praticar os ilícitos, atrasando a conclusão da investigação, ou mesmo a impedindo de concluir-se.

As instituições incumbidas de investigar crimes precisam assimilar os "novos paradigmas da ciência da informação"[454], segundo advertência dos teóricos dessa área, e estabelecer sistemas próprios de informação adequados e dirigidos aos seus problemas mais pontuais[455]. Se estivermos de acordo que uma investigação criminal pode ser gerenciada estrategicamente, com tomadas de decisão acertadas, não nos é possível negligenciar o problema da informação. Esse é o ponto fundamental sobre que os "órgãos de inteligência" das instituições envolvidos com investigação em geral desenvolvem toda sua atividade, embora não se trate de uma característica exclusiva sua. A investigação criminal, em qualquer hipótese, ainda que em um grau menor de complexidade, abrange uma gestão mínima de recursos, a exigência de informações e a tomada de decisão sobre ações investigativas. A complexidade, que decorre da criminalidade continuada, organizada e transnacional, apenas potencializa os problemas da investigação, exigindo assim uma compreensão mais sistemática para relacionar todos os elementos teóricos que incidem na atividade.

---

[454] Yves-François Le Coadic (2004, p. 107 e ss), sobre essa orientação atual das ciências da informação, adverte sobre questões relativas *à necessidade do trabalho coletivo*, para a criação de sistemas de informação, *à garantia do fluxo da informação*, pelos meios tecnológicos disponíveis, e *ao efetivo uso da informação*. Em conclusão, o autor explica que: "*Os sistemas, os serviços e os produtos de informação destinam-se a responder às* ***necessidades*** *de informação de* ***usuários*** *múltiplos e diversificados, que darão à informação que obtiverem* ***usos*** *multiformes*" (2004, p. 110).

[455] Embora as instituições policiais tenham acesso a sistemas de informações externos, seja por requerimento direto a instituições privadas, ou por convênio com instituições públicas, seja indiretamente por intermédio de ordem judicial, há informações que concernem tão essencialmente aos problemas da atividade policial e investigativa, que o melhor caminho é dirigir-se no sentido de organizar seus próprios sistemas. Noutro sentido, ainda, é possível trabalhar nos meios de facilitação do acesso às informações já existentes, visando à celeridade das decisões e ações de investigação.

CONCLUSÃO

O diálogo necessário: teoria e prática da investigação criminal

A teoria pouco ou nada representa sem a prática, assim como esta sem aquela igualmente. Sob essa perspectiva, podemos compreender a teoria como "uma condição hipotética ideal, na qual tenham pleno cumprimento normas e regras que na realidade são observadas imperfeita ou parcialmente. Este significado está presente quando se diz: 'Teoricamente, deveria ser assim, mas na prática é outra coisa'. Kant examinou o problema da relação entre teoria e prática nesse sentido num escrito de 1793 (...), em que se encontram as seguintes definições de teoria e prática: 'Chama-se teoria um conjunto de regras também práticas, quando são pensadas como princípios gerais, fazendo-se abstração de certa quantidade de condições que exerçam influência necessária sobre a sua aplicação. Inversamente, o que se chama *prática* não é um ato qualquer, mas apenas o ato que concretiza um objetivo e é pensado em relação a princípios de conduta representados universalmente" (Abbagnano, 2003, p. 952)[456].

Portanto, é ilusório querer pensar a teoria ou a prática de forma independente, ou tentar estabelecer a prevalência de uma sobre a

[456] *Teoria.* Além do sentido referido, segundo N. Abbagnano (ibid.), o termo teoria possui outros significados: (1) "Especulação ou vida contemplativa. Esse é o significado que o termo teve na Grécia. Nesse sentido, Aristóteles identificava teoria com bem-aventurança (...); teoria opõe-se então a prática e, em geral, a qualquer atividade não desinteressada, ou seja, que não a contemplação por objetivo"; (2) "A chamada 'ciência pura', que não considera as aplicações da ciência à técnica de produção, ou então as ciências, ou partes de ciências, que consistem na elaboração conceitual ou matemática dos resultados; p. ex. 'física teórica"; (3) "Uma hipótese ou um conceito científico. (...)"

outra ou, ainda que seja possível, desenvolver qualquer atividade séria de que se espera certa eficiência demonstrada por resultados aferíveis, sem mesclar teoria e prática. Ademais, se é certo que a teoria deve anteceder à prática, não vemos, contudo, como se possa teorizar sobre algo que nunca tenha sido praticado. A atividade dos "*teoricistas*" está de tal forma arraigada ao que os "*praxistas*" desenvolvem que se torna impossível, e mesmo supérfluo, teorizar sem o contraponto da prática.

Nesse sentido, temos em mente que uma possível investigação criminal científica, como sustentada nesse trabalho, somente se tornará possível na medida em que possamos falar em *teoria e prática*, como faces da *investigação criminal*, que exige tanto uma "arquitetura de ideias" como uma "engenharia de ações"[457].

Por *prática*, contudo, não estamos a nos referir apenas ao que *de fato* se pratica nas investigações (o que é um pressuposto inafastável), mas *também* às *disciplinas acadêmicas práticas* que possam estabelecer modelos de investigação dirigidos a certos crimes em específico, tendo em conta certos elementos teóricos anteriormente discutidos e particularidades práticas observadas no cotidiano. Assim, para além da prática de fato, precisamos considerar a prática simulada, mediante a discussão de modelos de investigação. Para tanto, precisamos de, além de uma investigação criminal científica, em sentido particular, praticada individualmente, de uma *ciência da investigação criminal*, em sentido mais geral, a partir da qual possamos estabelecer e manter os canais de diálogos entre teoria e prática da investigação criminal.

---

[457] Noutras palavras, igualmente metafóricas, poderíamos associar a teoria ao *software (parte lógica, leve)* e a prática ao *hardware (parte física, dura)* dos computadores, embora na *ciência da computação* a parte que trata de *projetos de hardware* seja comumente conhecida como *arquitetura de computadores* (cf. http://pt.wikipedia.org/wiki/Hardware). No entanto, podemos encontrar igualmente a expressão *arquitetura de software* (A. M. Silva Filho, Arquitetura de Software, Editora Campus, 2002), que "serve como uma estrutura que permite o entendimento de componentes de um sistema e seus inter-relacionamentos, especialmente àqueles atributos que são consistentes ao longo do tempo e implementações" (cf. http://www.espacoacademico.com.br/016/16amsf.htm).

Uma ciência da investigação criminal

Ao falarmos de investigação criminal científica (cf. Capítulo 3), sob uma perspectiva pragmática, estávamos evidenciando uma compreensão particular, segundo as práticas que podem ser desenvolvidas nas investigações concretas, considerando a investigação criminal como pesquisa (Capítulo 6). No entanto, se queremos falar em uma possível ciência da investigação criminal, há algo mais a ser exigido para além das práticas particulares.

Sob *uma perspectiva geral,* assim, se queremos falar não apenas de uma investigação criminal científica de casos específicos, mas de uma *ciência de investigação criminal,* com fundamentos e princípios próprios, orientadores daquelas práticas particulares[458], essa concepção exige um programa capaz de *instituir* alguns elementos indispensáveis à sustentação de uma ciência, ou nos termos já elucidados, para a constituição do *contexto de investigação criminal científica* (cf. Capítulo 2, item 2.2.1)[459]. É sob essa perspectiva que L. H. Dutra apresenta uma lista com itens que, segundo ele, seriam necessários (mas não suficientes) para constituir o contexto em que o investigador deve agir para realizar uma investigação bem-sucedida, isto é, "para elaborar um modelo e aplicá-lo a situações reais fazendo determinadas aproximações" (2008, p. 280 e ss):

(*a*) um *dialeto* técnico, com *vocabulário* específico, inclusive contendo termos para espécies (naturais ou sociais);

(*b*) uma classe de *teorias* específicas e de *hipóteses* cosmológicas, que relacionam as noções correspondentes ao vocabulário

---

[458] Em síntese, a prática particular de investigações criminais orientadas por princípios científicos pode assegurar o êxito daquela investigação exclusivamente, mas, ao se perder na prática individual do investigador, deixa de transmitir o conhecimento produzido para uma tradição investigativa e impede a sustentação de uma ciência de investigação criminal.

[459] Segundo L. H. A. Dutra: "Todo esse universo conceitual, do qual, em termos abstratos, podemos elaborar um modelo a partir do que encontramos nos relatos dos cientistas dessa tradição, é uma instituição que tem de ser pressuposta para compreendermos a investigação de um cientista em determinado domínio. Ela é uma parte fundamental daquele contexto científico no qual sua investigação se encaixa" (ibid. p. 280).

técnico umas das outras, inclusive com padrões de mensuração, quando for o caso;

(*c*) uma *classe* de modelos, que instanciam as noções teóricas em situações possíveis do mundo descrito pela teoria;

(*d*) determinadas *predições* e *explicações*, por meio das quais os modelos acima mencionados podem ser comparados com situações reais;

(*e*) procedimentos de *experimentação* e *observação*, por meio dos quais a comparação dos modelos com situações reais seja igualmente possível;

(*f*) uma classe de *instrumentos* ou *aparelhos* de observação e experimentação autorizadas e certificadas pelo programa de pesquisa;

(*g*) uma classe de *fatos* registrados e considerados relevantes para futura comparação com os modelos da teoria.

Uma investigação científica, sob esse aspecto, evidentemente, não se constitui exclusivamente pela prática isolada de investigações, segundo modelos particulares, mas a partir de "uma atividade essencialmente coletiva e dependente de um grupo" capaz de propiciar modelos gerais de investigação criminal. Claro é que o desenvolvimento de investigações criminais particulares, orientadas por metodologia de pesquisa científica, antecedidos por estudos que ministrem aos investigadores os conceitos típicos e técnicas de pesquisas científicas, pode auxiliar no desenvolvimento de uma ciência de investigação criminal – mas não é suficiente sem a criação de um contexto adequado de investigação[460].

---

[460] Dessa forma, tendo por base um *contexto adequado de investigação*, é que a investigação criminal pode desenvolver-se segundo certas ações relacionadas à "atividade de lidar com modelos" de investigação, contribuindo para o desenvolvimento da ciência. A respeito dessa atividade, L. H. A Dutra (2008, p. 283) apresenta uma outra lista, com os seguintes passos: "(A) A partir de um modelo dado, recebido da tradição, o investigador constata uma situação real que, em tese, deveria ser contemplada pelo modelo, mas que não é, dadas certas observações aceitas na comunidade científica. (B) O investigador elabora um novo modelo, para ter uma situação idealizada que possa se aproximar mais da situação real acima mencionada, e não contemplada pelo modelo recebido da tradição. (C) O

Com isso, estamos a suscitar a possibilidade de uma *comunidade científica de investigadores criminais*, que nos exige um plano institucional amplo, mediante ações dirigidas a esse objetivo, entre as quais podemos suscitar a necessidade de:

(1) *Atribuição de competência a um órgão responsável* pela coordenação de ações de pesquisa, mediante identificação dos tópicos relevantes ao aperfeiçoamento da investigação criminal, fomento de atividade de pesquisa e publicação;

(2) *Instituição de programas de pesquisa* que fomentem não apenas o estudo teórico de conceitos científicos aplicados à investigação criminal, mas igualmente o estudo dirigido e comparado de investigações criminais bem sucedidas que possam servir de modelo de investigação;

(3) *Cursos de especialização*, voltados à discussão de questões relativas à ciência aplicada à investigação criminal;

(4) *Publicação especializada* de artigos e dissertações decorrentes das pesquisas referidas, bem como seminários induzidos sobre

---

investigador testa a consistência do novo modelo com a teoria de base, à qual pertence também o primeiro modelo, que falhou na comparação com uma situação real. A este modelo devem poder se aplicar diretamente determinadas leis já aceitas e validadas pela teoria. (D) Para poder comparar o novo modelo com a situação real em que esse processo se iniciou, o investigador elabora situações de observação e experimentação, que são modelos mistos, ou *modelos-ponte*, que devem poder coordenar elementos do modelo abstrato com determinados elementos da situação real. (E) A partir de um modelo-ponte, o investigador constrói experimentalmente contextos reais, nos quais determinadas observações são possíveis, ou procura encontrar situações já dadas que, segundo o modelo--ponte, podem fornecer informação relevante. (F) O investigador consolida os dados obtidos na observação e na experimentação e compara-os com o modelo abstrato. (G) O novo modelo é incorporado à teoria, às vezes por meio de revisões teóricas, mais ou menos radicais." Atente-se que, nessa lista de ações, no caso de uma investigação criminal, não estaríamos lidando com etapas de uma investigação criminal em particular, mas de pesquisa que visa ao estabelecimento de modelos de investigação, para constituir uma teoria da investigação criminal. Essa seria uma lista de ações para constituição de modelos de investigação criminal. Uma lista de ações específicas para investigações particulares, por sua vez, podem ser encontradas em outra obra do mesmo autor (Verdade e Investigação, EPU, 2001, p. 141 e ss: "Etapas da investigação").

pontos relevantes identificados, para promover intercâmbio de conhecimento entre instituições congêneres;

(5) Entre outras que concernem a uma comunidade científica em geral[461].

Dessa forma, efetivamente, poderemos falar, no futuro quiçá próximo, não apenas em uma *investigação criminal científica*, mas também em uma *ciência de investigação criminal*, para além de uma mera teorização de sua possibilidade, como aqui suscitada e sustentada. Isso, no entanto, exige o necessário e já referido diálogo entre *teoricistas* e *praxistas* da investigação criminal, no âmbito acadêmico, para chegarmos tanto a uma *teoria da investigação criminal,* quanto a uma *prática da investigação criminal* dirigida a certos crimes em particular, mediante o estabelecimento de modelos[462].

"O maestro e sua orquestra" – uma metáfora

Por fim, gostaríamos de lançar uma imagem estética da investigação, não obstante termos suscitado e sustentado a possibilidade de uma investigação criminal científica. Trata-se de uma metáfora a que podemos chamar de "o maestro e sua orquestra". Tendo em conta a noção de investigação criminal como uma pesquisa (ou conjunto de pesquisas) administrada estrategicamente pela autoridade investigante que deve conduzir os trabalhos investigativos do vários atores que concorrem para a solução do problema fundamental da investigação, podemos assemelhar essa função à de um maestro.

---

[461] Para uma visão completa sobre os elementos que compõem uma comunidade científica, cf. Kneller, 1980 (Capítulo 8, A Comunidade Científica), em que o autor discute sobre as instituições (revistas especializadas, conferências etc); a manutenção dos padrões de pesquisa (educação, acesso a instalações de pesquisa etc); o mecanismo de recompensa e competição etc (p. 182 e ss).

[462] Como já podemos observar no desenvolvimento de estudos isolados sobre a investigação particular de certos crimes, a exemplo dos crimes cibernéticos, de lavagem de dinheiro, ambientais, previdenciários etc., pelo estabelecimento de roteiros mínimos de ação.

A um maestro, de fato, compete harmonizar os diversos instrumentos e sustentar um ritmo adequado de execução; por vezes há apresentações que se resumem à melodia de um único instrumento, em que os demais apenas sustentam a harmonia do acompanhamento; em todo caso, há um maestro que assegura essa organização para a consecução do conjunto de instrumentos. O maestro, na orquestra, é aquele que, mesmo não tocando qualquer instrumento em particular, conhece minimamente a todos para saber como devem soar no conjunto e quando estão fora de sua harmonia e ritmo.

Assim, como se passa na orquestra – em que vários instrumentos se executam por especialistas que os sabem como tocar, embora conjuntamente sob a direção de uma única cabeça que, conquanto não o saiba de fato, o sabe por conhecimento a ponto de saber como eles devem ser tocados, sobretudo dentro do conjunto –, na investigação criminal há algo muito próximo dessa imagem estética. Com efeito, a autoridade investigante deve ter conhecimento sobre todas as atividades que compõem o conjunto das pesquisas da investigação, embora não o saiba fazer, ou ainda que o saiba não precise, desde que tenha condições de acompanhar, conjugar e dirigir todas as pesquisas segundo um objetivo unitário, tendo em vista uma finalidade, controlada não apenas do ponto de vista jurídico, mas também do ponto de vista científico.

Em conclusão, a autoridade investigante deve ser versada não apenas em direito, mas também em ciência e outros tantos conhecimentos que soem concorrer para uma melhor investigação criminal.

BIBLIOGRAFIA

1. Abbagnano, Nicola. Dicionário de Filosofia. – São Paulo: Martins Fontes, 2003.
2. Amaral, Claudio do Prado. Princípios Penais: da Legalidade à Culpabilidade. – São Paulo: IBCCRIM, 2003.
3. Alexy, Robert. Teoria dos direitos fundamentais. – São Paulo: Malheiros, 2008.
4. Ávila, Humberto. Teoria dos princípios: da definição à aplicação dos princípios jurídicos. – São Paulo: Malheiros, 2006.
5. Barberá, Franciso Antón; Luis y Turégano, Juan Vicente. Polícia Científica. Volumen I. 3. ed. Colección Ciencia Policial. Valencia: Tirant Lo Blanch, 1998.
6. Beling, Ernest von. La douctrina del delito-tipo. – Buenos Aires: Editorial Depalma, 1944. Disponível em http://www.bibliojuridica.org
7. Bergel, Jean-Louis. Teoria geral do direito. – São Paulo: Martins Fontes, 2001.
8. Blackburn, Simon. Dicionário Oxford de Filosofia. – Rio de Janeiro: Zahaar, 1997.
9. Bacigalupo, Enrique. Direito Penal: Parte Geral. – São Paulo: Malheiros, 2005.
10. Barbosa, Adriano Mendes. Metodologia da Investigação Criminal: Uma abordagem pragmática. – Brasília, 2010 (originais disponibilizados pelo autor).
11. Bateman, Thomas S; Snell, Scott A. Administração. – São Paulo: Atlas, 1998.
12. Beltrán, Jordi Ferrer. La valoración de la prueba: verdad de los enunciados probatorios y justificación de la decisión. *In* Estudios sobre la prueba, Jordi Ferrer Beltrán *et al.* – México: Universidad Nacional Autónoma de México, 2006. Disponível em www.bibliojuridica.org.
13. Bittencourt, Cezar Roberto; Conde, Francisco Muñoz. Teoria geral do delito. – São Paulo: Saraiva, 2000.

14. Cobra, Coriolano Nogueira. Manual de Investigação Policial. 3. ed. São Paulo: Escola de Polícia de São Paulo, 1965.
15. Caballero, Jorge Frias. Teoría del delito. – Buenos Aires: Hammurabi, 1993.
16. Chalmers, A. F. O que é ciência, afinal? – São Paulo: Brasiliense, 1993.
17. Conde, Francisco Muñoz. Búsqueda de la verdad en el proceso penal. – Buenos Aires: Hammurabi, 2000.
18. Copi, Irving M. Introdução à lógica. – São Paulo: Mestre Jou, 1978.
19. Canotilho, J.J. Gomes. Direito Constitucional e Teoria da Constituição. 6. ed. – Coimbra: Almedina, 2002.
20. Carnelutti, Francesco. Das provas no processo penal. – Campinas: Impactus, 2005.
21. Castro, Claudio de Oliveira. A prática da pesquisa. – São Paulo: McGraw-hill do Brasil, 1977.
22. Chiavenato, Idalberto. Teoria geral da administração. Volume I. 6. Ed. – Rio de Janeiro: Elsevier, 2001.
23. Chouke, Fauzi Hassan. Garantias constitucionais na investigação criminal. – Rio de Janeiro: Lume Juris, 2006.
24. Copi, Irving M. Introdução à lógica. 2. Ed. – São Paulo: Mestre Jou, 1978.
25. Dancy, Jonathan. Epistemologia Contemporânea. – Lisboa: Edições 70, 1985.
26. Delmas-Marty, Mireille. Os Grandes Sistemas de Política Criminal. – Barueri, SP: Manoel, 2004.
27. Descartes, René. Discurso do Método. Regras para a Direção do Espírito. – São Paulo: Martin Claret, 2004.
28. Dewey, John. Lógica: A Teoria da Investigação [Capítulos VI]. In Os Pensadores. – São Paulo: Abril Cultural, 1980 [p. 53-70].
29. Dias, Jorge de Figueiredo. Direito Penal: Parte Geral. Tomo I: Questões fundamentais. A Doutrina Geral do Crime. – São Paulo: RT – Portugal: Coimbra, 2007.
30. Diaz, Omar Huertas et tal. “El derecho a la verdade” y su compresión en el horizonte de los derechos humanos, 2006. Disponível em: http://www.juridicas.unam.mx
31. Diniz, Maria Helena. Compêndio de Introdução à Ciência do Direito. 14. Ed. – São Paulo: Saraiva, 2001.
32. Domingues, Bento Garcia. Investigação Criminal: Técnica e Tática nos Crimes contra as pessoas (v. 1) e contra o patrimônio (v. 2). Lisboa: Escola de Cadeia Penitenciária de Lisboa, 1963.

33. DUTRA, Luiz Henrique de Araújo. Introdução à teoria da ciência. 3.ed. – Florianópolis: UFSC, 2009.
34. _______. Pragmática da investigação científica. – São Paulo: Loyola, 2008.
35. _______. Verdade e investigação: O problema da verdade na teoria do conhecimento. – São Paulo: EPU, 2001.
36. DIENSTEIN, William. Manual técnico del investigador policiaco. – Tradução do inglês "Technics for the Crime Investigator"– México: Editorial Limua-Wiley. S.A, 1965.
37. DIMOULIUS, Dimitri; MARTINS, Leonardo. Teoria Geral dos Direitos Fundamentais. – São Paulo: RT, 2007
38. FERRAJOLI, Luigi. Direito e Razão: Teoria do garantismo penal. – São Paulo: RT, 2002.
39. FOUCAULT, Michel. A verdade e os fatos jurídicos. – Rio de Janeiro: NAU Editora, 2002.
40. FEITOZA, Denilson. Direito Processual Penal: Teoria, Crítica e Práxis. – Niterói: Impetus, 2008.
41. FERNANDES, Antonio Scarence. Processo Penal Constitucional. 6. Ed. – São Paulo: RT, 2010.
42. FERRO JR, Celso Moreira. A inteligência e a gestão da informação policial. – Brasília: Fortium, 2008.
43. FIANI, Ronaldo. Teoria dos jogos. 3. Ed. – Rio de Janeiro: Elsevier, 2009.
44. FLORIAN, Eugenio. De las pruebas penales. Tomo I: De la prueba em general. Tradução do original "Delle prove penali". – Bogotá: Editorial Temis, 1968.
45. GARRIDO, Vicente; STANGELAND, Per; REDONDO, Santiago. Princípios de Criminología. – Valencia: Tirant Lo Blanch, 2006.
46. GOMES, Luiz Flávio; MOLINA, Antonio García-Pablos; BIANCHINI, Alice. Direito Penal: Introdução e princípios fundamentais. Coleção Ciências Criminais V. 1. – São Paulo: RT, 2007.
47. GOMES, Luiz Flávio; MOLINA, Antonio García-Pablos. Direito Penal: Parte Geral, v. 2. – São Paulo: RT, 2007.
48. GUZMÁN, Nicolás. La verdad en el proceso penal. Una contribución a la epistemologia jurídica. – Buenos Aires: Del Puerto, 2006.
49. HAACK, Susan. Filosofia das lógicas. – São Paulo: Editora UNESP, 2002.
50. HABA, Enrique Pedro. Racionalidad y método para el Derecho: ¿Es eso posible? (I). Edición digital a partir de *Doxa: Cuadernos de*

Filosofía del Derecho, núm. 7 (1990), pp. 169-247. Disponível em: http://www.cervantesvirtual.com

51. Häberle, Peter. Verdad y Estado constitucional. – México: Universidad Nacional Autónoma de México, 2006. Disponível em: http://www.bibliojuridica.org
52. Hegenberg, Leonidas (org). Métodos. – São Paulo: EPU, 2005.
53. Hempel, Carl G. Filosofia da Ciência Natural. – Rio de Janeiro: Zahar, 1970.
54. Hessen, Johannes. Teoria do Conhecimento. – São Paulo: Martins Fontes, 2003.
55. Hume, David. Investigação acerca do entendimento humano. E-Book: Edição Acrópole, 2001. Disponível em http://www.ebooksbrasil.org
56. Hardingham, Alison. Como tomar decisões acertadas. – São Paulo: Nobel, 1999.
57. Júlio, Carlos Alberto. A arte da estratégia. – Rio de Janeiro: Elsevier, 2005.
58. Kirkham, Richard L. Teorias da verdade: uma introdução crítica. – São Leopoldo-RS: Editora UNISINOS, 2003.
59. Kneller, G. F. A Ciência como atividade humana. – Rio de Janeiro: Zahar/São Paulo: Edusp, 1980.
60. Laudan, Larry. El progreso y sus problemas. Hacia una teoría del progreso científico. – Madrid: Encuentro, 1986. [Resenha, a título de prefácio da edição española, disponível em http://www.opuslibros.org, sem autor]
61. Lopes, Mauricío Antonio Ribeiro. Princípios políticos do direito penal. 2. Ed. – São Paulo: RT, 1999.
62. Lopes JR, Aury. Sistemas de Investigação Preliminar no Processo Penal. Rio de Janeiro: LumenJuris, 2003.
63. Le Coadic, Yves-François. A ciência da informação. 2. Ed. – Brasília: Brinquet de Lemos, 2004.
64. Maíllo, Alfonso Serrano. Introdução à Criminologia. – São Paulo: RT, 2007.
65. Maier, Julio B. J. Derecho Procesal Penal. Tomo I: Fundamentos. – Buenos Aires: Editores Del Puerto, 2004.
66. Malatesta, Nicola F. Dei. A lógica das provas em matéria criminal. – Campinas: Bookseller, 1996.
67. Marconi, Marina de Andrade; Lakatos, Eva Maria. Fundamentos da metodologia científica. 6. Ed. – São Paulo: Atlas, 2009A.
68. ______. Técnicas de Pesquisa. 7. Ed. – São Paulo: Atlas, 2009B.

69. Marquez Piñero, Rafael. El tipo penal. Algunas consideraciones en torno al mismo. Universidad Autônoma de México. Instituto de Investigaciones Jurídicas. Série G: Estúdios Doctrinales, Num. 99. México, 2005, Segunda edicción atualizada. Disponível em: http://www.bibliojuridica.org
70. Medroni, Marcelo Batlouni. Curso de Investigação Criminal. São Paulo: Juarez de Oliveira, 2003.
71. Mendes, Gilmar; Coelho, Inocêncio Mártires; Branco, Paulo Gustavo Gonet. Curso de Direito Constitucional. – São Paulo: Saraiva, 2007.
72. Mir Puig, Santiago. Direito Penal: Fundamentos e Teoria do Delito. – São Paulo: RT, 2007
73. Miranda, Jorge. Manual de Direito Constitucional. Tomo IV: Direitos fundamentais. 3 ed. – Coimbra: Coimbra Editora, 2000.
74. Mittermaier, C. J. A. Tratado da prova em matéria criminal. – Campinas: Bookseller, 1997.
75. Mir Puig, Santiago. Direito Penal: Fundamentos e Teoria do Delito. – São Paulo: RT, 2007.
76. Molina, Antonio García-Pablos de; Gomes, Luiz Flávio. Criminologia. 6. Ed. Coleção Ciências Criminais v. 5. – São Paulo: RT, 2008.
77. Mora, José Ferrater. Dicionário de Filosofia. – São Paulo: Martins Fontes, 2001.
78. Moser, Paul K.; Mulder, Dwayne H.; Trout, J. D. Teoria do conhecimento: uma introdução temática. – São Paulo: Martins Fontes, 2004.
79. Moura, Maria Thereza Rocha de Assis. A prova por indícios no processo penal. – Rio de Janeiro: Lumem Juris, 2009.
80. Monteiro Gomes, Luiz Flavio Autran. Teoria da decisão. – São Paulo: Thomson Learnin, 2007.
81. Nucci, Guilherme de Souza. Código penal comentado. – São Paulo: RT, 2007.
82. ______. Código de processo penal comentado. – São Paulo: RT, 2007
83. Ómes, Roland. Filosofia da Ciência Contemporânea. – São Paulo: Edusp, 1996.
84. Ordeig, Enrique Gimbernat. Conceito e Método da Ciência do Direito Penal. – São Paulo: RT, 2002.
85. Oliveira, Eudes. A técnica do interrogatório. – São Paulo: RT, 1993.
86. Plascencia, Raúl. El cuerpo del delito. Cuadernos de la Judicatura, Número 7, Sección de Previa, 2001. Disponível em: http://www.bibliojuridica.org

87. Prado, Luiz Regis Prado. Bem jurídico-penal e Constituição. – São Paulo: RT, 2009.
88. Popper, Karl. A Lógica da Pesquisa Científica. 9. ed. – São Paulo: Cultrix, 1993.
89. Pereira, E. S. Investigação e crime organizado: funções ilegítimas da prisão temporária. *Boletim IBCCRIM* n. 157, Dezembro de 2005.
90. ______. Polícia e Direitos humanos: critérios racionais de ação. *Revista Brasileira de Ciências Criminais*, n. 78, ano 17, maio-junho de 2009.
91. ______. O processo penal sob a perspectiva dos direitos e das garantias fundamentais. *Revista IOB de Direito Penal e Processual Penal.* n. 60, fev-mar/2010.
92. Perez Luño, Antonio E. Los derechos fundamentales. – Madrid: Editorial Tecnos, 2007.
93. Queiroz, Paulo. Direito Penal: Parte Geral. 5. Ed. – Rio de Janeiro: Lumen Juris, 2009.
94. Reale, Miguel. Teoria tridimensional do direito. 5. Ed. – São Paulo: Saraiva, 1994.
95. ______. Lições preliminares do Direito. 27. Ed. – São Paulo: Saraiva, 2007.
96. Reale, Giovanni; Antiseri, Dario. História da Filosofia. V. 1 e 3. – São Paulo: Paulus, 2003.
97. Reis, Albani Borges dos. Metodologia Científica e Perícia Criminal. Campinas: Millennium, 2006.
98. Regil, Luis F. Sotelo. La investigación del crimen: Un curso para el policía profesional. – México: Editorial Limusa, 1974.
99. Ribeiro, Antonio Silva. O Essencial do Processo Estratégico – Teoria Geral da Estratégia. – Coimbra: Almedina, 2009.
100. Sarlet, Ingo Wolfgan. A Eficácia dos Direitos Fundamentais. 4. ed. – Porto Alegra: Livraria do Advogado, 2004.
101. Sartini, Brígida Alexandre; Garbugio, Gilmar; Bortolossi, Humberto José; Santos, Polyane Alves; Barreto, Larissa Santana. Uma introdução à teoria dos jogos. II Bienal da SBM: Universidade Federal da Bahia, 2004. Disponível em: http://www.mat.puc-rio.br/~hjbortol/bienal/M45.pdf
102. Shitsuka, Ricardo; Shitsuka, Rabbith I. C. M.; Shitsuka, Caleb D. W. M; Shitsuka, Dorlivete M. Xadrez e a estratégia no dia--a-dia. – Rio de Janeiro: Ciência Moderna Ltda., 2004.
103. Tarski, Alfred. A concepção semântica da verdade. – São Paulo: Editora UNESP, 2007.

104. TOCHETTO, Domingos (Coordenador). Tratado de perícias Criminalísticas. – Porto Alegre: Sagra-DC Luzzato, 1995.
105. TOLEDO, Francisco de Assis. Princípios básicos de direito penal. – São Paulo: Saraiva, 2001.
106. TONINI, Paolo. A prova no processo penal italiano. – São Paulo: RT, 2002.
107. TZU, Sun. Arte da guerra. – São Paulo: Martin Claret, 2001.
108. UROSA RAMÍREZ, Gerardo Armando. Consideraciones críticas en torno al cuerpo del delito en materia federal, Revista de la Facultad de Derecho de México, Número 241, Sección de Artículos, 2003. Disponível em: http://www.bibliojuridica.org
109. VALENTE, Manuel Monteiro Guedes. Teoria geral do direito policial. 2. Ed. – Coimbra: Almedina, 2009.
110. VILLANUEVA, Raúl Plascencia. Teoria del delito. 3.ª reimp. México, Universidad nacional Autonóma de México, 2004. Disponível em: http://www.bibliojuridica.org
111. VANDERBOSCH, Charles. Investigación de delitos. – México: Editorial Limusa, 1976.
112. VALENTE, Manuel Monteiro Guedes. Teoria geral do direito policial. 2. Ed. – Coimbra: Almedina, 2009.
113. VERA, Asti. Metodologia da pesquisa científica. – Porto alegre: globo, 1983.
114. WESSELS, Johannes. Direito Penal: Aspectos fundamentais. – Porto Alegre: Fabris, 1976.
115. WELZEL, Hans. Direito penal. – Campinas: Romana, 2004.
116. ZAFFARONI, Eugenio Raúl; PIERANGELI, José Henrique. Manual de direito penal brasileiro: Parte Geral. – São Paulo: RT, 2009.

ÍNDICE

PARTE III

TEORIA DA INVESTIGAÇÃO CRIMINAL

Edições Loyola

impressão acabamento

rua 1822 nº 341
04216-000 são paulo sp
T 55 11 3385 8500
F 55 11 2063 4275
www.loyola.com.br